第三批國家珍貴古籍名録圖録

第一册

中國國家圖書館
中國國家古籍保護中心 編

國家圖書館出版社

圖書在版編目（ＣＩＰ）數據

第三批國家珍貴古籍名録圖録 / 中國國家圖書館，中國國家古籍保護中心編. -- 北京：國家圖書館出版社，2012.4

ISBN 978-7-5013-4788-9

Ⅰ. ①第… Ⅱ. ①中… ②中… Ⅲ. ①古籍—圖書目録—中國②善本—圖書目録—中國 Ⅳ. ①Z838

中國版本圖書館CIP數據核字(2012)第069974號

《第三批國家珍貴古籍名録圖録》

主　　　任	楊志今
常务副主任	周和平
副 主 任	詹福瑞　于　群　劉小琴　張志清　李致忠
主　　編	周和平
常 務 主 編	李致忠
副 主 編	史金波　朱鳳瀚
編　者	中國國家圖書館·中國國家古籍保護中心
責任編輯	徐　蜀　殷夢霞
裝　幀	姜尋工作室
出　版	國家圖書館出版社 (100034 北京市西城區文津街7號)
發　行	(010)66139745,66175620,66126153
	66174391(傳真),66126156(門市部)
E-mail	cbs@nlc.gov.cn(投稿)　btsfxb@nlc.gov.cn(郵購)　www.nlcpress.com
Website	www.nlcpress.com
經　銷	新華書店
印　刷	北京順誠彩色印刷有限公司
開　本	889×1194毫米　1/16
印　張	166
版　次	2012年5月第1版　2012年5月第1次印刷
書　號	ISBN 978-7-5013-4788-9
定　價	3100.00圓（全八册）

0003595

国务院文件

国发〔2010〕20 号

国务院关于公布第三批
国家珍贵古籍名录和第三批
全国古籍重点保护单位名单的通知

各省、自治区、直辖市人民政府，国务院各部委、各直属机构：

国务院批准文化部确定的第三批国家珍贵古籍（2989部）名录和第三批全国古籍重点保护单位（37个）名单，现予公布。

各地区、各部门要继续贯彻"保护为主、抢救第一、合理利用、加强管理"的指导方针，认真总结经验，切实加大工作力度，进一步做好珍贵古籍的保护、管理和合理利用工作。

　　附件：1. 第三批国家珍贵古籍名录（2989 部）

　　　　　2. 第三批全国古籍重点保护单位名单（37 个）

二〇一〇年六月十一日

（附件 1 发地方和有关部门）

在數千年歷史發展過程中，中華民族創造了光輝燦爛的文化，留下了燦若群星、獨具特色的古代文獻典籍。這些珍貴古籍是我們民族悠久歷史的見證，是民族智慧的結晶、民族精神的象徵，是民族生命力和創造力的重要載體，也是人類文明的瑰寶。保護好、傳承好、利用好這些古籍，對於繼承和發揚中華民族優秀傳統文化，弘揚以愛國主義爲核心的民族精神和以改革創新爲核心的時代精神，維護國家統一和民族團結，推動社會主義文化大發展大繁榮，促進國際文化交流和人類共同發展，具有十分重要的意義。

黨和國家歷來高度重視對古籍的保護工作。黨的十六大以來，以胡錦濤同志爲總書記的黨中央從弘揚中華文化、發展社會主義先進文化的高度，將保護古籍放到更加重要的位置。胡錦濤在黨的十七大報告中指出，要弘揚中華文化，建設中華民族共有精神家園。胡錦濤強調，中華文化是中華民族生生不息、團結奮進的不竭動力。要全面認識祖國傳統文化，取其精華，去其糟粕，使之與當代社會相適應、與現代文明相協調，保持民族性，體現時代性。要加強中華優秀文化傳統教育，運用現代科技手段開發利用民族文化豐富資源。要加強對各民族文化的挖掘和保護，重視文物和非物質文化遺產保護，做好文化典籍整理工作。這是我們做好古籍保護工作的重要指導思想。

2007年1月，國務院辦公廳頒發《關於進一步加強古籍保護工作的意見》（國辦發〔2007〕6號），明確"保護爲主、搶救第一、合理利用、加強管理"的古籍保護方針，標誌着"中華古籍保護計劃"啟動，全國古籍保護工作全面開展。四年來，各地區各部門認真貫徹中央決策部署，採取有效措施，扎實推進各項工作，廣大古籍工作者積極參與，古籍保護工作呈現蓬勃發展的可喜局面，古籍保護工作逐項落實，目標陸續實現。主要表現在：古籍保護工作體系進一步完善；古籍普查登記有序進行，古籍普查平臺在全國各地運行；古籍庫房更新改造、在職人員培訓、高校學歷教育、古籍標準規範體系完善、實驗研究有計劃開展、數字化逐步推進、珍貴古籍影印出版等等；國家古籍保護中心的國家級古籍保護試驗室已經初具規模，從經驗到科學，將實現幾代古籍保護工作者的光榮與夢想；在做好古籍原生性保護同時，古籍影印、數字化、縮微複製等再生性保護逐步展開，特別是“中華再造善本”工程，是古籍再生性保護的典範。爲確保珍貴古籍安全傳承，文化部命名了首批12家國家級修復中心，開始實施文獻修復師資格認證制度；“西藏古籍保護工作”啟動，少數民族文字文獻的全面保護工作有緒展開；《中華古籍總目》分省卷的編纂工作全面啟動，穩步推進。總之，古籍保護工作在保護中傳承、在開拓中前進，有效發揮了傳承文明、服務社會的作用，爲提高全民族思想道德素質和科學文化素質，擴大中外文化交流，增強中華文化國際影響力作出了重要貢獻。

按照中央的部署，文化部協同全國古籍保護工作部際聯席會議成員單位共同推進《國家珍貴古籍名録》和“全國古籍重點保護單位”的申報、評審和公佈。2008年和2009年，國務院先後公佈首批和第二批《國家珍貴古籍名録》及“全國古籍重點保護單位”名單，2010年6月11日，國務院公佈第三批《國家珍貴古籍名録》2989部及“全國古籍重點保護單位”37家，使入選國家珍貴古籍名録的古籍總數達到9859部，全國古籍重點保護單位達到150家。

第三批《國家珍貴古籍名録》名單里，同前兩批一樣，有許多令人震撼的寶貴典籍。在南北朝至唐五代的敦煌吐魯番文書中，唯一一件保存完整的歸義軍時期《金剛般若波羅蜜經並序》血書寫本，和近年出土於和田地區唐寫本《孝經鄭氏解·卿大夫章》，均申報入選。目前所見最早的皇室宗譜宋内府寫本《仙源類譜》和《宗藩慶系錄》，紙墨俱精，閎闊雅致，顯現非凡的皇家氣象。明清時期活字本如明弘治十一年華氏會通館《會通館集九經韻覽》，弘治十五年華珵《渭南文集》等，都出自當時銅活字印刷名家之手，存世孤罕，歷代藏家將其與宋元善本等同看待。輿圖首次成規模參加評審，古代地圖能够客觀反映我國自古以來遼闊的疆域，有極其重要的歷史文獻價值。第三批《國家珍貴古籍名錄》中，少數民族文字古籍共246部，涉及13個文種以及多語種合璧，具有文種多、時代早、内容廣泛、形式多樣等特點，充分體現了民族文字古文獻的豐富多彩。所有這些，都在《第三批國家珍貴古籍名錄圖錄》中得以體現。

在各單位的熱情支持下，我們於2008年編輯出版《第一批國家珍貴古籍名錄圖錄》，於2010年編輯出版《第二批國家珍貴古籍名錄圖錄》。這兩部圖錄爲古籍編目、鑒定，特別是後續的國家珍貴古籍申報提供了重要的參考資料，也使"中華古籍保護計劃"受到國内外古籍同行更多的關注。

今天，《第三批國家珍貴古籍名錄圖錄》即將面世。我們編輯出版三批名錄圖錄的目的是，希望它們能爲今後各批次《國家珍貴古籍名錄》申報提供參照，也希望它們能爲廣大古籍愛好者提供研究資料，更希望通過珍貴古籍的逐批公佈，揭示中華文化豐厚的底藴，彰顯中華民族對世界文化發展的卓越貢獻。

《第三批國家珍貴古籍名錄圖錄》編排體例與前兩批基本相同，努力體現科學性並尊重學術傳統，總體上採取以文字分類、以時代先後爲序的原則。首先按文字類型將入選古籍劃分爲漢文珍貴古籍、民族文字珍貴古籍和其他文字珍貴古籍三大類。漢文古籍的編排以時代先後爲序，分魏晉南北朝隋唐五代、宋遼夏金元、明清三個時期。各時期內的古籍一般按傳統方式編排。魏晉南北朝隋唐五代時期古籍主體爲敦煌文書，按照佛教文獻、其他宗教文獻、四部文獻的順序編排，佛教文獻按照《開元釋教錄》的順序編排，其他宗教文獻按照宗教類別編排，四部文獻按照經史子集的順序編排；宋遼夏金元時期和明清時期按照經史子集順序編排。碑帖拓片分別歸入史部傳記類、詔令奏議類、子部藝術類、集部別集各類。民族文字古籍原則上按民族文字出現的先後順序依次排列。各小類中的多部古籍，一般按時代先後排序。此次在其他文字珍貴古籍類中，收錄了兩種西文善本，這兩部早期傳入中國并留存至今的西文善本，見證了中西文化交流的歷史進程，成爲具有獨特意義的文化遺產和記憶遺產。

古籍承載着中華民族的輝煌歷史，銘刻着中華民族的偉大創造，是弘揚優秀傳統文化、開展愛國主義教育的重要載體。古籍生動展示了中華民族豐富的歷史文化遺產和燦爛的文明進步成就，古籍保護工作成就展示了在中國共產黨領導下創造美好生活、實現中華民族偉大復興的艱辛歷程和輝煌成就。當前，黨和國家各項事業發展站在了一個新的歷史起點上，我國社會主義文化建設面臨着進一步繁榮發展的良好機遇。加快古籍保護工作的步伐，是深入貫徹落實科學發展觀、促進經濟社會又好又快發展的迫切需要，是弘揚中華民族優秀傳統文化、傳播社會主義先進文化、推動社會主義文化大發展大繁榮的迫切需要，是滿足人民群眾日益增長的精神文化需求、提高全民族思想道德素質和科學文化素質的迫切需要，是增進民族團結、維護國家統一和社會穩定的迫切需要，是提高國家文化軟實力、增強中華文化國際影響力的迫切需要，是維護世界文化多樣性和創造性、促進人類共同發展的迫切需要。

古籍保護工作責任重大，使命光榮。廣大古籍保護工作者在鄧小平理論和"三個代表"重要思想指導下，深入貫徹落實科學發展觀，抓住機遇，開拓進取，奮發有爲，努力工作。我們相信，隨着"中華古籍保護計劃"的推進，未來將有更多的成果呈現給大家。

《第三批國家珍貴古籍名録圖録》编委会

2011年10月

凡例

經全國古籍評審工作委員會反復審議、遴選、論證，並徵求全國古籍保護工作部際聯席會議成員單位及有關方面的意見，現出版《第三批國家珍貴古籍名錄圖録》。

為使圖録能够準確、簡明地反映珍貴古籍特點，特制定此凡例。

一、收録原則：本書所收古籍，是經國務院審批頒佈的《第三批國家珍貴古籍名録》中的古籍。

二、編排原則：本書分漢文珍貴古籍、少數民族文字珍貴古籍和其他文字珍貴古籍三大類。漢文珍貴古籍按時間編排，主要為魏晉南北朝隋唐五代時期、宋遼夏金元時期、明清時期，各時期内根據文獻類型慣常的分類方式分類；少數民族文字珍貴古籍按語種編排；其他文字珍貴古籍按時間編排。

三、選圖原則：本書圖片由珍貴古籍名録入選單位和個人提供，每種古籍選擇一至二幀能反映該書版本特徵的圖片，具體原則為：

（一）題名葉。多卷本，原則上選取正文首卷卷端原刻原印葉，如首卷卷端缺失、補刻、補抄等，則另選其他卷端的原刻原印葉；單卷本，即不分卷或一卷，原則上選取卷端或正文首葉原刻原印葉，如卷端或首葉缺失、補刻、補抄等，則選取其他的原刻原印葉；合刻本，原則上選取合刻書的題名葉，如沒有或缺失，則選擇能反映該書為合刻本的原刻原印葉。

（二）責任者葉。選取正文首卷卷端，或序跋等反映責任者的書葉。

（三）出版者、出版時間葉。選取牌記、刻書題記，或與出版者、出版時間相關的序、跋等葉。

（四）彩色套印葉。選取色彩最多最清晰的書葉，不可選取無套印葉。

（五）版印方式葉。選取具有本書版本或材料特徵的書葉，或具有相關文字記載的序、跋等書葉。如銅活字印刷，選取反映銅活字印刷的書葉或序跋等。

（六）特色葉。本書特有的著名藏書家印章、批、校、題、跋等葉。

（七）裝幀特色。具有裝幀特色的古籍，可以選取反映特色裝幀的圖片。如梵夾裝、旋風裝等。

四、著録原則：主要進行客觀著録，著録本書珍貴古籍名録編號、書名、卷數、著者、版本、存卷、流傳過程、裝幀形式（線裝形式者不著録）、現藏單位等。

五、本書按《第三批國家珍貴古籍名録》條目選配書影，加以著録。如有書目完全相同而收藏地不同者，則并為一條著録，所有收藏地信息在釋文最後依先後順序注明，圖片選用最有特色、效果最佳者一至二幀。

六、根據第三批國家珍貴古籍名録的特點，在以上著録原則的基礎上，特作如下幾點說明：

（一）某一版本多家收藏，而各家所存卷數等狀況不同，在藏書單位之後題某某存全，某某存殘。如國家圖書館、上海圖書館存全，南京圖書館、四川省圖書館存殘；一书卷帙較大，而某館僅存卷數極少者，不著具體存卷數，題存殘。（各藏書單位的具體存卷情況見本圖録所附《第三批國家珍貴古籍名録圖録總目録》）

（二）版本雖同，但遞修深度不同，將遞修深度相同各館集中注記，題某某館所藏為××遞修本；某某館為××遞修本。

（三）各館藏書來源不同，其上所鈐藏印也不同，只著録時代早或藏家影響深遠之印記，一般藏印不予著録。

總目録

一、漢文珍貴古籍名録

（一）魏晉南北朝隋唐五代時期

06903 思益梵天所問經卷第四 （後秦）釋鳩摩
　　　羅什譯 歸義軍時期寫本 天津博物館

06904 無量壽經卷上 （三國魏）釋康僧鎧譯 南
　　　北朝寫本 國家圖書館

06905 大乘稻芊經 佚名譯 普賢菩薩行願王經
　　　佚名譯 大乘四法經（異本） 佚名譯 因
　　　緣心論頌 佚名譯 佛垂般涅槃略說教誡
　　　經 （後秦）釋鳩摩羅什譯 吐蕃統治敦煌
　　　時期寫本 國家圖書館

06906 佛說佛名經 唐寫本 天津博物館

06907 佛名經卷第五 （北魏）釋菩提留支譯 南
　　　北朝寫本 山東省博物館

06908 佛說佛名經卷第十四 歸義軍時期寫本 天
　　　津博物館

06909 賢劫千佛名經 後梁貞明六年（920）寫本
　　　天津博物館

06910 諸經要集卷第十一 （唐）釋道世集 金
　　　剛般若波羅蜜經並序（血書）（後秦）
　　　釋鳩摩羅什譯 歸義軍時期寫本 國家圖書館

06911 佛說長阿含第四分世記經轉輪聖王品第
　　　三 （後秦）釋佛陀耶舍 釋竺佛念譯 唐貞
　　　觀二十二年（648）寫本 宋吳道夫等跋 天
　　　津博物館

06912 四分律卷第一 唐寫本 天津博物館

06913 比丘尼四分戒本 唐寫本 天津博物館

06914 提謂五戒經並威儀卷下 南北朝寫本 國
　　　家圖書館

06915 大戒尼羯磨文 六朝寫本 天津博物館

06916 毗尼心經 歸義軍時期寫本 國家圖書館

06917 大智度論卷第三十一 （後秦）釋鳩摩羅
　　　什譯 南北朝寫本 盛華堂

06918 大智度論卷第六十七 （後秦）釋鳩摩羅
　　　什譯 南北朝寫本 天津博物館

06919 肇論 （後秦）釋僧肇著 卷背 量處輕重
　　　儀 （唐）釋道宣輯 因緣心論釋開決記
　　　六門陀羅尼經論廣釋 （唐）釋曇曠撰
　　　唐寫本 遼寧省旅順博物館

06920 七佛所說神咒經卷第二 （晉）失譯 唐
　　　寫本 天津博物館

06921 大佛頂如來密因修證了義諸菩薩萬行首
　　　楞嚴經卷第六 （唐）釋般刺密帝譯 吐蕃
　　　統治敦煌時期寫本 山東省博物館

06922 大佛頂如來密因修證了義諸菩薩萬行首
　　　楞嚴經卷第十 （唐）釋般刺密帝譯 唐寫
　　　本 敦煌市博物館

06923 般若波羅蜜多心經注 吐蕃統治敦煌時期
　　　寫本 國家圖書館

06924 般若波羅蜜多心經注 晚唐五代寫本 天
　　　津博物館

06925 華嚴略疏卷第一 南北朝寫本 國家圖書館

06926 法華經疏 唐寫本 天津博物館

06927 [大般涅槃經疏] 南北朝時期寫本 卷背
　　　大乘稻芊經隨聽疏（二種）（唐）釋法
　　　成撰 吐蕃統治敦煌時期寫本 國家圖書館

06928 妙法蓮華經玄贊卷第二 （唐）釋窺基撰
　　　唐寫本 國家圖書館

06929 妙法蓮華經玄贊卷第四 （唐）釋窺基撰
　　　唐寫本 國家圖書館

06930 淨名經集解關中疏卷上 （唐）釋道液撰
　　　吐蕃統治敦煌時期寫本 國家圖書館

06931 淨名經集解關中疏卷上 （唐）釋道液撰
　　　唐乙巳年（825）寫本 國家圖書館

06932 淨名經集解關中疏卷上 （唐）釋道液撰
　　　吐蕃統治敦煌時期寫本 國家圖書館

06933 淨名經集解關中疏卷下 （唐）釋道液撰
　　　吐蕃統治敦煌時期寫本 天津博物館

06934 維摩義記卷第二 （隋）釋慧遠撰 歸義軍時期寫本 國家圖書館

06935 涅槃義記卷第一 隋大業十一年（615）寫本 國家圖書館

06936 [菩薩地持經疏] 卷背 [起世經鈔] [雜緣起鈔] 唐寫本 國家圖書館

06937 四分戒本疏卷第一 五代寫本 天津博物館

06938 四分律戒本疏 歸義軍時期寫本 國家圖書館

06939 四分律戒本疏卷第三 歸義軍時期寫本 國家圖書館

06940 [大僧與比丘作羯磨文]（二種） 卷背 大義章 題及法師撰 南北朝寫本 國家圖書館

06941 [百法明門論疏] 吐蕃統治敦煌時期寫本 國家圖書館

06942 大乘百法論義章 （唐）釋晏法師撰 吐蕃統治敦煌時期寫本 國家圖書館

06943 大乘百法明門論開宗義記 （唐）釋曇曠撰 五代寫本 天津博物館

06944 [大乘百法明門論開宗義記手記] 唐會昌六年（846）寫本 卷背 [天復甲子新婦染患施捨文] 唐天復甲子（904）寫本 [都僧統賢照都僧錄談廣等上僕射狀稿] 歸義軍時期寫本 山東省博物館

06945 [大乘入道次第章] 歸義軍時期寫本 國家圖書館

06946 [大乘五門十地實相論] 南北朝寫本 國家圖書館

06947 南宗頓教最上大乘摩訶般若波羅蜜經六祖惠能大師於韶州大梵寺施法壇經一卷 （唐）釋法海等輯 後周顯德五年（958）寫本 遼寧省旅順博物館

06948 大慈如來十月廿四日告疏 北魏興安三年（454）寫本 敦煌研究院

06949 依諸大乘經略發願法 唐寫本 天津博物館

06950 佛說無量大慈教經 歸義軍時期寫本 甘肅省圖書館

06951 大通方廣懺悔滅罪莊嚴成佛經卷上 唐寫本 遼寧省旅順博物館

06952 禪門經並序 歸義軍時期寫本 國家圖書館

06953 佛為心王菩薩說投陀經 唐寫本 天津博物館

06954 佛說延壽命經 歸義軍時期寫本 國家圖書館

06955 十王經 護諸童子陀羅尼咒經 般若波羅蜜多心經 （唐）釋玄奘譯 唐寫本 國家圖書館

06956 黃仕強傳 普賢菩薩說證明經 證香火本因經 歸義軍時期寫本 山東省博物館

06957 藏經目 五代寫本 天津博物館

06958 藏經目 五代寫本 天津博物館

06959 藏經目 五代寫本 天津博物館

06960 太上洞玄靈寶天尊名 唐寫本 卷背 大乘百法明門論開宗義決疏 吐蕃統治敦煌時期寫本 國家圖書館

06961 太上洞玄靈寶天尊名 唐寫本 卷背 大乘百法明門論開宗義決疏 吐蕃統治敦煌時期寫本 國家圖書館

06962 太玄真一本際經卷第三 唐寫本 天津博物館

06963 太玄真一本際經卷第七 唐寫本 天津博物館

06964 [太上洞淵三昧神咒大齋儀] 唐寫本 國家圖書館

06965 [洞真上清諸經摘抄] 唐寫本 國家圖書館

06966 [王玄覽道德經義論難] （唐）王玄覽撰

唐寫本 卷背 [齋儀] 吐蕃統治敦煌時期寫本 國家圖書館

06967 **孝經鄭氏解·卿大夫章** （漢）鄭玄注 唐寫本 國家圖書館

06968 **晉陽秋** 東晉十六國寫本 新疆維吾爾自治區博物館

06969 **典言** （隋）薛道衡撰 隋寫本 新疆維吾爾自治區博物館

06970 **孔目司帖** 唐建中五年（784）寫本 遼寧省旅順博物館

06971 **北魏禁軍軍官籍簿** 南北朝寫本 敦煌研究院

（二）宋遼夏金元時期

06972 **周易兼義九卷** （唐）孔穎達撰 **音義一卷** （唐）陸德明撰 **略例一卷** （魏）王弼撰 元刻明修本 北京大學圖書館

06973 **易學啓蒙通釋二卷圖一卷** （宋）胡方平撰 元刻明修本 湖南圖書館

06974 **尚書注疏二十卷** 題（漢）孔安國傳 （唐）孔穎達疏 （唐）陸德明釋文 **新彫尚書纂圖一卷** 蒙古刻本（卷三至六配清影蒙古抄本） 國家圖書館

06975 **附釋音尚書註疏二十卷** 題（漢）孔安國傳 （唐）孔穎達疏 （唐）陸德明釋文 元刻明修本 江西省樂平市圖書館 存十五卷（一至十五）

06976 **書集傳六卷圖一卷** （宋）蔡沈撰 （元）鄒季友音釋 **朱子說書綱領一卷** （宋）朱熹撰 元至正十一年（1351）德星書堂刻本 北京師範大學圖書館

06977 **附釋音周禮註疏四十二卷** （漢）鄭玄注 （唐）賈公彥等疏 （唐）陸德明釋文 元

刻明修本 復旦大學圖書館

06978 **附釋音周禮註疏四十二卷** （漢）鄭玄注 （唐）賈公彥等疏 （唐）陸德明釋文 元刻明修本 南京圖書館

06979 **附釋音周禮註疏四十二卷** （漢）鄭玄注 （唐）賈公彥等疏 （唐）陸德明釋文 元刻明修本 北京師範大學圖書館

06980 **附釋音周禮註疏四十二卷** （漢）鄭玄注 （唐）賈公彥等疏 （唐）陸德明釋文 元刻明修本 山東省圖書館

06981 **附釋音周禮註疏四十二卷** （漢）鄭玄注 （唐）賈公彥等疏 （唐）陸德明釋文 元刻明修本 山東省博物館 存三十九卷（一至六、十至四十二）

06982 **附釋音周禮註疏四十二卷** （漢）鄭玄注 （唐）賈公彥等疏 （唐）陸德明釋文 元刻明修本 江西省樂平市圖書館 存十四卷（一至十、十八至二十一）

06983 **附釋音周禮註疏四十二卷** （漢）鄭玄注 （唐）賈公彥等疏 （唐）陸德明釋文 元刻明修本 章炳麟跋 浙江圖書館

06984 **儀禮十七卷 儀禮圖十七卷旁通圖一卷** （宋）楊復撰 元崇化余志安勤有堂刻本 上海博物館 存七卷（儀禮卷一葉一至四,儀禮圖卷一葉五至十一、卷二至六）

06985 **儀禮十七卷 儀禮圖十七卷旁通圖一卷** （宋）楊復撰 元崇化余志安勤有堂刻本 丁丙跋 南京圖書館 存八卷（儀禮二、六至七,儀禮圖二、五至七、十二）

06986 **儀禮十七卷 儀禮圖十七卷旁通圖一卷** （宋）楊復撰 元刻明修本（儀禮圖卷十六

至十七及旁通圖配清抄本） 浙江圖書館

存十八卷（儀禮圖全、旁通圖全）

06987 儀禮十七卷 儀禮圖十七卷旁通圖一卷
（宋）楊復撰 元刻明修本 北京大學圖書館

存十四卷（儀禮圖一至十一、十三至十四、
十六）

06988 儀禮十七卷 儀禮圖十七卷旁通圖一卷
（宋）楊復撰 元刻明修本 柯逢時跋 吉林
省圖書館

06989 儀禮集說十七卷 （元）敖繼公撰 元大德
刻明修本 王獻唐跋 山東省博物館

存十二卷（一至十二）

06990 禮記二十卷 （漢）鄭玄注 宋刻本 北京
市文物局圖書資料中心

存九卷（一至九）

06991 禮記二十卷 （漢）鄭玄注 宋刻本 瀋陽
故宮博物院

存一卷（十四）

06992 附釋音禮記註疏六十三卷 （漢）鄭玄注
（唐）孔穎達疏 （唐）陸德明釋文 元刻明
修本 浙江圖書館

06993 禮書一百五十卷 （宋）陳祥道撰 元至正
七年（1347）福州路儒學刻明修本 南京圖
書館

06994 樂書二百卷目錄二十卷 （宋）陳暘撰 元
至正七年（1347）福州路儒學刻明修本（卷
三十九至四十三配清抄本） 南京圖書館

06995 京本點校附音春秋經傳集解三十卷
（晉）杜預撰 （唐）陸德明釋文 宋刻本
吉林大學圖書館

存一卷（二十九）

06996 附釋音春秋左傳註疏六十卷 （晉）杜預
注 （唐）孔穎達疏 （唐）陸德明釋文 元

刻明修本 吉林省圖書館

06997 附釋音春秋左傳註疏六十卷 （晉）杜預
注 （唐）孔穎達疏 （唐）陸德明釋文 元
刻明修本 章炳麟跋 浙江圖書館

06998 監本附音春秋公羊註疏二十八卷 （漢）
何休注 （唐）徐彥疏 （唐）陸德明音義
元刻本 南京圖書館

存十卷（五至六、十五至十六、二十一至
二十二、二十五至二十八）

06999 監本附音春秋公羊註疏二十八卷 （漢）
何休注 （唐）徐彥疏 （唐）陸德明音義
元刻明修本 四川師範大學圖書館

07000 監本附音春秋公羊註疏二十八卷 （漢）
何休注 （唐）徐彥疏 （唐）陸德明音義
元刻明修本 丁丙跋 南京圖書館

07001 監本附音春秋穀梁傳註疏二十卷 （晉）
范甯集解 （唐）楊士勛疏 （唐）陸德明
釋文 元刻明修本 江西省樂平市圖書館

07002 監本附音春秋穀梁傳註疏二十卷 （晉）
范甯集解 （唐）楊士勛疏 （唐）陸德明
釋文 元刻明修本 北京大學圖書館

07003 春秋集註十一卷綱領一卷 （宋）張洽撰
宋德祐元年（1275）衛宗武華亭義塾刻本
國家圖書館

07004 春秋屬辭十五卷 （元）趙汸撰 元至正
二十四年（1364）休寧商山義塾刻明弘治
六年（1493）高忠重修本 北京師範大學
圖書館

07005 春秋屬辭十五卷 （元）趙汸撰 元至正
二十四年（1364）休寧商山義塾刻明弘治六
年（1494）高忠重修本 遼寧省旅順博物館

07006 孟子十四卷 （宋）朱熹集注 （元）倪士
毅輯釋 元刻明修本 天津圖書館

07007 四書通二十六卷 （元）胡炳文撰 元天曆
二年（1329）崇化余志安勤有堂刻本 國家
圖書館

07008 四書輯釋大成三十六卷 （元）倪士毅撰
元至正二年（1342）日新書堂刻本 北京大
學圖書館
存四卷（論語十一至十四）

07009 大廣益會玉篇三十卷 （梁）顧野王撰
（唐）孫強增字 （宋）陳彭年等重修 玉
篇廣韻指南一卷 元詹氏進德書堂刻本
袁芳瑛跋 董文渙 于騰題款 國家圖書館

07010 廣韻五卷 元刻本 北京大學圖書館

07011 玉篇廣韻指南一卷 元刻本 北京大學圖
書館

07012 通志二百卷 （宋）鄭樵撰 元大德三山
郡庠刻本 甘肅省會寧縣圖書館
存六卷（一百二十九、一百三十九至
一百四十一、一百六十二至一百六十三）

07013 通志二百卷 （宋）鄭樵撰 元大德三山郡庠
刻本 山東省博物館
存三卷（一百六十二至一百六十三、
一百八十二）

07014 通志二百卷 （宋）鄭樵撰 元大德三山郡
庠刻本 山東省博物館
存一卷（一百九十）

07015 通志二百卷 （宋）鄭樵撰 元大德三山郡
庠刻元修本 東北師範大學圖書館
存一卷（一百五十二）

07016 通志二百卷 （宋）鄭樵撰 元大德三山郡
庠刻元明遞修本 北京師範大學圖書館

07017 通志二百卷 （宋）鄭樵撰 元大德三山郡
庠刻元明遞修本 復旦大學圖書館

07018 通志二百卷 （宋）鄭樵撰 元大德三山郡

庠刻元明遞修本 安徽師範大學圖書館

07019 通志二百卷 （宋）鄭樵撰 元大德三山郡庠
刻元明遞修本 山東省博物館
存一百八十四卷（一至二十三、二十六至
五十、五十五至五十九、六十一至六十三、
六十五至九十三、九十五至一百十、一百十三
至一百四十六、一百四十八至一百五十、
一百五十二至一百九十、一百九十四至二百）

07020 通志二百卷 （宋）鄭樵撰 元大德三山郡
庠刻元明遞修本 山東省博物館
存十一卷（五十一至五十四、一百十至
一百十二、一百四十七、一百五十一至
一百五十三）

07021 通志二百卷 （宋）鄭樵撰 元大德三山郡
庠刻元明遞修本 吉林大學圖書館
存三卷（二十、九十八上、一百五十三）

07022 通志二百卷 （宋）鄭樵撰 元大德三山郡
庠刻元明遞修本 華東師範大學圖書館
存一卷（五十四）

07023 通志二百卷 （宋）鄭樵撰 元大德三山郡
庠刻元明遞修本（有抄配） 中共北京市委
圖書館
存一卷（一百四十九）

07024 南史八十卷 （唐）李延壽撰 元大德十年
（1306）刻本 馮舒批 四川省圖書館

07025 南史八十卷 （唐）李延壽撰 元大德十年
（1306）刻明嘉靖遞修本 北京師範大學圖
書館

07026 南史八十卷 （唐）李延壽撰 元大德十年
（1306）刻明嘉靖遞修本 遼寧省圖書館

07027 南史八十卷 （唐）李延壽撰 元大德十年
（1306）刻明嘉靖遞修本 吉林省圖書館

07028 南史八十卷 （唐）李延壽撰 元大德十年

（1306）刻明嘉靖遞修本　南京圖書館

07029　南史八十卷　（唐）李延壽撰　元大德十年
（1306）刻明嘉靖遞修本　浙江圖書館

07030　南史八十卷　（唐）李延壽撰　元大德十年
（1306）刻明嘉靖遞修本　大連圖書館
存七十六卷（一至二十二、二十七至八十）

07031　南史八十卷　（唐）李延壽撰　元大德十年
（1306）刻明嘉靖遞修本　丁丙跋　南京圖
書館

07032　北史一百卷　（唐）李延壽撰　元大德信州
路儒學刻明嘉靖遞修本　吉林省圖書館

07033　北史一百卷　（唐）李延壽撰　元大德信州
路儒學刻明嘉靖遞修本　浙江圖書館

07034　北史一百卷　（唐）李延壽撰　元大德信州
路儒學刻明嘉靖遞修本　大連圖書館
存六卷（十三至十五、五十一至五十三）

07035　北史一百卷　（唐）李延壽撰　元大德信州
路儒學刻明嘉靖萬曆遞修本　東北師範大學
圖書館

07036　五代史記七十四卷　（宋）歐陽修撰　宋刻
元明遞修本　浙江圖書館
存二十四卷（一至八、五十八至七十三）

07037　三國志六十五卷　（晉）陳壽撰　（南朝宋）
裴松之注　宋衢州州學刻元明遞修本　吉林
省圖書館

07038　三國志六十五卷　（晉）陳壽撰　（南朝宋）
裴松之注　宋衢州州學刻元明遞修本　安徽
省圖書館

07039　三國志六十五卷　（晉）陳壽撰　（南朝宋）
裴松之注　宋衢州州學刻元明遞修本　山東
省博物館
存六十一卷（一至四十五、五十至六十五）

07040　三國志六十五卷　（晉）陳壽撰　（南朝宋）

裴松之注　元刻明嘉靖萬曆南京國子監遞修
本　湖南圖書館

07041　三國志六十五卷　（晉）陳壽撰　（南朝宋）
裴松之注　元刻明嘉靖萬曆南京國子監遞修
本　北京師範大學圖書館
存五十九卷（七至六十五）

07042　晉書一百三十卷　（唐）房玄齡等撰　音義
三卷　（唐）何超撰　元刻明修本　吉林大學
圖書館
存四卷（八十二至八十五）

07043　晉書一百三十卷　（唐）房玄齡等撰　音義
三卷　（唐）何超撰　元刻明正德十年（1515）
司禮監嘉靖南京國子監遞修本　山東省博
物館
存四卷（五十三至五十六）

07044　晉書一百三十卷　（唐）房玄齡等撰　音義
三卷　（唐）何超撰　元刻明正德十年（1515）
司禮監嘉靖萬曆南京國子監遞修本　暨南大
學圖書館

07045　晉書一百三十卷　（唐）房玄齡等撰　音義
三卷　（唐）何超撰　元刻明正德十年（1515）
司禮監嘉靖萬曆南京國子監遞修本　青島市
博物館
存三十五卷（五十八至九十二）

07046　晉書一百三十卷　（唐）房玄齡等撰　音義三
卷　（唐）何超撰　元刻明修本　首都圖書館
存四卷（一百十至一百十三）

07047　宋書一百卷　（梁）沈約撰　宋刻宋元明遞
修本　吉林省圖書館

07048　梁書五十六卷　（唐）姚思廉撰　宋刻宋元
明遞修本　浙江圖書館
存二十二卷（一至二、七至十三、二十九至
三十五、四十三至四十八）

07049 陳書三十六卷 （唐）姚思廉撰 宋刻宋元
明遞修本 湖南圖書館

07050 陳書三十六卷 （唐）姚思廉撰 宋刻宋元
明遞修本 吉林省圖書館

07051 陳書三十六卷 （唐）姚思廉撰 宋刻宋元
明遞修本 武漢大學圖書館

07052 陳書三十六卷 （唐）姚思廉撰 宋刻宋元
明遞修本 安徽師範大學圖書館
存十七卷（七至十二、二十六至三十六）

07053 魏書一百十四卷 （北齊）魏收撰 宋刻宋
元明遞修本 大連圖書館

07054 魏書一百十四卷 （北齊）魏收撰 宋刻宋
元明遞修本 吉林省圖書館

07055 魏書一百十四卷 （北齊）魏收撰 宋刻宋
元明遞修本 江蘇省啓東市圖書館
存三卷（三十五、六十六、六十九）

07056 魏書一百十四卷 （北齊）魏收撰 宋刻宋
元明遞修本 梁之相題識 雲南省圖書館
存六卷（一至六）

07057 北齊書五十卷 （唐）李百藥撰 宋刻宋元
明遞修本 吉林省圖書館

07058 北齊書五十卷 （唐）李百藥撰 宋刻宋元
明遞修本 南京圖書館

07059 北齊書五十卷 （唐）李百藥撰 宋刻宋元
明遞修本（有抄配） 中共北京市委圖書館

07060 周書五十卷 （唐）令狐德棻等撰 宋刻宋
元明遞修本 吉林省圖書館

07061 周書五十卷 （唐）令狐德棻等撰 宋刻宋
元明遞修本 南京圖書館

07062 隋書八十五卷 （唐）魏徵等撰 元至順三
年瑞州路儒學刻明修本（卷一至二、十三、
十八、二十一、四十一至四十二、四十九至
五十四、七十六至八十五配明萬曆南京國子

監刻本） 安徽省圖書館

07063 唐書二百二十五卷目録二卷 （宋）歐陽
修 宋祁等撰 元刻明修本 南京圖書館
存一百十九卷（五至二十三、二十八下至三十
上、三十八至四十四、七十至七十二、七十五
下至七十八、八十九至九十四、一百一至
一百五、一百十一至一百十五、一百三十至
一百六十三、一百六十八至一百七十一、
一百七十八至一百八十二、一百九十八至
二百十六、二百二十至二百二十四）

07064 唐書二百二十五卷 （宋）歐陽修 宋祁等
撰 釋音二十五卷 （宋）董衝撰 元大德
九年（1305）建康路儒學刻明成化弘治南京
國子監遞修本 遼寧省圖書館

07065 唐書二百二十五卷 （宋）歐陽修 宋祁等
撰 釋音二十五卷 （宋）董衝撰 元大德
九年（1305）建康路儒學刻明成化弘治南京
國子監遞修本 丁丙跋 南京圖書館

07066 唐書二百二十五卷 （宋）歐陽修 宋祁等
撰 釋音二十五卷 （宋）董衝撰 元大德
九年（1305）建康路儒學刻明成化弘治嘉靖
南京國子監遞修本 江西省圖書館

07067 唐書二百二十五卷 （宋）歐陽修 宋祁等
撰 釋音二十五卷 （宋）董衝撰 元大德
九年（1305）建康路儒學刻明成化弘治嘉靖
南京國子監遞修本 浙江圖書館
存三十四卷（四十四至五十五、七十二至
七十五、八十至八十五、八十九至九十五、
一百一至一百五）

07068 唐書二百二十五卷 （宋）歐陽修 宋祁等
撰 釋音二十五卷 （宋）董衝撰 元大德
九年（1305）建康路儒學刻明成化弘治嘉靖
萬曆南京國子監遞修本 吉林省圖書館

07069 唐書二百二十五卷 （宋）歐陽修 宋祁等
撰 釋音二十五卷 （宋）董衝撰 元大德
九年（1305）建康路儒學刻明清遞修本 中
山大學圖書館

07070 唐書二百二十五卷 （宋）歐陽修 宋祁等
撰 釋音二十五卷 （宋）董衝撰 元大德
九年（1305）建康路儒學刻明清遞修本 宜
昌市圖書館

07071 唐書二百二十五卷 （宋）歐陽修 宋祁等
撰 釋音二十五卷 （宋）董衝撰 元大德
九年（1305）建康路儒學刻明清遞修本 湖
南圖書館

07072 唐書二百二十五卷 （宋）歐陽修 宋祁等
撰 釋音二十五卷 （宋）董衝撰 元大德
九年（1305）建康路儒學刻明清遞修本 南
京圖書館
存一百十三卷（一至十八、二十五至
二十八、三十一至三十五、四十一至
五十六、六十五至八十一、九十八至
一百十一、一百五十九至一百六十五、
一百七十四至一百八十，釋音全）

07073 資治通鑑二百九十四卷 （宋）司馬光撰
（元）胡三省音注 元刻本 吉林大學圖書館
存二十三卷（一百三十二至一百三十九、
一百五十八至一百六十五、一百九十二至
一百九十八）

07074 資治通鑑二百九十四卷 （宋）司馬光撰
（元）胡三省音注 元刻本 南開大學圖書館
存十四卷（一百九十九至二百四、二百三十九
至二百四十五、二百五十五）

07075 資治通鑑二百九十四卷 （宋）司馬光撰
（元）胡三省音注 元刻本 山東省博物館
存四卷（八十五至八十八）

07076 資治通鑑二百九十四卷 （宋）司馬光撰
元刻本 吉林省圖書館
存三卷（二百二十七至二百二十八、
二百七十一）

07077 資治通鑑二百九十四卷 （宋）司馬光撰
（元）胡三省音注 元刻本 天津圖書館
存三卷（一百九十三至一百九十五）

07078 資治通鑑二百九十四卷 （宋）司馬光撰
（元）胡三省音注 元刻本 山東省博物館
存一卷（一百八十七）

07079 資治通鑑二百九十四卷 （宋）司馬光撰
（元）胡三省音注 元刻明修本 山東省博
物館
存二卷（一百七十二至一百七十三）

07080 資治通鑑二百九十四卷 （宋）司馬光撰
（元）胡三省音注 元刻明修本（有抄配）
北京師範大學圖書館
存七卷（九十一至九十七）

07081 資治通鑑二百九十四卷 （宋）司馬光撰
（元）胡三省音注 元刻明修本 吉林大學圖
書館
存二卷（四至五）

07082 資治通鑑二百九十四卷 （宋）司馬光撰
（元）胡三省音注 元刻明弘治正德嘉靖遞
修本 東北師範大學圖書館

07083 資治通鑑二百九十四卷 （宋）司馬光撰
（元）胡三省音注 通鑒釋文辯誤十二卷
（元）胡三省撰 元刻明弘治正德嘉靖遞
修本（卷一百十二至一百二十一、二百十五
至二百三十一配清鄱陽胡氏刻本） 天津
圖書館

07084 通鑑釋文辯誤十二卷 （元）胡三省撰 元
刻明修本 北京大學圖書館

07085 通鑑釋文辯誤十二卷 （元）胡三省撰 元
　　刻明修本 南京圖書館

07086 通鑑前編十八卷舉要二卷 （宋）金履祥
　　撰 元刻明成化十二年（1476）南京吏部重
　　修本 浙江圖書館
　　存十二卷（二至十一、舉要全）

07087 省元林公集註資治通鑑詳節一百四卷 宋
　　刻本 北京大學圖書館
　　存一卷（四十三）

07088 資治通鑑綱目五十九卷 （宋）朱熹撰
　　宋嘉定十四年（1221）江西刻本 吉林省圖
　　書館
　　存一卷（十八）

07089 資治通鑑綱目五十九卷 （宋）朱熹撰 宋
　　嘉定十四年（1221）江西刻本 天津圖書館
　　存一卷（四十八）

07090 資治通鑑綱目五十九卷 （宋）朱熹撰
　　宋刻元修本 吉林省圖書館
　　存一卷（三十七）

07091 資治通鑑綱目五十九卷 （宋）朱熹撰
　　元刻本 天津圖書館
　　存一卷（四十二）

07092 資治通鑑綱目五十九卷 （宋）朱熹撰
　　元刻本 山東省博物館
　　存一卷（五十）

07093 資治通鑑綱目書法五十九卷 （元）劉友
　　益撰 元刻本（有抄配） 北京師範大學圖
　　書館
　　存一卷（十二）

07094 通鑑紀事本末四十二卷 （宋）袁樞撰 宋
　　淳熙二年（1175）嚴陵郡庠刻遞修本 中共北
　　京市委圖書館
　　存三卷（三十九、四十一至四十二）

07095 通鑑紀事本末四十二卷 （宋）袁樞撰 宋
　　寶祐五年（1257）趙與悲刻本 天津圖書館
　　存二卷（十五、三十三）

07096 通鑑紀事本末四十二卷 （宋）袁樞撰
　　宋寶祐五年（1257）趙與悲刻本 吉林省
　　圖書館
　　存一卷（七）

07097 通鑑紀事本末四十二卷 （宋）袁樞撰 宋
　　寶祐五年（1257）趙與悲刻元明遞修本 南開
　　大學圖書館

07098 通鑑紀事本末四十二卷 （宋）袁樞撰 宋
　　寶祐五年（1257）趙與悲刻元明遞修本 湖南
　　圖書館
　　存三十八卷（二至十六、十八至三十四、
　　三十六至四十一）

07099 通鑑紀事本末四十二卷 （宋）袁樞撰 宋
　　寶祐五年（1257）趙與悲刻元明遞修本 浙江
　　圖書館
　　存三十五卷（一、四、六至十八、二十至
　　三十、三十二至三十七、三十九、四十一至
　　四十二）

07100 國語補音三卷 （宋）宋庠撰 宋刻元明遞
　　修公文紙印本 吉林省圖書館

07101 兩漢詔令二十三卷 （宋）林虙 樓昉輯
　　元至正九年（1349）蘇天爵刻明修本 北京
　　大學圖書館
　　存十七卷（西漢詔令一、三至四、六至
　　十二，東漢詔令一、六至十一）

07102 國朝諸臣奏議一百五十卷 （宋）趙汝愚
　　輯 宋淳祐十年（1250）史季溫福州刻元修
　　本 吉林省圖書館
　　存二卷（三十四至三十五）

07103 范文正公政府奏議二卷年譜一卷年譜

補遺一卷 （宋）范仲淹撰 元元統二年（1334）范氏褒賢世家歲寒堂刻本 吉林省圖書館

存三卷（奏議上、年譜全、年譜補遺全）

07104 仙源類譜□□□卷 （宋）史浩等纂修 宋內府抄本 國家圖書館

存三十卷（太祖下六世一、二十二，太祖下七世二、二十二、二十六、三十、四十五；太宗下六世四、六、二十一、三十九、四十一、五十六、□□，太宗下七世□□、二十七、□□、四十四、五十、六十二、九十六、九十八、一百、一百十一、一百十四、一百二十二、一百二十五、一百三十一、一百三十八、一百四十）

07105 宗藩慶系録□□卷 宋內府抄本 國家圖書館

存二十二卷（太祖下六世四，太祖下七世十三、十七；太宗下六世二十，太宗下七世十八至十九、二十三、二十七至二十八、三十、三十四、三十九；魏王下七，魏王下六世二至三、九、十二，魏王下七世八、二十二至二十三、三十五至三十六）

07106 通鑑總類二十卷 （宋）沈樞輯 元至正二十三年（1363）吳郡庠刻本 吉林省圖書館

07107 通鑑總類二十卷 （宋）沈樞輯 元至正二十三年（1363）吳郡庠刻本 東北師範大學圖書館

存一卷（六）

07108 通鑑總類二十卷 （宋）沈樞輯 元至正二十三年（1363）吳郡庠刻本 華東師範大學圖書館

存一卷（三）

07109 諸儒先生標註三國志詳節二十卷 （宋）呂祖謙輯 元刻十七史詳節本 北京師範大學圖書館

07110 新編方輿勝覽七十卷 （宋）祝穆輯 元刻本 南京圖書館

07111 [至正]金陵新志十五卷 （元）張鉉纂修 元至正四年（1344）集慶路儒學溧陽州學溧水州學刻明正德十五年（1520）南京國子監重修本 北京大學圖書館

07112 [至正]金陵新志十五卷 （元）張鉉纂修 元至正四年（1344）集慶路儒學溧陽州學溧水州學刻明正德十五年（1520）南京國子監重修本 南京圖書館

存五卷（三下至四、七至九）

07113 新入諸儒議論杜氏通典詳節四十二卷 元刻明修本 東北師範大學圖書館

存三卷（十八至二十）

07114 文獻通考三百四十八卷 （元）馬端臨撰 元泰定元年（1324）西湖書院刻元明遞修本 復旦大學圖書館

07115 文獻通考三百四十八卷 （元）馬端臨撰 元泰定元年（1324）西湖書院刻元明遞修本（卷一至二、十一至十二抄配） 四川師範大學圖書館

存三百四十四卷（一至十二、十七至三百四十八）

07116 十七史纂古今通要十七卷 （元）胡一桂撰 元刻本 北京大學圖書館

存八卷（五、八至十四）

07117 纂圖互註荀子二十卷 （唐）楊倞注 元刻明修本 國家圖書館

07118 纂圖互註荀子二十卷 （唐）楊倞注 元刻明修本 北京大學圖書館

07119 纂圖互註荀子二十卷 （唐）楊倞注 元

第三批國家珍貴古籍名録圖録·總目録

刻明修本　河北大學圖書館

07120　纂圖互註荀子二十卷　（唐）楊倞注　元
刻明修本　遼寧省圖書館

07121　纂圖互註荀子二十卷　（唐）楊倞注　元
刻明修本　甘肅省圖書館

07122　纂圖互註荀子二十卷　（唐）楊倞注　元
刻明修本　南京圖書館

07123　纂圖互註荀子二十卷　（唐）楊倞注　元
刻明修本　湖南圖書館
存十卷（一至十）

07124　纂圖互註荀子二十卷　（唐）楊倞注　元
刻明修本　翁同龢　楊沂孫題識　清華大學圖
書館

07125　新序十卷　（漢）劉向撰　宋刻本　北京大
學圖書館
存二卷（一至二）

07126　校正劉向說苑二十卷　（漢）劉向撰　元大
德七年（1303）雲謙刻本　北京大學圖書館
存十卷（十一至二十）

07127　朱子成書十卷　（元）黃瑞節輯　元至正元
年（1341）日新書堂刻本　揚州市圖書館
存七卷（正蒙一卷、易學啓蒙一卷、家禮及
圖一卷、律呂新書一卷、皇極經世指要一
卷、周易參同契一卷、陰符經一卷）

07128　朱子成書十卷　（元）黃瑞節輯　元至正元
年（1341）日新書堂刻本　吉林省圖書館
存三卷（皇極經世指要一卷、周易參同契一
卷、陰符經一卷）

07129　西山先生真文忠公讀書記甲集三十七卷
丁集二卷　（宋）真德秀撰　宋福州學官刻
元修本　乙集下二十二卷　（宋）真德秀撰
宋開慶元年（1259）福州官刻元明遞修本　山東
省博物館

存二十七卷（甲集一至二、八至二十八，丁
集全，乙集下十一至十二）

07130　西山先生真文忠公讀書記甲集三十七卷
（宋）真德秀撰　宋福州學官刻元明遞修本
南開大學圖書館

07131　西山讀書記乙集下二十二卷　（宋）真德
秀撰　宋開慶元年（1259）福州官刻元明遞
修本　首都師範大學圖書館

07132　西山先生真文忠公讀書記丁集二卷　（宋）
真德秀撰　宋福州學官刻本　丁丙跋　南京圖
書館
存一卷（一）

07133　大學衍義四十三卷　（宋）真德秀撰　元刻
明修本　北京師範大學圖書館
存二十二卷（一至二十二）

07134　新編音點性理羣書句解前集二十三卷
（宋）熊節輯　（宋）熊剛大集解　宋刻本
寧波市天一閣博物館
存八卷（一至八）

07135　慈溪黃氏日抄分類九十七卷　（宋）黃震
撰　元刻遞修本（卷八十、八十四至九十七
配清抄本）　吉林省圖書館
存九十五卷（一至八十四、八十七至
九十七）

07136　新刊補注釋文黃帝內經素問十二卷　（唐）
王冰注　（宋）林億等校正　（宋）孫兆改誤
元後至元五年（1339）胡氏古林書堂刻本　吉
林省圖書館
存六卷（四至九）

07137　新刊黃帝內經靈樞十二卷　元後至元五年
（1339）胡氏古林書堂刻六年（1340）印本
吉林省圖書館
存六卷（七至十二）

07138 大德重校聖濟總録二百卷 元大德三至
四年（1299-1300）江浙等處行中書省刻本
中國醫科大學圖書館
存十卷（一下、二中、十七、十九至二十、
六十一至六十二、八十三至八十四、
九十九）

07139 大德重校聖濟總録二百卷 元大德三至
四年（1299-1300）江浙等處行中書省刻本
中國中醫科學院圖書館
存二卷（一百八十三至一百八十四）

07140 類編陰陽備用差穀奇書十五卷 元後至元
三年（1337）刻本 李盛鐸跋 北京大學圖
書館
存六卷（一至六）

07141 絳帖二十卷 （宋）潘師旦摹 北宋皇祐至
嘉祐年間（1049-1063）刻石 宋拓本 畢沅
題簽 莫是龍 朱鼎榮題跋 天津博物館
存二卷（十一至十二）

07142 晉唐小楷四種 （晉）王羲之 （唐）顏真
卿等書 南宋拓本 趙世駿題簽 朱益藩 陳
寶琛觀款 張瑋題跋 中國文化遺產研究院

07143 十七帖 （晉）王羲之書 南宋拓本 許松
如題簽並題跋 中國文化遺產研究院

07144 呂氏春秋二十六卷 （漢）高誘注 元至正
嘉興路儒學刻明修本 天津圖書館

07145 呂氏春秋二十六卷 （漢）高誘注 元至正
嘉興路儒學刻明修本 四川師範大學圖書館

07146 化書六卷 （五代）譚峭撰 元秦昇家塾刻
本 國家圖書館

07147 冷齋夜話十卷 （宋）釋惠洪撰 元至正三
年（1343）刻本 國家圖書館
存八卷（一至六、八至九）

07148 桯史十五卷 （宋）岳珂撰 宋刻元明遞修

本（有抄配） 鮑廷博校 沈樹鏞 沈曾植跋
南京圖書館

07149 冊府元龜一千卷 （宋）王欽若等輯 宋刻
本 北京大學圖書館
存一卷（七百八十八）

07150 太學新增合璧聯珠聲律万卷菁華前集
六十卷 （宋）李昭玘輯 後集八十卷
（宋）李似輯 宋刻本 北京市文物局圖書
資料中心
存二卷（七十一至七十二）

07151 山堂先生羣書考索別集二十五卷 （宋）
章如愚輯 元刻本［四庫底本］ 湖南圖書館
存十一卷（十二至十八、二十二至
二十五）

07152 古今合璧事類備要前集六十九卷後集
八十一卷續集五十六卷別集九十四卷外
集六十六卷 （宋）謝維新輯 宋刻本 北
京市文物局圖書資料中心
存九卷（後集二十四、二十八，續集二十二
至二十四、四十五至四十八）

07153 韻府羣玉二十卷 （元）陰時夫輯 （元）
陰中夫注 元刻本 四川師範大學圖書館
存八卷（三至四、十至十五）

07154 韻府羣玉二十卷 （元）陰時夫輯 （元）
陰中夫注 元刻本 鄭州市圖書館
存八卷（十至十四、十八至二十）

07155 阿毗達磨俱舍論二十二卷 （陳）釋真諦
譯 北宋海鹽縣金粟山廣惠禪院寫大藏本
天津博物館
存一卷（十一）

07156 摩訶般若波羅蜜經四十卷 （後秦）釋鳩
摩羅什譯 北宋治平四年（1067）昆山縣景
德寺寫大藏本 天津博物館

存一卷（三十四）

07157 大般若波羅蜜多經六百卷 （唐）釋玄奘
譯 宋福州開元寺刻毗盧藏本 遼寧省旅順
博物館
存二卷（三百十三、三百十五）

07158 阿毗達磨順正理論八十卷 （唐）釋玄奘
譯 宋紹興十八年（1148）福州開元寺刻毗
盧藏本 首都圖書館
存一卷（十八）

07159 一切經音義二十五卷 （唐）釋玄應撰 宋
紹興間福州開元寺刻毗盧藏本 遼寧省旅順
博物館
存二十二卷（一、三至二十、二十二至
二十四）

07160 法苑珠林一百卷 （唐）釋道世撰 宋宣和
三年（1121）福州開元寺刻毗盧藏本 遼寧
省旅順博物館
存七卷（四十五、五十七、八十一、
八十九、九十三至九十四、九十六）

07161 古今譯經圖紀四卷 （唐）釋靖邁撰 宋
紹興十八年（1148）福州開元寺刻毗盧藏本
遼寧省旅順博物館

07162 沙門不應拜俗六卷 （唐）釋彥悰撰 宋
紹興十八年（1148）福州開元寺刻毗盧藏本
遼寧省旅順博物館
存二卷（二、六）

07163 續高僧傳音義 宋福州開元寺刻毗盧藏本
遼寧省旅順博物館
存承字函

07164 宗鏡錄一百卷 （宋）釋延壽撰 宋福州東
禪寺刻崇寧藏本 東北師範大學圖書館
存一卷（二十三）

07165 般若波羅蜜多心經 （唐）釋玄奘譯 北宋

寫本 蘇州博物館

07166 金剛般若波羅蜜經 （後秦）釋鳩摩羅什
譯 遼重熙八年（1039）刻本 唐山市豐潤
區文物管理所

07167 金剛般若波羅蜜經 （後秦）釋鳩摩羅什
譯 北宋至和元年（1054）金銀寫本 蘇州
博物館

07168 金剛般若波羅蜜經二卷 （後秦）釋鳩摩
羅什譯 宋開慶元年（1259）太平天壽寺釋
延福刻本 國家圖書館

07169 大方廣佛花嚴經八十卷 （唐）釋實叉難
陀譯 遼重熙十一年（1042）燕京刻本 唐
山市豐潤區文物管理所

07170 大方廣佛華嚴經八十卷 （唐）釋實叉難
陀譯 宋朱紹安等刻本 國家圖書館

07171 大方廣佛華嚴經八十卷 （唐）釋實叉難
陀譯 蒙古憲宗六至八年（1256-1258）京
兆府龍興院刻本 國家圖書館
存三十卷（十至十六、二十、二十三、
二十五、二十七、三十二、三十六至
三十九、四十二至四十三、四十六至
四十七、六十二、六十四至六十六、
六十九、七十三、七十六至七十八、八十）

07172 大方廣佛華嚴經八十卷 （唐）釋實叉
難陀譯 元至元二十八年（1291）金銀寫本
四川新都寶光寺
存五卷（二十一至二十五）

07173 妙法蓮華經七卷 （後秦）釋鳩摩羅什譯
五代宋初刻本 緣督室
存一卷（二）

07174 妙法蓮華經七卷 （後秦）釋鳩摩羅什譯
北宋初年刻本 蘇州博物館
存六卷（一至五、七）

07175 妙法蓮華經八卷 （後秦）釋鳩摩羅什譯 遼咸雍五年（1069）燕京弘法寺刻本 唐山市豐潤區文物管理所

07176 妙法蓮華經七卷 （後秦）釋鳩摩羅什譯 宋臨安府賈官人經書鋪刻本 勞健 羅振玉跋 國家圖書館

07177 妙法蓮華經七卷 （後秦）釋鳩摩羅什譯 宋刻本 釋師訓等跋 國家圖書館 存六卷（一至六）

07178 妙法蓮華經七卷 （後秦）釋鳩摩羅什譯 元金銀寫本 天津博物館

07179 妙法蓮華經七卷 （後秦）釋鳩摩羅什譯 元杭州睦親坊沈八郎刻本 國家圖書館

07180 妙法蓮華經七卷 （後秦）釋鳩摩羅什譯 元至順二年（1331）嘉興路顧逢祥等刻至正六年（1346）姚陳道榮印本 國家圖書館

07181 金光明經四卷 金光明經懺悔滅罪傳 （北涼）釋曇無讖譯 北宋端拱元年（988）刻本 蘇州博物館

07182 佛說阿彌陀經 （後秦）釋鳩摩羅什譯 北宋初年泥金寫本 蘇州博物館

07183 佛說阿彌陀經 （後秦）釋鳩摩羅什譯 遼刻本 唐山市豐潤區文物管理所

07184 大乘本生心地觀經八卷 （唐）釋般若譯 遼咸雍六年（1070）刻本 唐山市豐潤區文物管理所

07185 大悲心陀羅尼經一卷 （唐）釋伽梵達摩譯 宋明道二年（1033）胡則刻本 浙江省瑞安市文物館

07186 佛說大乘聖無量壽決定光明王如來陀羅尼經 （宋）釋法天譯 遼刻本 唐山市豐潤區文物管理所

07187 藥師琉璃光王七佛本願功德經念誦儀

軌二卷 （元）釋沙囉巴譯 元至大四年（1311）刻本 首都圖書館 存一卷（下）

07188 大方廣佛華嚴經疏一百二十卷 （唐）釋澄觀述 （宋）釋淨源錄疏注經 宋兩浙轉運司刻本 首都圖書館 存一卷（一百十四）

07189 大隨求陀羅尼神咒等經咒 北宋咸平四年（1001）杭州趙宗霸刻本 蘇州博物館

07190 佛說天地八陽經 北宋初年寫本 蘇州博物館

07191 佛頂心觀世音經三卷 遼刻本 唐山市豐潤區文物管理所

07192 佛頂心觀世音菩薩大陀羅尼經三卷 北宋崇寧元年（1102）石處道等刻本 國家圖書館

07193 佛說觀世音經 北宋寫本 蘇州博物館

07194 梵本諸經咒 遼刻本 唐山市豐潤區文物管理所

07195 諸佛菩薩名集 （遼）釋思孝撰 遼刻本 唐山市豐潤區文物管理所

07196 五燈會元二十卷 （宋）釋普濟撰 宋刻本（有抄補） 國家圖書館

07197 鎮州臨濟慧照禪師語錄 （唐）釋惠然輯 宋刻本 華東師範大學圖書館

07198 師子林天如和尚剩語集二卷 元至正十二年（1352）釋善遇張善照刻本 北京大學圖書館

07199 迴光和尚唱道 元刻本 國家圖書館

07200 觀音偈、邙山偈 題山主和尚作 劉公居士傳述 金刻本 國家圖書館

07201 楚辭辯證二卷後語六卷 （宋）朱熹撰 元刻本 南開大學圖書館

07202 分類補註李太白詩三十卷 （唐）李白撰
（宋）楊齊賢集注 （元）蕭士贇補注 元
至大三年（1310）余志安勤有書堂刻本 北
京大學圖書館
　　存二十四卷（二至二十五）

07203 分類補註李太白詩二十五卷 （唐）李白
撰 （宋）楊齊賢集注 （元）蕭士贇補注
元建安余氏勤有堂刻明修本 吉林省圖書館
　　存十八卷（一至十五、二十一至二十三）

07204 韋蘇州集十卷拾遺一卷 （唐）韋應物撰
宋刻本 山東省博物館
　　存四卷（一至四）

07205 杜工部草堂詩箋五十卷外集一卷 （唐）
杜甫撰 （宋）蔡夢弼箋注 宋刻本 北京大
學圖書館
　　存二十八卷（二十三至五十）

07206 集千家註分類杜工部詩二十五卷 （唐）
杜甫撰 （宋）徐居仁編次 （宋）黃鶴補
注 元皇慶元年（1312）余志安勤有堂刻本
（有抄配） 成都杜甫草堂博物館

07207 集千家註分類杜工部詩二十五卷 （唐）
杜甫撰 （宋）徐居仁編次 （宋）黃鶴補
注 年譜一卷 （宋）黃鶴撰 元至正七年
（1347）潘屏山圭山書院刻本 北京大學圖
書館
　　存十八卷（一至十四、十七至十九、年譜）

07208 唐陸宣公集二十二卷 （唐）陸贄撰 元
刻本（卷十七至十九配清抄本） 陳方恪跋
南京圖書館
　　存二十一卷（一至七、九至二十二）

07209 唐陸宣公集二十二卷 （唐）陸贄撰 元
刻遞修本 鄭州大學圖書館

07210 增廣註釋音辯唐柳先生集四十五卷外集

二卷 （唐）柳宗元撰 （宋）童宗說注釋
（宋）張敦頤音辯 （宋）潘緯音義 宋刻
本 北京大學圖書館

07211 增廣音注唐郢州刺史丁卯詩集二卷
（唐）許渾撰 （元）祝德子訂正 元刻本
（卷上配明初抄本） 黃丕烈 傅增湘跋 北
京大學圖書館

07212 范文正公集二十卷別集四卷 （宋）范仲
淹撰 遺文一卷 （宋）范純仁 范純粹撰
元天曆元年（1328）褒賢世家家塾歲寒堂刻
本 國家圖書館

07213 節孝先生文集三十卷 （宋）徐積撰 節
孝先生語一卷事實一卷本朝名臣言行錄
一卷皇朝東都事略卓行傳序一卷諸君子
帖一卷 元刻明修本 北京師範大學圖書館

07214 臨川先生文集一百卷 （宋）王安石撰
宋紹興二十一年（1151）兩浙西路轉運司王
珏刻元明遞修本 北京師範大學圖書館

07215 臨川先生文集一百卷 （宋）王安石撰 宋
紹興二十一年（1151）兩浙西路轉運司王珏刻
元明遞修本 李盛鐸跋 北京大學圖書館

07216 蘇文忠公文集四十卷 （宋）蘇軾撰 南
宋蜀刻大字本 北京大學圖書館
　　存三卷（三十七至三十八、四十）

07217 增刊校正王狀元集註分類東坡先生詩
二十五卷 （宋）蘇軾撰 題（宋）王十朋
纂集 （宋）劉辰翁批點 元刻本 山東省博
物館
　　存四卷（一至四）

07218 增刊校正王狀元集註分類東坡先生詩
二十五卷 （宋）蘇軾撰 題（宋）王十朋
纂集 （宋）劉辰翁批點 元刻本 遼寧省圖
書館

存六卷（四、八至十、十三、十七）

07219 淮海集四十卷 （宋）秦觀撰 宋乾道九年
（1173）高郵軍學刻紹熙三年（1192）謝雩
重修本 黃丕烈跋 北京大學圖書館
存十四卷（十二至二十五）

07220 晦庵先生文集一百卷目錄二卷 （宋）朱
熹撰 宋刻本 首都圖書館
存三卷（二十、四十四、六十八殘葉）

07221 晦庵先生朱文公文集一百卷目錄二卷續
集十一卷別集十卷 （宋）朱熹撰 宋咸淳
元年（1265）建安書院刻宋元明遞修本 石
家莊市趙俊杰
存四卷（三十九、八十二、九十三、
九十八）

07222 晦庵先生朱文公文集一百卷目錄二卷續
集十一卷別集十卷 （宋）朱熹撰 宋咸淳
元年（1265）建安書院刻宋元明遞修本（有
抄配） 北京大學圖書館

07223 東萊呂太史文集十五卷別集十六卷外集
五卷 （宋）呂祖謙撰 麗澤論說集錄十
卷 （宋）呂祖儉輯 附錄三卷附錄拾遺
一卷 宋嘉泰四年（1204）呂喬年刻元明遞
修本 浙江圖書館
存十卷（別集十一至十六、集錄七至十）

07224 勉齋先生黃文肅公文集四十卷 （宋）黃
榦撰 語錄一卷 （宋）林圓 蔡念成等輯
年譜一卷 （宋）鄭元肅撰 附集一卷 元
刻延祐二年（1315）重修本（卷三十六至
四十抄配） 吉林省圖書館
存四十卷（文集全）

07225 後村居士集五十卷目錄二卷 （宋）劉克
莊撰 宋刻本 國家圖書館
存四十卷（一至三十八、目錄全）

07226 靈巖寺宋賢題詩題名集拓 （宋）李侃
等撰 北宋天聖六年至政和五年（1028-
1115）刻石 宋拓本 葉恭綽題端 陳承
修 方還 穆湘玥 吳湖帆題跋 南京圖
書館

07227 太平金鏡策八卷 （元）趙天麟撰 元刻本
遼寧省旅順博物館
存二卷（七至八）

07228 伯生詩續編三卷 （元）虞集撰 題葉氏
四愛堂詩一卷 （元）虞集 吳全節等撰
元後至元六年（1340）劉氏日新堂刻本（有
抄配） 北京大學圖書館

07229 文選六十卷 （梁）蕭統輯 （唐）李善注
南宋淳熙八年（1181）池陽郡齋刻遞修本
北京大學圖書館
存四十八卷（十三至六十）

07230 六臣註文選六十卷 （梁）蕭統輯 （唐）
李善 呂延濟 劉良 張銑 呂向 李周翰注
宋刻本 國家圖書館

07231 樂府詩集一百卷 （宋）郭茂倩輯 宋刻本
南京圖書館
存八卷（五十八至六十一、八十五至
八十八）

07232 樂府詩集一百卷目錄二卷 （宋）郭茂倩
輯 元至正元年（1341）集慶路儒學刻明重
修本 北京大學圖書館

07233 樂府詩集一百卷目錄二卷 （宋）郭茂倩
輯 元至正元年（1341）集慶路儒學刻明重
修本 丁丙跋 南京圖書館

07234 文章正宗二十四卷 （宋）真德秀輯 元至
正元年（1341）高仲文刻明修本 山東省博
物館
存二十二卷（一至二、四、六至二十四）

07235 文章正宗二十四卷 （宋）真德秀輯 元至
正元年（1341）高仲文刻明修本（卷十三至
十八配清抄本） 揚州市圖書館
存十九卷（一、三至二十）

07236 唐僧弘秀集十卷 （宋）李龏輯 宋刻本
黃丕烈 袁克文 李盛鐸 傅增湘跋 北京大
學圖書館
存八卷（一至八）

07237 新刊國朝二百家名賢文粹三百卷 宋慶元
三年（1197）書隱齋刻本 北京大學圖書館
存六卷（一百三十五至一百四十）

07238 皇朝文鑑一百五十卷目錄三卷 （宋）呂
祖謙輯 宋嘉泰四年（1204）新安郡齋刻本
山東省博物館
存十卷（二十三至二十九、七十七至
七十九）

07239 聖宋名賢五百家播芳大全文粹□□卷目
錄□卷 （宋）魏齊賢 葉棻輯 南宋刻本
北京大學圖書館
存四卷（二十八至三十一）

07240 皇元朝野詩集前集□卷 （元）傅習
孫存吾輯 （元）虞集校選 後集□卷
（元）孫存吾輯 元刻本 北京大學圖書館
存十卷（前集一至五、後集一至五）

07241 國朝文類七十卷目錄三卷 （元）蘇天爵
輯 元至元至正間西湖書院刻明修本 山西
博物院

07242 國朝文類七十卷目錄三卷 （元）蘇天
爵輯 元翠巖精舍刻本（有清康熙時抄配）
吉林省圖書館
存四十八卷（一至十、十四至三十、三十七
至四十、四十五至四十八、五十二至
六十四）

07243 三蘇先生大全集□□□卷 （宋）蘇洵
蘇軾 蘇轍撰 宋刻本 北京大學圖書館
存四卷（一百十四至一百十六、一百十八）

07244 詩人玉屑二十卷 （宋）魏慶之輯 元刻本
北京大學圖書館
存十七卷（一至十七）

07245 新編紅白蜘蛛小說一卷 元刻本 西安博
物院
存一葉

（三）明清時期

07246 五經不分卷 明刻本 山東省博物館

07247 五經五卷 明廣陽陳儒刻本 浙江圖書館

07248 六經五十九卷 明嘉靖四至六年（1525-
1527）陳鳳梧篆文刻本 河南省圖書館
存五十五卷（周易、毛詩、周禮、儀禮、春
秋全）

07249 九經五十一卷附四卷 明崇禎十三年
（1640）秦鏷求古齋刻本 徐州市圖書館

07250 五經八十二卷 明正統十二年（1447）司
禮監刻本 故宮博物院

07251 五經四書大全一百七十五卷 （明）胡廣
等輯 明內府刻本 天津圖書館

07252 五經大全一百三十五卷 （明）胡廣等輯
明內府刻本 南開大學圖書館

07253 五經□□卷 明嘉靖八年（1529）張祿湖
廣官刻本 湖南圖書館
存四十七卷（詩傳一至五、八，禮記集傳
三至十，春秋經傳三至三十、三十四至
三十八）

07254 五經集注一百十五卷 明嘉靖四十三年
（1564）黃希憲、徐節刻本 華東師範大學

圖書館

07255 十三經註疏三百三十五卷 明嘉靖李元陽
刻本 浙江大學圖書館

07256 十三經註疏三百三十五卷 明嘉靖李元陽
刻南明隆武二年（1646）重修本 西北大學
圖書館

07257 三經評注五卷 明萬曆閔齊伋刻三色套印
本 天津圖書館

07258 三經評注五卷 明萬曆閔齊伋刻三色套印
本 山東省圖書館

07259 周易傳義十卷 （宋）程頤 朱熹撰 上
下篇義一卷 （宋）程頤撰 易五贊一
卷筮儀一卷 （宋）朱熹撰 易說綱領
一卷 （宋）程頤 朱熹撰 明正統十二年
（1447）司禮監刻本 吉林大學圖書館

07260 周易經傳傳義二十四卷 （宋）程頤 朱
熹撰 明刻本 吉林市圖書館

07261 誠齋先生易傳二十卷 （宋）楊萬里撰
明嘉靖二十一年（1542）尹耕療鶴亭刻本
西北大學圖書館

07262 誠齋先生易傳二十卷 （宋）楊萬里撰
明抄本 蘇州大學圖書館
存十九卷（一至十九）

07263 新刊周易纂言集註四卷首一卷 （元）
吳澄撰 明嘉靖元年（1522）宗文書堂刻本
東北師範大學圖書館

07264 周易集傳八卷 （元）龍仁夫撰 清影元抄
本 盛百二跋 上海圖書館

07265 周易參義十二卷 （元）梁寅撰 明抄本
遼寧省圖書館

07266 周易傳義大全二十四卷 （明）胡廣等輯
明弘治四年（1491）羅氏竹坪書堂刻本 石
家莊市圖書館

存十卷（一至七、十六至十七、二十四）

07267 讀易餘言五卷 （明）崔銑撰 明崔氏家塾
刻本 中山大學圖書館

07268 易學本原啓蒙意見四卷 （明）韓邦奇撰
明正德刻本 浙江圖書館

07269 古易世學十七卷 （明）豐坊撰 明抄本
浙江圖書館
存十五卷（三至十七）

07270 讀易一鈔十卷易廣四卷 （清）董守諭撰
稿本 湖北省圖書館

07271 讀易質疑二十卷 （清）汪璲撰 稿本 北
京師範大學圖書館

07272 孔門易緒十六卷首一卷 （清）張德純撰
稿本 江西省圖書館

07273 定齋易簽八卷首一卷 （清）陳法撰 清
乾隆三十年（1765）敬和堂刻本 莫友芝跋
四川省圖書館

07274 周易本義辨證六卷附錄一卷 （清）惠棟
撰 手稿本 丁祖蔭題識 上海圖書館

07275 周易本義輯要三卷 （清）蔣光祖撰 稿本
南京市博物館

07276 古三墳書一卷 明嘉靖四十三年（1564）
刻本 安徽省圖書館

07277 書經六卷 明刻本 湖南圖書館

07278 會通館校正音釋書經十卷 明會通館銅活
字印本 上海圖書館

07279 書集傳六卷 （宋）蔡沈撰 明刻本 吉林
省圖書館

07280 書集傳六卷圖一卷 （宋）蔡沈撰 （元）
鄒季友音釋 朱子說書綱領一卷 （宋）
朱熹撰 明正統十二年（1447）司禮監刻本
北京大學圖書館

07281 書集傳六卷圖一卷 （宋）蔡沈撰 （元）

鄒季友音釋 **朱子說書綱領一卷** （宋）朱熹撰 明正統十二年（1447）司禮監刻本 山東大學圖書館

07282 **書經集註十卷** （宋）蔡沈撰 明嘉靖二年（1523）贛州府刻本 羅榘 丁丙跋 南京圖書館

07283 **書傳會選六卷** （明）劉三吾等撰 明趙府味經堂刻本 王紹蘭 蔡名衡跋 浙江圖書館

07284 **書傳大全十卷** （明）胡廣等輯 明內府抄本 北京師範大學圖書館 存二卷（四至五）

07285 **尚書譜不分卷** （明）梅鷟撰 明抄本 顧廣圻校並跋 丁丙跋 南京圖書館

07286 **徽郡新刊書經講義二卷** （明）程弘賓撰 明嘉靖四十三年（1564）新安程氏刻本 浙江圖書館

07287 **尚書古文疏證九卷** （清）閻若璩撰 清沈彤抄本 張穆校並跋 湖南圖書館 存四卷（一至二、四至五）

07288 **禹貢說斷四卷** （宋）傅寅撰 清乾隆三十八年（1773）四庫全書館抄本 清華大學圖書館 存二卷（一、三）

07289 **毛詩四卷** 明銅活字藍印本 國家圖書館

07290 **詩集傳二十卷詩序辯說一卷詩傳綱領一卷詩圖一卷** （宋）朱熹撰 明正統十二年（1447）司禮監刻本 齊齊哈爾市圖書館

07291 **詩經集傳八卷** （宋）朱熹撰 明嘉靖吉澄刻本 天津圖書館

07292 **呂氏家塾讀詩記三十二卷** （宋）呂祖謙撰 明嘉靖十年（1531）傅鳳翱刻本 福建省圖書館

07293 **詩經疏義會通二十卷綱領一卷圖一卷**

（元）朱公遷撰 （明）王逢輯 （明）何英增釋 明嘉靖二年（1523）書林劉氏安正書堂刻本 浙江圖書館 存十一卷（十至二十）

07294 **詩傳大全二十卷綱領一卷圖一卷** （明）胡廣等輯 詩序辯說一卷 （宋）朱熹撰 明永樂十三年（1415）內府刻本 雲南省圖書館

07295 **詩經億四卷** （明）王道撰 明徐中立刻本 寧波市天一閣博物館

07296 **詩經四卷小序一卷** （明）鍾惺評點 明凌杜若刻三色套印本 浙江圖書館

07297 **詩經世本古義二十八卷** （明）何楷撰 清嘉慶二十四年（1819）謝氏刻本 徐時棟校並跋 傅增湘跋 鄭州大學圖書館

07298 **毛詩通義十二卷首一卷附錄一卷** （清）朱鶴齡撰 手稿本 陳鍾英跋 上海圖書館

07299 **詩廣傳五卷** （清）王夫之撰 清抄本 湖南圖書館

07300 **書集傳附釋一卷** （清）丁晏撰 手稿本 上海圖書館

07301 **詩集傳名物鈔八卷** （元）許謙撰 明怡顏堂抄本 湖南圖書館

07302 **詩外傳十卷** （漢）韓嬰撰 明嘉靖十四年（1535）蘇獻可通津草堂刻本 吉林大學圖書館

07303 **詩外傳十卷** （漢）韓嬰撰 明嘉靖十四年（1535）蘇獻可通津草堂刻本 丁丙跋 南京圖書館

07304 **詩外傳十卷** （漢）韓嬰撰 明嘉靖吳郡沈辨之野竹齋刻本 安徽大學圖書館

07305 **詩外傳十卷** （漢）韓嬰撰 明嘉靖吳郡沈辨之野竹齋刻本 元雨軒

07306 **詩外傳十卷** （漢）韓嬰撰 明嘉靖吳郡沈

辨之野竹齋刻本　廣東省立中山圖書館

07307　詩外傳十卷　（漢）韓嬰撰　明嘉靖刻本
　　　　秦更年校並跋　南開大學圖書館

07308　韓詩外傳十卷　（漢）韓嬰撰　明嘉靖十八
　　　　年（1539）薛來芙蓉泉書屋刻本　南京圖書館

07309　韓詩外傳十卷　（漢）韓嬰撰　明銅活字印
　　　　本　寧波市天一閣博物館
　　　　存二卷（三至四）

07310　聖門傳詩嫡冢十六卷　（明）凌濛初輯
　　　　申公詩說一卷　題（漢）申培撰　明崇禎刻
　　　　本　湖南圖書館

07311　韓詩遺說二卷訂訛一卷　（清）臧庸撰
　　　　稿本　上海圖書館

07312　齊魯韓三家詩釋十四卷三家詩疑一卷三
　　　　家詩源流一卷　（清）朱士端撰　手稿本
　　　　上海圖書館

07313　周禮四十二卷　（漢）鄭玄注　（唐）陸德
　　　　明音義　（明）金蟠訂　明末永懷堂刻本　嚴
　　　　虞惇校並跋　江蘇省常熟市圖書館

07314　周禮註疏四十二卷　（漢）鄭玄注　（唐）
　　　　賈公彥等疏　（唐）陸德明釋文　明嘉靖應
　　　　檟刻本　浙江圖書館

07315　禮經會元四卷　（宋）葉時撰　明刻本　吉
　　　　林省圖書館

07316　禮經會元四卷　（宋）葉時撰　明刻本　吉
　　　　林省圖書館

07317　周禮補亡六卷　（元）丘葵撰　明弘治十四
　　　　年（1501）錢俊民刻本　北京大學圖書館

07318　周禮補亡六卷　（元）丘葵撰　明李緝刻本
　　　　山東省圖書館

07319　周禮傳五卷翼傳二卷　（明）王應電撰
　　　　明嘉靖四十二年（1563）吳鳳瑞刻本　丁丙
　　　　跋　南京圖書館

07320　周禮傳五卷翼傳二卷圖說二卷　（明）王
　　　　應電撰　明抄本　武漢大學圖書館

07321　儀禮註疏十七卷　（漢）鄭玄注　（唐）
　　　　賈公彥等疏　（唐）陸德明釋文　明萬曆
　　　　二十一年（1593）北京國子監刻十三經註疏
　　　　本　顧廣圻校並跋　寧波市天一閣博物館

07322　經禮補逸九卷　（元）汪克寬撰　附錄一卷
　　　　明弘治十年（1497）汪璋、汪珙等刻本（卷五
　　　　至九配清抄本）　丁丙跋　南京圖書館

07323　儀禮明解二十卷　（明）何喬新撰　明正德
　　　　刻本　齊齊哈爾市圖書館
　　　　存八卷（十三至二十）

07324　儀禮蠡測簽注二卷　（清）翁方綱撰　稿本
　　　　馮敏昌跋　韋協夢　翁方綱　江德量　王嵩高
　　　　趙懷玉　吳錫麒　顧宗泰　張雲璈　汪庚　李翩
　　　　沈業富題詩　國家圖書館

07325　禮儀器制改釋五十八卷　（清）孔廣森撰
　　　　稿本　山東省曲阜市文物管理委員會
　　　　存四十九卷（一至四十九）

07326　附釋音禮記註疏六十三卷　（漢）鄭玄注
　　　　（唐）孔穎達疏　（唐）陸德明音義　清乾
　　　　隆六十年（1795）和珅影宋刻本　吉林省圖
　　　　書館

07327　新刊京本禮記纂言三十六卷　（元）吳澄
　　　　撰　明嘉靖九年（1530）安正書堂刻本　浙
　　　　江圖書館

07328　禮記集說十六卷　（元）陳澔撰　明正統
　　　　十二年（1447）司禮監刻本　四川師範大學
　　　　圖書館

07329　禮記集說十六卷　（元）陳澔撰　明正統
　　　　十二年（1447）司禮監刻本　山東省圖書館

07330　禮記集說十六卷　（元）陳澔撰　明正統
　　　　十二年（1447）司禮監刻本　暨南大學圖書館

07331 禮記集說三十卷 （元）陳澔撰 明嘉靖
三十五年（1556）廣東崇正堂刻本 浙江圖
書館

07332 禮記集說三十卷 （元）陳澔撰 明刻本
齊齊哈爾市圖書館

07333 禮記集說十卷 （元）陳澔撰 明弘治十七
年（1504）慎獨齋刻正德十六年（1521）劉
洪重修本 北京大學圖書館

07334 禮記集註十卷 （元）陳澔撰 明書林劉氏
安正堂刻本 南京大學圖書館

07335 新刊禮記正蒙講意三十八卷 （明）陳襃
撰 明嘉靖十六年（1537）左序刻本 浙江
大學圖書館

07336 禮記集註不分卷 （元）倪士毅撰 明抄本
許承堯題跋 安徽省博物館

07337 禮記注疏補缺一卷 （清）孔廣森撰 稿本
山東省曲阜市文物管理委員會

07338 全本禮記體註十卷 （清）徐瑄撰 清聚錦
堂刻本 王筠校並跋 姚朋圖跋 山東省圖
書館

07339 檀孟批點二卷 （宋）謝枋得批點 （明）
楊慎附註 明刻本 浙江圖書館

07340 大戴禮記十三卷 （漢）戴德撰 （北周）
盧辯注 明嘉靖十二年（1533）袁氏嘉趣堂
刻本 黃丕烈跋 國家圖書館

07341 大戴禮記補註十三卷序錄一卷 （清）
孔廣森 稿本 山東省曲阜市文物管理
委員會

07342 三禮考注六十四卷序錄一卷綱領一卷
（元）吳澄撰 明成化九年（1473）謝士元
刻本 北京大學圖書館

07343 二禮經傳測六十八卷纂議一卷 （明）湛
若水撰 明嘉靖刻本 天津圖書館

07344 二禮集解十二卷 （明）李黼撰 明嘉靖
十六年（1537）常州府刻本 揚州市圖書館
存六卷（一至六）

07345 儀禮經傳通解三十七卷 （宋）朱熹撰
續二十九卷 （宋）黃榦 楊復撰 明正德
十六年（1521）劉瑞、曹山刻本 吉林大學
圖書館

07346 儀禮經傳通解三十七卷 （宋）朱熹撰 續
二十九卷 （宋）黃榦 楊復撰 明正德十六
年（1521）劉瑞、曹山刻本 浙江圖書館

07347 儀禮經傳通解三十七卷 （宋）朱熹撰
續二十九卷 （宋）黃榦 楊復撰 明正德
十六年（1521）劉瑞、曹山刻本 山東省圖
書館

07348 六禮纂要六卷 （明）侯廷訓等撰 明嘉靖
四年（1525）薛祖學刻本 吉林大學圖書館

07349 司馬氏書儀十卷 （宋）司馬光撰 清雍正
元年（1723）汪亮采影宋刻本 山東省圖書館

07350 文公家禮儀節八卷 （明）丘濬撰 明正德
十二年（1517）直隸太平府刻本 復旦大學
圖書館

07351 禮服釋名一卷 （清）孔廣森撰 稿本 山
東省曲阜市文物管理委員會

07352 大樂律呂元聲六卷律呂考註四卷 （明）
李文利撰 （明）李元校補 明嘉靖十四年
（1535）浙江布政司刻本 浙江圖書館

07353 大樂律呂元聲六卷 （明）李文利撰
（明）李元校補 明嘉靖十四年（1535）浙
江布政司刻本 浙江大學圖書館

07354 苑洛志樂二十卷 （明）韓邦奇撰 明嘉靖
刻本 吉林省圖書館

07355 苑洛志樂二十卷 （明）韓邦奇撰 明嘉靖
刻本 遼寧大學圖書館

07356 苑洛志樂二十卷 （明）韓邦奇撰 明嘉靖
　　　刻本 山東省圖書館

07357 樂律纂要一卷 （明）季本撰 明嘉靖十八
　　　年（1539）宋楫刻本 浙江圖書館

07358 樂典三十六卷 （明）黃佐撰 明嘉靖
　　　三十六年（1557）盧寧刻本 故宮博物院

07359 樂經元義八卷 （明）劉濂撰 明嘉靖刻本
　　　遼寧省圖書館

07360 樂經元義八卷 （明）劉濂撰 明嘉靖刻本
　　　南京大學圖書館

07361 律呂攷正一卷 （明）潘應詔撰 明刻本
　　　中國藝術研究院圖書館

07362 樂律全書三十九卷 （明）朱載堉撰 明萬
　　　曆鄭藩刻本 山東省圖書館

07363 元律二卷附五聲二變旋宮起調圖譜一卷
　　　（明）李人龍撰 明末抄本 中國藝術研究
　　　院圖書館

07364 律呂元音二卷 （清）永恩撰 稿本 丁丙
　　　跋 南京圖書館

07365 古今樂府聲律源流攷一卷 （清）吳騫輯
　　　稿本 上海圖書館

07366 音點春秋左傳十六卷 明弘治十五年
　　　（1502）陳理刻本 湖南師範大學圖書館

07367 春秋經傳集解三十卷 （晉）杜預撰 明
　　　刻本 青島市博物館

07368 春秋左傳三十卷 （晉）杜預注 （宋）林
　　　堯叟音注 明嘉靖二十四年（1545）書林宗
　　　文堂鄭希善刻本 浙江圖書館

07369 春秋左傳十七卷 清雍正十三年（1735）
　　　果親王府刻四色套印本 吉林省社會科學院
　　　圖書館

07370 詳註東萊先生左氏博議二十五卷 （宋）
　　　呂祖謙撰 明刻本 山東大學圖書館

07371 精選東萊呂先生左氏博議句解十六卷
　　　（宋）呂祖謙撰 （明）瞿景淳輯 明刻本
　　　山東省圖書館

07372 春秋左傳詳節句解三十五卷 （宋）朱申
　　　撰 明刻本 安徽省博物館

07373 春秋左傳類解二十卷地譜世系一卷
　　　（明）劉績撰 明嘉靖七年（1528）崇藩寶
　　　賢堂刻本 湖南師範大學圖書館

07374 左傳附注五卷後錄一卷 （明）陸粲撰
　　　明嘉靖刻本 丁丙跋 南京圖書館

07375 左氏春秋鐫二卷春秋胡氏傳辨疑二卷
　　　（明）陸粲撰 明嘉靖四十二年（1563）陸
　　　延枝刻本 江西省圖書館

07376 唐荊川先生編纂左氏始末十二卷 （明）
　　　唐順之撰 明嘉靖四十一年（1562）唐正之
　　　刻本 浙江圖書館

07377 左國類函二十四卷 （明）鄭元勳 王光魯
　　　輯 明崇禎刻本 揚州大學圖書館

07378 春秋胡傳三十卷 （宋）胡安國撰 諸國
　　　興廢說一卷列國圖說一卷 明正統十二年
　　　（1447）司禮監刻本 中國科學院國家科學
　　　圖書館

07379 春秋胡傳三十卷 （宋）胡安國撰 （宋）
　　　林堯叟音注 綱領一卷提要一卷諸國興廢
　　　說一卷列國東坡圖說一卷正經音訓一卷
　　　明成化十五年（1479）徽州府退思堂刻本
　　　河北大學圖書館

07380 春秋集傳十五卷 （元）趙汸撰 明刻本
　　　西北大學圖書館

07381 春秋四傳三十八卷 明嘉靖十一年
　　　（1532）建寧府刻本 重慶市北碚圖書館

07382 春秋私考三十六卷首一卷 （明）季本撰
　　　明嘉靖刻本 天津圖書館

07383 春秋世學三十二卷 （明）豐坊撰 明抄本
　　　寧波市天一閣博物館
　　　存二十七卷（一至二十七）

07384 春秋旁訓四卷 明嘉靖三十八年（1559）
　　　雲南刻本 寧波市天一閣博物館
　　　存二卷（三至四）

07385 春秋年考一卷 題天畸人撰 明末抄本［四
　　　庫進呈本］ 遼寧省圖書館

07386 春秋說不分卷 （清）王紹蘭撰 稿本 浙
　　　江圖書館

07387 春秋繁露十七卷 （漢）董仲舒撰 明正德
　　　十一年（1516）錫山華堅蘭雪堂銅活字印本
　　　國家圖書館

07388 列國事語分類考釋一卷 （清）孔廣森撰
　　　稿本 山東省曲阜市文物管理委員會

07389 新刊明本大字孝經一卷 明刻本 揚州市
　　　博物館
　　　存九葉

07390 論語筆解二卷 （唐）韓愈 李翱撰 明嘉
　　　靖范氏天一閣刻本［四庫進呈本］ 秦更年
　　　跋 南開大學圖書館

07391 論語類考二十卷 （明）陳士元撰 明嘉靖
　　　三十九年（1560）刻本［四庫進呈本］ 西
　　　安博物院

07392 論語外篇十八卷 （明）李栻撰 明萬曆刻
　　　本 湖北省圖書館

07393 論語古訓十卷 （清）陳鱣撰 清乾隆六十
　　　年（1795）簡莊刻本 鍾文烝校並跋 吉林
　　　大學圖書館

07394 孟子解二卷 清抄本［四庫進呈本］ 西安
　　　博物院

07395 孟子節文七卷 （明）劉三吾輯 明初刻本
　　　山東省博物館

07396 孟子雜記四卷 （明）陳士元撰 明隆慶浩
　　　然堂刻本 浙江圖書館

07397 大學億二卷釋疑一卷 （明）王道撰 明
　　　嘉靖二十三年（1544）錢梗刻本 寧波市天
　　　一閣博物館

07398 大學章句一卷或問一卷中庸章句一卷
　　　或問一卷論語集註十卷孟子集註七卷
　　　（宋）朱熹撰 明嘉靖吉澄刻本 首都圖
　　　書館

07399 四書集註二十八卷 （宋）朱熹撰 明嘉靖
　　　二十七年（1548）伊藩刻本 丁丙跋 南京
　　　圖書館

07400 顏字四書二十八卷 （宋）朱熹撰 明書林
　　　種德堂熊冲宇刻本 王雲錦校並跋 山東省
　　　圖書館
　　　存二十一卷（大學章句全，中庸章句全，論
　　　語集注全，孟子集注一至七、序說一）

07401 四書或問三十七卷 （宋）朱熹撰 明弘治
　　　十七年（1504）刻本 北京大學圖書館

07402 四書或問三十六卷 （宋）朱熹撰 明正德
　　　十二年（1517）閔聞刻本 河北大學圖書館

07403 讀四書叢說八卷 （元）許謙撰 明抄本
　　　浙江圖書館

07404 論語集註大全二十卷 （明）胡廣等輯
　　　明內府寫本 北京大學圖書館
　　　存二卷（六至七）

07405 四書集註大全四十三卷 （明）胡廣等輯
　　　明內府刻本 江西省圖書館

07406 四書集註大全四十三卷 （明）胡廣等輯
　　　明天順二年（1458）黃氏仁和堂刻本 天津
　　　圖書館
　　　存五卷（論語集註六至十）

07407 四書集註大全四十三卷 （明）胡廣等輯

明天順二年（1458）黃氏仁和堂刻本　浙江
圖書館
存三卷（大學章句一卷或問一卷、中庸或問
一卷）

07408　四書集註大全四十三卷　（明）胡廣等輯
明弘治十四年（1501）劉氏慶源書堂刻本
南京圖書館

07409　虛齋蔡先生四書蒙引初薰十五卷　（明）
蔡清撰　明正德十五年（1520）李堰刻本
寧波市天一閣博物館
存十三卷（一至六、八至十四）

07410　重刊增訂虛齋舊續四書蒙引十五卷
（明）蔡清撰　明刻本　山東省圖書館

07411　四書口義十二卷　（明）薛甲撰　明隆慶二
年（1568）刻本　丁丙跋　南京圖書館

07412　四書人物考四十卷　（明）薛應旂輯　明嘉
靖三十七年（1558）刻本　南京大學圖書館

07413　麻沙新刊會通古今四書說筌二十卷
（明）游遬輯　明刻本　西北大學圖書館

07414　疑思録六卷　（明）馮從吾撰　明萬曆武用
望等刻本　湖北省圖書館

07415　談經菀四十卷　（明）陳禹謨輯　明萬曆張
之厚刻本　湖北省圖書館

07416　荷珠録六卷　（明）張汝霖撰　明刻本　蘇
州圖書館

07417　四書疏記四卷　（清）陳鱣撰　手稿本　浙
江圖書館

07418　六經圖六卷　（宋）楊甲撰　（宋）毛邦翰
補　明萬曆四十三年（1615）吳繼仕熙春樓
刻本　首都圖書館

07419　五經蠡測六卷　（明）蔣悌生撰　明嘉靖
十七年（1538）蔣宗雨刻本　浙江圖書館

07420　石渠意見四卷拾遺二卷補缺一卷玩易意

見二卷　（明）王恕撰　明正德刻本　吉林
省圖書館

07421　石渠意見四卷拾遺二卷補缺一卷玩易意
見二卷　（明）王恕撰　明正德刻本　天津
師範大學圖書館

07422　讀相台五經隨筆二卷　（清）周廣業撰
手稿本　上海圖書館

07423　師伏堂經學雜記不分卷　（清）皮錫瑞撰
稿本　湖南師範大學圖書館

07424　爾雅三卷　（晉）郭璞注　音釋三卷　明
景泰七年（1456）馬諒刻本　周叔弢校並跋
天津圖書館

07425　爾雅三卷　（晉）郭璞注　明嘉靖十七年
（1538）吳元恭刻本　北京師範大學圖書館

07426　爾雅三卷　（晉）郭璞注　明刻本　王國維
羅振玉跋　遼寧省旅順博物館

07427　爾雅義疏三卷　（清）郝懿行撰　稿本　王
念孫批注　遼寧省旅順博物館

07428　釋名八卷　（漢）劉熙撰　明刻本　王韜跋
四川師範大學圖書館

07429　釋名疏證八卷補遺一卷續釋名一卷
（清）畢沅撰　清乾隆五十四年（1789）畢
氏靈巖山館刻本　王筠　許瀚批校並跋　山東
省圖書館

07430　博雅十卷　（魏）張揖撰　（隋）曹憲音解
明正德十五年（1520）皇甫録世業堂刻本
黃丕烈校並跋　國家圖書館

07431　埤雅二十卷　（宋）陸佃撰　明刻本　山東
省曲阜市文物管理委員會

07432　埤雅二十卷　（宋）陸佃撰　明刻本　徐州
市圖書館
存十八卷（一至十八）

07433　增修埤雅廣要四十二卷　（明）牛衷撰

明天順蜀府刻本　中共中央黨校圖書館

07434　爾雅翼三十二卷　（宋）羅願撰　明正德
　　　十四年（1519）羅文殊刻本　山東師範大學
　　　圖書館

07435　恒言廣證六卷　（清）陳鱣撰　手稿本　上
　　　海圖書館

07436　許氏說文解字五音韻譜十二卷　（宋）李
　　　燾撰　明嘉靖十一年（1532）孫甫刻本　吉
　　　林省圖書館

07437　重刊許氏說文解字五音韻譜十二卷
　　　（宋）李燾撰　明弘治十四年（1501）車玉
　　　刻本　浙江圖書館

07438　段氏說文注訂八卷　（清）鈕樹玉撰　手稿
　　　本　上海圖書館

07439　汪刻繫傳攷正四卷　（清）王筠撰　手稿本
　　　上海圖書館

07440　說文鈔十五卷　（清）王筠撰　稿本　黑龍
　　　江大學圖書館

07441　說文解字義證五十卷　（清）桂馥撰　清
　　　道光楊氏刻連筠簃叢書本　許瀚批校　山東
　　　省圖書館

07442　大廣益會玉篇三十卷　（梁）顧野王撰
　　　（唐）孫強增字　（宋）陳彭年等重修　玉
　　　篇廣韻指南一卷　明弘治五年（1492）詹
　　　氏進德書堂刻本　國家圖書館

07443　大廣益會玉篇三十卷　（梁）顧野王撰
　　　（唐）孫強增字　（宋）陳彭年等重修　玉
　　　篇廣韻指南一卷　明刻本　山東省博物館

07444　大廣益會玉篇三十卷　（梁）顧野王撰
　　　（唐）孫強增字　（宋）陳彭年等重修　玉
　　　篇廣韻指南一卷　明刻本　北京師範大學圖
　　　書館

07445　大廣益會玉篇三十卷　（梁）顧野王

撰　（唐）孫強增字　（宋）陳彭年等重
修　玉篇廣韻指南一卷　明刻本（卷十七、
二十一補配）　重慶市北碚圖書館

07446　說文字原一卷　（元）周伯琦撰　明嘉靖元
　　　年（1522）于鏊刻本　天津圖書館

07447　說文字原一卷　（元）周伯琦撰　明嘉靖元
　　　年（1522）于鏊刻本　湖北省圖書館

07448　漢隸分韻七卷　明正德十一年（1516）刻
　　　本　上海博物館

07449　六書索隱五卷　（明）楊慎撰　明嘉靖刻本
　　　河北省武安市圖書館

07450　新校經史海篇直音五卷　明刻藍印本　中
　　　山大學圖書館

07451　新校經史海篇直音五卷　明刻藍印本　陝
　　　西省圖書館

07452　碑版異文錄一卷　（清）梁同書撰　手稿本
　　　翁同穌跋　上海圖書館

07453　莊氏心法一卷　（清）莊述祖撰　清抄本
　　　陳介祺批校　山東省博物館

07454　檀園字說一卷外篇一卷　（清）徐養原撰
　　　稿本　譚獻校並題識　鎮江市圖書館

07455　契文舉例二卷　（清）孫詒讓撰　稿本　浙
　　　江大學圖書館

07456　小學答問一卷　章炳麟撰　稿本　四川大學
　　　圖書館

07457　廣韻五卷　明刻本　遼寧省圖書館

07458　廣韻五卷　明刻本　北京師範大學圖書館

07459　重編廣韻五卷　（宋）陳彭年等撰　（明）
　　　朱祐檳重編　明嘉靖二十八年（1549）益藩
　　　刻本　北京師範大學圖書館

07460　韻補五卷　（宋）吳棫撰　明嘉靖許宗魯刻
　　　本　吉林省圖書館

07461　韻補五卷　（宋）吳棫撰　明嘉靖許宗魯刻

本 徐恕校並題識 湖北省圖書館

07462 改併五音類聚四聲篇十五卷 （金）韓道
昭撰 明成化十年（1474）内府刻本 吉林
大學圖書館

07463 古今韻會舉要三十卷禮部韻略七音
三十六母通考一卷 （元）熊忠撰 明刻本
安徽大學圖書館

07464 古今韻會舉要三十卷禮部韻略七音
三十六母通考一卷 （元）熊忠撰 明刻本
山東大學圖書館

07465 新編併音連聲韻集成十三卷 （明）章黼
撰 明成化十七年（1481）刻重修本 南京
師範大學圖書館

07466 會通館集九經韻覽□□卷 （明）華燧輯
明弘治十一年（1498）華氏會通館銅活字印
本 國家圖書館
存十四卷（一至十四）

07467 韻經五卷 （明）張之象撰 明嘉靖十八年
（1539）長水書院刻本 天津圖書館

07468 新刊增補古今名家韻學淵海大成十二卷
（明）李攀龍撰 明刻本 徐州師範大學圖
書館

07469 新刊增補古今名家韻學淵海大成十二卷
（明）李攀龍撰 明刻本 山東省圖書館

07470 六藝綱目二卷附字原一卷 （元）舒天民
撰 清抄本 何紹基校 葉啓發跋 湖南圖
書館

07471 澤存堂五種五十卷 清康熙張士俊澤存堂
刻本 董文渙跋 山西省圖書館

07472 史記一百三十卷 （漢）司馬遷撰 （南朝
宋）裴駰集解 明正德十年（1515）白鹿洞
書院刻本（卷三十一至三十六抄配） 北京
大學圖書館

07473 史記一百三十卷 （漢）司馬遷撰 （南朝
宋）裴駰集解 明影抄宋紹興淮南路轉運司
刻本 傅增湘跋 山西博物院
存一百九卷（一至二、五至八、十五至
三十二、三十九、四十四至四十六、五十至
一百三十）

07474 史記一百三十卷 （漢）司馬遷撰 （南朝
宋）裴駰集解 （唐）司馬貞索隱 （唐）
張守節正義 明嘉靖四年（1525）汪諒刻本
黑龍江省圖書館

07475 史記一百三十卷 （漢）司馬遷撰 （南朝
宋）裴駰集解 （唐）司馬貞索隱 （唐）
張守節正義 明嘉靖四年（1525）汪諒刻本
吉林市圖書館

07476 史記一百三十卷 （漢）司馬遷撰 （南朝
宋）裴駰集解 （唐）司馬貞索隱 （唐）
張守節正義 明嘉靖四年（1525）汪諒刻本
上海師範大學圖書館

07477 史記一百三十卷 （漢）司馬遷撰 （南朝
宋）裴駰集解 （唐）司馬貞索隱 （唐）
張守節正義 明嘉靖四年（1525）汪諒刻本
丁丙跋 南京圖書館

07478 史記一百三十卷 （漢）司馬遷撰 （南朝
宋）裴駰集解 （唐）司馬貞索隱 （唐）
張守節正義 明嘉靖四至六年（1525-
1527）王延喆刻本 南京圖書館

07479 史記一百三十卷 （漢）司馬遷撰 （南朝
宋）裴駰集解 （唐）司馬貞索隱 （唐）
張守節正義 明嘉靖四至六年（1525-
1527）王延喆刻本 吉林大學圖書館

07480 史記一百三十卷 （漢）司馬遷撰 （南朝
宋）裴駰集解 （唐）司馬貞索隱 （唐）
張守節正義 明嘉靖四至六年（1525-

1527）王延喆刻本 山東省圖書館

07481 史記一百三十卷 （漢）司馬遷撰 （南朝宋）裴駰集解 （唐）司馬貞索隱 （唐）張守節正義 明嘉靖四至六年（1525-1527）王延喆刻本 石家莊市圖書館

07482 史記一百三十卷 （漢）司馬遷撰 （南朝宋）裴駰集解 （唐）司馬貞索隱 （唐）張守節正義 明嘉靖四至六年（1525-1527）王延喆刻本 內蒙古社會科學院圖書館

07483 史記一百三十卷 （漢）司馬遷撰 （南朝宋）裴駰集解 （唐）司馬貞索隱 （唐）張守節正義 明嘉靖四至六年（1525-1527）王延喆刻本 鄒道沂批校 北京師範大學圖書館

07484 史記一百三十卷 （漢）司馬遷撰 （南朝宋）裴駰集解 （唐）司馬貞索隱 （唐）張守節正義 明嘉靖八至九年（1529-1530）南京國子監刻本 華南師範大學圖書館

07485 史記一百三十卷 （漢）司馬遷撰 （南朝宋）裴駰集解 （唐）司馬貞索隱 （唐）張守節正義 明嘉靖八至九年（1529-1530）南京國子監刻本 天津圖書館

07486 史記一百三十卷 （漢）司馬遷撰 （南朝宋）裴駰集解 （唐）司馬貞索隱 （唐）張守節正義 明嘉靖八至九年（1529-1530）南京國子監刻本 西安碑林博物館

07487 史記一百三十卷 （漢）司馬遷撰 （南朝宋）裴駰集解 （唐）司馬貞索隱 （唐）張守節正義 明嘉靖八至九年（1529-1530）南京國子監刻本 南京圖書館

07488 史記一百三十卷 （漢）司馬遷撰 （南朝宋）裴駰集解 （唐）司馬貞索隱 （唐）張守節正義 明嘉靖十三年（1534）秦藩朱

惟焞刻二十九年（1550）重修本 吉林省圖書館

07489 史記一百三十卷 （漢）司馬遷撰 （南朝宋）裴駰集解 （唐）司馬貞索隱 （唐）張守節正義 明嘉靖十三年（1534）秦藩朱惟焞刻二十九年（1550）重修本 南京圖書館

07490 史記一百三十卷 （漢）司馬遷撰 （南朝宋）裴駰集解 （唐）司馬貞索隱 （唐）張守節正義 明嘉靖十三年（1534）秦藩朱惟焞刻二十九年（1550）重修本 四川大學圖書館

07491 史記一百三十卷 （漢）司馬遷撰 （南朝宋）裴駰集解 （唐）司馬貞索隱 （唐）張守節正義 明嘉靖十三年（1534）秦藩朱惟焞刻二十九年（1550）重修本 李宗侗批校 河北大學圖書館

07492 史記題評一百三十卷 （明）楊慎 李元陽輯 明嘉靖十六年（1537）胡有恆、胡瑞刻本 浙江大學圖書館

07493 史記評林一百三十卷 （明）凌稚隆輯 明萬曆二至四年（1574-1576）凌稚隆刻本 蕭夢松批並跋 上海辭書出版社

07494 閑心靜居校書筆記二卷 （清）錢泰吉撰 手稿本 上海圖書館

07495 古史六十卷 （宋）蘇轍撰 明萬曆刻本 胡承珙批校並跋 莫伯驥跋 廣州圖書館 存六卷（一至六）

07496 通志略五十二卷 （宋）鄭樵撰 明嘉靖二十九年（1550）陳宗夔等刻本 北京師範大學圖書館

07497 舊五代史一百五十卷目錄二卷 （宋）薛居正等撰 （清）邵晉涵等輯 清乾隆翰林院抄本 江西省圖書館

07498 五代史記七十四卷 （宋）歐陽修撰
（宋）徐無黨注 明嘉靖汪文盛等刻本 北
京師範大學圖書館

07499 五代史記七十四卷 （宋）歐陽修撰
（宋）徐無黨注 明嘉靖汪文盛等刻本 吉
林大學圖書館

07500 歷代史書大全□□卷 明活字印本 山東
省圖書館
存二十二卷（宋帝紀一至十七、元本紀一
至五）

07501 前漢書一百卷 （漢）班固撰 （唐）顏師
古注 明嘉靖八至九年（1529-1530）南京
國子監刻本 東北師範大學圖書館

07502 前漢書一百卷 （漢）班固撰 （唐）顏師
古注 明嘉靖八至九年（1529-1530）南京
國子監刻本 吉林省圖書館

07503 前漢書一百卷 （漢）班固撰 （唐）顏師
古注 明嘉靖八至九年（1529-1530）南京
國子監刻本 上海辭書出版社

07504 前漢書一百卷 （漢）班固撰 （唐）顏師
古注 明嘉靖八至九年（1529-1530）南京
國子監刻本 蘇州大學圖書館

07505 前漢書一百卷 （漢）班固撰 （唐）顏師
古注 明嘉靖八至九年（1529-1530）南京
國子監刻本 浙江圖書館

07506 前漢書一百卷 （漢）班固撰 （唐）顏師
古注 明嘉靖八至九年（1529-1530）南京
國子監刻明清遞修本 吳騫批校 吉林省圖
書館

07507 前漢書一百卷 （漢）班固撰 （唐）顏師
古注 明德藩最樂軒刻本 南開大學圖書館

07508 前漢書一百卷 （漢）班固撰 （唐）顏師
古注 明德藩最樂軒刻本 山東省圖書館

07509 前漢書一百卷 （漢）班固撰 （唐）顏師
古注 明德藩最樂軒刻本 山東省圖書館

07510 前漢書一百卷 （漢）班固撰 （唐）顏師
古注 明德藩最樂軒刻本 吉林大學圖書館

07511 前漢書一百卷 （漢）班固撰 （唐）顏師
古注 明德藩最樂軒刻本（卷一至五配清抄
本） 南京圖書館

07512 漢書一百卷 （漢）班固撰 （唐）顏師古
注 明正統八至十年（1443-1445）刻本 華
東師範大學圖書館

07513 漢書一百卷 （漢）班固撰 （唐）顏師
古注 明正統八至十年（1443-1445）刻本
（有抄配） 吉林省圖書館

07514 漢書一百卷 （漢）班固撰 （唐）顏師古
注 明刻嘉靖十六年（1537）廣東崇正書院
重修本 朱元長 金榜點校 羅振玉題記 吉
林大學圖書館
存九十五卷（一至五十一、五十七至一百）

07515 漢書一百卷 （漢）班固撰 （唐）顏師古
注 明刻嘉靖十六年（1537）廣東崇正書院
重修本 江西省圖書館
存九十二卷（一至五十八、六十六至
九十七、九十九至一百）

07516 漢書一百卷 （漢）班固撰 （唐）顏師古
注 明刻嘉靖十六年（1537）廣東崇正書院
重修本 丁丙跋 丁立中跋並録孫星衍題識
南京圖書館

07517 漢書一百卷 （漢）班固撰 （唐）顏師
古注 明嘉靖汪文盛等刻本（卷四十六至
五十二配清抄本） 佚名録何焯批校並跋
南京圖書館

07518 漢書一百卷 （漢）班固撰 （唐）顏師古
注 明嘉靖汪文盛等刻本 何焯校 山東省博

物館

存二卷（二十六、二十七）

07519 漢書一百卷 （漢）班固撰 （唐）顏師古
注 明嘉靖汪文盛等刻二十八年（1549）周
采等重修本 天津圖書館

07520 漢書一百卷 （漢）班固撰 （唐）顏師古
注 明嘉靖汪文盛等刻二十八年（1549）周
采等重修本 姚輿批校 黃丕烈跋 山東省博
物館

07521 漢書一百卷 （漢）班固撰 （唐）顏師古
注 明嘉靖汪文盛等刻二十八年（1549）周
采等重修本 丁丙跋 南京圖書館

07522 漢書一百卷 （漢）班固撰 （唐）顏師古
注 明崇禎十五年（1642）毛氏汲古閣刻本
何紹基批校 故宮博物院

07523 漢書評林一百卷 （明）凌稚隆輯 明萬曆
九年（1581）吳興凌稚隆刻本（有抄配）
蕭夢松題識 瀋陽師範大學圖書館

07524 漢書疏證二十卷後漢書疏證二十卷
（清）沈欽韓撰 手稿本 上海圖書館

07525 班馬異同三十五卷 （宋）倪思撰 （宋）
劉辰翁評 明嘉靖十六年（1537）李元陽刻
本 天津圖書館

07526 班馬異同三十五卷 （宋）倪思撰 （宋）
劉辰翁評 明嘉靖十六年（1537）李元陽刻
本 浙江大學圖書館

07527 班馬異同三十五卷 （宋）倪思撰 （宋）
劉辰翁評 明嘉靖十六年（1537）李元陽刻
本 湖北省圖書館

07528 後漢書九十卷 （南朝宋）范曄撰 （唐）
李賢注 志三十卷 （晉）司馬彪撰
（梁）劉昭注 明刻嘉靖十六年（1537）廣
東崇正書院重修本 天津圖書館

07529 後漢書九十卷 （南朝宋）范曄撰 （唐）
李賢注 志三十卷 （晉）司馬彪撰
（梁）劉昭注 明嘉靖汪文盛等刻本 湖南
圖書館

07530 後漢書九十卷 （南朝宋）范曄撰 （唐）
李賢注 志三十卷 （晉）司馬彪撰
（梁）劉昭注 明嘉靖汪文盛等刻本 浙江
圖書館

07531 後漢書九十卷 （南朝宋）范曄撰 （唐）
李賢注 志三十卷 （晉）司馬彪撰
（梁）劉昭注 明嘉靖汪文盛等刻本 丁丙
跋 南京圖書館

07532 後漢書九十卷 （南朝宋）范曄撰 （唐）
李賢注 志三十卷 （晉）司馬彪撰
（梁）劉昭注 明嘉靖汪文盛等刻本 鄧邦
述跋 華東師範大學圖書館

07533 後漢書九十卷 （南朝宋）范曄撰 （唐）
李賢注 志三十卷 （晉）司馬彪撰
（梁）劉昭注 明嘉靖汪文盛刻二十八年
（1549）周采等重修本 吉林大學圖書館

07534 後漢書九十卷 （南朝宋）范曄撰 （唐）
李賢注 志三十卷 （晉）司馬彪撰
（梁）劉昭注 明嘉靖汪文盛刻二十八年
（1549）周采等重修本 天津圖書館

07535 後漢書九十卷 （南朝宋）范曄撰 （唐）
李賢注 志三十卷 （晉）司馬彪撰 （梁）
劉昭注 明嘉靖七至九年（1528-1530）南京
國子監刻本 東北師範大學圖書館

07536 後漢書九十卷 （南朝宋）范曄撰 （唐）
李賢注 志三十卷 （晉）司馬彪撰
（梁）劉昭注 明嘉靖七至九年（1528-
1530）南京國子監刻本 河南省圖書館

07537 後漢書九十卷 （南朝宋）范曄撰 （唐）

李賢注 志三十卷 （晉）司馬彪撰
（梁）劉昭注 明嘉靖七至九年（1528-
1530）南京國子監刻本 吉林省圖書館

07538 後漢書九十卷 （南朝宋）范曄撰 （唐）
李賢注 志三十卷 （晉）司馬彪撰
（梁）劉昭注 明崇禎十六年（1643）毛氏
汲古閣刻本 何紹基批點 武漢大學圖書館

07539 後漢書九十卷 （南朝宋）范曄撰 （唐）
李賢注 志三十卷 （晉）司馬彪撰
（梁）劉昭注 明崇禎十六年（1643）毛氏
汲古閣刻本 董文渙校跋 青海省圖書館
存一百十三卷（一至十四、二十二至九十，
志全）

07540 三國志六十五卷 （晉）陳壽撰 （南朝
宋）裴松之注 明崇禎十七年（1644）毛氏
汲古閣刻本 祁雋藻批校 陝西師範大學圖
書館

07541 三國職官表三卷 （清）洪飴孫撰 稿本
江蘇省常熟市圖書館

07542 唐書二百卷 （後晉）劉昫等撰 明嘉靖
十八年（1539）聞人詮刻本 吉林大學圖書館

07543 唐書二百卷 （後晉）劉昫等撰 明嘉靖
十八年（1539）聞人詮刻本 吉林市圖書館

07544 唐書二百卷 （後晉）劉昫等撰 明嘉靖
十八年（1539）聞人詮刻本 浙江大學圖書館

07545 唐書二百卷 （後晉）劉昫等撰 明嘉靖
十八年（1539）聞人詮刻本 南京大學圖書館

07546 唐書二百卷 （後晉）劉昫等撰 明嘉靖
十八年（1539）聞人詮刻本（卷一百四十五
至一百四十八抄配） 南京圖書館

07547 南唐書三十卷 （宋）馬令撰 明嘉靖
二十九年（1550）顧汝達刻本 北京師範大
學圖書館

07548 南唐書三十卷 （宋）馬令撰 明嘉靖
二十九年（1550）顧汝達刻本 華東師範大
學圖書館

07549 南唐書三十卷 （宋）馬令撰 明嘉靖
二十九年（1550）顧汝達刻本 吉林大學圖
書館

07550 南唐書三十卷 （宋）馬令撰 明嘉靖
二十九年（1550）顧汝達刻本 吉林省圖書館

07551 南唐書三十卷 （宋）馬令撰 明嘉靖
二十九年（1550）顧汝達刻本 天津圖書館

07552 南唐書三十卷 （宋）馬令撰 明嘉靖
二十九年（1550）顧汝達刻本 南京圖書館

07553 南唐書三十卷 （宋）馬令撰 明嘉靖
二十九年（1550）顧汝達刻本 鄧邦述跋
國家圖書館

07554 南唐書三十卷 （宋）馬令撰 明嘉靖
二十九年（1550）顧汝達刻重修本 葉恭煥
跋 南京圖書館

07555 唐餘紀傳十八卷 （明）陳霆撰 明嘉靖
二十三年（1544）馮煥刻本 首都圖書館

07556 宋史四百九十六卷目録三卷 （元）脫脫
等撰 明成化七至十六年（1471-1480）朱
英刻嘉靖南京國子監遞修本（卷一百十一至
一百十六抄配） 武漢大學圖書館
存四百六十一卷（一至五、九至
一百七十五、一百八十六至三百二十、
三百三十至三百三十八、三百五十五至
四百九十六，目録全）

07557 宋史四百九十六卷目録三卷 （元）脫脫
等撰 明成化七至十六年（1471-1480）朱
英刻嘉靖萬曆南京國子監遞修本 安徽師範
大學圖書館

07558 宋史四百九十六卷目録三卷 （元）脫脫

等撰　明成化七至十六年（1471-1480）朱
英刻嘉靖萬曆南京國子監遞修本　吉林省圖
書館

07559　宋史四百九十六卷目録三卷　（元）脱脱
等撰　明成化七至十六年（1471-1480）朱
英刻嘉靖萬曆南京國子監遞修本　內蒙古社
會科學院圖書館
存四百九十七卷（一至四百二十五、
四百二十八至四百九十六，目録全）

07560　遼史一百十六卷　（元）脱脱等撰　明初刻
本　山西博物院
存十六卷（三十一至四十六）

07561　遼史一百十六卷　（元）脱脱等撰　明嘉靖
八年（1529）南京國子監刻本　北京師範大
學圖書館

07562　遼史一百十六卷　（元）脱脱等撰　明嘉靖
八年（1529）南京國子監刻本　河南省圖書館

07563　遼史一百十六卷　（元）脱脱等撰　明嘉靖
八年（1529）南京國子監刻本　吉林省圖書館

07564　遼史一百十六卷　（元）脱脱等撰　明嘉靖
八年（1529）南京國子監刻本　吉林省圖書館

07565　遼史一百十六卷　（元）脱脱等撰　明嘉靖
八年（1529）南京國子監刻本　南京圖書館

07566　遼史一百十六卷　（元）脱脱等撰　明嘉靖
八年（1529）南京國子監刻本　上海辭書出
版社

07567　遼史一百十六卷　（元）脱脱等撰　明嘉靖
八年（1529）南京國子監刻本　浙江圖書館

07568　遼史一百十六卷　（元）脱脱等撰　明嘉靖
八年（1529）南京國子監刻本　內蒙古社會
科學院圖書館

07569　遼史一百十六卷　（元）脱脱等撰　明嘉靖
八年（1529）南京國子監刻本　武漢大學圖

書館

07570　遼史一百十六卷　（元）脱脱等撰　明嘉靖
八年（1529）南京國子監刻明清遞修本　陳
澧批點　中山大學圖書館

07571　金史一百三十五卷目録二卷　（元）脱脱
等撰　明嘉靖八年（1529）南京國子監刻本
武漢大學圖書館

07572　金史一百三十五卷目録二卷　（元）脱脱
等撰　明嘉靖八年（1529）南京國子監刻本
合肥工業大學圖書館

07573　金史一百三十五卷目録二卷　（元）脱脱
等撰　明嘉靖八年（1529）南京國子監刻本
吉林省圖書館

07574　金史一百三十五卷目録二卷　（元）脱脱
等撰　明嘉靖八年（1529）南京國子監刻本
南京圖書館

07575　金史一百三十五卷目録二卷　（元）脱脱
等撰　明嘉靖八年（1529）南京國子監刻本
浙江圖書館

07576　金史一百三十五卷目録二卷　（元）脱脱
等撰　明嘉靖八年（1529）南京國子監刻本
內蒙古社會科學院圖書館

07577　金史一百三十五卷目録二卷　（元）脱脱
等撰　明嘉靖八年（1529）南京國子監刻本
青島市圖書館

07578　金史一百三十五卷目録二卷　（元）脱脱
等撰　明嘉靖八年（1529）南京國子監刻萬
曆遞修本　皖西學院圖書館

07579　元史二百十卷目録二卷　（明）宋濂等撰
明洪武三年（1370）內府刻嘉靖九至十年
（1530-1531）南京國子監遞修本　北京師
範大學圖書館

07580　元史二百十卷目録二卷　（明）宋濂等撰

明洪武三年（1370）内府刻嘉靖九至十年
（1530-1531）南京國子監遞修本　復旦大
學圖書館

07581　元史二百十卷目録二卷　（明）宋濂等撰
明洪武三年（1370）内府刻嘉靖九至十年
（1530-1531）南京國子監遞修本　廣東省
立中山圖書館

07582　元史二百十卷目録二卷　（明）宋濂等撰
明洪武三年（1370）内府刻嘉靖九至十年
（1530-1531）南京國子監遞修本　吉林大
學圖書館

07583　元史二百十卷目録二卷　（明）宋濂等撰
明洪武三年（1370）内府刻嘉靖九至十年
（1530-1531）南京國子監遞修本　吉林省
圖書館

07584　元史二百十卷目録二卷　（明）宋濂等撰
明洪武三年（1370）内府刻嘉靖九至十年
（1530-1531）南京國子監遞修本　重慶圖
書館

07585　元史二百十卷目録二卷　（明）宋濂等撰
明洪武三年（1370）内府刻嘉靖萬曆南京國
子監遞修本　河南省圖書館

07586　元史二百十卷目録二卷　（明）宋濂等撰
明洪武三年（1370）内府刻嘉靖萬曆南京國
子監遞修本（有抄配）丁丙跋　南京圖書館

07587　元史地名考不分卷　（清）李文田撰　稿本
冒廣生跋　江蘇省如皋市圖書館

07588　元史新編不分卷　（清）魏源撰　清抄本
王先謙批校　武漢大學圖書館

07589　資治通鑑二百九十四卷　（宋）司馬光撰
明嘉靖二十三至二十四年（1544-1545）孔
天胤刻本　北京師範大學圖書館

07590　資治通鑑二百九十四卷　（宋）司馬光撰

明嘉靖二十三至二十四年（1544-1545）孔
天胤刻本　合肥工業大學圖書館

07591　資治通鑑二百九十四卷　（宋）司馬光撰
明嘉靖二十三至二十四年（1544-1545）孔
天胤刻本　吉林省圖書館

07592　資治通鑑二百九十四卷　（宋）司馬光撰
明嘉靖二十三至二十四年（1544-1545）孔
天胤刻本（有抄配）北京師範大學圖書館

07593　資治通鑑二百九十四卷　（宋）司馬光撰
明嘉靖二十三至二十四年（1544-1545）孔
天胤刻本（卷二百二十七至二百三十四抄
配）雲南省圖書館

07594　資治通鑑二百九十四卷　（宋）司馬光撰
明嘉靖二十三至二十四年（1544-1545）孔
天胤刻萬曆十四年（1586）蘇濬重修本　江
蘇省常熟市圖書館

07595　資治通鑑二百九十四卷　（宋）司馬光撰
明嘉靖二十三至二十四年（1544-1545）孔
天胤刻萬曆十四年（1586）蘇濬重修本　山
東省圖書館

07596　資治通鑑二百九十四卷　（宋）司馬光撰
（元）胡三省音注　明抄本（卷一至六配清
抄本）山東省圖書館

07597　資治通鑑考異三十卷　（宋）司馬光撰
明嘉靖二十三至二十四年（1544-1545）孔
天胤刻本　合肥工業大學圖書館

07598　資治通鑑考異三十卷　（宋）司馬光撰
明嘉靖二十三至二十四年（1544-1545）孔
天胤刻本　天津圖書館

07599　資治通鑑考異三十卷　（宋）司馬光撰
明嘉靖二十三至二十四年（1544-1545）孔
天胤刻本　雲南省圖書館

07600　資治通鑑考異三十卷　（宋）司馬光撰

明嘉靖二十三至二十四年（1544-1545）孔
天胤刻本　浙江大學圖書館
存二十七卷（一至二十三、二十七至三十）

07601　司馬溫公經進稽古録二十卷　（宋）司馬
　　　　光撰　明弘治十四年（1501）楊璋刻本　北
　　　　京大學圖書館

07602　司馬溫公經進稽古録二十卷　（宋）司馬
　　　　光撰　明弘治十四年（1501）楊璋刻本（有
　　　　抄配）　浙江大學圖書館

07603　司馬溫公經進稽古録二十卷　（宋）司馬
　　　　光撰　明弘治十四年（1501）楊璋刻本　葉
　　　　萬　黃丕烈　袁克文跋　國家圖書館

07604　司馬溫公稽古録二十卷　（宋）司馬光撰
　　　　明范氏天一閣刻本　南開大學圖書館

07605　司馬溫公稽古録二十卷　（宋）司馬光撰
　　　　明范氏天一閣刻本　首都圖書館

07606　資治通鑑綱目前編十八卷舉要三卷
　　　　（宋）金履祥撰　外紀一卷　（明）陳桱撰
　　　　明嘉靖十四年（1535）書林清江堂刻本　浙
　　　　江圖書館

07607　資治通鑑綱目前編十八卷舉要三卷
　　　　（宋）金履祥撰　外紀一卷　（明）陳桱撰
　　　　明嘉靖三十六年（1557）吉澄刻本　首都圖
　　　　書館

07608　少微通鑑節要五十六卷外紀四卷　（宋）
　　　　江贄撰　明弘治二年（1489）司禮監刻本
　　　　鎮江市圖書館

07609　少微通鑑節要五十卷　（宋）江贄撰　明正
　　　　德九年（1514）司禮監刻本　吉林省圖書館

07610　少微通鑑節要五十卷　（宋）江贄撰　明
　　　　正德九年（1514）司禮監刻本　天津圖書館
　　　　存四十八卷（一至三、六至五十）

07611　少微通鑑節要五十卷外紀四卷　（宋）江

贄撰　資治通鑑節要續編三十卷　（明）
張光啓撰　明正德九年（1514）司禮監刻本
山西省祁縣圖書館
存七十七卷（節要二至五十，外紀全，節
要續編一至三、五至十、十三至二十二、
二十六至三十）

07612　少微先生資治通鑑節要二十卷外紀節
　　　　要五卷首一卷　（宋）江贄撰　四明先生
　　　　續資治通鑑節要二十卷　（明）張光啓
　　　　撰　（明）劉剡輯　明嘉靖十六至二十四年
　　　　（1537-1545）劉弘毅慎獨齋刻本　上海師
　　　　範大學圖書館

07613　新刊憲臺考正少微通鑑全編二十卷外
　　　　紀二卷　（宋）江贄撰　新刊憲臺考正宋
　　　　元通鑑全編二十一卷　明嘉靖三十五年
　　　　（1556）吉澄刻三十八年（1559）樊獻科重
　　　　修本　南京圖書館

07614　新刊憲臺考正少微通鑑全編二十卷外
　　　　紀二卷　（宋）江贄撰　新刊憲臺考正宋
　　　　元通鑑全編二十一卷　明嘉靖三十五年
　　　　（1556）吉澄刻三十八年（1559）樊獻科
　　　　重修本（少微通鑑全編卷三至四配清抄本）
　　　　浙江圖書館

07615　資治通鑑綱目五十九卷　（宋）朱熹撰
　　　　明成化九年（1473）内府刻本　北京師範大
　　　　學圖書館

07616　資治通鑑綱目五十九卷　（宋）朱熹撰
　　　　明成化九年（1473）内府刻本　東北師範大
　　　　學圖書館

07617　資治通鑑綱目五十九卷　（宋）朱熹撰　明
　　　　成化九年（1473）内府刻本　山東省圖書館

07618　資治通鑑綱目五十九卷　（宋）朱熹撰　明
　　　　成化九年（1473）内府刻本　蕪湖市圖書館

07619 資治通鑑綱目五十九卷 （宋）朱熹撰
明成化九年（1473）內府刻本 南京圖書館

07620 資治通鑑綱目五十九卷 （宋）朱熹撰
明成化九年（1473）內府刻本（卷三十六至
三十七、四十二至四十三配清刻本） 深圳
圖書館

07621 資治通鑑綱目五十九卷 （宋）朱熹撰
明成化九年（1473）內府刻本 蘇州大學圖
書館
存五十六卷（二至五、八至五十九）

07622 資治通鑑綱目五十九卷 （宋）朱熹撰 明
成化九年（1473）內府刻本 河南省圖書館
存三十六卷（八至十五、十八至十九、
二十二至二十三、二十六至四十三、四十八
至四十九、五十四至五十七）

07623 資治通鑑綱目五十九卷 （宋）朱熹撰
明成化九年（1473）內府刻本 湖南圖書館
存二十七卷（一至四、十、十二至十三、
十六至二十一、二十四至二十七、三十二至
三十四、三十六至三十八、四十至四十三）

07624 資治通鑑綱目五十九卷 （宋）朱熹撰 明
成化九年（1473）內府刻本 柳州市圖書館
存十三卷（二十二至二十九、三十六至
三十九、四十一）

07625 資治通鑑綱目五十九卷 （宋）朱熹撰
明刻本 黑龍江省圖書館

07626 資治通鑑綱目五十九卷 （宋）朱熹撰
明刻本 江西省圖書館

07627 資治通鑑綱目五十九卷 （宋）朱熹撰
明嘉靖十三年（1534）江西按察司刻本（卷
一至二配明刻本） 南京圖書館

07628 資治通鑑綱目五十九卷 （宋）朱熹撰
明嘉靖三十五年（1556）趙府居敬堂刻本

合肥工業大學圖書館

07629 資治通鑑綱目五十九卷 （宋）朱熹撰
明嘉靖三十五年（1556）趙府居敬堂刻本
浙江圖書館

07630 資治通鑑綱目五十九卷 （宋）朱熹撰
明嘉靖三十五年（1556）趙府居敬堂刻本
內蒙古社會科學院圖書館

07631 資治通鑑綱目發明五十九卷 （宋）尹起
莘撰 明洪武二十一年（1388）建安書市刻
本 東北師範大學圖書館
存一卷（四）

07632 資治通鑑綱目發明五十九卷 （宋）尹起
莘撰 明內府刻本 東北師範大學圖書館

07633 資治通鑑綱目發明五十九卷 （宋）尹起
莘撰 明內府刻本 廣東省立中山圖書館

07634 資治通鑑綱目發明五十九卷 （宋）尹起
莘撰 明內府刻本 廣東省立中山圖書館

07635 資治通鑑綱目發明五十九卷 （宋）尹起
莘撰 明內府刻本 蕪湖市圖書館

07636 資治通鑑綱目發明五十九卷 （宋）尹起
莘撰 明內府刻本 浙江圖書館

07637 資治通鑑綱目發明五十九卷 （宋）尹起
莘撰 明內府刻本 浙江圖書館

07638 資治通鑑綱目集覽五十九卷 （元）王幼
學撰 明景泰元年（1450）魏氏仁實書堂刻
本（卷五十至五十二配抄本） 南京圖書館

07639 資治通鑑綱目集覽五十九卷 （元）王幼
學撰 明景泰元年（1450）魏氏仁實書堂刻
本 安慶市圖書館
存二十三卷（一至二、七至九、十一、
十三、十五至十八、二十一至二十四、
二十七、四十二、四十九、五十五至
五十九）

07640 資治通鑑綱目集覽五十九卷 （元）王幼
學撰 （明）陳濟正誤 明內府刻本 浙江圖
書館

07641 資治通鑑綱目集覽五十九卷 （元）王幼
學撰 （明）陳濟正誤 明內府刻本 浙江圖
書館

07642 資治通鑑綱目集覽五十九卷 （元）王幼
學撰 （明）陳濟正誤 明內府刻本 浙江圖
書館

07643 資治通鑑綱目五十九卷 （宋）朱熹
撰 （宋）尹起莘發明 （元）劉友益書
法 （元）汪克寬考異 （元）徐昭文考
證 （元）王幼學集覽 （明）陳濟正誤
（明）馮智舒質實 明弘治十一年（1498）
書林慎獨齋刻本 山東省圖書館
存三十七卷（一至十七、二十六至四十五）

07644 資治通鑑綱目發明五十九卷 （宋）朱
熹撰 （宋）尹起莘發明 （元）劉友益書
法 （元）汪克寬考異 （元）徐昭文考
證 （元）王幼學集覽 （明）陳濟正誤
（明）馮智舒質實 明弘治十四年（1501）
日新堂刻本 吉林省圖書館

07645 資治通鑑綱目發明五十九卷 （宋）朱
熹撰 （宋）尹起莘發明 （元）劉友益書
法 （元）汪克寬考異 （元）徐昭文考
證 （元）王幼學集覽 （明）陳濟正誤
（明）馮智舒質實 明弘治十四年（1501）
日新堂刻本 天津圖書館

07646 新刊紫陽朱子綱目大全五十九卷首一
卷 （宋）朱熹撰 （宋）尹起莘發明 （元）
劉友益書法 （元）汪克寬考異 （元）徐昭
文考證 （元）王幼學集覽 （明）陳濟正誤
（明）馮智舒質實 明嘉靖十年（1531）書林

楊氏清江書堂刻本 浙江圖書館

07647 資治通鑑綱目集說五十九卷前編二卷
（明）扶安輯 （明）晏宏校補 明嘉靖晏
宏刻本 東北師範大學圖書館

07648 資治通鑑綱目集說五十九卷前編二卷
（明）扶安輯 （明）晏宏校補 明嘉靖晏
宏刻本 故宮博物院

07649 資治通鑑綱目集說五十九卷前編二卷
（明）扶安輯 （明）晏宏校補 明嘉靖晏
宏刻本 雲南省圖書館

07650 資治通鑑綱目集說五十九卷前編二卷
（明）扶安輯 （明）晏宏校補 明嘉靖晏
宏刻本 浙江大學圖書館

07651 資治通鑑綱目集說五十九卷前編二卷
（明）扶安輯 （明）晏宏校補 明嘉靖晏
宏刻本 中共北京市委圖書館

07652 資治通鑑綱目集說五十九卷前編二卷
（明）扶安輯 （明）晏宏校補 明嘉靖
晏宏刻本（卷一、十八後半卷、五十六至
五十九抄配） 黑龍江省圖書館

07653 資治通鑑綱目集說五十九卷前編二卷
（明）扶安輯 （明）晏宏校補 明嘉靖晏
宏刻本 山東省圖書館
存四十二卷（二至十一、二十至二十七、
三十六至四十九、五十二至五十九，前編全）

07654 通鑑綱目纂要便覽二十六卷 明嘉靖
二十六年（1547）書林熊氏東軒刻本 江西
省圖書館
存二十二卷（三至十一、十四至二十六）

07655 續資治通鑑綱目二十七卷 （明）商輅等
撰 明成化十二年（1476）內府刻本 首都
師範大學圖書館

07656 續資治通鑑綱目二十七卷 （明）商輅等

撰 明成化十二年（1476）内府刻本 蕪湖
市圖書館

07657 續資治通鑑綱目二十七卷 （明）商輅等
撰 明成化十二年（1476）内府刻本 西北
大學圖書館

07658 續資治通鑑綱目二十七卷 （明）商輅等
撰 明成化十二年（1476）内府刻本 浙江
圖書館

07659 續資治通鑑綱目二十七卷 （明）商輅等
撰 明成化十二年（1476）内府刻本 浙江
圖書館

07660 續資治通鑑綱目二十七卷 （明）商輅等
撰 明成化十二年（1476）内府刻本 内蒙
古社會科學院圖書館

07661 續資治通鑑綱目二十七卷 （明）商輅
等撰 明成化十二年（1476）内府刻本（卷
二、十七至十八配清刻本） 深圳圖書館

07662 續資治通鑑綱目二十七卷 （明）商輅等
撰 明成化十二年（1476）内府刻本 吉林
大學圖書館
存十九卷（一至六、八至十二、二十至
二十七）

07663 通鑑綱目全書一百八卷 明刻本 山東省
圖書館

07664 皇王大紀八十卷 （宋）胡宏撰 明抄本
西安博物院

07665 資治通鑑節要續編三十卷 （明）張光啓
撰 明正德九年（1514）司禮監刻本 吉林
大學圖書館

07666 資治通鑑節要續編三十卷 （明）張光啓
撰 明正德九年（1514）司禮監刻本 吉林
省圖書館

07667 資治通鑑節要續編三十卷 （明）張光啓

撰 明正德九年（1514）司禮監刻本 山西
省太谷縣圖書館

07668 資治通鑑節要續編三十卷 （明）張光啓
撰 明正德九年（1514）司禮監刻本 中共
北京市委圖書館

07669 資治通鑑節要續編三十卷 （明）張光啓
撰 明正德九年（1514）司禮監刻本 南京
大學圖書館

07670 新刊四明先生高明大字續資治通鑑節要
二十卷 （明）劉剡撰 （明）蔡亨嘉校正
明嘉靖葉氏翠軒刻本 浙江大學圖書館

07671 宋元通鑑一百五十七卷 （明）薛應旂撰
明嘉靖四十五年（1566）自刻本 南京大學
圖書館

07672 宋元通鑑一百五十七卷 （明）薛應旂撰
明嘉靖四十五年（1566）自刻本 西北大學
圖書館

07673 續資治通鑑六十四卷 （明）王宗沐撰
明隆慶五年（1571）刻本 湖南省社會科學
院圖書館

07674 續資治通鑑六十四卷 （明）王宗沐撰
明隆慶五年（1571）刻本 重慶圖書館

07675 續資治通鑑六十四卷 （明）王宗沐撰
明隆慶五年（1571）刻本 蘭州大學圖書館

07676 續資治通鑑六十四卷 （明）王宗沐撰
明隆慶五年（1571）刻本 上海師範大學圖
書館

07677 歷代通鑑纂要九十二卷 （明）李東陽 劉
機等撰 明正德二年（1507）内府刻本（卷
六十三至七十七抄配） 復旦大學圖書館

07678 新編通鑑集要二十八卷通鑑總論一卷
（明）諸燮輯 明嘉靖二十八年（1549）黃
卷刻本 北京師範大學圖書館

07679 重刊通鑑集要二十八卷通鑑總論一卷
　　（明）諸燮輯　明嘉靖四十三年（1564）譚
　　潛刻本　查燕緒題記　浙江圖書館

07680 世史正綱三十二卷　（明）丘濬撰　明嘉靖
　　四十二年（1563）孫應鰲刻本　天津圖書館

07681 鐫王鳳洲先生會纂綱鑑歷朝正史全編
　　二十三卷　（明）王世貞撰　明萬曆十八年
　　（1590）萃慶堂余泗泉刻本　北京師範大學
　　圖書館

07682 歷代二十一傳十二卷　（明）程元初撰
　　明萬曆刻本　無錫市圖書館

07683 甲子會紀五卷　（明）薛應旂撰　明嘉靖
　　三十八年（1559）玄津草堂刻本　吉林大學
　　圖書館

07684 甲子會紀五卷　（明）薛應旂撰　明嘉靖
　　三十八年（1559）玄津草堂刻本　天津圖書館

07685 紀元韻敘二卷　（清）萬光泰撰　清嘉慶六
　　年（1801）抄本　翁方綱批校並跋　湖南圖
　　書館

07686 歷代帝王統系攷八卷　（清）吳翌鳳撰
　　手稿本　上海圖書館

07687 兩漢紀六十卷　明嘉靖二十七年（1548）
　　黃姬水刻本　哈爾濱市圖書館

07688 兩漢紀六十卷　明嘉靖二十七年（1548）
　　黃姬水刻本　華東師範大學圖書館

07689 兩漢紀六十卷　明嘉靖二十七年（1548）
　　黃姬水刻本　吉林大學圖書館

07690 兩漢紀六十卷　明嘉靖二十七年（1548）
　　黃姬水刻本　天津圖書館

07691 兩漢紀六十卷　明嘉靖二十七年（1548）
　　黃姬水刻本　重慶圖書館

07692 兩漢紀六十卷　明嘉靖二十七年（1548）
　　黃姬水刻本　南京圖書館

07693 兩漢紀六十卷　明嘉靖二十七年（1548）
　　黃姬水刻本（前漢紀十至十五卷配清抄本）
　　山東省圖書館

07694 兩漢紀六十卷　明嘉靖二十七年（1548）
　　黃姬水刻本（前漢紀卷一至三抄配，後漢紀
　　卷二十五至三十抄配）　浙江大學圖書館

07695 兩漢紀六十卷　明嘉靖二十七年（1548）
　　黃姬水刻本　江蘇省常熟市圖書館
　　存四十八卷（前漢紀一至十二、二十五至
　　三十，後漢紀全）

07696 漢紀三十卷　（漢）荀悅撰　明正德十六年
　　（1521）何景明、翟清刻本　山東省圖書館

07697 後漢紀三十卷　（晉）袁宏撰　清初抄本
　　遼寧省圖書館

07698 天顯紀年三十三卷　（清）毛國翰撰　清抄
　　本　曹孟其跋　湖南省社會科學院圖書館

07699 續資治通鑑長編一百八卷　（宋）李燾撰
　　清抄本　沈石賓跋　揚州市圖書館

07700 續資治通鑑長編五百二十卷目錄二卷
　　（宋）李燾撰　清抄本［四庫底本］　湖南
　　圖書館

07701 續資治通鑑長編五百二十卷　（宋）李燾
　　撰　清乾隆內府寫四庫全書本　甘肅省圖
　　書館
　　存二卷（三百六十九至三百七十）

07702 續宋編年資治通鑑十八卷　題（宋）李燾
　　撰　清抄本　鮑廷博批校　山東省圖書館

07703 三朝北盟會編二百五十卷　（宋）徐夢莘
　　撰　明抄本　浙江圖書館
　　存二百三十卷（一至十九、二十七至
　　九十八、一百三至二百四十一）

07704 三朝北盟會編二百五十卷　（宋）徐夢莘
　　撰　明抄本　遼寧省圖書館

存一百八十卷（七十一至二百五十）

07705 三朝北盟會編二百五十卷 （宋）徐夢莘
撰 明抄本 江蘇省如皋市圖書館
存一百五十七卷（一至四、十五至二十、
三十七至四十二、四十九至一百八十二、
一百九十七至二百三）

07706 三朝北盟會編二百五十卷 （宋）徐夢莘
撰 清不不通閣抄本 保定市圖書館

07707 三朝北盟會編二百五十卷 （宋）徐夢莘
撰 清抄本 山東省圖書館

07708 元史續編十六卷 （明）胡粹中撰 明永樂
刻本 鄧邦述跋 國家圖書館

07709 蒙古通鑑長編八卷補編一卷 （清）王先
謙撰 稿本 湖南圖書館

07710 聖政記十二卷 （明）宋濂撰 明抄本 上
海圖書館

07711 御撰資治通鑑綱目三編四十卷 清乾隆內
府抄本 安徽師範大學圖書館

07712 大明太祖高皇帝實錄不分卷 （明）胡廣
等纂修 明抄本 浙江圖書館
存洪武前、洪武元年正月至三月、三年五月
至四年八月、九年正月至十年十二月

07713 大明太宗文皇帝實錄一百三十卷 （明）
張輔 楊士奇等纂修 明抄本 山東省圖書館
存一百一卷（十六至七十三、八十七至
一百二十九）

07714 大明宣宗章皇帝實錄不分卷 （明）張輔
楊士奇等纂修 明抄本 天津圖書館
存明宣德元年至十年

07715 大明宣宗章皇帝實錄一百十五卷 （明）
張輔 楊士奇等纂修 明抄本 羅振玉跋 遼
寧省圖書館

07716 大明英宗睿皇帝實錄三百六十一卷

（明）孫繼宗 陳文等纂修 明南雲閣抄本
天津圖書館

07717 大明憲宗純皇帝實錄不分卷 （明）張懋
劉吉等纂修 明抄本 天津圖書館
存成化二年七月至八年十二月、九年七月至
二十三年八月

07718 大明武宗毅皇帝實錄一百九十七卷
（明）徐光祚 費宏等纂修 明抄本 浙江圖
書館
存三十七卷（二至三、二十四至二十七、
三十四至三十六、四十至四十二、四十六
至四十八、八十七至八十九、一百十四
至一百十六、一百二十至一百二十二、
一百三十至一百三十二、一百五十一至
一百五十七、一百七十三至一百七十五）

07719 萬曆起居注不分卷 明抄本（萬曆元年及
校勘記配民國抄本） 天津圖書館
存萬曆一至十二年、十四至三十二年、
三十四至三十八年、四十一年、四十三年

07720 康熙起居注不分卷 清康熙抄本 遼寧省旅
順博物館
存康熙十九年十月、二十一年十一月、
二十四年二月、二十四年十一月

07721 復辟錄一卷 （明）楊暄撰 明抄本 蘇州
圖書館

07722 蜀鑑十卷 （宋）郭允蹈撰 明嘉靖三十四
年（1555）刻本 浙江圖書館

07723 蜀鑑十卷 （宋）郭允蹈撰 明嘉靖三十四
年（1555）刻本 北京大學圖書館
存五卷（一至三、九至十）

07724 蜀鑑十卷 （宋）郭允蹈撰 明嘉靖三十四
年（1555）刻本 翁同書跋 國家圖書館

07725 三藩紀事本末四卷 （清）楊陸榮撰 清康

熙刻本　葉蒸雲批注　浙江省溫嶺市圖書館

07726 路史四十七卷　（宋）羅泌撰　明嘉靖洪梗
刻本　江西省圖書館

07727 路史四十七卷　（宋）羅泌撰　明嘉靖洪梗
刻本　江西省圖書館

07728 路史四十七卷　（宋）羅泌撰　明嘉靖洪梗
刻本　首都圖書館

07729 路史四十七卷　（宋）羅泌撰　明嘉靖洪梗
刻本　天津圖書館

07730 汲塚周書十卷　（晉）孔晁注　明嘉靖
二十二年（1543）章檗刻本　天津圖書館

07731 汲塚周書十卷　（晉）孔晁注　明吳琯刻古
今逸史本　楊用霖跋　福建省圖書館

07732 國語二十一卷　（三國吳）韋昭注　明嘉靖
七年（1528）金李澤遠堂刻本　天津圖書館

07733 國語二十一卷　（三國吳）韋昭注　明嘉靖
七年（1528）金李澤遠堂刻本　江西省圖書館
存十四卷（一至六、十至十七）

07734 國語二十一卷　（三國吳）韋昭注　明嘉靖
七年（1528）金李澤遠堂刻本　華東師範大
學圖書館
存九卷（一至九）

07735 國語二十一卷　（三國吳）韋昭注　補音
三卷　（宋）宋庠撰　明刻本　上海圖書公司

07736 國語二十一卷　（三國吳）韋昭注　古
文音釋一卷　（明）王鑾撰　明嘉靖四年
（1525）許宗魯宜靜書堂刻本　福建省圖
書館

07737 國語二十一卷　（三國吳）韋昭注　古
文音釋一卷　（明）王鑾撰　明嘉靖四年
（1525）許宗魯宜靜書堂刻本　梁濟謙題記
南京圖書館

07738 國語二十一卷　（三國吳）韋昭注　古

文音釋一卷　（明）王鑾撰　明嘉靖四年
（1525）許宗魯宜靜書堂刻本　丁丙跋　南
京圖書館

07739 國語九卷　（明）閔齊伋裁注　明萬曆
四十七年（1619）閔齊伋刻三色套印本　天
津圖書館

07740 國語九卷　（明）閔齊伋裁注　明萬曆
四十七年（1619）閔齊伋刻三色套印本　張
東藩跋　吉林大學圖書館

07741 戰國策十卷　明吳勉學刻本　余煌批點　沈
復燦跋　李廷基題款　浙江圖書館
存五卷（一至三、六至七）

07742 戰國策三十三卷　（漢）高誘注　（宋）姚
宏校正　清乾隆二十一年（1756）盧見曾刻
雅雨堂叢書本　唐炯批校　貴州省圖書館

07743 重刊鮑氏戰國策十二卷　（宋）鮑彪校注
明刻本　山東省博物館

07744 重刊鮑氏戰國策十二卷　（宋）鮑彪校注
明刻本　內蒙古社會科學院圖書館

07745 戰國策十卷　（宋）鮑彪校注　（元）吳師
道補正　明嘉靖二年（1523）刻本　山東省
博物館

07746 戰國策十卷　（宋）鮑彪校注　（元）吳師
道補正　明嘉靖二年（1523）刻本　山東省
圖書館

07747 吳越春秋十卷　（後漢）趙曄撰　（元）徐
天祐音注　補注一卷　（元）徐天祐撰　明
弘治十四年（1501）鄭廷瑞、馮弌刻本　北
京大學圖書館

07748 吳越春秋十卷　（後漢）趙曄撰　（元）徐
天祐音注　補注一卷　（元）徐天祐撰　明
弘治十四年（1501）鄭廷瑞、馮弌刻本　浙
江圖書館

07749 吳越春秋十卷 （後漢）趙曄撰 （元）徐
天祐音注 明刻本 湖南圖書館

07750 越絕書十五卷 （漢）袁康撰 明嘉靖
二十四年（1545）孔天胤刻本 天津圖書館

07751 越絕書十五卷 （漢）袁康撰 明嘉靖
三十三年（1554）張佳胤雙柏堂刻本 首都
圖書館

07752 越絕書十五卷 （漢）袁康撰 明嘉靖
三十三年（1554）張佳胤雙柏堂刻本 冀自
珍跋 國家圖書館

07753 貞觀政要十卷 （唐）吳兢撰 明洪武三年
（1370）王氏勤有堂刻本 國家圖書館

07754 貞觀政要十卷 （唐）吳兢撰 （元）戈直
集論 明成化元年（1465）內府刻本 復旦
大學圖書館

07755 貞觀政要十卷 （唐）吳兢撰 （元）戈直
集論 明成化元年（1465）內府刻本 河北
大學圖書館

07756 貞觀政要十卷 （唐）吳兢撰 （元）戈直
集論 明成化十二年（1476）崇府刻本 山
東省圖書館

07757 貞觀政要十卷 （唐）吳兢撰 （元）戈直
集論 明成化十二年（1476）崇府刻本 北
京大學圖書館

07758 貞觀政要十卷 （唐）吳兢撰 （元）戈直
集論 明成化十二年（1476）崇府刻本 廣
東省立中山圖書館

07759 貞觀政要十卷 （唐）吳兢撰 （元）戈直
集論 明成化十二年（1476）崇府刻本 河
北大學圖書館

07760 貞觀政要十卷 （唐）吳兢撰 （元）戈直
集論 明成化十二年（1476）崇府刻本 天
津圖書館

07761 南燼紀聞一卷 題（宋）辛棄疾撰 竊憤
錄一卷續錄一卷 清寶雲齋抄本 王獻唐批
校並錄徐乾學批校 山東省圖書館

07762 契丹國志二十七卷 （宋）葉隆禮撰 明抄
本 寧波市天一閣博物館

07763 庚申外史二卷 （明）權衡撰 明抄本 莫
棠題識 蘇州圖書館

07764 保越錄一卷 清抄本 山東省圖書館

07765 國初事蹟一卷 （明）劉辰撰 明抄本 南
京大學圖書館

07766 遜國君紀抄一卷臣事抄六卷 （明）鄭曉
撰 明抄本 上海圖書館

07767 李侍郎使北錄一卷 （明）李實撰 明抄本
浙江圖書館

07768 朝鮮紀事一卷 （明）倪謙撰 明抄本 遼
寧省圖書館

07769 視草餘錄一卷 （明）楊廷和撰 明謝氏小
草齋抄本 福建省圖書館

07770 後鑑錄三卷 （明）謝蕡撰 明抄本 中國
社會科學院歷史研究所圖書館

07771 世廟識餘錄二十六卷 （明）徐學謨輯
明徐兆稷活字印本 國家圖書館

07772 酌中志畧二十四卷 （明）劉若愚撰 清初
抄本 王懿榮跋 山東省圖書館

07773 先撥志始二卷先撥志始補一卷 （明）文
秉撰 清初抄本 安徽大學圖書館

07774 啟禎兩朝常熟實錄補編一卷 （清）薛維
巖撰 稿本 蘇州圖書館

07775 辛巳越中荒紀一卷辛巳歲救荒小議一卷
（明）祁彪佳撰 明祁氏遠山堂抄本 浙江
圖書館

07776 倖存錄三卷 （明）夏允彝撰 續倖存錄二
卷 （明）夏完淳撰 清抄本 吉林省圖書館

07777 三垣筆記四卷補編一卷 （清）李清撰
清抄本 傅以禮校並跋 浙江圖書館

07778 明季逸史四卷 （清）顧炎武輯 清抄本
湖南圖書館

07779 子遺録一卷 （清）戴名世撰 清抄本 湖
南圖書館

07780 全濰紀略一卷 （清）周亮工撰 清初抄本
山東省圖書館

07781 南渡録六卷 （清）李清撰 清抄本 江蘇
省興化市圖書館

07782 天南紀事二卷 （明）胡欽華撰 清抄本
廣西師範大學圖書館

07783 皇明祖訓一卷 （明）太祖朱元璋撰 明刻
本 故宮博物院

07784 史晨前後碑 東漢建寧二年（169）刻石
明拓本 趙烈文題簽 顧曾壽 吳雲 趙烈文
題跋 中國文化遺產研究院

07785 秦漢書疏十八卷 明嘉靖三十七年
（1558）吳國倫刻本 北京師範大學圖書館

07786 秦漢書疏十八卷 明嘉靖三十七年
（1558）吳國倫刻本 浙江大學圖書館

07787 秦漢書疏十八卷 明嘉靖三十七年
（1558）吳國倫刻本 浙江圖書館

07788 秦漢書疏十八卷 明隆慶六年（1572）刻
本 遼寧大學圖書館

07789 秦漢書疏十八卷 明隆慶六年（1572）刻
本 浙江圖書館

07790 秦漢書疏十八卷 明隆慶六年（1572）刻
本 浙江圖書館

07791 兩漢書疏十六卷 （明）周瓘輯 明弘治
十四年（1501）刻嘉靖十四年（1535）張鯤
重修刻本 吉林大學圖書館
存八卷（東漢書疏一至八）

07792 大儒大奏議六卷 （明）邵寶輯 明嘉靖六
年（1527）郭韶刻本 浙江圖書館

07793 皇明名臣經濟録五十三卷 （明）黃訓輯
明嘉靖三十年（1551）汪雲程刻本 浙江圖
書館

07794 皇明名臣經濟録十八卷 （明）陳九德輯
明嘉靖二十八年（1549）羅鴻刻本 山東省
圖書館

07795 皇明名臣經濟録十八卷 （明）陳九德輯
明嘉靖二十八年（1549）羅鴻刻本 南京大
學圖書館

07796 皇明名臣經濟録十八卷 （明）陳九德輯
明嘉靖二十八年（1549）羅鴻刻本 首都師
範大學圖書館

07797 皇明疏議輯畧三十七卷 （明）張瀚輯
明嘉靖三十一年（1552）大名府刻本 廣東
省立中山圖書館

07798 皇明疏議輯畧三十七卷 （明）張瀚輯
明嘉靖三十一年（1552）大名府刻本 黑龍
江省圖書館

07799 皇明疏議輯畧三十七卷 （明）張瀚輯
明王汝訓、萬世德刻本 山東大學圖書館

07800 註陸宣公奏議十五卷 （唐）陸贄撰
（宋）郎曄注 明弘治七年（1494）林符刻
本 天津圖書館

07801 陸宣公奏議十五卷 （唐）陸贄撰 （宋）
郎曄注 附録一卷 明正德三年（1508）靖
江王府刻本 國家圖書館

07802 孝肅包公奏議集十卷 （宋）包拯撰 附
録一卷 明弘治五年（1492）合肥縣刻本
天津圖書館
存四卷（一至四）

07803 盡言集十三卷 （宋）劉安世撰 明隆慶五

年（1571）張佳胤、王叔杲刻本 東北師範
大學圖書館

07804 盡言集十三卷 （宋）劉安世撰 明隆慶五
年（1571）張佳胤、王叔杲刻本 西北大學
圖書館

07805 盡言集十三卷 （宋）劉安世撰 明隆慶五
年（1571）張佳胤、王叔杲刻本 首都圖書館

07806 宋丞相李忠定公奏議六十九卷附錄九卷
（宋）李綱撰 明正德十一年（1516）胡文
靜、蕭泮刻本 天津圖書館

07807 宋丞相李忠定公奏議六十九卷附錄九卷
（宋）李綱撰 明正德十一年（1516）胡文
靜、蕭泮刻本 吉林大學圖書館

07808 太師王端毅公奏議十五卷 （明）王恕撰
明正德十六年（1521）王成章刻本 吉林大
學圖書館

07809 余肅敏公奏議三卷 （明）余子俊撰 明刻
本 中山大學圖書館

07810 韋奄奏疏一卷 （明）涂棐撰 明正德活字
印本 北京大學圖書館

07811 關中奏議全集十八卷 （明）楊一清撰
明嘉靖二十九年（1550）刻本 華東師範大
學圖書館

07812 南宮疏畧八卷 （明）嚴嵩撰 明嘉靖刻本
浙江圖書館

07813 甘泉獻納編三卷 （明）湛若水撰 明嘉靖
十三年（1534）史際刻本 廈門市圖書館

07814 撫漕奏議二卷 （明）馬卿撰 明嘉靖刻本
吉林大學圖書館

07815 汪東峰先生奏議四卷 （明）汪玄錫撰
明葉茂芝刻本 蘇州圖書館

07816 鄭端簡公奏議十四卷 （明）鄭曉撰 明
隆慶四年（1570）項氏萬卷堂刻本 南京圖

書館

07817 寧光先奏稿不分卷 （明）寧光先撰 明崇
禎抄本 山東省博物館

07818 先都御史奏疏三十六卷 （清）楊以增撰
（清）楊紹和輯 稿本 山東省圖書館
存二十一卷（一至五、九至十、十二至
十九、二十二至二十三、二十五、二十九、
三十三、三十五）

07819 諭行旗務奏議不分卷 （清）允祥等撰
清雍正內府抄本 大連圖書館

07820 劉向古列女傳七卷 （漢）劉向撰 （明）
黃魯曾贊 續一卷 明嘉靖三十一年
（1552）黃魯曾刻漢唐三傳本 陳鱣跋 吳
騫校 國家圖書館

07821 東西漢列傳不分卷 明山椒館抄本 山東省
圖書館

07822 高士傳三卷 （晉）皇甫謐撰 （明）黃省
曾頌 明嘉靖三十一年（1552）黃魯曾刻漢
唐三傳本 浙江大學圖書館

07823 孝順事實十卷 （明）成祖朱棣撰 明永樂
十八年（1420）內府刻本 北京大學圖書館

07824 孝順事實十卷 （明）成祖朱棣撰 明永樂
十八年（1420）內府刻本 北京大學圖書館

07825 孝順事實十卷 （明）成祖朱棣撰 明永樂
十八年（1420）內府刻本 天津圖書館

07826 歷代臣鑒三十七卷 （明）宣宗朱瞻基撰
明宣德元年（1426）內府刻本 福建師範大
學圖書館

07827 歷代臣鑒三十七卷 （明）宣宗朱瞻基撰
明宣德元年（1426）內府刻本 復旦大學圖
書館

07828 歷代臣鑒三十七卷 （明）宣宗朱瞻基撰
明宣德元年（1426）內府刻本 國家圖書館

07829 歷代臣鑒三十七卷 （明）宣宗朱瞻基撰 明宣德元年（1426）內府刻本 吉林大學圖書館

07830 歷代臣鑒三十七卷 （明）宣宗朱瞻基撰 明宣德元年（1426）內府刻本 天津圖書館

07831 歷代君鑒五十卷 （明）代宗朱祁鈺撰 明景泰四年（1453）內府刻本 國家圖書館

07832 歷代君鑒五十卷 （明）代宗朱祁鈺撰 明景泰四年（1453）內府刻本 吉林大學圖書館

07833 歷代君鑒五十卷 （明）代宗朱祁鈺撰 明景泰四年（1453）內府刻本 天津圖書館

07834 歷代君鑒五十卷 （明）代宗朱祁鈺撰 明景泰四年（1453）內府刻本 中共中央黨校圖書館

07835 從祀先賢事蹟錄二十四卷 （明）李廷寶撰 明嘉靖四十五年（1566）刻本 浙江圖書館

07836 五朝名臣言行錄前集十卷後集十四卷 （宋）朱熹輯 續集八卷別集十三卷外集十三卷新集十三卷 （宋）李幼武輯 明正德十三年（1518）建陽書肆刻本 吉林大學圖書館
存四十七卷（前集全、別集全、外集一至十一、新集全）

07837 伊洛淵源錄十四卷 （宋）朱熹撰 續錄六卷 （明）謝鐸撰 明嘉靖八年（1529）高賁亨刻本 吉林省圖書館

07838 伊洛淵源錄十四卷 （宋）朱熹撰 續錄六卷 （明）謝鐸撰 明嘉靖八年（1529）高賁亨刻本 浙江圖書館

07839 考亭淵源錄二十四卷 （明）宋端儀撰 （明）薛應旂重輯 明隆慶三年（1569）刻本 北京師範大學圖書館

07840 考亭淵源錄二十四卷 （明）宋端儀撰 （明）薛應旂重輯 明隆慶三年（1569）刻本 故宮博物院

07841 皇明開國功臣錄三十一卷續編一卷 （明）黃金撰 明弘治正德間馬金等刻本 南京大學圖書館

07842 皇明名臣琬琰錄二十四卷後集二十二卷 （明）徐紘輯 明抄本 浙江圖書館

07843 皇明名臣言行錄前集十二卷後集十二卷 （明）徐咸輯 明嘉靖二十八年（1549）施漸刻本 續集八卷 （明）徐咸輯 明嘉靖三十九年（1560）侯東萊、何思刻本 福建師範大學圖書館

07844 殿閣詞林記二十二卷 （明）廖道南撰 明嘉靖刻本 北京師範大學圖書館

07845 皇明名臣言行錄新編三十四卷 （明）沈應魁輯 明嘉靖三十二年（1553）自刻本 南京大學圖書館

07846 國朝名世類苑四十六卷 （明）凌迪知輯 明萬曆四年（1576）刻本 王鐸批校 新鄉市圖書館

07847 忠節錄六卷首一卷 （明）張朝瑞撰 清抄本 鎮江市圖書館

07848 聞見錄不分卷 （清）顧自俊撰 稿本 浙江圖書館

07849 漢學師承續記不分卷 （清）趙之謙撰 稿本 國家圖書館

07850 吳中人物志十三卷 （明）張昶撰 明隆慶四年（1570）張鳳翼、張燕翼刻本 浙江圖書館

07851 淮郡文獻志二十六卷補遺一卷 （明）潘塤輯 明嘉靖三十四年（1555）刻本 北京師範大學圖書館

07852 鄉先生録不分卷 （清）孫衣言撰 稿本
　　　溫州市圖書館

07853 太師比干録三卷 （明）曹安輯 明天順六
　　　年（1462）盧信刻本 李盛鐸題記 北京大
　　　學圖書館

07854 聖跡圖一卷 （明）張楷撰 明嘉靖二十七
　　　年（1548）沈藩朱胤杉刻本 國家圖書館

07855 關王事蹟五卷 （元）胡琦撰 明成化七年
　　　（1471）張寧刻本 北京大學圖書館

07856 新安忠烈廟神紀實十五卷乾集一卷
　　　（元）鄭弘祖輯 明天順四年至成化元年
　　　（1460-1465）汪儀鳳刻本 浙江圖書館
　　　存十二卷（四至十五）

07857 鄂國金佗稡編二十八卷續編三十卷
　　　（宋）岳珂輯 明嘉靖二十一年（1542）洪
　　　富刻三十七年（1558）黃日敬重修本 華東
　　　師範大學圖書館

07858 鄂國金佗稡編二十八卷續編三十卷
　　　（宋）岳珂輯 明嘉靖二十一年（1542）洪
　　　富刻三十七年（1558）黃日敬重修本 浙江
　　　圖書館

07859 鄂國金佗稡編二十八卷續編三十卷
　　　（宋）岳珂輯 明嘉靖二十一年（1542）洪
　　　富刻三十七年（1558）黃日敬重修本 山東
　　　省圖書館

07860 懷賢録不分卷 （明）沈愚輯 龍洲詞一
　　　卷 （宋）劉過撰 明正統刻弘治增修本 河
　　　北大學圖書館

07861 宋丞相崔清獻公全録十卷 （宋）崔與之
　　　撰 （明）崔子璲輯 （明）崔曉增輯 明嘉
　　　靖三十二年（1553）刻本 浙江圖書館

07862 韓忠定公墓誌銘一卷 （明）楊一清撰
　　　明嘉靖五年（1526）韓廷偉刻本 遼寧省圖

書館

07863 淨因道人傳一卷 （清）阮元撰 稿本 孫
　　　星衍署首 吳錫麒 唐仲冕 程恩澤贊 屠倬
　　　汪為霖跋 李葆恂題款 國家圖書館

07864 歷代名人年譜不分卷 （清）吳榮光撰
　　　稿本 姜亮夫題識 浙江大學圖書館

07865 紫陽文公先生年譜五卷 （明）李默 朱
　　　河重訂 明嘉靖刻本 浙江圖書館

07866 陽明先生年譜三卷 （明）錢德洪撰 明嘉
　　　靖四十三年（1564）周相、毛汝麒刻本 浙
　　　江圖書館

07867 明太傅孫文正年譜五卷 （明）孫銓輯
　　　（清）孫奇逢校 清抄本 山西省圖書館

07868 厚齋自著年譜一卷 （清）張篤慶撰 稿本
　　　山東省圖書館

07869 厲樊榭年譜一卷附樊榭山房集目録一卷
　　　（清）朱文藻撰 手稿本 上海圖書館

07870 文文肅公日記二卷北征紀行一卷 （明）
　　　文震孟撰 稿本 文點跋 國家圖書館

07871 晉游日記署不分卷 （清）畢際有撰 清初
　　　抄本 蒲松齡評 王獻唐跋 山東省博物館

07872 南齋日記不分卷 （清）查慎行撰 手稿本
　　　上海圖書館
　　　存清康熙四十三年正月初一至十二月二十九日

07873 甲寅年譜一卷蘭省東歸記三卷 （清）牛
　　　運震撰 稿本 山東省博物館
　　　存甲寅年譜清雍正十二年二月至十二月，蘭
　　　省東歸記清乾隆十五年六月至八月

07874 李石桐先生赴岑溪日記不分卷 （清）李
　　　懷民撰 稿本 山東省博物館
　　　存清乾隆四十六年九月至四十七年正月

07875 雷州公日記不分卷 （清）宗聖垣撰 稿本
　　　紹興圖書館

存清乾隆五十六至五十八年、六十年，清嘉
慶五年、十六年

07876 越嶺山人日記不分卷 （清）宗稷辰撰
手稿本 浙江圖書館
存清道光六年至同治二年

07877 雲將行録不分卷 （清）宗稷辰撰 手稿本
浙江圖書館
存清道光二十九年九月至十二月

07878 味雪齋日言不分卷 （清）戴絅孫撰 稿本
袁家穀跋 雲南省圖書館
存清道光四至五年

07879 蘭檢京都日記不分卷 （清）孫銘恩撰
稿本 南通市圖書館
存清咸豐二年

07880 同治三年甲子京師日記一卷 （清）周壽
昌撰 手稿本 何維樸 李瑞奇跋 浙江圖
書館
存清同治三年九月至十二月

07881 研樵山房日記不分卷 （清）董文渙撰
稿本 山西省圖書館
存清同治元年正月初一至十四年十一月
三十日

07882 窳盦日劄不分卷 （清）周星詒撰 手稿本
浙江圖書館
存清光緒二十一至二十二年

07883 北行日記不分卷 （清）黃培芳撰 稿本
廣東省立中山圖書館
存清嘉慶二十三年十一月初九日至二十四年
閏四月十四日

07884 董美人墓誌 （隋）楊秀撰 隋開皇十七年
（597）十月十二日刻石 清道光初拓本 伊
立勳題簽 張廷濟 沈樹鏞題跋 國家圖書館

07885 四朝恩遇圖不分卷 （明）毛紀撰 稿本

中國社會科學院歷史研究所圖書館

07886 靖氛殊勳 清乾隆年間繪本 國家圖書館

07887 吳氏家乘□□卷 明抄本 溫州市圖書館
存一卷（三）

07888 彭氏舊聞録一卷太僕行畧一卷 （清）彭
孫貽撰 手稿本 □世鑒題識 上海圖書館

07889 王氏族譜六卷 （明）王賓纂修 明成化
十六年（1480）淳安王氏韶州刻本 國家圖
書館

07890 向氏家乘十卷 （明）向洪上纂修 明嘉靖
抄本 浙江圖書館
存八卷（一至二、四至七、九至十）

07891 汪氏淵源録十卷 （元）汪松壽纂修 明刻
正德十三年（1518）重修本 浙江圖書館

07892 汪氏淵源録十卷 （元）汪松壽纂修 明刻
正德十三年（1518）重修本（有抄配） 安
徽省圖書館

07893 岩鎮汪氏重輯本宗譜四卷 （明）汪淵輯
明弘治十三年（1500）刻本 首都圖書館

07894 休寧西門汪氏族譜十一卷附録一卷
（明）汪璨 汪尚和等纂修 明嘉靖六年
（1527）刻本 安徽省圖書館

07895 商山吳氏家譜不分卷 （明）吳士信纂修
明抄本 安徽省圖書館

07896 泗水余氏會通世譜五卷外紀一卷 （明）
余瑗纂修 明正德三年（1508）刻本 安徽
中國徽州文化博物館

07897 瑞溪金氏族譜十八卷 （明）金瑤 金應
宿纂修 明隆慶二年（1568）刻本 中國科
學院國家科學圖書館
存十五卷（四至十八）

07898 新安許氏統宗世譜不分卷 （明）許廷輝
許世昭等纂修 明嘉靖十八年（1539）刻本

安徽中國徽州文化博物館

07899 續脩新安歙北許村許氏東支世譜九卷
（明）許可復纂修 明隆慶三年（1569）刻
本 安徽中國徽州文化博物館

07900 新安張氏續修族譜十卷 （明）張璉纂修
明成化十二年（1476）刻本 安徽省圖書館
存二卷（一至二）

07901 新安富溪程氏族譜十四卷 （明）程質纂
修 明成化刻本 安徽省圖書館
存六卷（九至十四）

07902 新安黃氏會通譜十六卷文獻錄二卷外集
三卷 （明）黃祿 程天相纂修 明弘治十四
年（1501）刻本 安徽省博物館

07903 新安黃氏會通譜十六卷文獻錄二卷外集
三卷 （明）黃祿 程天相纂修 明弘治十四
年（1501）刻本 北京大學圖書館

07904 新安黃氏會通譜十六卷文獻錄二卷外集
三卷 （明）黃祿 程天相纂修 明弘治十四
年（1501）刻本（有抄配） 首都圖書館

07905 左田黃氏孟宗譜七卷 （明）黃應榜等纂
修 明嘉靖三十七年（1558）刻本 安徽中
國徽州文化博物館

07906 休寧陪郭程氏本宗譜不分卷 （明）程敏
政纂修 明弘治十年（1497）刻本 安徽省
圖書館

07907 京兆舒氏統宗譜□□卷 （明）舒應鸞等
纂修 明成化刻本 安徽省圖書館
存一卷（一）

07908 鄭氏宗譜不分卷 明崇禎鄭應鳴抄本 曲阜
師範大學圖書館

07909 田鄰報數結狀一卷 （明）程希等撰 明嘉
靖八年（1529）祁門抄本 安徽省圖書館

07910 皇明進士登科考十二卷 （明）俞憲輯

明嘉靖鸊鳴館刻本 浙江圖書館
存二卷（八至九）

07911 正德三年進士登科錄一卷 明正德刻本
安徽省圖書館

07912 山東萬曆丙午武舉錄一卷 （明）李廷機
等撰 明萬曆抄本 山東省博物館

07913 嘉靖乙丑科進士同年鄉籍不分卷 明嘉靖
刻本 山東省圖書館

07914 萬曆戊戌科進士同年序齒錄一卷 明抄本
王寀廷跋 山東省博物館

07915 嘉靖七年山東鄉試錄一卷 明抄本 山東
省圖書館

07916 十七史詳節二百七十四卷 （宋）呂祖謙
輯 明正德十三年（1518）劉弘毅慎獨齋刻
本 北京大學圖書館

07917 十七史詳節二百七十四卷 （宋）呂祖謙
輯 明正德十三年（1518）劉弘毅慎獨齋刻
本 復旦大學圖書館

07918 十七史詳節二百七十四卷 （宋）呂祖謙
輯 明正德十三年（1518）劉弘毅慎獨齋刻
本 吉林大學圖書館

07919 十七史詳節二百七十四卷 （宋）呂祖謙
輯 明正德十三年（1518）劉弘毅慎獨齋刻
本 山東省圖書館

07920 十七史詳節二百七十四卷 （宋）呂祖謙
輯 明正德十三年（1518）劉弘毅慎獨齋刻
本 中共中央黨校圖書館

07921 十七史詳節二百七十四卷 （宋）呂祖謙
輯 明正德十三年（1518）劉弘毅慎獨齋刻
本（序、卷十抄配） 復旦大學圖書館

07922 十七史詳節二百七十三卷 （宋）呂祖
謙輯 明嘉靖四十五年至隆慶四年（1566—
1570）陝西布政司刻本 山東省圖書館

07923 十七史詳節二百七十三卷 （宋）呂祖
謙輯 明嘉靖四十五年至隆慶四年（1566－
1570）陝西布政司刻本 浙江大學圖書館

07924 直說通畧十三卷 （元）鄭鎮孫撰 明成化
十六年（1480）唐藩刻本（卷二至三抄配）
北京大學圖書館

07925 歷代史纂左編一百四十二卷 （明）
唐順之輯 明嘉靖四十年（1561）胡宗憲
刻本（卷七至八、十九至二十、二十七
至三十二、三十八至四十、四十三至
四十四、四十六至四十七、四十九至
五十三、九十三、九十七、一百二十六至
一百二十七、一百三十至一百三十七、
一百三十九至一百四十二抄配） 福建省圖
書館

07926 歷代史纂左編一百四十二卷 （明）唐
順之輯 明嘉靖四十年（1561）胡宗憲刻本
福建省圖書館
存一百三十六卷（七至一百四十二）

07927 歷代志畧四卷 （明）唐珤輯 明嘉靖黃時
刻本 浙江大學圖書館

07928 新集分類通鑑不分卷 明弘治十二年
（1499）施槃刻本 復旦大學圖書館

07929 鼎鐫金陵三元合評選戰國策狐白四卷
（明）湯賓尹輯 （明）朱之蕃注 （明）
龔三益評 明萬曆元年（1573）余氏自新齋
刻本 瀋陽師範大學圖書館

07930 東萊呂氏西漢精華十四卷東漢精華十四
卷 （宋）呂祖謙輯 明正德元年（1506）
刻本 重慶圖書館

07931 兩漢博聞十二卷 （宋）楊侃輯 明嘉靖
三十七年（1558）黃魯曾刻本 華東師範大
學圖書館

07932 兩漢博聞十二卷 （宋）楊侃輯 明嘉靖
三十七年（1558）黃魯曾刻本 重慶圖書館

07933 兩漢博聞十二卷 （宋）楊侃輯 明嘉靖
三十七年（1558）黃魯曾刻本 南京圖書館

07934 二史會編十六卷 （明）況叔祺輯 明嘉靖
四十年（1561）刻本（卷十抄配） 首都圖
書館

07935 兩漢書抄十六卷 （明）王廷輯 明嘉靖
四十三年（1564）錢之選刻本 南京大學圖
書館

07936 聖朝混一方輿勝覽三卷 明初刻事文類聚
翰墨全書本 北京大學圖書館

07937 歷代地理指掌圖一卷 題（宋）蘇軾撰
明刻本 大連圖書館

07938 大明清類天文分野之書二十四卷 題
（明）劉基等撰 明初刻本 北京大學圖書館

07939 寰宇通志一百十九卷 （明）陳循 彭時
等纂修 明景泰刻本 天津圖書館

07940 大明一統志九十卷 （明）李賢 萬安等纂
修 明天順五年（1461）內府刻本 南京圖
書館

07941 大明一統志九十卷 （明）李賢 萬安等纂
修 明天順五年（1461）內府刻本 遼寧省
圖書館

07942 大明一統志九十卷 （明）李賢 萬安等纂
修 明天順五年（1461）內府刻本 天津圖
書館

07943 大明一統志九十卷 （明）李賢 萬安等纂
修 明天順五年（1461）內府刻本 廣東省
立中山圖書館

07944 大明一統志九十卷 （明）李賢 萬安等纂
修 明天順五年（1461）內府刻本（卷四至
五抄配） 廣東省立中山圖書館

07945 大明一統志九十卷 （明）李賢 萬安等
纂修 明天順五年（1461）內府刻本（卷
十九至二十、二十六至二十七、二十九、
三十一、三十四至三十五、七十四至七十六
抄配） 廣東省立中山圖書館
存六十四卷（二至三、六至十、十四至
十八、二十一至二十五、二十八、三十二至
三十三、三十六至六十、六十三至七十三、
八十三至九十）

07946 大明一統志九十卷 （明）李賢 萬安等
纂修 明弘治十八年（1505）慎獨書齋刻本
福建師範大學圖書館

07947 大明一統志九十卷 （明）李賢 萬安等
纂修 明弘治十八年（1505）慎獨書齋刻本
軍事科學院軍事圖書資料館

07948 大明一統志九十卷 （明）李賢 萬安等纂
修 明嘉靖三十八年（1559）書林楊氏歸仁
齋刻本 國家圖書館

07949 脩攘通考六卷 （明）何鏜編 明抄本 山
東省博物館

07950 廣輿考二卷 （明）汪縫預撰 明萬曆
三十九年（1611）汪作舟刻本 國家圖書館
存一卷（下）

07951 大清一統志不分卷 （清）蔣廷錫 王安國
等纂修 清康熙內府抄本 天津圖書館
存河南開封府屬五冊、彰德府屬二冊，
湖北荊州府屬三冊、襄陽府屬二冊、鄖
陽府屬一冊

07952 大清一統志不分卷 （清）蔣廷錫 王安國
等纂修 清乾隆內府抄本 天津圖書館
存甘肅涼州府一冊

07953 大清一統志四百二十四卷目錄二卷
（清）和珅等纂修 清乾隆內府抄本 吉林

省圖書館
存二卷（八、三十）

07954 讀史方輿紀要□□卷 （清）顧祖禹撰
清康熙通志堂刻本 武漢大學圖書館
存十四卷（陝西）

07955 廣輿圖二卷 （明）羅洪先撰 明嘉靖刻本
國家圖書館

07956 坤輿萬國全圖 （意大利）利瑪竇原繪
（明）佚名摹 明末彩色摹繪本 國家圖書館
存亞洲部分

07957 明輿圖不分卷 明繪本 山東大學圖書館

07958 大明神勢圖 （明）方孔炤輯繪 明崇禎元
年（1628）刻本 國家圖書館

07959 匯輯輿圖備攷全書十八卷 （明）潘光祖
撰 明崇禎六年（1633）傅昌辰版築居刻本
煙台圖書館

07960 皇明職方兩京十三省地圖表三卷 （明）
陳組綬撰 明崇禎九年（1636）刻本 國家
圖書館

07961 今古輿地圖三卷 （明）吳國輔 沈定之撰
明崇禎十六年（1643）刻朱墨套印本 北京
師範大學圖書館

07962 今古輿地圖三卷 （明）吳國輔 沈定之撰
明崇禎十六年（1643）刻朱墨套印本 張壽
鏞 金北蕃 葛昌楔跋 華東師範大學圖書館

07963 地圖綜要三卷 （明）吳學儼等撰 明末刻
本 故宮博物院

07964 地圖綜要三卷 （明）吳學儼等撰 明末刻
本 國家圖書館

07965 地圖綜要三卷 （明）吳學儼等撰 明末刻
本 遼寧省圖書館

07966 輿地總圖 （清）顧祖禹編制 清順治繪本
國家圖書館

07967 輿圖備考十八卷 （明）潘光祖匯輯 （明）李雲翔參訂 清順治七年（1650）刻本 國家圖書館

07968 車書圖考一卷 （清）薛鳳祚撰 清順治十四年（1657）刻套印本 國家圖書館

07969 內府輿地全圖八卷 清康熙刻本 國家圖書館

07970 輿圖畫方 （清）畢士望繪 清康熙四十一年（1702）繪本 國家圖書館

07971 江南山水圖 （清）呂山崏編 清康熙二十五年（1686）刻本 國家圖書館

07972 大清萬年一統天下全圖 （清）黃千人繪 清乾隆三十二年（1767）刻本 國家圖書館

07973 奉天黑龍江吉林輿圖 清乾隆年間彩繪本 國家圖書館

07974 黑龍江圖 清乾隆年間彩繪本 國家圖書館

07975 密雲縣山場林地村落界址全圖 （清）吉順繪 清康熙六年（1667）彩繪本 國家圖書館

07976 圍場全圖 清康熙三十六年（1697）四月彩繪本 國家圖書館

07977 避暑山莊全圖 （清）錢維城繪 （清）裘日修題說 清乾隆年間彩繪本 國家圖書館

07978 [嘉靖]南畿志六十四卷 （明）聞人詮 陳沂纂修 明嘉靖刻本 天津圖書館

07979 揚州府圖說 清康熙年間彩繪本 國家圖書館

07980 廣陵名勝全圖 清乾隆年間刻本 國家圖書館

07981 [正德]姑蘇志六十卷 （明）林世遠 王鏊等纂修 明正德元年（1506）刻十四年（1519）增修本 天津圖書館

07982 [康熙]昆山縣志二十卷 （清）杭允佳 盛

符升等纂修 清抄本 顧惇量批校並跋 潘道根校補 蘇州圖書館

07983 [嘉靖]常熟縣志十三卷 （明）馮汝弼 鄧韍纂修 明嘉靖刻本 天津圖書館

07984 [嘉靖]吳江縣志二十八卷首一卷 （明）曹一麟 徐師曾纂修 明嘉靖刻本 天津圖書館

07985 錫山補志一卷 （清）錢泳撰 稿本 無錫市圖書館

07986 安徽省輿圖 清乾隆年間彩繪本 國家圖書館

07987 [弘治]徽州府志十二卷 （明）彭澤 汪舜民纂修 明弘治刻本 華東師範大學圖書館

07988 [嘉靖]山西通志三十二卷 （明）楊宗氣 周斯盛纂修 明嘉靖刻本 天津圖書館

07989 [嘉靖]山西通志三十二卷 （明）楊宗氣 周斯盛纂修 明嘉靖刻本 河南省圖書館 存二十四卷（一至三、六至二十三、三十至三十二）

07990 [嘉靖]山東通志四十卷 （明）陸鈇等纂修 明嘉靖刻本 河北大學圖書館

07991 [嘉靖]山東通志四十卷 （明）陸鈇等纂修 （明）呂元善續修 明嘉靖刻萬曆增修本 天津圖書館

07992 齊乘六卷 （元）于欽撰 釋音一卷 （元）于潛撰 明嘉靖四十三年（1564）杜思刻本 吉林省圖書館

07993 齊乘六卷 （元）于欽撰 釋音一卷 （元）于潛撰 明嘉靖四十三年（1564）杜思刻本 中國科學院上海生命科學信息中心

07994 [萬曆]兗州府志五十二卷 （明）易登瀛 于慎行纂修 明萬曆刻本（卷三十六至三十八補配） 山東省圖書館

07995 [順治]商城縣志十卷 （清）高材纂修 清

順治刻本 西安博物院
存六卷（一至六）

07996 [嘉靖]陝西通志四十卷 （明）趙廷瑞 馬理等纂修 明嘉靖刻本 華東師範大學圖書館

07997 [萬曆]韓城縣志八卷 （明）蘇進 張士佩等纂修 明萬曆三十五年（1607）刻天啓三年（1623）增修本 河南大學圖書館

07998 [隆慶]華州志二十四卷 （明）李可久 張光孝纂修 明隆慶刻萬曆增修本 華東師範大學圖書館

07999 [康熙]蒲城志不分卷 稿本 南開大學圖書館

08000 [嘉靖]河州志四卷 （明）吳禎纂修 明嘉靖刻本 北京師範大學圖書館

08001 寧夏府輿圖 清雍正年間彩繪本 國家圖書館

08002 固原州輿圖 清彩繪本 國家圖書館

08003 靜寧州志十四卷 （清）黃廷鈺 吳之珽纂修 清康熙刻本 甘肅省圖書館

08004 [康熙]莊浪縣志七卷 （清）王鐘鳴 盧必培纂修 清康熙刻本 甘肅省博物館

08005 [萬曆]朔方新志五卷 （明）楊壽纂修 明萬曆刻本 王獻唐跋 山東省圖書館
存一卷（一）

08006 [嘉靖]秦安志九卷 （明）亢世英 胡纘宗纂修 明嘉靖刻清順治增修本 甘肅省圖書館

08007 [嘉靖]秦安志九卷 （明）亢世英 胡纘宗纂修 明嘉靖刻清順治增修本 山東省圖書館

08008 [嘉靖]浙江通志七十二卷 （明）胡宗憲 薛應旂纂修 明嘉靖刻本 北京師範大學圖書館

08009 浙江郡邑道里圖 （清）伊靖阿編繪 清乾隆二十年（1755）刻本 國家圖書館

08010 浙江省名勝景亭圖說 清乾隆年間刻本 國家圖書館

08011 [嘉靖]嘉興府圖記二十卷 （明）趙瀛 趙文華纂修 明嘉靖刻本 天津圖書館

08012 [嘉靖]寧波府志四十二卷 （明）周希哲 張時徹纂修 明嘉靖刻本 北京師範大學圖書館

08013 [嘉靖]寧波府志四十二卷 （明）周希哲 張時徹纂修 明嘉靖刻本 浙江大學圖書館

08014 [嘉靖]寧波府志四十二卷 （明）周希哲 張時徹纂修 明嘉靖刻本 浙江圖書館

08015 [嘉靖]定海縣志十三卷 （明）何愈 張時徹等纂修 明嘉靖刻本 天津圖書館

08016 [萬曆]續修嚴州府志二十四卷 （明）楊守仁 徐楚纂修 （明）呂昌期 余炳然續修 明萬曆刻本 天津圖書館

08017 江西全省圖說 明萬曆年間彩繪本 國家圖書館

08018 [康熙]浮梁縣誌九卷 （清）陳淯 鄧燦等纂修 清康熙刻本 景德鎮市圖書館

08019 湖北郡邑道里圖 （清）白禮嘉編 （清）朱椿修訂 清乾隆三十年（1765）刻本 國家圖書館

08020 [嘉靖]四川總志八十卷 （明）劉大謨 王元正等纂修 明嘉靖刻本 天津圖書館

08021 [弘治]八閩通誌八十七卷 （明）陳道 黃仲昭纂修 明弘治刻本 天津圖書館

08022 [正德]福州府志四十卷 （明）葉溥 張孟敬纂修 明正德刻本（卷一至十五、三十一至三十四抄配） 徐㷍 林佶批校 福建師範大學圖書館

08023 [康熙]臺灣府志十卷 （清）蔣毓英纂修 清康熙刻本 上海圖書館

08024 [臺灣]地理全圖 清乾隆年間彩繪本 國家
　　圖書館

08025 [嘉靖]廣東通志七十卷 （明）黃佐纂修
　　明嘉靖刻本（有抄配） 廣東省立中山圖書館

08026 [嘉靖]惠州府志十六卷 （明）姚良弼 楊
　　載鳴纂修 明嘉靖刻藍印本 寧波市天一閣
　　博物館

08027 正德興寧志四卷 （明）祝允明纂修 稿本
　　蘇州博物館

08028 [嘉靖]興寧縣志四卷 （明）黃國奎 盛繼纂
　　修 明嘉靖刻藍印本 寧波市天一閣博物館

08029 [隆慶]雲南通志十七卷 （明）鄒應龍 李
　　元陽纂修 明萬曆刻本 天津圖書館

08030 全滇輿圖 清乾隆年間彩繪本 國家圖書館

08031 貴州全省輿圖說 清乾隆年間彩繪本 國家
　　圖書館

08032 自打箭爐至前後藏途程圖 （清）安成繪
　　清光緒二十七年（1901）絹地彩繪本 國家
　　圖書館

08033 中吳紀聞六卷 （宋）龔明之撰 明弘治七
　　年（1494）嚴春刻本 沈欽韓批校 復旦大
　　學圖書館

08034 閩小紀四卷 （清）周亮工撰 清乾隆內府
　　寫四庫全書本 故宮博物院

08035 皇明九邊考十卷 （明）魏煥撰 明嘉靖
　　四十五年（1566）魏時用刻本 浙江圖書館

08036 籌海圖編十三卷 （明）鄭若曾撰 明隆慶
　　六年（1572）刻本 清華大學圖書館

08037 說山一卷 （清）陳澧撰 手稿本 廣東省
　　立中山圖書館

08038 陽山誌三卷 （明）岳岱撰 明嘉靖九年
　　（1530）顧元慶刻本 天津圖書館

08039 京口三山志十卷 （明）張萊撰 明正德七

08040 九華山志六卷 （明）蔡立身纂修 明萬曆
　　二十三年（1595）刻本 安徽省圖書館

08041 五臺山聖境圖 （清）袁瑛繪 清乾隆年間
　　彩繪本 國家圖書館

08042 泰山志四卷 （明）汪子卿撰 明嘉靖
　　二十三年（1544）項守禮刻本 浙江圖書館

08043 廬山紀事十二卷 （明）桑喬撰 明嘉靖刻
　　本 南京大學圖書館

08044 廬山紀事十二卷 （明）桑喬撰 明嘉靖刻
　　本 浙江圖書館

08045 廬山紀事十二卷 （明）桑喬撰 明嘉靖刻
　　本 重慶圖書館

08046 雞足山志十三卷首一卷 （清）高奣映纂
　　修 稿本 雲南省圖書館

08047 水經注四十卷 （北魏）酈道元撰 明嘉靖
　　十三年（1534）黃省曾刻本 天津圖書館

08048 水經注四十卷 （北魏）酈道元撰 明嘉靖
　　十三年（1534）黃省曾刻本 中國書店

08049 水經注四十卷 （北魏）酈道元撰 明嘉靖
　　十三年（1534）黃省曾刻本（卷一至三抄
　　配） 錢允治校跋 黃丕烈跋 韓應陛校跋並
　　錄馮夢禎題識 國家圖書館

08050 今水經注四卷 （清）吳承志撰 稿本 吳
　　慶坻跋 山東大學圖書館

08051 河防一覽圖 （明）潘季馴繪 明萬曆十九
　　年（1591）刻石 舊拓本 國家圖書館

08052 明治河圖 （明）潘季馴繪 清康熙年間摹
　　繪本 國家圖書館

08053 碧玉泉志稿不分卷 （清）段昕撰 稿本
　　雲南省圖書館

08054 大河志八卷 （清）曹玉珂撰 清康熙刻本
　　西安博物院

08085 審問安南事略不分卷 明抄本 南京大學
圖書館

08086 大唐六典三十卷 （唐）玄宗李隆基撰
（唐）李林甫等注 明正德十年（1515）席
書、李承勳刻本 河北大學圖書館

08087 大唐六典三十卷 （唐）玄宗李隆基撰
（唐）李林甫等注 明正德十年（1515）席書、
李承勳刻本 軍事科學院軍事圖書資料館

08088 大唐六典三十卷 （唐）玄宗李隆基
撰 （唐）李林甫等注 明嘉靖二十三年
（1544）浙江按察司刻本 天津圖書館

08089 大唐六典三十卷 （唐）玄宗李隆基
撰 （唐）李林甫等注 明嘉靖二十三年
（1544）浙江按察司刻本 重慶圖書館

08090 中興館閣錄十卷 （宋）陳騤等撰 續錄
十卷 清錢氏潛研堂抄本 程祖慶 楊守敬
葉德輝 于省吾 余嘉錫跋 上海圖書館
存十八卷（二至十，續錄一至八、十）

08091 三事忠告四卷 （元）張養浩撰 明隆慶元
年（1567）貢安國刻本 山東省圖書館

08092 杜氏通典二百卷 （唐）杜佑撰 明嘉靖
十八年（1539）王德溢、吳鵬刻本 廣東省
博物館

08093 杜氏通典二百卷 （唐）杜佑撰 明嘉靖
十八年（1539）王德溢、吳鵬刻本 吉林大
學圖書館

08094 杜氏通典二百卷 （唐）杜佑撰 明嘉靖李
元陽刻本 吉林大學圖書館

08095 杜氏通典二百卷 （唐）杜佑撰 明嘉靖李
元陽刻本（有萬曆補刻） 黑龍江大學圖書館

08096 通典二百卷 （唐）杜佑撰 明刻本 吉林
省圖書館

08097 通典二百卷 （唐）杜佑撰 明刻本 山東

08098 通典二百卷 （唐）杜佑撰 明刻本 雲南
省圖書館

08099 增入諸儒議論杜氏通典詳節四十二卷圖
譜一卷 明刻本 廣東省立中山圖書館

08100 新刊增入諸儒議論杜氏通典詳節四十二
卷圖譜一卷 明刻本 四川師範大學圖書館
存三十四卷（一至三十四）

08101 文獻通考三百四十八卷 （元）馬端臨撰
明正德十一至十四年（1516-1519）劉洪慎
獨齋刻本 浙江大學圖書館

08102 文獻通考三百四十八卷 （元）馬端臨撰
明正德十一至十四年（1516-1519）劉洪慎
獨齋刻十六年（1521）重修本 黑龍江省圖
書館

08103 文獻通考三百四十八卷 （元）馬端臨撰
明正德十一至十四年（1516-1519）劉洪慎獨
齋刻十六年（1521）重修本 廈門市圖書館

08104 文獻通考三百四十八卷 （元）馬端臨撰
明正德十一至十四年（1516-1519）劉洪慎
獨齋刻十六年（1521）重修本（有抄配）
復旦大學圖書館

08105 文獻通考三百四十八卷 （元）馬端臨撰
明正德十一至十四年（1516-1519）劉洪慎
獨齋刻十六年（1521）重修本（有抄配）
廣東省立中山圖書館

08106 文獻通考三百四十八卷 （元）馬端臨撰
明嘉靖三年（1524）司禮監刻本 故宮博物院

08107 文獻通考三百四十八卷 （元）馬端臨撰
明嘉靖三年（1524）司禮監刻本 黑龍江大
學圖書館

08108 文獻通考三百四十八卷 （元）馬端臨撰
明嘉靖三年（1524）司禮監刻本 吉林大學

常熟市圖書館

08134 大明律三十卷 （明）胡瓊集解 明正德
　　　 十六年（1521）刻本 國家圖書館

08135 大明律釋義三十卷 （明）應檟輯 明嘉靖
　　　 三十一年（1552）廣東布政使司刻本 上海
　　　 圖書館

08136 御制大誥一卷 （明）太祖朱元璋撰 明洪
　　　 武十八年（1385）内府刻本 國家圖書館

08137 甌東政録□卷 （明）項喬撰 明嘉靖刻本
　　　 江蘇省常熟市圖書館
　　　 存二卷（二至三）

08138 豫章憲典不分卷 清抄本 湖南省社會科學
　　　 院圖書館

08139 四庫全書提要稿不分卷 （清）翁方綱撰
　　　 手稿本 澳門中央圖書館

08140 紅雨樓題跋一卷 （明）徐𤊹撰 清康熙
　　　 五十八年（1719）林佶蘭譜堂抄本 林佶
　　　 劉喜海跋 山東省圖書館

08141 虞山錢牧齋絳雲樓書目不分卷 （清）錢
　　　 謙益藏 清抄本 王芑孫跋 山東省博物館

08142 海原閣書目不分卷 （清）楊保彝撰 稿本
　　　 山東省圖書館

08143 板本匯查舊青藤館藏書目不分卷 （清）
　　　 丁丙編 稿本 湖南省社會科學院圖書館

08144 古今書刻二卷 （明）周弘祖撰 明刻本
　　　 江蘇省常熟市圖書館

08145 國史經籍志六卷 （明）焦竑撰 明萬曆
　　　 三十年（1602）陳汝元函三館刻本 江蘇省
　　　 寶應縣圖書館

08146 邵亭知見傳本書目十六卷 （清）莫友芝
　　　 撰 清莫繩孫抄本 莫繩孫批校 黑龍江大學
　　　 圖書館

08147 擬史籍考校例一卷 （清）許瀚撰 稿本

王獻唐跋 山東省圖書館

08148 藏書紀事詩殘帙不分卷 （清）葉昌熾撰
　　　 稿本 蘇州博物館

08149 高宗純皇帝御筆目録六卷 清内府抄本
　　　 山東大學圖書館

08150 隸釋二十七卷 （宋）洪適撰 明萬曆十六
　　　 年（1588）王雲鷺刻本 翁思益校並跋 鎮
　　　 江市圖書館

08151 隸釋二十七卷 （宋）洪適撰 清乾隆
　　　 四十二至四十三年（1777–1778）汪日秀樓
　　　 松書屋刻本 桂馥 陸繩夫批校並跋 山東省
　　　 博物館

08152 金石古文十四卷 （明）楊慎輯 明嘉靖
　　　 三十四年（1555）孫昭、李懿刻本 北京師
　　　 範大學圖書館

08153 石刻叢考十二卷 （清）林侗等撰 清雍正
　　　 抄本 河南大學圖書館

08154 竹崦盦金石目録不分卷 （清）趙魏藏並
　　　 撰 手稿本 江鳳彝校並跋 上海圖書館

08155 金石苑不分卷 （清）劉喜海輯 稿本 北
　　　 京師範大學圖書館

08156 香南精舍金石契不分卷 （清）崇恩撰
　　　 稿本 寧夏大學圖書館

08157 金石玉銘二十卷 （清）崇恩輯 稿本 山
　　　 東省圖書館

08158 至大重修宣和博古圖録三十卷 （宋）王
　　　 黼等撰 明嘉靖七年（1528）蔣暘刻本 武
　　　 漢大學圖書館

08159 歷代鐘鼎彝器款識法帖二十卷 （宋）薛
　　　 尚功撰 明抄本 山東省博物館

08160 西清古鑑四十卷錢録十六卷 （清）梁詩
　　　 正 蔣溥等纂修 清乾隆十六年（1751）武
　　　 英殿刻本 遼寧省圖書館

08161 西清古鑑四十卷錢錄十六卷 （清）梁詩
正 蔣溥等纂修 清乾隆十六年（1751）武
英殿刻本 南京圖書館

08162 西清古鑑四十卷錢錄十六卷 （清）梁詩
正 蔣溥等纂修 清乾隆十六年（1751）武
英殿刻本 山東省圖書館

08163 筠清館金石文字五卷 （清）吳榮光撰
清道光二十二年（1842）吳氏筠清館刻本
王筠 吳式芬批校 尹彭壽跋 山東省圖書館

08164 焦山周鼎解不分卷 （清）徐同柏撰 手稿
本 沈濤 馬瑞辰跋 上海圖書館

08165 石刻鋪敘二卷 （宋）曾宏父撰 清朱彝尊
抄本 朱彝尊 丁傑 許瀚跋 山東省博物館

08166 金薤琳琅二十卷 （明）都穆撰 明刻本
鎮江市圖書館

08167 金薤琳琅二十卷 （明）都穆撰 補遺
一卷 （清）宋振譽撰 清乾隆四十三年
（1778）汪荻洲刻本 吳式芬跋 何焯批校
山東省博物館

08168 石鼓考六卷附一卷 （清）翁方綱撰 稿本
華東師範大學圖書館

08169 金石摭藻二卷 （清）李宗顥撰 稿本 廣
東省立中山圖書館

08170 待訪碑目不分卷 （清）吳式芬撰 手稿本
吳重熹題識 上海圖書館

08171 集古印譜五卷 （明）甘暘輯 印正附
說一卷 （明）甘暘撰 明萬曆二十四年
（1596）自刻鈐印本 鎮江市圖書館

08172 宣和集古印史八卷 （明）來行學輯 明
萬曆二十四年（1596）來氏寶印齋刻鈐印本
西泠印社

08173 秦漢印統八卷 （明）羅王常編 明萬曆
三十四年（1606）吳氏樹滋堂刻朱印本 秦

更年跋 哈爾濱師範大學圖書館

08174 集古印范十卷 （明）潘雲杰輯 明萬曆
三十五年（1607）刻鈐印本 西泠印社

08175 集古官印攷十七卷集古虎符魚符攷一卷
（清）瞿中溶撰 稿本 翁大年校並跋 蘇州
大學圖書館
存七卷（一至七）

08176 集古官印攷十七卷集古虎符魚符攷一卷
（清）瞿中溶撰 清同治十三年（1874）瞿
樹鎬刻本 陳介祺批校 山東省博物館

08177 漢泥封攷略二卷 （清）吳式芬 陳介祺藏
並輯 （清）翁大年考編 清抄本 陳介祺校
並跋 山東省博物館

08178 史通二十卷 （唐）劉知幾撰 明嘉靖十四
年（1535）陸深刻本 浙江大學圖書館

08179 東萊先生音註唐鑑二十四卷 （宋）
范祖禹撰 （宋）呂祖謙注 明弘治十年
（1497）呂鎧刻本 復旦大學圖書館

08180 唐書直筆新例四卷新例須知一卷 （宋）
呂夏卿撰 清影宋抄本 蘇州圖書館

08181 宋儒致堂胡先生讀史管見三十卷 （宋）
胡寅撰 明正德劉弘毅慎獨齋刻本 佚名批
校 吉林大學圖書館

08182 小學史斷二卷 （宋）南宮靖一撰 續
一卷 （明）晏彥文撰 資治通鑑總要
通論一卷 （元）潘榮撰 明嘉靖二十六年
（1547）趙瀛刻本（有抄配） 溫州市圖書館

08183 小學史斷四卷 （宋）南宮靖一撰 前編
一卷續編一卷 （明）徐師曾撰 明嘉靖刻
本 天津圖書館

08184 史鉞二十卷 （明）晏璧撰 明弘治十五年
（1502）劉祥刻本 復旦大學圖書館

08185 史鉞二十卷 （明）晏璧撰 明嘉靖二十七

年（1548）刻本　遼寧省圖書館

08186　唐宋名賢歷代確論一百卷　明弘治十七年（1504）錢孟濬刻本　浙江圖書館

08187　證道編摘畧不分卷　（明）唐樞撰　（明）鮑士龍　湯輅輯　明隆慶刻本　陳其榮跋　蘇州圖書館

08188　漢史億二卷　（清）孫廷銓撰　清康熙刻本　閻若璩跋　南開大學圖書館

08189　欽定古今儲貳金鑑六卷　清乾隆五十一年（1786）內府寫四庫全書本　北京師範大學圖書館

08190　新刊五子書二十卷　（明）李瀚編　明弘治九年（1496）李瀚刻本　北京大學圖書館

08191　新刊五子書二十卷　（明）李瀚編　明弘治九年（1496）李瀚刻本　國家圖書館

08192　五子書八卷　（明）歐陽清編　明嘉靖二十三年（1544）歐陽清刻本　浙江省瑞安市文物館

08193　六子書六十二卷　（明）許宗魯編　明嘉靖六年（1527）樊川別業刻本　山西師範大學圖書館

08194　六子書六十二卷　（明）許宗魯編　明芸窗書院刻本　重慶市北碚圖書館

08195　六子書六十卷　（明）顧春編　明嘉靖十二年（1533）顧春世德堂刻本　北京師範大學圖書館

08196　六子書六十卷　（明）顧春編　明嘉靖十二年（1533）顧春世德堂刻本　首都師範大學圖書館

08197　六子書六十卷　（明）顧春編　明嘉靖十二年（1533）顧春世德堂刻本　中共北京市委圖書館

08198　六子書六十卷　（明）顧春編　明嘉靖十二

年（1533）顧春世德堂刻本　華東師範大學圖書館

08199　六子書六十卷　（明）顧春編　明嘉靖十二年（1533）顧春世德堂刻本　吉林省圖書館

08200　六子書六十卷　（明）顧春編　明嘉靖十二年（1533）顧春世德堂刻本　陝西省圖書館

08201　六子書六十卷　（明）顧春編　明嘉靖十二年（1533）顧春世德堂刻本　安徽大學圖書館

08202　六子書六十卷　（明）顧春編　明嘉靖十二年（1533）顧春世德堂刻本　江西省圖書館

08203　六子書六十卷　（明）顧春編　明嘉靖十二年（1533）顧春世德堂刻本　廣西壯族自治區圖書館

08204　六子書六十卷　（明）顧春編　明嘉靖十二年（1533）顧春世德堂刻本　重慶市北碚圖書館

08205　孔子家語十卷　明刻本　遼寧省圖書館

08206　孔子家語十卷　題（魏）王肅注　明嘉靖三十三年（1554）黃魯曾刻本　國家圖書館

08207　孔子家語十卷　題（魏）王肅注　明崇禎毛氏汲古閣刻本　孫詒讓校並跋　浙江大學圖書館

08208　孔子家語十卷　題（魏）王肅注　明崇禎毛氏汲古閣刻本　葉德輝跋　南開大學圖書館

08209　孔子家語八卷　（明）何孟春注　明正德十六年（1521）張公瑞刻本　安徽省圖書館

08210　孔子家語八卷　（明）何孟春注　明嘉靖二年（1523）高應禎刻本　徐燉跋　國家圖書館

08211　標題句解孔子家語三卷　（明）何孟春撰　明刻本　吉林省圖書館

08212　孔叢子七卷　題（漢）孔鮒撰　明嘉靖二十九年（1550）蔡宗堯刻本　福建省圖書館

08213　新書十卷　（漢）賈誼撰　附錄一卷　明萬

歷程榮刻漢魏叢書本 孫志祖校並跋 揚州
大學圖書館

08214 賈誼新書十卷 （漢）賈誼撰 明弘治十八
年（1505）沈頡刻本 馮班校 蘇州市吳中
區圖書館

08215 鹽鐵論十卷 （漢）桓寬撰 明弘治十四年
（1501）涂禎刻本 毛扆校並跋 馮知十跋
馮武抄補並跋 國家圖書館

08216 鹽鐵論十卷 （漢）桓寬撰 明櫻寧齋抄本
黃丕烈 葉昌熾 吳郁生跋 國家圖書館

08217 鹽鐵論十二卷 （漢）桓寬撰 （明）張之
象注 明嘉靖三十三年（1554）張氏猗蘭堂
刻本 吉林省圖書館

08218 鹽鐵論十二卷 （漢）桓寬撰 （明）張之
象注 明嘉靖三十三年（1554）張氏猗蘭堂
刻本 吉林大學圖書館

08219 鹽鐵論十二卷 （漢）桓寬撰 （明）張之
象注 明嘉靖三十三年（1554）張氏猗蘭堂
刻本 遼寧省圖書館

08220 鹽鐵論十二卷 （漢）桓寬撰 （明）張之
象注 明嘉靖三十三年（1554）張氏猗蘭堂
刻本 山東省圖書館

08221 鹽鐵論十二卷 （漢）桓寬撰 （明）張之
象注 明嘉靖三十三年（1554）張氏猗蘭堂
刻本 浙江圖書館

08222 鹽鐵論十二卷 （漢）桓寬撰 （明）張之
象注 明嘉靖三十三年（1554）張氏猗蘭堂
刻本 溫州市圖書館

08223 鹽鐵論十二卷 （漢）桓寬撰 （明）張之
象注 明嘉靖三十三年（1554）張氏猗蘭堂
刻本 福建省圖書館

08224 鹽鐵論十二卷 （漢）桓寬撰 （明）張之
象注 明嘉靖三十三年（1554）張氏猗蘭堂

刻本 湖南師範大學圖書館

08225 鹽鐵論十二卷 （漢）桓寬撰 （明）張之
象注 明嘉靖三十三年（1554）張氏猗蘭堂
刻明程榮重修本 熙徵校 湖北省圖書館

08226 劉氏二書三十卷 （漢）劉向撰 明嘉靖
十四年（1535）楚藩崇本書院刻本 上海社
會科學院圖書館

08227 劉氏二書三十卷 （漢）劉向撰 明嘉靖
十四年（1535）楚藩崇本書院刻本 武漢大
學圖書館
存二十卷（劉向說苑全）

08228 重刻說苑新序三十卷 （漢）劉向撰 明
嘉靖二十六年（1547）何良俊刻本 天津圖
書館

08229 劉向新序十卷 （漢）劉向撰 明正德五
年（1510）楚府正心書院刻本 陳揆校並跋
國家圖書館

08230 劉向新序十卷 （漢）劉向撰 明正德五年
（1510）楚府正心書院刻本 遼寧省圖書館
存七卷（一至五、九至十）

08231 劉向新序十卷 （漢）劉向撰 明刻本 福
建省圖書館

08232 劉向新序十卷 （漢）劉向撰 明刻本 湖
北省圖書館

08233 劉向說苑二十卷 （漢）劉向撰 明建文四
年（1402）錢古訓刻本 國家圖書館
存十卷（十一至二十）

08234 劉向說苑二十卷 （漢）劉向撰 明初刻本
王端履跋 寧波市天一閣博物館
存五卷（一至五）

08235 劉向說苑二十卷 （漢）劉向撰 明刻本
廣東省立中山圖書館

08236 劉向說苑二十卷 （漢）劉向撰 明刻本

蘇州大學圖書館

08237 劉向說苑二十卷 （漢）劉向撰 明刻本
安徽省圖書館

08238 劉向說苑二十卷 （漢）劉向撰 明刻本
傅山批 北京師範大學圖書館
存十卷（十一至二十）

08239 新纂門目五臣音註揚子法言十卷 （漢）
揚雄撰 （晉）李軌 （唐）柳宗元 （宋）
宋咸 吳祕 司馬光注 明刻六子書本 王振
聲批校並跋 蘇州博物館

08240 纂圖互註揚子法言十卷 （漢）揚雄撰
（晉）李軌 （唐）柳宗元 （宋）宋咸 吳
祕 司馬光注 明刻本 四川師範大學圖書館

08241 纂圖互註揚子法言十卷 （漢）揚雄撰
（晉）李軌 （唐）柳宗元 （宋）宋咸 吳
祕 司馬光注 明刻本 中山大學圖書館

08242 纂圖互註揚子法言十卷 （漢）揚雄撰
（晉）李軌 （唐）柳宗元 （宋）宋咸 吳
祕 司馬光注 明刻本 河北省博物館
存八卷（三至十）

08243 揚子法言十卷 （漢）揚雄撰 （明）趙
大綱集注 明隆慶二年（1568）崔近思刻本
天津圖書館

08244 中說十卷 題（隋）王通撰 （宋）阮逸注
明初刻本 南京圖書館

08245 中說十卷 題（隋）王通撰 （宋）阮逸注
明初刻本 四川大學圖書館

08246 中說十卷 題（隋）王通撰 （宋）阮逸注
明敬忍居刻本 王獻唐跋並錄方功惠校 山
東省圖書館

08247 中說十卷 題（隋）王通撰 （宋）阮逸注
明刻本 西北大學圖書館

08248 中說考七卷 （明）崔銑撰 明河汾書院刻

本 上海圖書公司

08249 二程全書六十五卷 （宋）程顥 程頤撰
明弘治十一年（1498）陳宣刻本 北京大學
圖書館

08250 二程全書六十五卷 （宋）程顥 程頤撰
明弘治十一年（1498）陳宣刻本 中國書店

08251 二程全書六十五卷 （宋）程顥 程頤撰
明弘治十一年（1498）陳宣刻本 浙江圖書館

08252 二程全書六十四卷 （宋）朱熹輯 清康熙
內府寫本 故宮博物院

08253 程氏遺書分類三十一卷外書分類十卷
（明）楊廉輯 明刻本 徐州市圖書館

08254 和靖先生語錄三卷 （宋）尹焞撰 （宋）
祁寬輯 明抄本 蘇州圖書館

08255 童蒙訓三卷 （宋）呂本中撰 明刻本 北
京師範大學圖書館

08256 近思錄十四卷 （宋）朱熹 呂祖謙撰 明
刻本 沈叔埏跋 江蘇省吳江市圖書館

08257 分類經進近思錄集解十四卷 （宋）葉采
撰 明嘉靖十七年（1538）劉仕賢刻本 天
津圖書館

08258 分類經進近思錄集解十四卷 （宋）葉采
撰 明嘉靖十七年（1538）劉仕賢刻本 大
連圖書館

08259 分類經進近思錄集解十四卷 （宋）葉采
撰 明嘉靖十七年（1538）劉仕賢刻本 重
慶圖書館

08260 小學句讀十卷 （宋）朱熹撰 （明）吳訥
集解 （明）陳選增注 （明）王雲鳳輯 明
刻本 中山大學圖書館

08261 小學句讀六卷 （宋）朱熹撰 （明）陳選
集注 明弘治十八年（1505）王鏮刻本 中
國人民大學圖書館

08262 文公小學集註大全六卷 （明）陳選撰
　　　明刻本　北京師範大學圖書館

08263 類編標註文公先生經濟文衡前集二十五
　　　卷後集二十五卷續集二十二卷 （宋）滕
　　　珙輯　明正德四年（1509）趙俊刻本　東北
　　　師範大學圖書館

08264 類編標註文公先生經濟文衡前集二十五
　　　卷後集二十五卷續集二十二卷 （宋）滕
　　　珙輯　明正德四年（1509）趙俊刻本　江西
　　　省圖書館

08265 文公先生經世大訓十六卷 （明）余祐輯
　　　明嘉靖元年（1522）河南按察司刻本　浙江
　　　大學圖書館

08266 朱子語類一百四十卷 （宋）黎靖德輯
　　　明成化九年（1473）陳煒刻本　國家圖書館

08267 朱子語類一百四十卷 （宋）黎靖德輯
　　　明成化九年（1473）陳煒刻本　天津圖書館

08268 晦菴先生語錄類要十八卷 （宋）葉士龍
　　　輯　明成化六年（1470）韓儼刻本　復旦大
　　　學圖書館

08269 朱子抄十卷 （明）孫應奎 劉教輯 明嘉
　　　靖十八年（1539）陳鶴刻本　天津師範大學
　　　圖書館

08270 宋四子抄釋二十一卷 （明）呂柟撰　明
　　　嘉靖十六年（1537）汪克儉等刻本　萍鄉市
　　　圖書館
　　　存十八卷（周子抄釋全、二程子抄釋一至
　　　七、橫渠張子抄釋全、朱子抄釋全）

08271 真西山讀書記乙集上大學衍義四十三卷
　　　（宋）真德秀撰　明刻本　廣東省立中山圖
　　　書館

08272 真西山讀書記乙集上大學衍義四十三卷
　　　（宋）真德秀撰　明刻本　山東省博物館

08273 真西山讀書記乙集上大學衍義四十三卷
　　　（宋）真德秀撰　明刻本　湖北省圖書館

08274 真西山讀書記乙集上大學衍義四十三卷
　　　（宋）真德秀撰　明刻公文紙印本　大連圖
　　　書館

08275 大學衍義四十三卷 （宋）真德秀撰　明初
　　　刻本　華東師範大學圖書館

08276 大學衍義四十三卷 （宋）真德秀撰　明弘
　　　治十五年（1502）周津刻本　吉林大學圖書館

08277 大學衍義四十三卷 （宋）真德秀撰　明嘉
　　　靖六年（1527）司禮監刻本　故宮博物院

08278 大學衍義四十三卷 （宋）真德秀撰　明嘉
　　　靖六年（1527）司禮監刻本　首都圖書館

08279 大學衍義四十三卷 （宋）真德秀撰　明嘉
　　　靖六年（1527）司禮監刻本　湖南圖書館

08280 大學衍義四十三卷 （宋）真德秀撰　明嘉
　　　靖吉澄刻本　山東師範大學圖書館

08281 大學衍義四十三卷 （宋）真德秀撰　明嘉
　　　靖吉澄刻本　遼寧省圖書館

08282 大學衍義補一百六十卷首一卷 （明）丘
　　　濬撰　明弘治元年（1488）建寧府刻本　北
　　　京大學圖書館

08283 大學衍義補一百六十卷首一卷 （明）丘
　　　濬撰　明正德元年（1506）宗文堂刻本　首
　　　都圖書館

08284 大學衍義補一百六十卷首一卷 （明）丘
　　　濬撰　明正德元年（1506）宗文堂刻本　南
　　　京圖書館

08285 大學衍義補一百六十卷首一卷 （明）
　　　丘濬撰　明嘉靖十二年（1533）宗文堂刻本
　　　吉林大學圖書館

08286 大學衍義補一百六十卷首一卷 （明）
　　　丘濬撰　明嘉靖十二年（1533）宗文堂刻本

安徽省圖書館

08287 大學衍義補一百六十卷首一卷 （明）
丘濬撰 明嘉靖十二年（1533）宗文堂刻本
蘇州大學圖書館
存一百六十卷（大學衍義補全）

08288 大學衍義補一百六十卷首一卷 （明）丘
濬撰 明嘉靖三十八年（1559）吉澄、樊獻
科等刻本 首都圖書館

08289 大學衍義補一百六十卷首一卷 （明）丘
濬撰 明嘉靖三十八年（1559）吉澄、樊獻
科等刻本 遼寧省圖書館

08290 大學衍義補一百六十卷首一卷 （明）丘
濬撰 明嘉靖三十八年（1559）吉澄、樊獻
科等刻本 山東省圖書館

08291 大學衍義補概一卷 （明）曹璜輯 明抄本
山東省博物館

08292 大學衍義補摘要四卷 明刻本 吉林大學
圖書館

08293 大學衍義補纂要六卷 （明）徐栻輯 明
隆慶六年（1572）廣信府刻本 首都圖書館

08294 大學衍義通略三十卷 （明）王靜輯 明
嘉靖四十三年（1564）刻本 江門市新會區
景堂圖書館

08295 潛室陳先生木鍾集十一卷 （宋）陳埴撰
明弘治十四年（1501）鄧淮、高賓刻本 中
共中央黨校圖書館

08296 潛室陳先生木鍾集十一卷 （宋）陳埴撰
明弘治十四年（1501）鄧淮、高賓刻本（卷
一至三、七至八、十一配清抄本） 丁丙跋
南京圖書館

08297 慈溪黃氏日抄分類九十七卷古今紀要
十九卷 （宋）黃震撰 明刻本 西安博物院

08298 慈溪黃氏日抄分類九十七卷古今紀要

十九卷 （宋）黃震撰 明刻本 雲南省圖
書館

08299 研幾圖一卷 （宋）王柏撰 明正德刻本
李盛鐸跋 北京大學圖書館

08300 程氏家塾讀書分年日程三卷綱領一卷
（元）程端禮撰 明刻本 蘇州圖書館
存三卷（一至二、綱領）

08301 管窺外編一卷 （元）史伯璿撰 明刻本
康有為跋 鎮江市圖書館

08302 性理大全書七十卷 （明）胡廣等撰 明永
樂十三年（1415）內府刻本 復旦大學圖書館

08303 性理大全書七十卷 （明）胡廣等撰 明嘉
靖二十二年（1543）應天府學刻本 遼寧省
圖書館

08304 性理大全書七十卷 （明）胡廣等撰 明嘉
靖三十八年（1559）樊獻科刻本 哈爾濱師
範大學圖書館

08305 性理大全書七十卷 （明）胡廣等撰 明嘉
靖三十八年（1559）樊獻科刻本 安徽省圖
書館

08306 性理大全書七十卷 （明）胡廣等撰 清康
熙內府精抄本 故宮博物院

08307 新刊性理大全七十卷 （明）胡廣等撰
明嘉靖三十年（1551）張氏新賢堂刻本 山
東省圖書館
存五十一卷（三至五、二十三至七十）

08308 新刊憲臺釐正性理大全七十卷 （明）胡
廣等撰 明嘉靖三十一年（1552）余氏自新
齋刻本 首都圖書館

08309 性理群書集覽大全七十卷 題玉峰道人輯
明正德六年（1511）宗德書堂刻本 天津圖
書館

08310 性理群書大全七十卷 題玉峰道人輯 明

刻本（有抄配） 首都圖書館

08311 讀書録十卷續録十二卷 （明）薛瑄撰
明嘉靖三十四年（1555）沈維藩刻本 首都
圖書館

08312 讀書録十一卷續録十二卷 （明）薛瑄撰
明嘉靖四年（1525）刻本 首都圖書館

08313 讀書録二十四卷 （明）薛瑄撰 明刻本
北京師範大學圖書館

08314 五倫書六十二卷 （明）宣宗朱瞻基撰 明
正統十二年（1447）內府刻本 首都圖書館

08315 五倫書六十二卷 （明）宣宗朱瞻基撰 明
正統十二年（1447）內府刻本 遼寧大學圖
書館

08316 白沙先生至言十卷 （明）陳獻章撰 明嘉
靖二十六年（1547）刻本 廣東省立中山圖
書館

08317 學的二卷 （明）丘濬輯 明刻本 吉林大
學圖書館

08318 契翁中說録二卷 （明）于鎰撰 明嘉靖
十六年（1537）于湛刻藍印本 國家圖書館

08319 鳴冤録四卷附録一卷 （明）席書輯 明
刻本 無錫市圖書館

08320 傳習録三卷續録二卷 （明）王守仁撰
明嘉靖三十三年（1554）刻本 東北師範大
學圖書館

08321 陽明先生語録三卷 （明）胡嘉棟輯 明萬
曆三十一年（1603）刻本 吉林省圖書館

08322 讀書劄記八卷 （明）徐問撰 明嘉靖十三
年（1534）刻本 重慶圖書館

08323 士翼四卷 （明）崔銑撰 明嘉靖十四年
（1535）刻本 天津圖書館

08324 程志十卷 （明）崔銑撰 明嘉靖刻本 天
津圖書館

08325 程志十卷 （明）崔銑撰 明嘉靖刻本 河
北大學圖書館

08326 程志十卷 （明）崔銑撰 明嘉靖刻本 蘇
州圖書館

08327 聖學格物通一百卷 （明）湛若水撰 明嘉
靖十二年（1533）陳陞刻本 中共中央黨校
圖書館

08328 聖學格物通一百卷 （明）湛若水撰 明嘉
靖十二年（1533）陳陞刻本 天津圖書館

08329 聖學格物通一百卷 （明）湛若水撰 明嘉
靖十二年（1533）陳陞刻本 廈門市圖書館

08330 楊子折衷六卷 （明）湛若水撰 明嘉靖葛
澗刻本 浙江圖書館

08331 性理三解七卷 （明）韓邦奇撰 明嘉靖
十九年（1540）樊得仁刻本 故宮博物院

08332 大儒心學語録二十七卷 （明）王葵輯
明嘉靖二十八年（1549）撫州儒學刻本 湖
北省圖書館

08333 性理諸家解三十四卷 （明）楊維聰輯 明
嘉靖十五年（1536）楊維聰、高叔嗣等刻本
浙江圖書館
存二十九卷（五至三十二、三十四）

08334 閑闢録十卷 （明）程曈撰 明嘉靖四十三
年（1564）程纘洛刻本 北京師範大學圖書館

08335 閑闢録十卷 （明）程曈撰 明嘉靖四十三
年（1564）程纘洛刻本 吉林大學圖書館

08336 獻子講存二卷 （明）盧寧撰 明嘉靖
三十九年（1560）張翽刻本 黃裳題識 中
國人民大學圖書館
存一卷（一）

08337 皇明三儒言行要録十四卷 （明）郜永春
等輯 明隆慶二年（1568）刻本 天津圖書館

08338 人譜一卷續篇二卷 （明）劉宗周撰 清順

治刻藍印本　國家圖書館

08339　兵垣四編四卷附四卷　（明）関聲編　明天啓元年（1621）関氏刻套印本　故宮博物院

08340　孫子集註十三卷　（漢）曹操　（唐）杜牧等撰　明嘉靖三十四年（1555）談愷刻本　浙江圖書館

08341　黃石公素書一卷　（宋）張商英注　明刻本　貴州省圖書館

08342　諸葛孔明心書一卷　題（蜀）諸葛亮撰　明正德十二年（1517）韓襲芳銅活字印本　上海圖書館

08343　武經總要前集二十二卷後集二十一卷　（宋）曾公亮　丁度等撰　行軍須知二卷百戰奇法二卷　明弘治十七年（1504）李贊刻本　北京大學圖書館

08344　百戰奇法□卷　明嘉靖七年（1528）李詔德刻本　浙江圖書館
　　　　存二卷（一至二）

08345　虎鈐經二十卷　（宋）許洞撰　明抄本　山東省圖書館
　　　　存十六卷（一至十六）

08346　何博士備論一卷　（宋）何去非撰　明穴研齋抄本　黃丕烈　錢天樹　黃廷鑒跋　王芑孫程恩澤題款　國家圖書館

08347　八陣合變圖說一卷　（明）藍章　龍正撰　明正德十一年（1516）藍章、高朝用刻本　國家圖書館

08348　紀効新書十八卷首一卷　（明）戚繼光撰　明隆慶刻本　上海圖書館

08349　新刻武學經史大成十八卷　（明）吳可參輯　明唐廷仁刻本（有抄配）　貴州省圖書館

08350　武德全書十五卷　（明）李槃輯　明刻本　貴州省圖書館

08351　兵機纂八卷　（明）郭光復撰　明萬曆二十七年（1599）自刻本　蘇州圖書館

08352　左氏兵畧三十二卷　（明）陳禹謨撰　明萬曆吳用先、彭端吾等刻本　遼寧省圖書館

08353　新鐫漢丞相諸葛孔明異傳奇論註解評林五卷　（明）章嬰撰　明萬曆二十六年（1598）書林雙峰堂余文台刻本　遼寧省圖書館

08354　緯弢二卷　（明）郭增光撰　明天啓七年（1627）自刻本　首都圖書館

08355　葛仙神火略一卷　題（明）焦玉撰　清抄本　江蘇省常熟市圖書館

08356　韓非子二十卷　清影宋抄本　顧廣圻跋　上海圖書館

08357　韓非子二十卷　明萬曆周孔教刻本［四庫底本］　王仁俊　黃彭年題識　安徽省圖書館

08358　韓非子校正一卷　（清）朱錫庚撰　稿本　上海圖書館

08359　折韓一卷　（清）王棻撰　稿本　浙江圖書館

08360　疑獄集十卷　（五代）和凝　和㠓撰　（明）張景增輯　明嘉靖十四年（1535）李崧祥刻本　浙江大學圖書館

08361　齊民要術十卷雜說一卷　（北魏）賈思勰撰　明嘉靖三年（1524）馬紀刻本　南京農業大學圖書館

08362　便民圖纂十六卷　明嘉靖二十三年（1544）王貞吉刻藍印本　國家圖書館

08363　農書六卷　（明）施大經撰　明刻本　蘇州圖書館

08364　東垣十書十三卷　明隆慶二年（1568）曹灼刻本　成都中醫藥大學圖書館
　　　　存十一種十二卷

08365　石山醫案八種三十二卷　（明）汪機撰

明嘉靖刻崇禎祁門樸墅增刻印本　浙江省中醫藥研究院

08366　醫要集覽九種九卷　明刻本　天津圖書館

08367　醫要集覽九種九卷　明刻本　北京中醫藥大學圖書館

08368　補註釋文黃帝內經素問十二卷　（唐）王冰注　（宋）林億等校正　（宋）孫兆改誤　遺篇一卷　黃帝素問靈樞經十二卷（宋）史崧音釋　明趙府居敬堂刻本　山東省圖書館

08369　補註釋文黃帝內經素問十二卷　（唐）王冰注　（宋）林億等校正　（宋）孫兆改誤　遺篇一卷　黃帝素問靈樞經十二卷（宋）史崧音釋　明趙府居敬堂刻本　武漢圖書館

08370　補註釋文黃帝內經素問十二卷　（唐）王冰注　（宋）林億等校正　（宋）孫兆改誤　遺篇一卷　黃帝素問靈樞經十二卷（宋）史崧音釋　明趙府居敬堂刻本　成都中醫藥大學圖書館

08371　新刊補註釋文黃帝內經素問十二卷（唐）王冰注　（宋）林億等校正　（宋）孫兆改誤　新刊黃帝內經靈樞十二卷黃帝內經素問遺篇一卷　新刊素問入式運氣論奧三卷　素問運氣圖括定局立成一卷黃帝內經素問靈樞運氣音釋補遺一卷明嘉靖四年（1525）山東布政使司刻本　浙江圖書館

08372　重廣補註黃帝內經素問二十四卷　（唐）王冰注　（宋）林億等校正　（宋）孫兆改誤　明嘉靖二十九年（1550）顧從德影宋刻本　首都圖書館

08373　重廣補註黃帝內經素問二十四卷　（唐）

王冰注　（宋）林億等校正　（宋）孫兆改誤　明嘉靖二十九年（1550）顧從德影宋刻本　無錫市圖書館

08374　重廣補註黃帝內經素問二十四卷　（唐）王冰注　（宋）林億等校正　（宋）孫兆改誤　明嘉靖二十九年（1550）顧從德影宋刻本　天津中醫藥大學圖書館

08375　新刊補註釋文黃帝內經素問十二卷（唐）王冰注　（宋）林億等校正　（宋）孫兆改誤　明熊氏種德堂刻本　中國科學院上海生命科學信息中心

08376　素問入式運氣論奧三卷　（宋）劉溫舒撰黃帝內經素問遺篇一卷　明刻本　葉桂跋南京圖書館

08377　圖注八十一難經八卷　（明）張世賢撰明沈氏碧梧亭刻本　國家圖書館

08378　重修政和經史證類備用本草三十卷（宋）唐慎微撰　（宋）寇宗奭衍義　明嘉靖十六年（1537）楚府崇本書院刻本　天津圖書館

08379　重修政和經史證類備用本草三十卷（宋）唐慎微撰　（宋）寇宗奭衍義　明嘉靖十六年（1537）楚府崇本書院刻本（有抄配）　吉林省圖書館

08380　重修政和經史證類備用本草三十卷（宋）唐慎微撰　（宋）寇宗奭衍義　明嘉靖三十一年（1552）周琮、李遷刻本（有抄配）　大連圖書館

08381　重修政和經史證類備用本草三十卷（宋）唐慎微撰　（宋）寇宗奭衍義　明隆慶六年（1572）施篤臣、曹科刻公文紙印本羅振玉跋　遼寧省圖書館

08382　食物本草二卷　明隆慶四年（1570）谷中

虛刻本　中國醫科大學圖書館

08383　本草集要八卷　（明）王綸撰　明正德五年
　　　　（1510）羅汝聲刻本　中國醫科大學圖書館
　　　　存五卷（一、四至五、七至八）

08384　本草綱目五十二卷圖二卷　（明）李時珍
　　　　撰　明萬曆二十一年（1593）金陵胡承龍刻
　　　　明重修本　白河書齋

08385　本草綱目拾遺十卷首一卷　（清）趙學敏
　　　　輯　清抄本（張氏吉心堂刊行底本）　中國中
　　　　醫科學院圖書館

08386　脉經十卷　（晉）王叔和撰　（宋）林億等
　　　　校定　明成化十年（1474）畢玉刻本　葉德
　　　　輝跋　國家圖書館

08387　王氏脉經十卷　（晉）王叔和撰　（宋）林
　　　　億等校定　明趙府居敬堂刻本　華中科技大
　　　　學圖書館醫學分館

08388　金匱要略方三卷　（漢）張機撰　（晉）
　　　　王叔和輯　（宋）林億詮次　明洪武二十八年
　　　　（1395）吳遷抄本　徐乃昌題識　上海圖書館

08389　聖濟經解義十卷　（宋）吳褆撰　明嗣雅堂
　　　　抄本　浙江圖書館
　　　　存一卷（一）

08390　醫說十卷　（宋）張杲撰　明嘉靖二十二年
　　　　（1543）張子立刻本　山東省圖書館

08391　醫說十卷　（宋）張杲撰　明嘉靖二十九年
　　　　（1550）傅鳳翱刻本　山東省圖書館

08392　醫畧正誤概論二卷　（明）李象撰　明嘉靖
　　　　刻本　中國中醫科學院圖書館

08393　醫壘元戎十二卷　（元）王好古撰　明嘉靖
　　　　二十二年（1543）顧遂刻本　上海中醫藥大
　　　　學圖書信息中心

08394　丹溪先生醫書纂要二卷　（元）朱震亨撰
　　　　（明）盧和注　明刻本　上海中醫藥大學圖

書信息中心

08395　普濟方一百六十八卷　（明）朱橚撰　明
　　　　永樂周藩刻本　中國醫科大學圖書館
　　　　存二卷（九十七至九十八）

08396　袖珍方四卷　（明）李恒撰　明永樂十三年
　　　　（1415）刻本　北京大學圖書館

08397　急救良方二卷　（明）張時徹輯　明嘉靖
　　　　二十九年（1550）自刻本　中國科學院上海
　　　　生命科學信息中心

08398　攝生眾妙方十一卷急救良方二卷　（明）
　　　　張時徹輯　明隆慶三年（1569）衡府刻本
　　　　首都圖書館

08399　攝生眾妙方十一卷急救良方二卷　（明）
　　　　張時徹輯　明隆慶三年（1569）衡府刻本
　　　　北京中醫藥大學圖書館

08400　攝生眾妙方十一卷急救良方二卷　（明）
　　　　張時徹輯　明隆慶三年（1569）衡府刻本
　　　　山西省圖書館

08401　蘇沈良方十卷　（宋）蘇軾　沈括撰　清乾
　　　　隆五十八年（1793）鮑廷博抄本　嘉興市圖
　　　　書館

08402　醫經大旨八卷　（明）賀岳撰　明余氏敬賢
　　　　堂刻本　上海中醫藥大學圖書信息中心

08403　赤水玄珠三十卷醫案五卷醫旨緒餘二卷
　　　　（明）孫一奎撰　明萬曆二十四年（1596）
　　　　孫泰來、孫朋來刻本　安徽中醫學院圖書館

08404　秋室我聞錄一卷　（清）余集撰　手稿本
　　　　沈慶雲跋　上海圖書館

08405　仙傳外科集驗方一卷　（明）趙宜真撰
　　　　秘傳外科方一卷仙授理傷續斷方一卷
　　　　明洪武二十八年（1395）淵然道者刻本　國
　　　　家圖書館

08406　祁氏家傳外科大羅不分卷　（清）祁坤輯

（清）祁文鞱述錄　清抄本　首都圖書館

08407　**產孕集二卷**　（清）張曜孫撰　稿本　紹興
圖書館

08408　**全幼心鑑四卷**　（明）寇平撰　明成化四年
（1468）全幼堂刻本　上海中醫藥大學圖書
信息中心

08409　**全幼心鑑八卷**　（明）寇平撰　明嘉靖
二十六年（1547）張玶刻本　浙江圖書館
存六卷（一至六）

08410　**活幼便覽二卷**　（明）劉錫撰　明刻本　揚
州市圖書館

08411　**活幼便覽二卷**　（明）劉錫撰　明刻本　陝
西省圖書館

08412　**仁端錄雜症四卷**　（清）徐謙撰　（清）張
祖　張之校正　清雍正十一年（1733）海鹽
彭孫遹松桂堂抄本　嘉興市圖書館

08413　**鍼灸節要三卷鍼灸聚英五卷**　（明）高武
撰　明嘉靖十六年（1537）陶師文刻本　中
國中醫科學院圖書館

08414　**人體經穴臟腑圖一卷**　清彩繪本　浙江圖
書館

08415　**養生類纂二十二卷**　（宋）周守忠撰　明成
化十年（1474）謝穎刻本　巴彥淖爾市圖書館
存九卷（一至五、十九至二十二）

08416　**三教聖人修身圖訣一卷清修捷徑一卷**
（明）張我續撰　明崇禎刻本　遼寧省圖書館

08417　**周髀筭經二卷**　題（漢）趙君卿注　（北周）
甄鸞重述　（唐）李淳風等注釋　**音義一卷**
（宋）李籍撰　清內府抄本　故宮博物院

08418　**周髀筭經淺注一卷**　（清）鄭復光撰　清抄
本　王筠校　山東省博物館

08419　**重刊革象新書二卷**　（元）趙友欽撰　（明）
王禕刪定　明刻本　大連圖書館

08420　**乾象坤圖格鏡十八卷**　（清）王宏翰撰　稿
本　浙江大學圖書館

08421　**圖書說一卷**　（清）王筠撰　稿本　王獻唐
跋　山東省圖書館

08422　**西算新法直解八卷**　（清）馮桂芬　陳瑒撰
稿本　蘇州博物館

08423　**閏八月考三卷**　（清）王錫祺輯　稿本　浙
江圖書館

08424　**九章詳註比類算法大全十卷乘除開方起
例一卷**　（明）吳敬撰　明景泰元年（1450）
王均刻弘治元年（1488）吳訥重修本　北京大
學圖書館

08425　**焦理堂天文曆法算稿不分卷**　（清）焦循
撰　稿本　國家圖書館

08426　**太玄經十卷**　（漢）揚雄撰　（晉）范望
解贊　**說玄一卷**　（唐）王涯撰　**釋文一卷**
明嘉靖三年（1524）郝梁刻本（說玄配清抄
本）　莫友芝校並跋　浙江圖書館

08427　**太玄經十卷**　（漢）揚雄撰　（晉）范望
解贊　**說玄一卷**　（唐）王涯撰　**釋文一卷**
明嘉靖孫沐萬玉堂刻本　浙江大學圖書館

08428　**太玄經十卷**　（漢）揚雄撰　（晉）范望
解贊　**說玄一卷**　（唐）王涯撰　**釋文一卷**
明嘉靖孫沐萬玉堂刻本　惠棟批校　翁同龢
抄補缺葉　浙江圖書館
存十卷（太玄經全）

08429　**元包經傳五卷**　（北周）衛元嵩撰　（唐）
蘇源明傳　（唐）李江注　**元包數總義二卷**
（宋）張行成撰　明刻本　錦州市圖書館

08430　**元包經傳五卷**　（北周）衛元嵩撰　（唐）
蘇源明傳　（唐）李江注　**元包數總義二卷**
（宋）張行成撰　明刻本　遼寧省圖書館

08431　**天原發微五卷圖一卷篇目名義一卷**　（宋）

鮑雲龍撰 （明）鮑寧辨正 問答節要一卷
（明）鮑寧輯 明天順五年（1461）鮑氏耕讀
書堂刻本 北京大學圖書館

08432 天原發微五卷圖一卷篇目名義一卷 （宋）
鮑雲龍撰 （明）鮑寧辨正 問答節要一卷
（明）鮑寧輯 明天順五年（1461）鮑氏耕讀
書堂刻本 中國科學院國家科學圖書館

08433 天原發微五卷圖一卷篇目名義一卷 （宋）
鮑雲龍撰 （明）鮑寧辨正 問答節要一卷
（明）鮑寧輯 明嘉靖二十九年（1550）秦藩
刻本 吉林大學圖書館

08434 天原發微五卷圖一卷篇目名義一卷 （宋）
鮑雲龍撰 （明）鮑寧辨正 問答節要一卷
（明）鮑寧輯 明嘉靖二十九年（1550）秦藩
刻本 東北師範大學圖書館

08435 洪範圖解二卷 （明）韓邦奇撰 明正德
十六年（1521）王道刻藍印本 國家圖書館

08436 天元玉曆祥異賦七卷 （明）仁宗朱高熾
撰 明洪熙元年（1425）內府刻本 軍事科
學院軍事圖書資料館

08437 天元玉曆祥異賦不分卷 （明）仁宗朱高
熾撰 明抄本 遼寧大學圖書館

08438 天元玉曆祥異賦不分卷 （明）仁宗朱高
熾撰 明抄本 山東省圖書館

08439 六壬神定經五卷 （宋）楊維德等撰 明抄
本 山東省博物館
存二卷（一至二）

08440 壬課纂義十二卷 題真一山人撰 明抄本
江西省樂平市圖書館

08441 六壬集要四卷 明抄本 浙江圖書館

08442 御定星曆考原六卷 （清）李光地等撰 清
康熙五十二年（1713）內府銅活字印本 故
宮博物院

08443 珊瑚木難不分卷 （明）朱存理輯 稿本
王廣 翁方綱 楊繼震跋 顧渚題詩並跋又錄
文徵明 文震孟 呂一經等詩翰 國家圖書館

08444 南禺書畫目一卷 （明）豐坊輯 手稿本 張
廷濟跋 上海圖書館

08445 梁蠍雜記不分卷 （清）梁蠍撰 稿本 浙
江圖書館

08446 過雲樓書畫記不分卷 （清）顧文彬撰
稿本 蘇州圖書館

08447 法書要錄十卷 （唐）張彥遠撰 明刻本
濟南市圖書館

08448 墨池編二十卷 （宋）朱長文輯 （明）薛
晨校注 續編三卷 （明）李薈輯 （明）
薛晨校注 明隆慶二年（1568）李薈永和堂
刻本（卷六至七、十一至十二抄配） 吉林
省圖書館

08449 廣川書跋十卷 （宋）董逌撰 明吳氏叢書
堂抄本 葉萬 張蓉鏡跋 黃丕烈校 國家圖
書館

08450 蘭亭續考二卷 （宋）俞松輯 清抄本 秦
更年跋 南開大學圖書館

08451 蘇米齋蘭亭考四卷 （清）翁方綱撰 稿本
蔣攸銛 伊秉綬跋 國家圖書館

08452 書苑菁華二十卷 （宋）陳思輯 明萬曆徐
玄佐家抄本 徐玄佐 黃丕烈跋 國家圖書館

08453 書學大成六種十一卷 （明）陳汝元編
明萬曆十九年（1591）自刻本 江蘇省如皋
市圖書館

08454 碧雲仙師筆法錄一卷 （清）趙執信撰
稿本 淄博市圖書館

08455 法帖刊誤二卷 （宋）黃伯思撰 清抄本
盧文弨校 秦更年跋 南開大學圖書館

08456 歷代名畫記十卷 （唐）張彥遠撰 明刻本

南京博物院

08457 讀畫錄四卷 （清）周亮工撰 清康熙十二
年（1673）周氏煙雲過眼堂刻本 吳梅跋
蘇州大學圖書館

08458 酒仙譜不分卷 （明）許茂先編繪 明萬曆
醋醋齋刻本 許承堯跋 安徽省博物館

08459 陳章侯畫博古牌不分卷 （明）陳洪綬繪
清順治刻本 國家圖書館

08460 水滸葉子不分卷 （明）陳洪綬繪 清初刻
本 盧子樞 賴少其 王貴忱跋 四川省圖書館

08461 太平山水圖畫一卷 （清）蕭雲從繪 清順
治五年（1648）裒古堂刻本 安徽省博物館

08462 芥子園畫傳五卷 （清）王槩輯 清康熙
十八年（1679）芥子園甥館刻彩色套印本
清華大學圖書館

08463 平定伊犁回部戰圖十六幅 （義大利）郎世
寧等繪 清乾隆內府銅版印本 首都圖書館

08464 御題平定臺灣全圖十二幅 （清）高宗弘
曆題詩 清乾隆內府銅版印本 首都圖書館

08465 禮器碑 東漢永壽二年（156）刻石 明拓本
周大烈題簽並題跋 中國文化遺產研究院

08466 淳化閣帖十卷 （明）溫如玉 張應召摹
明萬曆四十三年至天啓二年（1615-1622）
肅王府刻石 初拓本 甘肅省博物館

08467 印雋四卷 （明）梁褒篆刻並輯 明萬曆
三十八年（1610）鈐印本 浙江圖書館

08468 印雋四卷 （明）梁褒篆刻並輯 明萬曆
三十八年（1610）鈐印本 安徽中國徽州文
化博物館
存二卷（一至二）

08469 印法參同四十二卷 （明）徐上達輯 明萬
曆四十二年（1614）鈐印本 西泠印社

08470 承清館印譜初集一卷續集一卷 （明）張

灝輯 明刻鈐印本 江蘇省常熟市圖書館

08471 承清館印譜初集一卷續集一卷 （明）張
灝輯 明刻鈐印本 傅以禮跋 楊浚題款 浙
江圖書館

08472 蘇氏印略三卷 （明）蘇宣篆刻並輯 明萬
曆四十五年（1617）鈐印本 西泠印社

08473 印史五卷 （明）何通撰 明天啓刻鈐印本
大連圖書館

08474 姓苑印章二卷 （明）江萬全輯 明崇禎二
年（1629）鈐印本 西泠印社

08475 學山堂印譜八卷附學山記一卷學山紀遊
一卷學山題詠一卷 （明）張灝輯 明崇禎
刻鈐印本 佛山市圖書館
存一卷（一）

08476 臞仙神奇秘譜三卷 （明）朱權輯 明洪熙
元年（1425）刻本 上海圖書館

08477 青蓮舫琴雅四卷 （明）林有麟輯 明萬曆
刻本 雲南大學圖書館

08478 奕藪四卷棋經注一卷 （明）蘇之軾撰
明天啓二年（1622）自刻三色套印本 遼寧
省圖書館

08479 宣和牌譜不分卷 明成化彩繪本 北京大學
圖書館

08480 西清硯譜二十四卷 清內府抄本［四庫底
本］ 國家圖書館

08481 墨譜三卷 （宋）李孝美編次 明潘方凱刻
本 煙台圖書館

08482 尺苑不分卷 （清）吳騫撰 稿本 上海圖
書館

08483 飲膳正要三卷 （元）忽思慧撰 明景泰七
年（1456）內府刻本 北京大學圖書館

08484 飲膳正要三卷 （元）忽思慧撰 明景泰七
年（1456）內府刻後印本 西北師範大學圖

書館

08485 糖霜譜一卷 （宋）王灼撰 清乾隆內府寫
文津閣四庫全書本 柳州市博物館

08486 茶董二卷酒顛二卷 （明）夏樹芳輯 茶董
補二卷酒顛補三卷 （明）陳繼儒輯 明萬
曆刻本 黃岡市圖書館

08487 荷鋤雜志十一卷 （清）陳弘緒輯 清抄本
江西省圖書館

08488 菊譜一卷 （清）吳升撰 稿本 張宗祥跋
浙江圖書館

08489 重刊訂正秋蟲譜二卷 題（宋）賈似道撰
明嘉靖刻本 寧波市天一閣博物館

08490 墨子十五卷 明嘉靖江藩刻本 天津圖書館

08491 墨子十五卷 明嘉靖江藩刻本（有抄配）
武漢大學圖書館

08492 墨子間詁十五卷 （清）孫詒讓撰 稿本
浙江省瑞安市文物館
存一卷（十）

08493 墨子校記一卷 （清）翁方綱撰 手稿本
上海圖書館

08494 呂氏春秋二十六卷 （漢）高誘注 明宋邦
乂等刻本 山東省圖書館

08495 呂氏春秋二十六卷 （漢）高誘注 明萬
曆七年（1579）張登雲刻藍印本 葉德輝跋
國家圖書館

08496 東坡先生志林五卷 （宋）蘇軾撰 明刻套
印本 長春圖書館

08497 東坡先生志林五卷 （宋）蘇軾撰 明刻套
印本 遼寧省圖書館

08498 石林燕語十卷 （宋）葉夢得撰 明正德元
年（1506）楊武刻本 華南師範大學圖書館

08499 石林燕語十卷 （宋）葉夢得撰 明正德元
年（1506）楊武刻本 江蘇省常熟市博物館

08500 乙卯避暑錄話二卷 （宋）葉夢得撰 明抄
本 鮑廷博跋 湖南圖書館

08501 元城語錄解三卷附行錄解一卷 （明）王
崇慶撰 明刻本 廣東省立中山圖書館

08502 靜齋至正直記四卷 （元）孔齊撰 清初抄
本 大連圖書館

08503 青溪暇筆二十卷 （明）姚福撰 明抄本
青島市博物館

08504 震澤長語二卷 （明）王鏊撰 明萬曆刻本
王仁俊批校 南開大學圖書館

08505 古言二卷今言四卷 （明）鄭曉撰 明嘉
靖四十四年（1565）項篤壽刻本 吉林大
學圖書館

08506 稽古緒論二卷 （明）趙時春撰 明嘉靖刻
本 北京師範大學圖書館

08507 認字測三卷 （明）周宇撰 明萬曆三十九
年（1611）周傳誦刻本 首都圖書館

08508 譚輅三卷 （明）張鳳翼撰 明萬曆刻本
遼寧省圖書館

08509 宙合編八卷 （明）林兆珂撰 明萬曆刻本
山東省圖書館

08510 嘉言摘粹十卷 （明）姚光祚撰 明萬曆
二十五年（1597）刻本 吉林省圖書館

08511 巾箱說一卷 （清）金埴撰 稿本 丁丙跋
南京圖書館

08512 茶餘客話十二卷 （清）阮葵生撰 （清）
戴璐輯 清乾隆五十八年（1793）七錄齋活
字印本 天津圖書館

08513 蘭舫筆記一卷 （清）常輝撰 稿本 浙江
大學圖書館

08514 秦敦夫筆錄二卷 （清）秦恩復撰 手稿本
上海圖書館

08515 憶書六卷 （清）焦循撰 手稿本 趙之謙

跋　上海圖書館

08516　程氏演繁露十六卷續集六卷　（宋）程大昌撰　明嘉靖三十年（1551）程焆刻本　天津圖書館

08517　野客叢書三十卷附錄野老記聞一卷　（宋）王楙撰　明嘉靖四十一年（1562）王穀祥刻本　首都圖書館

08518　野客叢書三十卷附錄野老記聞一卷　（宋）王楙撰　明嘉靖四十一年（1562）王穀祥刻本　上海師範大學圖書館

08519　野客叢書三十卷附錄野老記聞一卷　（宋）王楙撰　明嘉靖四十一年（1562）王穀祥刻本　杭州圖書館

08520　丹鉛總錄二十七卷　（明）楊慎撰　明嘉靖三十三年（1554）梁佐刻藍印本　黑龍江大學圖書館

08521　丹鉛總錄二十七卷　（明）楊慎撰　明嘉靖三十三年（1554）梁佐刻藍印本　南京大學圖書館

08522　丹鉛總錄二十七卷　（明）楊慎撰　明嘉靖三十三年（1554）梁佐刻藍印本　杭州圖書館

08523　丹鉛總錄二十七卷　（明）楊慎撰　明嘉靖三十三年（1554）梁佐刻藍印本　山西省祁縣圖書館
存二十四卷（一至二十四）

08524　丹鉛餘錄十七卷　（明）楊慎撰　明刻本　四川師範大學圖書館

08525　丹鉛餘錄十三卷　（明）楊慎撰　明嘉靖十六年（1537）藍田李氏山房刻本　湖南省社會科學院圖書館

08526　秇林伐山二十卷　（明）楊慎撰　明嘉靖三十五年（1556）王詢刻本　江西省圖書館

08527　經史直解六卷　（明）殷士儋撰　明隆慶元年（1567）郝杰刻本　遼寧省圖書館

08528　日知錄刪餘稿不分卷　（清）顧炎武撰　清乾隆内府寫文淵閣四庫全書本　河南省圖書館

08529　養吉齋叢錄二十六卷餘錄十卷　（清）吳振棫撰　稿本　浙江圖書館

08530　菉友肊說一卷　（清）王筠撰　稿本　南京市博物館

08531　東塾著稿不分卷　（清）陳澧撰　稿本　雲南省圖書館

08532　世說新語三卷　（南朝宋）劉義慶撰　（梁）劉孝標注　明嘉靖十四年（1535）袁褧嘉趣堂刻本　上海師範大學圖書館

08533　世說新語三卷　（南朝宋）劉義慶撰　（梁）劉孝標注　明嘉靖十四年（1535）袁褧嘉趣堂刻本　河北大學圖書館

08534　世說新語三卷　（南朝宋）劉義慶撰　（梁）劉孝標注　明嘉靖十四年（1535）袁褧嘉趣堂刻本　山東省圖書館

08535　世說新語六卷　（南朝宋）劉義慶撰　（梁）劉孝標注　（宋）劉辰翁　劉應登　（明）王世懋評　明凌瀛初刻四色套印本　湖北省圖書館

08536　雲谿友議三卷　（唐）范攄撰　明刻本　遼寧省圖書館

08537　何氏語林三十卷　（明）何良俊撰　明嘉靖二十九年（1550）何氏清森閣刻本　天津圖書館

08538　何氏語林三十卷　（明）何良俊撰　明嘉靖二十九年（1550）何氏清森閣刻本　石家莊市圖書館

08539　何氏語林三十卷　（明）何良俊撰　明嘉靖二十九年（1550）何氏清森閣刻本　蘇州圖

書館

08540 何氏語林三十卷 （明）何良俊撰 明嘉靖
二十九年（1550）何氏清森閣刻本 杭州圖
書館

08541 何氏語林三十卷 （明）何良俊撰 明嘉靖
二十九年（1550）何氏清森閣刻本 湖南省
社會科學院圖書館

08542 事親述見十二卷 （明）朱厚熿撰 明嘉靖
四十一年（1562）衡藩刻本 山東省圖書館
存十卷（一至二、五至十二）

08543 雌伏亭叢記二十四卷 （明）黃光施撰 明
萬曆六年（1578）刻本 鎮江市圖書館

08544 代警編二卷 （明）雒于仁撰 明萬曆二十六
年（1598）自刻本 重慶圖書館

08545 萬曆野獲編三十卷 （明）沈德符撰 清活
字印本 南京圖書館

08546 追維往事錄二卷 （明）陸文衡撰 稿本
陸泰增 陸同壽跋 蘇州圖書館

08547 古歡堂筆記一卷 （清）田同之撰 稿本
山東省博物館

08548 匯東手談三十二卷 （清）史珥撰 稿本
江西省圖書館

08549 平津筆記八卷 （清）洪頤煊撰 稿本 浙
江圖書館

08550 墨娥小錄十四卷 明隆慶五年（1571）吳
繼聚好堂刻本 中國人民大學圖書館

08551 意林語要五卷 （唐）馬總輯 明刻本 山
東省圖書館

08552 紺珠集十三卷 明天順刻本 河北大學圖
書館

08553 紺珠集十三卷 明天順刻本 北京大學圖
書館

08554 自警編九卷 （宋）趙善璙輯 明嘉靖十九

年（1540）陳光哲刻本 上海師範大學圖書館

08555 勸忍百箴考註四卷 （明）釋覺澄撰 明嘉
靖二十七年（1548）張謙刻本 遼寧省圖書館

08556 為善陰騭十卷 （明）成祖朱棣撰 明永樂
十七年（1419）內府刻本 天津圖書館

08557 家塾事親五卷 （明）郭晟撰 明弘治十七
年（1504）刻本 張紹仁 李盛鐸跋 北京大
學圖書館

08558 談資四卷 （明）秦鳴雷撰 明嘉靖刻本 南
開大學圖書館

08559 百家類纂四十卷 （明）沈津輯 明隆慶元
年（1567）含山縣儒學刻本 故宮博物院

08560 百家類纂四十卷 （明）沈津輯 明隆慶元
年（1567）含山縣儒學刻本 北京師範大學
圖書館

08561 百家類纂四十卷 （明）沈津輯 明隆慶元
年（1567）含山縣儒學刻本 浙江圖書館

08562 洪陽張先生警心類編四卷 （明）張位撰
明刻本 江西省圖書館

08563 便於蒐檢四卷 明衡藩刻本 山東省圖書館

08564 便於蒐檢四卷 明衡藩刻本 山東師範大學
圖書館

08565 便於蒐檢四卷 明衡藩刻本 湖南省社會科
學院圖書館

08566 樵叟備忘雜識五卷 （清）來集之撰 稿本
杭州圖書館

08567 鑒古錄十六卷 （清）沈廷芳輯 清抄本 吉
林省圖書館

08568 山海經十八卷 （晉）郭璞傳 明成化元年
（1465）吳寬抄本 吳寬跋 國家圖書館

08569 續博物志十卷 題（宋）李石撰 明弘治刻
本 北京大學圖書館

08570 太平廣記五百卷目錄十卷 （宋）李昉等

輯 明嘉靖四十五年（1566）談愷刻本 山
西省圖書館

08571 太平廣記五百卷目録十卷 （宋）李昉等輯
明嘉靖四十五年（1566）談愷刻本 重慶圖書館

08572 五色線集三卷 明弘治九年（1496）華陰刻
本 北京大學圖書館

08573 藝文類聚一百卷 （唐）歐陽詢輯 明正德
十年（1515）華堅蘭雪堂銅活字印本 國家圖
書館

08574 初學記三十卷 （唐）徐堅等輯 明嘉靖十
年（1531）安國桂坡館刻本 上海師範大學
圖書館

08575 初學記三十卷 （唐）徐堅等輯 明嘉靖十
年（1531）安國桂坡館刻本 天津圖書館

08576 初學記三十卷 （唐）徐堅等輯 明嘉靖十
年（1531）安國桂坡館刻本 吉林省社會科
學院圖書館

08577 初學記三十卷 （唐）徐堅等輯 明嘉靖十
年（1531）安國桂坡館刻本 陝西理工學院
圖書館

08578 初學記三十卷 （唐）徐堅等輯 明嘉靖十
年（1531）安國桂坡館刻本 傅增湘跋並臨
嚴可均校跋 國家圖書館

08579 初學記三十卷 （唐）徐堅等輯 明嘉靖十三
年（1534）晉府虛益堂刻本 北京師範大學圖
書館

08580 初學記三十卷 （唐）徐堅等輯 明嘉靖十三
年（1534）晉府虛益堂刻本 青海民族大學圖
書館

08581 初學記三十卷 （唐）徐堅等輯 明嘉靖十三
年（1534）晉府虛益堂刻本 浙江省義烏市圖
書館

08582 初學記三十卷 （唐）徐堅等輯 明嘉靖十三

年（1534）晉府虛益堂刻本 雲南省圖書館

08583 初學記三十卷 （唐）徐堅等輯 明嘉靖十三
年（1534）晉府虛益堂刻本 丁丙跋 南京圖
書館

08584 初學記三十卷 （唐）徐堅等輯 明楊鑛九
洲書屋刻本 吉林大學圖書館

08585 初學記三十卷 （唐）徐堅等輯 明楊鑛九
洲書屋刻本 鄭州大學圖書館

08586 唐宋白孔六帖一百卷目録二卷 （唐）白
居易 （宋）孔傳輯 明刻本 首都圖書館

08587 唐宋白孔六帖一百卷目録二卷 （唐）白
居易 （宋）孔傳輯 明刻本 重慶圖書館

08588 唐宋白孔六帖一百卷目録二卷 （唐）白
居易 （宋）孔傳輯 明刻本 山東大學圖
書館

08589 文選雙字類要三卷 題（宋）蘇易簡撰 明
嘉靖十九年（1540）姚虞、季本刻本 北京師
範大學圖書館

08590 文選類林十八卷 （宋）劉攽輯 明嘉靖
三十七年（1558）吳思賢刻本 吉林大學圖
書館

08591 事物紀原集類十卷 （宋）高承輯 明正統
十二年（1447）閻敬刻本 湖南圖書館

08592 事物紀原集類十卷 （宋）高承輯 明正統
十二年（1447）閻敬刻本 北京大學圖書館

08593 錦繡萬花谷四十卷後集四十卷續集四十
卷 明嘉靖十四年（1535）徽藩崇古書院刻
本 上海圖書公司

08594 新編古今事文類聚前集六十卷後集五十
卷續集二十八卷別集三十二卷 （宋）祝
穆輯 新集三十六卷外集十五卷 （元）
富大用輯 明內府刻本 北京師範大學圖書館

08595 新編古今事文類聚前集六十卷後集五十

卷續集二十八卷別集三十二卷 （宋）祝
穆輯 新集三十六卷外集十五卷 （元）
富大用輯 明內府刻本 吉林省圖書館

08596 群書考索前集六十六卷後集六十五卷續
集五十六卷別集二十五卷 （宋）章如愚
輯 明正德三至十三年（1508-1518）劉洪
慎獨書齋刻十六年（1521）重修本 浙江大
學圖書館

08597 群書考索前集六十六卷後集六十五卷續
集五十六卷別集二十五卷 （宋）章如愚
輯 明正德三至十三年（1508-1518）劉洪
慎獨書齋刻十六年（1521）重修本 丁丙跋
南京圖書館

08598 古今合璧事類備要前集六十九卷後集
八十一卷續集五十六卷 （宋）謝維新輯
別集九十四卷外集六十六卷 （宋）虞載
輯 明嘉靖三十一至三十五年（1552-1556）
夏相刻本 北京師範大學圖書館

08599 古今合璧事類備要前集六十九卷後集
八十一卷續集五十六卷 （宋）謝維新輯
別集九十四卷外集六十六卷 （宋）虞載
輯 明嘉靖三十一至三十五年（1552-1556）
夏相刻本 華東師範大學圖書館

08600 古今合璧事類備要前集六十九卷後集
八十一卷續集五十六卷 （宋）謝維新輯
別集九十四卷外集六十六卷 （宋）虞載
輯 明嘉靖三十一至三十五年（1552-1556）
夏相刻本 重慶圖書館

08601 古今合璧事類備要前集六十九卷後集
八十一卷續集五十六卷 （宋）謝維新輯
別集九十四卷外集六十六卷 （宋）虞載
輯 明嘉靖三十一至三十五年（1552-1556）
夏相刻本 吉林大學圖書館

08602 韻府羣玉二十卷 （元）陰時夫輯 （元）
陰中夫注 明嘉靖三十一年（1552）荊聚刻
本 陝西省考古研究院

08603 韻府羣玉二十卷 （元）陰時夫輯 （元）
陰中夫注 明嘉靖三十一年（1552）荊聚刻
本 蘇州圖書館

08604 韻府羣玉二十卷 （元）陰時夫輯 （元）
陰中夫注 明嘉靖三十一年（1552）荊聚刻
本 首都師範大學圖書館

08605 新增說文韻府羣玉二十卷 （元）陰時夫
輯 （元）陰中夫注 明弘治六年（1493）劉
氏日新書堂刻本 北京師範大學圖書館

08606 新增說文韻府羣玉二十卷 （元）陰時夫
輯 （元）陰中夫注 明弘治六年（1493）劉
氏日新書堂刻本 華東師範大學圖書館

08607 純正蒙求三卷 （元）胡炳文撰 明嘉靖十
年（1531）刻本 吉林大學圖書館

08608 新編事文類聚翰墨全書甲集十二卷乙集
九卷丙集五卷丁集五卷戊集五卷己集七
卷庚集二十四卷辛集十卷壬集十二卷癸
集十一卷後甲集八卷後乙集聖朝混一方
輿勝覽三卷後丙集六卷後丁集八卷後戊
集九卷 （元）劉應李輯 明初刻本 首都
圖書館
存七十六卷（甲集全，乙集一至三、七至九，
丙集全，丁集全，戊集全，己集全，庚集一至
六，辛集全，壬集全，癸集一至八）

08609 新編事文類聚翰墨大全甲集十二卷乙集
十八卷丙集十四卷丁集十一卷戊集十三
卷己集十二卷庚集十五卷辛集十六卷壬
集十七卷癸集十七卷後甲集十五卷後乙
集十三卷後丙集十二卷後丁集十四卷後
戊集九卷 （元）劉應李輯 明初刻本 遼

寧省圖書館

存一百二十三卷（甲集全,乙集全,丙集一至十、十三至十四,丁集一至七,戊集一至二、六至十,己集全、庚集一至六、九至十,辛集全,壬集一至二、六至十七,癸集全）

08610 新編事文類聚翰墨大全甲集十二卷乙集十八卷丙集十四卷丁集十一卷戊集十三卷己集十二卷庚集十五卷辛集十六卷壬集十七卷癸集十七卷後甲集十五卷後乙集十三卷後丙集十二卷後丁集十四卷後戊集九卷 （元）劉應李輯 明初刻本 山東省圖書館
存六十一卷（甲集全、乙集全、丙集一至三、庚集十一至十五、後甲集六至十五、後乙集全）

08611 丹墀獨對二十卷 （元）吳麟輯 明洪武十九年（1386）廣勤書堂刻本 北京大學圖書館
存十卷（一至十）

08612 永樂大典二萬二千八百七十七卷 （明）解縉等輯 明內府抄本 南京圖書館
存一葉

08613 群書集事淵海四十七卷 明弘治十八年（1505）賈性刻本 北京師範大學圖書館

08614 群書集事淵海四十七卷 明弘治十八年（1505）賈性刻本 福建省圖書館

08615 策學輯略三卷附歷代序略一卷 明弘治三年（1490）刻本 北京大學圖書館

08616 蒙求續編二卷 （明）孫緒撰 （明）李際可注 明嘉靖十六年（1537）孫悟刻本 遼寧省圖書館

08617 楮記室十五卷 （明）潘塤輯 明嘉靖潘蔓刻本 遼寧省圖書館

08618 新編博物策會十七卷 （明）戴璟撰 明嘉靖十七年（1538）李復初、高鳳鳴刻本 北京師範大學圖書館

08619 修辭指南二十卷 （明）浦南金輯 明嘉靖三十六年（1557）浦氏五樂堂刻本 北京師範大學圖書館

08620 修辭指南二十卷 （明）浦南金輯 明嘉靖三十六年（1557）浦氏五樂堂刻本 吉林大學圖書館

08621 左粹類纂十二卷 （明）施仁輯 明嘉靖安國弘仁堂刻本 廈門大學圖書館

08622 三才通考三卷 （明）秦汴撰 明嘉靖二十一年（1542）刻本 東北師範大學圖書館
存一卷（上）

08623 三才通考三卷 （明）秦汴撰 明嘉靖二十一年（1542）刻本 山東省圖書館
存一卷（中）

08624 三餘別集不分卷 （明）游日章撰 明嘉靖四十一年（1562）刻本 浙江大學圖書館

08625 考古辭宗二十卷 （明）況叔祺輯 明嘉靖四十一年（1562）巫繼咸刻本 故宮博物院

08626 目前集二卷 明刻本 首都圖書館

08627 紅豆村莊雜録一卷 題（清）柳是輯 清乾隆抄本 魚元傅跋 江蘇省常熟市圖書館

08628 乾隆版大藏經七千一百六十七卷 清雍正十三年（1735）內府刻本 陝西省考古研究院
存六千七百七十九冊

08629 重廣水陸法施無遮大齋儀 （梁）蕭衍制 （宋）楊諤修撰 （宋）釋祖覺重廣 （元）師習編次 明洪武十二年（1379）大理董琳刻本 雲南省圖書館

08630 讀莊一映不分卷 （清）顧如華撰 清活字印本 北京師範大學圖書館

08631 金丹正理大全四十二卷　明嘉靖十七年
　　　（1538）周藩刻本　天津圖書館

08632 周易參同契解箋三卷　（明）張文龍解
　　　（明）朱長春箋　明萬曆四十年（1612）刻
　　　朱印本　蘇州圖書館

08633 抱朴子内篇二十卷外篇五十卷　（晉）葛
　　　洪撰　明抄本　陸儇跋　四川省圖書館

08634 太上玄靈北斗本命延生真經一卷太上靈
　　　寶天尊說禳災度厄真經一卷元始天尊說
　　　北方真武妙經一卷太上說平安竈經一卷
　　　太上正一天尊說鎮宅消災龍虎妙經一卷
　　　明宣德元年（1426）刻本　北京大學圖書館

08635 九天應元雷聲普化天尊說玉樞寶經一卷
　　　明宣德九年（1434）刻本　北京大學圖書館

08636 御愛南極盪兒忠孝秘法不分卷　明抄本　山
　　　東省圖書館

08637 上清靈寶濟度大成金書四十卷　（明）
　　　周思得輯　明宣德七年（1432）楊震宗刻本
　　　北京大學圖書館

08638 上清靈寶濟度大成金書四十卷　（明）
　　　周思得輯　明宣德七年（1432）楊震宗刻本
　　　天津圖書館

08639 上清靈寶濟度大成金書四十卷　（明）
　　　周思得輯　明宣德七年（1432）楊震宗刻本
　　　無錫市圖書館

08640 天主聖教聖人行實七卷　（義大利）高一
　　　志撰　明崇禎二年（1629）武林超性堂刻本
　　　蘇州圖書館

08641 說郛一百卷　（明）陶宗儀編　明抄本　浙
　　　江省瑞安市文物館
　　　存五十二卷（九至十、十六至十九、二十三至
　　　三十、三十三至三十七、三十九至四十四、
　　　五十、五十二至五十三、五十五至六十一、

六十三至六十六、七十至七十二、七十九至
八十二、八十八至九十、九十二至九十四）

08642 山海經水經合刻五十八卷　（明）黃省曾編
　　　明嘉靖十三年（1534）黃省曾刻本　河北省博
　　　物館

08643 百家名書一百三種二百二十九卷　（明）
　　　胡文煥編　明萬曆胡氏文會堂刻本　方功惠
　　　跋　山東省圖書館

08644 采昭堂秘書史拾九種十四卷附四種四卷
　　　（明）鍾惺編　明末刻本　揚州市圖書館

08645 武英殿聚珍版書一百三十八種二千四百十六
　　　卷　清乾隆武英殿活字印本（易緯、漢宮舊
　　　儀、魏鄭公諫續錄、帝範注清乾隆三十八年
　　　武英殿刻本）　天津圖書館

08646 王氏家藏集五種六十五卷　（明）王廷相
　　　撰　明嘉靖刻本　石家莊市圖書館

08647 木鐘臺集初集十種十卷再集十種十一卷
　　　雜集十種十卷附年譜一卷　（明）唐樞撰
　　　明嘉靖萬曆間刻本　山西大學圖書館

08648 石經閣集九種　（清）馮登府撰　稿本　秦
　　　更年跋　上海圖書館
　　　存二十二卷（石經補考一至三，論語問答
　　　一，石經閣詩略六至十，石經閣自定詩絜
　　　三，拜竹詩龕詩存一、五，拜竹詩龕詩存
　　　續集一，拜竹詩堪集外詩二至五，小㰏李
　　　亭詩錄三至六，釣魚笛譜一）

08649 楚騷五卷　（楚）屈原撰　附錄一卷　（漢）
　　　司馬遷撰　明正德十五年（1520）熊宇刻篆字
　　　本　天津圖書館

08650 楚辭二卷　（楚）屈原　宋玉　（漢）賈誼等
　　　撰　明萬曆四十八年（1620）閔齊伋刻三色套
　　　印本　遼寧省圖書館

08651 楚辭章句十七卷　（漢）王逸撰　明正德

十三年（1518）黃省曾、高第刻本　裘伯
弓跋　吉林大學圖書館

08652　楚辭章句十七卷　（漢）王逸撰　明正德十三
年（1518）黃省曾、高第刻本　四川省圖書館

08653　楚辭章句十七卷　（漢）王逸撰　疑字直音
補一卷　明隆慶五年（1571）豫章夫容館刻
本　江西省圖書館

08654　楚辭章句十七卷　（漢）王逸撰　疑字直
音補一卷　明隆慶五年（1571）豫章夫容
館刻重修本　吉林大學圖書館

08655　楚辭章句十七卷　（漢）王逸撰　疑字直
音補一卷　明隆慶五年（1571）豫章夫容
館刻重修本　天津圖書館

08656　楚辭章句十七卷　（漢）王逸撰　疑字直音
補一卷　明隆慶五年（1571）豫章夫容館刻
天啓三年（1623）叢桂堂重修本　江西省圖
書館

08657　楚辭章句十七卷　（漢）王逸撰　明隆慶五
年（1571）豫章夫容館刻重修本　江西省圖
書館

08658　楚辭章句十七卷　（漢）王逸撰　疑字直音
補一卷　明萬曆十四年（1586）馮紹祖觀妙
齋刻　彭孫遹批校並跋　寧波市天一閣博
物館

08659　楚辭十七卷　（宋）洪興祖　（明）劉鳳等
注　（明）陳深批點　附錄一卷　明凌毓枏
刻朱墨套印本　天津圖書館

08660　楚辭十七卷　（宋）洪興祖　（明）劉鳳等
注　（明）陳深批點　附錄一卷　明凌毓枏
刻朱墨套印本　安徽省圖書館

08661　楚辭集注八卷辯證二卷後語六卷　（宋）
朱熹撰　明成化十一年（1475）吳原明刻本
吉林省圖書館

08662　楚辭集注八卷辯證二卷後語六卷　（宋）
朱熹撰　反離騷一卷　（漢）揚雄撰　明嘉
靖十四年（1535）袁裘刻本　浙江大學圖
書館

08663　楚辭集注八卷辯證二卷後語六卷　（宋）
朱熹撰　反離騷一卷　（漢）揚雄撰　明嘉
靖十四年（1535）袁裘刻本　陝西省圖書館
存十四卷（楚辭集注全、後語全）

08664　楚辭集注八卷辯證二卷後語六卷　（宋）
朱熹撰　反離騷一卷　（漢）揚雄撰　明嘉
靖十四年（1535）袁裘刻本　武漢圖書館
存十六卷（楚辭集注全、辯證全、後語全）

08665　楚辭集注八卷辯證二卷後語六卷　（宋）
朱熹撰　明嘉靖十四年（1535）袁裘刻本　秦
更年校並跋　南開大學圖書館

08666　楚辭考辯不分卷　（清）鄭知同撰　稿本
黎庶昌跋　貴州省博物館

08667　漢蔡中郎集六卷　（漢）蔡邕撰　明嘉靖
二十七年（1548）楊賢刻本　吉林大學圖
書館

08668　漢蔡中郎集六卷　（漢）蔡邕撰　明嘉靖
二十七年（1548）楊賢刻本　天津圖書館

08669　漢蔡中郎集六卷　（漢）蔡邕撰　明嘉靖
二十七年（1548）楊賢刻本　中共北京市委
圖書館

08670　曹子建集十卷　（魏）曹植撰　疑字音釋一
卷　明嘉靖二十一年（1542）郭雲鵬刻本　中
共北京市委圖書館

08671　曹子建集十卷　（魏）曹植撰　明天啓元年
（1621）凌性德刻朱墨套印本　故宮博物院

08672　曹子建集十卷　（魏）曹植撰　明天啓元年
（1621）凌性德刻朱墨套印本　徐興公跋　吉
林省圖書館

存六卷（一至六）

08673 陶淵明集十卷　（晉）陶潛撰　附錄二卷
明嘉靖二十四年（1545）龔雷刻本　湖南省
社會科學院圖書館

08674 陶淵明集十卷　（晉）陶潛撰　附錄二卷
明嘉靖二十四年（1545）龔雷刻本　蘇州圖
書館

08675 陶靖節集十卷　（晉）陶潛撰　明建寧城衢
泉黃店刻本　蘇州市吳中區圖書館

08676 陶靖節集十卷　（晉）陶潛撰　（宋）湯漢等
箋注　總論一卷　明嘉靖二十五年（1546）蔣
孝刻本　天津圖書館

08677 陶靖節集十卷　（晉）陶潛撰　（明）何孟
春注　明正德刻本　吉林大學圖書館

08678 陶靖節集十卷　（晉）陶潛撰　（明）何孟
春注　明嘉靖六年（1527）羅輅刻本　徐𤏳
跋　廈門大學圖書館

08679 鮑氏集十卷　（南朝宋）鮑照撰　明正德五
年（1510）朱應登刻本　毛扆校并跋　繆荃孫
跋　國家圖書館

08680 梁昭明太子文集五卷　（梁）蕭統撰　明
遼國寶訓堂刻本　四川省新都楊升庵博物館

08681 瘞鶴銘　（梁）華陽真逸撰文　（梁）上皇
山樵正書　南朝梁天監十三年（514）刻石
明末水前拓本　何紹基　宋小坡題簽　國家圖
書館

08682 徐孝穆集七卷　（陳）徐陵撰　明文漪堂抄
本　吳騫　唐翰題　傅增湘跋　國家圖書館

08683 子昂集十卷　（唐）陳子昂撰　明嘉靖四十四
年（1565）王廷刻本　黃丕烈校并跋　國家圖
書館

08684 張子壽文集二十卷　（唐）張九齡撰　明成
化九年（1473）蘇韡刻本　國家圖書館

08685 張曲江詩集二卷　（唐）張九齡撰　明嘉靖
刻本　傅增湘跋　山西博物院

08686 王摩詰詩集七卷　（唐）王維撰　（宋）
劉辰翁評　明凌濛初刻朱墨套印本　故宮博
物院

08687 王摩詰詩集七卷　（唐）王維撰　（宋）劉
辰翁評　明凌濛初刻朱墨套印本　河南省圖
書館

08688 唐王右丞詩劉須溪校本六卷　（唐）王維
撰　（宋）劉辰翁評　附錄一卷　明弘治十七
年（1504）呂夔刻本　雲南大學圖書館

08689 類箋唐王右丞詩集十卷　（唐）王維撰
（明）顧起經注　文集四卷集外編一卷
（唐）王維撰　（明）顧起經輯　年譜一卷
（明）顧起經撰　唐諸家同咏集一卷贈題
集一卷歷朝諸家評王右丞詩畫鈔一卷
（明）顧起經輯　明嘉靖三十五年（1556）顧
氏奇字齋刻本　南京大學圖書館

08690 類箋唐王右丞詩集十卷　（唐）王維撰
（明）顧起經注　文集四卷集外編一卷
（唐）王維撰　（明）顧起經輯　年譜一卷
（明）顧起經撰　唐諸家同咏集一卷贈題
集一卷歷朝諸家評王右丞詩畫鈔一卷
（明）顧起經輯　明嘉靖三十五年（1556）
顧氏奇字齋刻本　黑龍江大學圖書館

08691 類箋唐王右丞詩集十卷　（唐）王維撰
（明）顧起經注　文集四卷集外編一卷
（唐）王維撰　（明）顧起經輯　年譜一卷
（明）顧起經撰　唐諸家同咏集一卷贈題
集一卷歷朝諸家評王右丞詩畫鈔一卷
（明）顧起經輯　明嘉靖三十五年（1556）
顧氏奇字齋刻本　浙江大學圖書館

08692 類箋唐王右丞詩集十卷　（唐）王維撰

（明）顧起經注 文集四卷集外編一卷
（唐）王維撰 （明）顧起經輯 年譜一卷
（明）顧起經撰 唐諸家同咏集一卷贈題
集一卷歷朝諸家評王右丞詩畫鈔一卷
（明）顧起經輯 明嘉靖三十五年（1556）顧
氏奇字齋刻本 重慶圖書館

08693 類箋唐王右丞詩集十卷 （唐）王維撰
（明）顧起經注 文集四卷集外編一卷
（唐）王維撰 （明）顧起經輯 年譜一卷
（明）顧起經撰 唐諸家同咏集一卷贈題
集一卷歷朝諸家評王右丞詩畫鈔一卷
（明）顧起經輯 明嘉靖三十五年（1556）顧
氏奇字齋刻本 四川省圖書館

08694 劉隨州文集十一卷外集一卷 （唐）劉長
卿撰 明弘治十一年（1498）韓明、李紀刻
本 國家圖書館

08695 孟浩然詩集二卷 （唐）孟浩然撰 （宋）
劉辰翁評 （明）李夢陽評 明凌濛初刻朱墨
套印本 蘇州圖書館

08696 孟浩然詩集二卷 （唐）孟浩然撰 （宋）
劉辰翁評 （明）李夢陽評 明凌濛初刻朱
墨套印本 東北師範大學圖書館

08697 李翰林集十卷 （唐）李白撰 明正德十四
年（1519）陸元大刻本 何焯校并跋 國家圖
書館

08698 唐翰林李白詩類編十二卷 （唐）李白撰
明刻本 無錫市圖書館

08699 分類補註李太白詩二十五卷 （唐）李白撰
（宋）楊齊賢集注 （元）蕭士贇補注 分類
編次李太白文五卷 （唐）李白撰 明嘉靖
二十二年（1543）郭雲鵬寶善堂刻本 天津圖
書館

08700 分類補註李太白詩二十五卷 （唐）李白撰

（宋）楊齊賢集注 （元）蕭士贇補注 分類
編次李太白文五卷 （唐）李白撰 明嘉靖
二十二年（1543）郭雲鵬寶善堂刻本 吉林大
學圖書館

08701 分類補註李太白詩二十五卷 （唐）李白撰
（宋）楊齊賢集注 （元）蕭士贇補注 分類
編次李太白文五卷 （唐）李白撰 明嘉靖
二十二年（1543）郭雲鵬寶善堂刻本 重慶市
北碚圖書館

08702 分類補註李太白詩二十五卷 （唐）李
白撰 （宋）楊齊賢集注 （元）蕭士贇補注
年譜一卷 （宋）薛仲邕撰 明嘉靖二十五
年（1546）玉几山人刻本 李鴻裔跋 吉林大
學圖書館

08703 李翰林詩范德機批選四卷 （唐）李白撰
（元）范梈批點 （明）鄭鼐輯 明嘉靖鄭
鼐刻本 重慶圖書館

08704 李詩選註十三卷 （唐）李白撰 （明）朱
諫輯并注 辯疑二卷 （明）朱諫撰 明隆慶
六年（1572）朱守行刻本 黑龍江省圖書館
存十一卷（一至十一）

08705 李翰林詩選五卷 （唐）李白撰 （明）王
寅輯 明嘉靖二十四年（1545）閔朝山刻本
吉林省圖書館

08706 韋蘇州集十卷拾遺一卷 （唐）韋應物撰
明弘治九年（1496）李瀚、劉玘刻本 天津
圖書館

08707 韋蘇州集十卷拾遺一卷 （唐）韋應物撰
明弘治九年（1496）李瀚、劉玘刻本（卷前
序、目錄及卷一部分抄配） 北京大學圖書館

08708 韋蘇州集十卷拾遺一卷 （唐）韋應物撰
明弘治九年（1496）李瀚、劉玘刻明修本
北京大學圖書館

08709 韋蘇州集十卷拾遺一卷 （唐）韋應物撰
　　明刻本 天津師範大學圖書館

08710 韋蘇州集十卷拾遺一卷 （唐）韋應物撰
　　明刻朱墨套印本 廣東省立中山圖書館

08711 韋蘇州集十卷拾遺一卷 （唐）韋應物撰
　　明刻本 天津圖書館

08712 韋刺史詩集十卷 （唐）韋應物撰 附錄
　　一卷 明嘉靖二十七年（1548）華雲太華書
　　院刻本 重慶圖書館

08713 韋刺史詩集十卷 （唐）韋應物撰 附錄
　　一卷 明嘉靖二十七年（1548）華雲太華書
　　院刻本 蘇州圖書館

08714 岑嘉州詩七卷 （唐）岑參撰 明正德十五
　　年（1520）熊相、高崶刻本 王振聲校幷跋
　　國家圖書館

08715 岑嘉州詩七卷 （唐）岑參撰 明正德十五
　　年（1520）熊相、高崶刻本（卷一至二傅氏
　　抄配）傅增湘跋 山西博物院

08716 集千家注杜工部詩集二十卷文集二卷
　　（唐）杜甫撰 （宋）黃鶴補注 附錄一卷
　　明嘉靖十五年（1536）玉几山人刻本 南京
　　圖書館

08717 集千家注杜工部詩集二十卷文集二卷
　　（唐）杜甫撰 （宋）黃鶴補注 明嘉靖十五
　　年（1536）玉几山人刻本 吉林省圖書館

08718 集千家注杜工部詩集二十卷文集二卷
　　（唐）杜甫撰 （宋）黃鶴補注 明嘉靖十五
　　年（1536）玉几山人刻本 哈爾濱市圖書館

08719 集千家注杜工部詩集二十卷文集二卷
　　（唐）杜甫撰 （宋）黃鶴補注 明嘉靖十五
　　年（1536）玉几山人刻本 山西大學圖書館
　　存十七卷（詩集二至三、六至七、十至
　　二十，文集全）

08720 集千家注杜工部詩集二十卷文集二卷
　　（唐）杜甫撰 （宋）黃鶴補注 附錄一卷
　　明嘉靖十五年（1536）玉几山人刻明易山人
　　印本 秦芝清跋 吉林大學圖書館

08721 集千家注杜工部詩集二十卷文集二卷
　　（唐）杜甫撰 （宋）黃鶴補注 附錄一卷
　　明嘉靖十五年（1536）玉几山人刻明易山人
　　印本 青島市博物館

08722 集千家注杜工部詩集二十卷文集二卷
　　（唐）杜甫撰 （宋）黃鶴補注 附錄一卷
　　明嘉靖十五年（1536）玉几山人刻明易山人
　　印本 成都杜甫草堂博物館

08723 集千家注杜工部詩集二十卷文集二卷
　　（唐）杜甫撰 （宋）黃鶴補注 附錄一卷
　　明嘉靖十五年（1536）玉几山人刻明易山人
　　印本 中國中醫科學院圖書館

08724 集千家注杜工部詩集二十卷 （唐）杜甫
　　撰 明嘉靖十五年（1536）玉几山人刻明易
　　山人印本 重慶圖書館

08725 集千家注杜工部詩集二十卷文集二卷
　　（唐）杜甫撰 （宋）黃鶴補注 附錄一卷
　　明刻本 東北師範大學圖書館

08726 集千家注杜工部詩集二十卷 （唐）杜甫
　　撰 （宋）黃鶴補注 明刻本 山西省圖書館

08727 集千家注批點杜工部詩集二十卷 （唐）
　　杜甫撰 （宋）黃鶴補注 （宋）劉辰翁批
　　點 年譜一卷 明嘉靖八年（1529）朱邦薴
　　懋德堂刻本 天津圖書館

08728 集千家注批點補遺杜工部詩集二十卷
　　（唐）杜甫撰 （宋）黃鶴補注 （宋）劉辰
　　翁批點 附錄一卷 明嘉靖九年（1530）王
　　九之刻本 李一珉跋 成都杜甫草堂博物館

08729 集千家注批點補遺杜工部詩集二十卷

（唐）杜甫撰　（宋）黃鶴補注　（宋）劉辰翁批點　年譜一卷附錄一卷　明刻本　成都杜甫草堂博物館

08730　九家集注杜詩三十六卷　（唐）杜甫撰　清乾隆武英殿刻本　遼寧省圖書館

08731　杜子美七言律不分卷　（唐）杜甫撰　（明）郭正域批點　明閔齊伋刻三色套印本　湖南圖書館

08732　趙子常選杜律五言注三卷　（唐）杜甫撰　（元）趙汸注　清初刻本　查慎行批校并跋　山東省博物館

08733　杜律二註四卷　明嘉靖二十六年（1547）郯縣退省堂刻本　天津圖書館

08734　杜少陵集十卷　（唐）杜甫撰　明正德刻本　成都杜甫草堂博物館

08735　杜律單註十卷　（明）單復撰　（明）陳明輯　明嘉靖景姚堂刻本　吉林大學圖書館

08736　杜工部詩通十六卷　（明）張綖撰　明隆慶六年（1572）張守中刻本　國家圖書館

08737　杜工部集二十卷首一卷　（唐）杜甫撰　（明）王世貞等評　（清）盧坤輯　清道光十四年（1834）芸葉庵六色套印本　重慶市北碚圖書館　存十九卷（一至五、八至二十、首）

08738　丹陽進士詩集一卷　（唐）殷璠撰　清抄本　羅振常校　鎮江市圖書館

08739　唐元次山文集十卷拾遺一卷　（唐）元結撰　明正德十二年（1517）郭勛刻本　國家圖書館

08740　唐元次山文集十卷拾遺一卷　（唐）元結撰　明嘉靖刻萬曆十一年（1583）夏鏜重修本　天津圖書館

08741　畫上人集十卷　（唐）釋皎然撰　明馮舒家抄本　馮舒校并跋　寧波市天一閣博物館

08742　唐陸宣公集二十二卷　（唐）陸贄撰　明刻本　中共北京市委圖書館

08743　唐陸宣公集二十二卷　（唐）陸贄撰　明刻本　錢廷錦批校題跋　陝西省考古研究院

08744　唐陸宣公集二十二卷　（唐）陸贄撰　清雍正元年（1723）年羹堯刻本　吉林省社會科學院圖書館

08745　唐陸宣公集二十二卷　（唐）陸贄撰　清雍正元年（1723）年羹堯刻本　中國民族圖書館

08746　唐陸宣公集二十二卷　（唐）陸贄撰　清雍正元年（1723）年羹堯刻本　皖西學院圖書館

08747　唐陸宣公集二十四卷　（唐）陸贄撰　明嘉靖二十七年（1548）沈伯咸西清書舍刻本　浙江省瑞安市文物館

08748　唐李長吉詩集四卷　（唐）李賀撰　明弘治十五年（1502）劉廷瓚刻本　國家圖書館

08749　李長吉歌詩四卷外詩集一卷　（唐）李賀撰　（宋）劉辰翁評　明凌濛初刻朱墨套印本　故宮博物院

08750　李長吉歌詩四卷外詩集一卷　（唐）李賀撰　（宋）劉辰翁評　明凌濛初刻朱墨套印本　河南省圖書館

08751　歐陽行周文集十卷　（唐）歐陽詹撰　明弘治十七年（1504）莊槩、吳晟刻公文紙印本　劉喜海跋　國家圖書館

08752　唐李元賓文集三卷　（唐）李觀撰　附錄一卷　明抄本　浙江圖書館

08753　韓文四十卷外集十卷遺集一卷　（唐）韓愈撰　集傳一卷　明嘉靖四十一年（1562）何鏜刻本　河北大學圖書館

08754　朱文公校昌黎先生文集四十卷外集十卷

遺文一卷　（唐）韓愈撰　（宋）朱熹考異
（宋）王伯大音釋　傳一卷　明正統十三年
（1448）書林王宗玉刻本　浙江圖書館

08755　朱文公校昌黎先生文集四十卷外集十卷
　　　　遺文一卷　（唐）韓愈撰　（宋）朱熹考異
　　　　（宋）王伯大音釋　傳一卷　明正統十三年
　　　　（1448）書林王宗玉刻本　浙江省瑞安市文
　　　　物館

08756　朱文公校昌黎先生文集四十卷外集十卷
　　　　遺文一卷　（唐）韓愈撰　（宋）朱熹考異
　　　　（宋）王伯大音釋　傳一卷　明正統十三年
　　　　（1448）書林王宗玉刻本　河北大學圖書館

08757　朱文公校昌黎先生文集四十卷外集十卷
　　　　遺文一卷　（唐）韓愈撰　（宋）朱熹考異
　　　　（宋）王伯大音釋　傳一卷　明正統十三年
　　　　（1448）書林王宗玉刻本　康有為跋　鎮江
　　　　市圖書館
　　　　存四十一卷（文集全、傳）

08758　朱文公校昌黎先生文集四十卷外集十卷
　　　　遺文一卷　（唐）韓愈撰　（宋）朱熹考異
　　　　（宋）王伯大音釋　傳一卷　明嘉靖十三年
　　　　（1534）安正書堂刻本　浙江圖書館

08759　朱文公校昌黎先生文集四十卷外集十卷
　　　　遺文一卷　（唐）韓愈撰　（宋）朱熹考異
　　　　（宋）王伯大音釋　傳一卷　明嘉靖十三年
　　　　（1534）安正書堂刻本　天津圖書館

08760　朱文公校昌黎先生文集四十卷外集十卷
　　　　遺文一卷　（唐）韓愈撰　（宋）朱熹考異
　　　　（宋）王伯大音釋　傳一卷　明萬曆間朱崇
　　　　沐刻本　方苞批　汪由敦校并錄何焯評　北京
　　　　師範大學圖書館

08761　朱文公校昌黎先生文集二十卷外集一卷
　　　　遺文一卷　（唐）韓愈撰　（宋）朱熹考異

（宋）王伯大音釋　傳一卷　明弘治十五年
（1502）王氏善敬書堂刻本　山東省圖書館

08762　昌黎先生集四十卷外集十卷遺文一卷
　　　　（唐）韓愈撰　（宋）廖瑩中校正　朱子校
　　　　昌黎先生集傳一卷　明徐氏東雅堂刻本　方
　　　　成珪批校并跋又錄何焯　陳少章　王星齋等
　　　　批校　浙江省瑞安市文物館

08763　昌黎先生集四十卷外集十卷遺文一卷
　　　　（唐）韓愈撰　（宋）廖瑩中校正　朱子
　　　　校昌黎先生集傳一卷　明徐氏東雅堂刻
　　　　本　張瑋過錄何焯　陳景雲　姚范校勘　查
　　　　慎行　方苞評點　吉林大學圖書館

08764　韓文公文抄十六卷　（唐）韓愈撰　（明）
　　　　茅坤評　明刻朱墨套印本　故宮博物院

08765　韓文公文抄十六卷　（唐）韓愈撰　（明）
　　　　茅坤評　明刻朱墨套印本　天津圖書館

08766　韓文公文抄十六卷　（唐）韓愈撰　（明）
　　　　茅坤評　明刻朱墨套印本　東北師範大學圖
　　　　書館

08767　昌黎先生詩集注十一卷　（清）顧嗣立刪
　　　　補　年譜一卷　清康熙三十八年（1699）顧
　　　　氏秀野草堂刻本　張問陶批校　浙江圖書館

08768　柳文四十三卷別集二卷外集二卷　（唐）柳
　　　　宗元撰　附錄一卷後錄一卷　明嘉靖二十八
　　　　年（1549）王士翹刻三十一年（1552）朱有孚續
　　　　刻本　天津圖書館

08769　柳文四十三卷別集二卷外集二卷　（唐）
　　　　柳宗元撰　附錄一卷後錄一卷　明嘉靖二十八
　　　　年（1549）王士翹刻三十一年（1552）朱有孚續
　　　　刻本　柳州市博物館
　　　　存四十八卷（柳文、別集、外集、附錄全）

08770　河東先生集四十五卷外集二卷龍城錄二
　　　　卷　（唐）柳宗元撰　（宋）廖瑩中校正　附

錄二卷傳一卷 明郭雲鵬濟美堂刻本 吉林
大學圖書館

08771 河東先生集四十五卷外集二卷龍城錄二
卷 （唐）柳宗元撰 （宋）廖瑩中校正 附
錄二卷傳一卷 明郭雲鵬濟美堂刻本 天津
圖書館

08772 河東先生集四十五卷外集二卷龍城錄二
卷 （唐）柳宗元撰 （宋）廖瑩中校正 附
錄二卷傳一卷 明郭雲鵬濟美堂刻本 浙江
圖書館

08773 河東先生集四十五卷外集二卷龍城錄二
卷 （唐）柳宗元撰 （宋）廖瑩中校正 附
錄二卷傳一卷 明郭雲鵬濟美堂刻本 浙
江圖書館

08774 河東先生集四十五卷外集二卷龍城錄二
卷 （唐）柳宗元撰 （宋）廖瑩中校正 附
錄二卷傳一卷 明郭雲鵬濟美堂刻本 浙江
圖書館

08775 河東先生集四十五卷外集二卷龍城錄二
卷 （唐）柳宗元撰 （宋）廖瑩中校正 附
錄二卷傳一卷 明郭雲鵬濟美堂刻本 浙江
省義烏市圖書館

08776 河東先生集四十五卷外集二卷龍城錄二
卷 （唐）柳宗元撰 （宋）廖瑩中校正 附
錄二卷傳一卷 明郭雲鵬濟美堂刻本 石家
莊市圖書館

08777 河東先生集四十五卷外集二卷龍城錄二
卷 （唐）柳宗元撰 （宋）廖瑩中校正 附
錄二卷傳一卷 明郭雲鵬濟美堂刻本 重慶
市北碚圖書館

08778 河東先生集四十五卷外集二卷龍城錄二
卷 （唐）柳宗元撰 （宋）廖瑩中校正 附
錄二卷傳一卷 明郭雲鵬濟美堂刻本 遼寧

省圖書館

08779 河東先生集四十五卷外集二卷龍城錄二
卷 （唐）柳宗元撰 （宋）廖瑩中校正 附
錄二卷傳一卷 明郭雲鵬濟美堂刻本 遼寧
省圖書館

08780 河東先生集四十五卷外集二卷龍城錄二
卷 （唐）柳宗元撰 （宋）廖瑩中校正 附
錄二卷傳一卷 明郭雲鵬濟美堂刻本 遼寧
省圖書館

08781 增廣注釋音辯唐柳先生集四十三卷別集
二卷外集二卷 （唐）柳宗元撰 （宋）童宗
說注釋 （宋）張敦頤音辯 （宋）潘緯音義
附錄一卷 明初刻本 中共北京市委圖書館

08782 增廣注釋音辯唐柳先生集四十三卷別集
二卷外集二卷 （唐）柳宗元撰 （宋）童
宗說注釋 （宋）張敦頤音辯 （宋）潘緯
音義 年譜一卷附錄一卷 明初刻本 河北
大學圖書館
存四十三卷（一至四十三）

08783 增廣注釋音辯唐柳先生集四十三卷別集
二卷外集二卷 （唐）柳宗元撰 （宋）童
宗說注釋 （宋）張敦頤音辯 （宋）潘緯
音義 年譜一卷附錄一卷 明初刻本 柳州
市博物館
存四十三卷（一至四十三）

08784 增廣注釋音辯唐柳先生集四十三卷別集
二卷外集二卷 （唐）柳宗元撰 （宋）童
宗說注釋 （宋）張敦頤音辯 （宋）潘緯音
義 附錄一卷 明初刻本 吉林大學圖書館

08785 增廣注釋音辯唐柳先生集四十三卷別集
二卷外集二卷 （唐）柳宗元撰 （宋）童
宗說注釋 （宋）張敦頤音辯 （宋）潘緯
音義 年譜一卷附錄一卷 明初刻本 河南

省圖書館

存四十五卷（一至四十三、別集全）

08786 增廣注釋音辯唐柳先生集四十三卷別集
二卷外集二卷 （唐）柳宗元撰 （宋）童
宗說注釋 （宋）張敦頤音辯 （宋）潘緯
音義 附錄一卷 明正統十三年（1448）善
敬堂刻遞修本 吉林省圖書館

08787 增廣注釋音辯唐柳先生集四十三卷別集
二卷外集二卷 （唐）柳宗元撰 （宋）童
宗說注釋 （宋）張敦頤音辯 （宋）潘緯
音義 明正統十三年（1448）善敬堂刻遞修
本 廈門大學圖書館

08788 增廣注釋音辯唐柳先生集四十三
卷 （唐）柳宗元撰 （宋）童宗說注釋
（宋）張敦頤音辯 （宋）潘緯音義 明正
統十三年（1448）善敬堂刻遞修本 福建師
範大學圖書館

08789 增廣注釋音辯唐柳先生集四十三卷別集
一卷外集一卷 （唐）柳宗元撰 （宋）童
宗說注釋 （宋）張敦頤音辯 （宋）潘緯
音義 附錄一卷 明刻本 蘇州圖書館

08790 京本校正音釋唐柳先生集四十三卷別集
一卷外集一卷 （唐）柳宗元撰 （宋）童
宗說注釋 （宋）張敦頤音辯 （宋）潘緯
音義 附錄一卷 明刻本 浙江圖書館

08791 柳文七卷 （唐）柳宗元撰 （明）茅坤評
明刻朱墨套印本 天津圖書館

08792 劉賓客文集三十卷補遺一卷 （唐）劉禹
錫撰 明抄本 浙江圖書館

08793 元氏長慶集六十卷集外文章一卷 （唐）
元稹撰 明嘉靖三十一年（1552）董氏茭門
別墅刻本 傅增湘校并跋 國家圖書館

08794 元氏長慶集六十卷補遺六卷 （唐）元稹

撰 附錄一卷 明萬曆三十二年（1604）馬
元調魚樂軒刻元白長慶集本 董兆熊錄顧帆
川批 山東省博物館

08795 孟東野詩集十卷 （唐）孟郊撰 明弘治
十二年（1499）楊一清、于睿刻本 浙江圖
書館

08796 孟東野詩集十卷 （唐）孟郊撰 明弘治十二
年（1499）楊一清、于睿刻本 周錫瓚校并跋
黃丕烈跋 周叔弢校 國家圖書館

08797 孟東野詩集十卷 （唐）孟郊撰 聯句一
卷 明嘉靖三十五年（1556）秦禾刻本 湖
北省圖書館

08798 李文公集十八卷 （唐）李翱撰 明末毛氏
汲古閣刻三唐人文集本 邵齊熊批校 邵震
亨跋 江蘇省常熟市圖書館

08799 李習之文集不分卷 （唐）李翱撰 清鄭珍
抄本 貴州省博物館

08800 呂和叔文集十卷 （唐）呂溫撰 清抄本
山東省博物館

08801 張司業詩集三卷 （唐）張籍撰 清順治
十八年（1661）陸貽典影宋抄本（卷下配明
刻唐百家詩本） 陸貽典校并跋 黃丕烈跋
國家圖書館

08802 白氏文集七十一卷 （唐）白居易撰 明嘉
靖十七年（1538）伍忠光龍池草堂刻本 大
連圖書館

08803 白氏文集七十一卷 （唐）白居易撰 明嘉
靖十七年（1538）伍忠光龍池草堂刻本 浙
江圖書館

08804 白氏文集七十一卷 （唐）白居易撰 明嘉
靖十七年（1538）伍忠光龍池草堂刻錢應龍
重修本 □被之批校 重慶圖書館

08805 白氏長慶集七十一卷目錄二卷 （唐）白

居易撰　明正德八年（1513）華堅蘭雪堂銅活字印本　國家圖書館

08806　新雕校證大字白氏諷諫一卷　（唐）白居易撰　清刻朱印本　費念慈批校　貴州省圖書館

08807　皇甫持正文集六卷　（唐）皇甫湜撰　清順治十七年（1660）錢曾家抄本　錢曾校幷跋　國家圖書館

08808　沈下賢文集十二卷　（唐）沈亞之撰　清抄本　佚名錄吳翌鳳校跋　吉林省圖書館

08809　清塞詩集二卷　（唐）周賀撰　明末毛氏汲古閣抄本　毛晉跋　黃丕烈校幷跋　國家圖書館

08810　李羣玉詩集三卷後集五卷　（唐）李群玉撰　明崇禎三年（1630）葉奕抄本　葉奕　黃丕烈校幷跋　國家圖書館

08811　孫可之文集不分卷　（唐）孫樵撰　清鄭珍抄本　貴州省博物館

08812　唐皮日休文藪十卷　（唐）皮日休撰　明正德十五年（1520）袁表刻本　浙江圖書館

08813　重刊校正笠澤叢書四卷　（唐）陸龜蒙撰　明末馮舒家抄本　馮舒　吳志忠校　吳翌鳳跋　國家圖書館

08814　鹿門集二卷　（唐）唐彥謙撰　明崇禎七年（1634）錢謙益抄本　錢謙益跋　國家圖書館

08815　韓致堯翰林集不分卷香奩集不分卷　（唐）韓偓撰　（清）吳兆宜注　清抄本　紀昀批校　山西省圖書館

08816　徐公文集三十卷　（宋）徐鉉撰　清抄本　朱之赤校並跋　揚州大學圖書館

08817　河東柳仲塗先生文集十五卷　（宋）柳開撰　清初抄本［四庫底本］　浙江圖書館　存十卷（一至十）

08818　咸平集三十卷　（宋）田錫撰　明祁氏淡生堂抄本　彭元瑞跋　國家圖書館

08819　忠愍公詩集三卷　（宋）寇准撰　明嘉靖十四年（1535）蔣鏊刻本　國家圖書館

08820　王黃州小畜集三十卷　（宋）王禹偁撰　清抄本　王鳴韶跋　江西省圖書館

08821　宋林和靖先生詩集四卷　（宋）林逋撰　附錄一卷　明正德十二年（1517）韓士英、喻智刻本　馮知十校　傅增湘跋　國家圖書館

08822　武溪集二十一卷　（宋）余靖撰　明成化九年（1473）蘇韡等刻本　黃丕烈跋　國家圖書館

08823　武溪集二十一卷　（宋）余靖撰　明嘉靖四十五年（1566）劉穩刻本　浙江大學圖書館

08824　安陽集五十卷　（宋）韓琦撰　別錄三卷　（宋）王巖叟撰　遺事一卷　（宋）強至撰　忠獻韓魏王家傳十卷　明正德九年（1514）安陽張士隆刻本　吉林大學圖書館　存五十卷（安陽集全）

08825　鐔津文集二十二卷　（宋）釋契嵩撰　明弘治十二年（1499）釋如巹刻本　浙江圖書館　存十六卷（七至二十二）

08826　司馬文正公集略三十一卷詩集七卷　（宋）司馬光撰　明嘉靖十八年（1539）俞文峰刻本　黑龍江省圖書館

08827　司馬文正公集略三十一卷詩集七卷　（宋）司馬光撰　明嘉靖十八年（1539）俞文峰刻本　浙江大學圖書館

08828　趙清獻公文集十卷目錄二卷　（宋）趙抃撰　明成化七年（1471）閻鐸刻本　雲南大學圖書館　存十卷（一至五、八至十，錄全）

08829　趙清獻公文集十卷　（宋）趙抃撰　附錄

一卷　明嘉靖四十一年（1562）汪旦刻本
浙江大學圖書館

08830　趙清獻公文集十卷　（宋）趙抃撰　附錄
一卷　明嘉靖四十一年（1562）汪旦刻本
江蘇省常熟市博物館

08831　公是集五十四卷　（宋）劉敞撰　清四庫全
書館抄本　天津圖書館

08832　南豐先生元豐類藁五十卷　（宋）曾鞏撰
續附一卷　明隆慶五年（1571）邵廉刻本
浙江圖書館

08833　南豐先生元豐類藁五十一卷　（宋）曾
鞏撰　明成化八年（1472）南豐縣刻遞修本
浙江圖書館

08834　南豐先生元豐類藁五十一卷　（宋）曾
鞏撰　明嘉靖四十一年（1562）黃希憲刻本
吉林大學圖書館

08835　南豐先生元豐類藁五十一卷　（宋）曾
鞏撰　明嘉靖四十一年（1562）黃希憲刻本
浙江大學圖書館

08836　南豐先生元豐類藁五十一卷　（宋）曾
鞏撰　明嘉靖四十一年（1562）黃希憲刻本
重慶圖書館

08837　南豐先生元豐類藁五十一卷　（宋）曾鞏
撰　明萬曆二十五年（1597）曾敏才刻遞修
本　佚名錄何焯批校　山西大學圖書館

08838　南豐曾先生文粹十卷　（宋）曾鞏撰　明
嘉靖二十八年（1549）安如石刻本　首都圖
書館

08839　南豐曾先生文粹十卷　（宋）曾鞏撰　明
嘉靖二十八年（1549）安如石刻本　遼寧大
學圖書館

08840　宛陵先生文集六十卷拾遺一卷　（宋）梅
堯臣撰　附錄一卷　明正統四年（1439）袁

旭刻本　國家圖書館

08841　濂溪集六卷　（宋）周敦頤撰　明嘉靖十四
年（1535）黃敏才刻本　國家圖書館

08842　節孝先生文集三十卷　（宋）徐積撰　節
孝先生語一卷節孝集事實一卷附載一卷
清康熙六十年（1721）王邦采刻本　蘇州圖
書館

08843　居士集五十卷　（宋）歐陽修撰　（明）曾
魯考異　明洪武六年（1373）永豐縣學刻嘉
靖二十四年（1545）重修本　浙江圖書館

08844　新刊歐陽文忠公集五十卷　（宋）歐陽修
撰　（明）曾魯考異　明刻本　湖北省圖書館

08845　歐陽文忠公集一百五十三卷　（宋）歐
陽修撰　年譜一卷　（宋）胡柯撰　附錄六
卷　明正德七年（1512）劉喬刻嘉靖十六年
（1537）季本、詹治重修三十九年（1560）
何遷遞修本　天津圖書館

08846　歐陽文忠公集一百五十三卷　（宋）歐
陽修撰　年譜一卷　（宋）胡柯撰　附錄六
卷　明正德七年（1512）劉喬刻嘉靖十六年
（1537）季本、詹治重修三十九年（1560）
何遷遞修本　浙江圖書館
存一百五十九卷（歐陽文忠公集全、附
錄全）

08847　歐陽文忠公全集一百三十五卷　（宋）歐
陽修撰　明嘉靖三十四年（1555）陳珊刻本
浙江圖書館

08848　歐陽文忠公全集一百三十五卷　（宋）歐
陽修撰　明嘉靖三十四年（1555）陳珊刻本
福建省圖書館

08849　歐陽文忠公全集一百三十五卷　（宋）歐
陽修撰　明嘉靖三十四年（1555）陳珊刻本
湖北省圖書館

08850 歐陽先生文粹二十卷 （宋）歐陽修撰
　　　（宋）陳亮輯 遺粹十卷 （宋）歐陽修撰
　　　（明）郭雲鵬輯 明嘉靖二十六年（1547）
　　　郭雲鵬寶善堂刻本 吉林省圖書館

08851 歐陽先生文粹二十卷 （宋）歐陽修撰
　　　（宋）陳亮輯 遺粹十卷 （宋）歐陽修撰
　　　（明）郭雲鵬輯 明嘉靖二十六年（1547）
　　　郭雲鵬寶善堂刻本 浙江大學圖書館

08852 歐陽先生文粹二十卷 （宋）歐陽修撰
　　　（宋）陳亮輯 遺粹十卷 （宋）歐陽修撰
　　　（明）郭雲鵬輯 明嘉靖二十六年（1547）
　　　郭雲鵬寶善堂刻本 江蘇省常熟市博物館

08853 歐陽文忠公文抄十卷 （宋）歐陽修撰
　　　（明）茅坤評 明刻朱墨套印本 福建師範
　　　大學圖書館

08854 宋六一先生文鈔不分卷 （宋）歐陽修撰
　　　（明）歸有光輯 清書巢居士抄本 書巢居
　　　士批校幷跋 山東省圖書館

08855 歐陽文醇讀本一卷 （宋）歐陽修撰 清嘉
　　　慶十七年（1812）松竹軒抄本 沈確士等批
　　　校幷跋 山東省圖書館

08856 范忠宣公文集二十卷 （宋）范純仁撰
　　　明嘉靖范惟元等刻本 浙江圖書館

08857 重刊嘉祐集十五卷 （宋）蘇洵撰 明刻本
　　　王振聲跋幷録蔣杲 黃丕烈校 國家圖書館

08858 蘇老泉文集十三卷 （宋）蘇洵撰 （明）
　　　茅坤 焦竑等評 明凌濛初刻朱墨套印本 故
　　　宮博物院

08859 東坡集四十卷後集二十卷奏議十五卷内
　　　制集十卷樂語一卷外制集三卷應詔集十
　　　卷續集十二卷 （宋）蘇軾撰 年譜一卷
　　　（宋）王宗稷撰 明成化四年（1468）程宗
　　　刻本 天津圖書館

08860 東坡集四十卷後集二十卷奏議十五卷内
　　　制集十卷樂語一卷外制集三卷應詔集十
　　　卷續集十二卷 （宋）蘇軾撰 年譜一卷
　　　（宋）王宗稷撰 清光緒三十四年至宣統元
　　　年（1908－1909）端方寶華盦刻朱印本 繆
　　　荃孫批校 山東省圖書館
　　　存一百三卷（東坡集全、後集全、奏議九至
　　　十五、内制集全、樂語、外制集全、應詔集
　　　全、續集全）

08861 蘇文忠公全集一百十一卷 （宋）蘇軾撰
　　　年譜一卷 （宋）王宗稷撰 東坡先生墓
　　　志銘一卷 明嘉靖十三年（1534）江西布政
　　　司刻本 浙江大學圖書館

08862 蘇文忠公全集一百十一卷 （宋）蘇軾撰
　　　年譜一卷 （宋）王宗稷撰 明嘉靖十三年
　　　（1534）江西布政司刻本 中山大學圖書館
　　　存一百十卷（缺奏議六至七）

08863 蘇文忠公全集一百十一卷 （宋）蘇軾撰
　　　年譜一卷 （宋）王宗稷撰 東坡先生墓
　　　志銘一卷 明嘉靖十三年（1534）江西布政
　　　司刻公文紙印本 浙江圖書館
　　　存二十六卷（東坡外制集全、東坡應詔集
　　　全、東坡續集二至十二、年譜、墓誌銘）

08864 施注蘇詩四十二卷總目二卷 （宋）
　　　蘇軾撰 （宋）施元之 顧禧注 （清）邵
　　　長衡 顧嗣立 宋至刪補 蘇詩續補遺二
　　　卷 （宋）蘇軾撰 （清）馮景補注 王注
　　　正訛一卷 （清）邵長衡撰 東坡先生年
　　　譜一卷 （宋）王宗稷撰 清康熙三十八年
　　　（1699）宋犖刻本 顧蒓批 吉林省圖書館

08865 蘇文忠公詩編注集成四十六卷集成總案
　　　四十五卷諸家雜綴酌存一卷蘇海識餘四
　　　卷箋詩圖一卷 （清）王文誥輯 清嘉慶

二十四年（1819）王氏韵山堂刻本　翁同龢
批校并跋　蘇州大學圖書館
存六十四卷（蘇文忠公詩編注集成三十四至
四十六，集成總案、諸家雜綴酌存、蘇海識
餘、箋詩圖全）

08866　蘇長公表啓五卷　（宋）蘇軾撰　（明）李
贄等評　（明）錢檔輯　明凌濛初刻朱墨套
印本　深圳圖書館

08867　蘇長公合作八卷補二卷　（宋）蘇軾撰
（明）鄭奎輯　附錄一卷　明萬曆四十八年
（1620）凌啓康刻三色套印本　山東省圖書館

08868　蘇文六卷　（宋）蘇軾撰　（明）茅坤等評
明閔爾容刻三色套印本　東北師範大學圖
書館

08869　蘇文六卷　（宋）蘇軾撰　（明）茅坤等評
明閔爾容刻三色套印本　吉林大學圖書館

08870　蘇文六卷　（宋）蘇軾撰　（明）茅坤等評
明閔爾容刻三色套印本　安徽省圖書館

08871　蘇文忠公策選十二卷　（宋）蘇軾撰
（明）茅坤　鍾惺評　明天啓元年（1621）
刻三色套印本　深圳圖書館

08872　東坡文選二十卷　（宋）蘇軾撰　（明）
鍾惺輯并評　明閔氏刻朱墨套印本　故宮博
物院

08873　東坡文選二十卷　（宋）蘇軾撰　（明）鍾
惺輯并評　明閔氏刻朱墨套印本　山東省圖
書館

08874　東坡文選二十卷　（宋）蘇軾撰　（明）鍾
惺輯并評　明閔氏刻朱墨套印本　遼寧省圖
書館

08875　欒城集五十卷後集二十四卷三集十卷應
詔集十二卷　（宋）蘇轍撰　明嘉靖二十年
（1541）蜀藩朱讓栩刻本　徐時棟題識　吉

林省圖書館

08876　欒城集五十卷目錄二卷後集二十四卷三
集十卷　（宋）蘇轍撰　明活字印本　長春
圖書館

08877　欒城集五十卷目錄二卷後集二十四卷三
集十卷　（宋）蘇轍撰　明活字印本　鄭州
大學圖書館

08878　欒城集五十卷目錄二卷後集二十四卷三
集十卷　（宋）蘇轍撰　明活字印本　河南
省鄢陵縣圖書館
存四十七卷（欒城集三十五至四十三、
四十七至五十，後集全，三集全）

08879　豫章黃先生文集三十卷外集十四卷別集
二十卷簡尺二卷詞一卷　（宋）黃庭堅撰
伐檀集二卷　（宋）黃庶撰　山谷先生年
譜三十卷　（宋）黃𫖮撰　明弘治葉天爵刻
嘉靖六年（1527）喬遷、余載仕重修本　浙
江圖書館

08880　豫章黃先生文集三十卷外集十四卷別集
二十卷簡尺二卷詞一卷　（宋）黃庭堅撰
伐檀集二卷　（宋）黃庶撰　山谷先生年
譜三十卷　（宋）黃𫖮撰　明弘治葉天爵刻
嘉靖六年（1527）喬遷、余載仕重修本　浙
江大學圖書館

08881　山谷內集詩注二十卷　（宋）黃庭堅
撰　（宋）任淵注　山谷外集詩注十七卷
（宋）黃庭堅撰　（宋）史容注　山谷別集
詩注二卷　（宋）黃庭堅撰　（宋）史季溫
注　明弘治九年（1496）陳沛刻本　浙江圖
書館
存三十七卷（內集詩注全，外集詩注全）

08882　山谷老人刀筆二十卷　（宋）黃庭堅撰
明刻本　吉林大學圖書館

08883 山谷老人刀筆二十卷 （宋）黃庭堅撰
明刻本 北京大學圖書館

08884 山谷老人刀筆二十卷 （宋）黃庭堅撰
明刻本 吉林省圖書館

08885 後山居士詩集六卷逸詩五卷詩餘一卷
（宋）陳師道撰 清雍正三年（1725）陳唐
活字印本 周叔弢題識 天津圖書館

08886 後山詩注十二卷 （宋）陳師道撰 （宋）
任淵注 明嘉靖十年（1531）遼藩朱寵瀼梅
南書屋刻本 浙江大學圖書館

08887 張文潛文集十三卷 （宋）張耒撰 明嘉靖
三年（1524）郝梁刻本 吉林省圖書館

08888 淮海集四十卷後集六卷長短句三卷
（宋）秦觀撰 明嘉靖二十四年（1545）胡
民表刻本 吉林大學圖書館

08889 淮海集四十卷後集六卷長短句三卷
（宋）秦觀撰 明嘉靖二十四年（1545）胡
民表刻本 黑龍江省圖書館

08890 淮海集四十卷後集六卷長短句三卷
（宋）秦觀撰 明嘉靖二十四年（1545）胡
民表刻本 李一氓校並跋 四川省圖書館

08891 淮海集四十卷後集六卷長短句三卷
（宋）秦觀撰 明嘉靖二十四年（1545）胡
民表刻本 李哲明校 雲南大學圖書館

08892 淮海集四十卷後集六卷長短句三卷
（宋）秦觀撰 明嘉靖二十四年（1545）胡
民表刻本 傅增湘跋 山西博物院

08893 斜川詩集十卷 題（宋）蘇過撰 清活字印
本 吉林省圖書館

08894 龜山先生集十六卷 （宋）楊時撰 明弘治
十五年（1502）李熙、金瓚等刻遞修本 北
京大學圖書館

08895 龜山先生集三十五卷 （宋）楊時撰 年譜

一卷 （宋）黃去疾撰 附錄一卷 明正德
十二年（1517）沈暉刻本 吉林大學圖書館

08896 浮溪文粹十五卷 （宋）汪藻撰 附錄一
卷 明正德元年（1506）馬金刻本 浙江圖
書館

08897 大隱集十卷 （宋）李正民撰 清乾隆翰林
院抄本 廈門市圖書館
存八卷（三至十）

08898 韋齋集十二卷 （宋）朱松撰 玉瀾集一
卷 （宋）朱槔撰 明弘治十六年（1503）
酈瑤刻本 浙江圖書館

08899 雲溪集十二卷 （宋）郭印撰 清乾隆翰林
院抄本 廈門市圖書館

08900 屏山集二十卷 （宋）劉子翬撰 明弘治
十七年（1504）刻本 浙江圖書館

08901 崧庵集六卷 （宋）李處權撰 清乾隆翰林
院抄本 廈門市圖書館
存四卷（一至四）

08902 豫章羅先生文集十七卷 （宋）羅從彥撰
年譜一卷 （元）曹道振撰 明嘉靖三十三年
（1554）謝鸞刻本 傅增湘跋 山西博物院

08903 和靜先生文集三卷 （宋）尹焞撰 附錄
一卷 明隆慶三年（1569）蔡國熙刻本 雲
南大學圖書館

08904 和靜先生文集三卷 （宋）尹焞撰 附錄
一卷 明隆慶三年（1569）蔡國熙刻本 浙
江圖書館

08905 岳集五卷 （宋）岳飛撰 （明）徐階輯 明
嘉靖十五年（1536）焦煜刻本 國家圖書館

08906 岳集五卷 （宋）岳飛撰 （明）徐階輯
明嘉靖十五年（1536）焦煜刻本 山西大學
圖書館

08907 東萊先生詩集二十卷 （宋）呂本中撰

清初呂留良家抄本　傅增湘　張宗祥校并跋
國家圖書館

08908　漢濱集十六卷　（宋）王之望撰　清抄本
　　　［四庫底本］　西安博物院

08909　竹洲文集二十卷　（宋）吳儆撰　附錄一
　　　卷　明弘治六年（1493）吳雷亨刻本　國家
　　　圖書館

08910　羅鄂州小集五卷　（宋）羅願撰　羅郢
　　　州遺文一卷　（宋）羅頌撰　明洪武二年
　　　（1369）羅宣明刻本　中國科學院國家科學
　　　圖書館

08911　羅鄂州小集五卷　（宋）羅願撰　羅郢
　　　州遺文一卷　（宋）羅頌撰　明洪武二年
　　　（1369）羅宣明刻本　湖南圖書館

08912　羅鄂州小集五卷　（宋）羅願撰　羅郢州
　　　遺文一卷　（宋）羅頌撰　附錄一卷　明洪
　　　武二年（1369）羅宣明刻本（卷二至三配明
　　　天啓六年羅明刻本，卷四配清抄本，卷五至
　　　六、遺文、附錄配清吳允嘉抄本）　丁丙跋
　　　南京圖書館

08913　艾軒先生文集十卷　（宋）林光朝撰　明正
　　　德十六年（1521）鄭岳刻本　浙江圖書館

08914　晦庵先生朱文公文集一百卷目錄二卷續
　　　集十一卷別集十卷　（宋）朱熹撰　明嘉靖
　　　十一年（1532）張大輪、胡岳等刻本　吉林
　　　大學圖書館

08915　朱子大全一百卷目錄二卷續集十卷別集
　　　十卷　（宋）朱熹撰　明天順四年（1460）
　　　賀沈、胡緝刻本（目錄卷上配清抄本）　浙
　　　江圖書館
　　　存一百九卷（一至二十二、二十四至
　　　三十一、三十七至六十四、七十二至一百，
　　　目錄全，續集全，別集全）

08916　晦庵文抄七卷詩抄一卷　（宋）朱熹撰
　　　（明）吳訥輯　明成化十八年（1482）周鳳
　　　等刻本　葉裕仁　方宗誠跋　王振聲校并跋
　　　蘇州博物館

08917　晦庵文抄十卷　（宋）朱熹撰　（明）吳訥
　　　崔銑輯　明嘉靖十九年（1540）張光祖刻本
　　　吉林大學圖書館

08918　晦庵文抄十卷　（宋）朱熹撰　（明）吳訥
　　　崔銑輯　明嘉靖十九年（1540）張光祖刻本
　　　浙江大學圖書館

08919　晦庵文抄十卷　（宋）朱熹撰　（明）吳訥
　　　崔銑輯　明嘉靖十九年（1540）張光祖刻本
　　　雲南大學圖書館

08920　東萊先生呂太史全集四十卷　（宋）呂
　　　祖謙撰　明嘉靖三年（1524）安正書堂刻本
　　　鄭州大學圖書館
　　　存三十四卷（七至四十）

08921　止齋先生文集五十二卷　（宋）陳傅良撰
　　　附錄一卷　明正德元年（1506）林長繁刻本
　　　雲南大學圖書館

08922　止齋先生文集五十二卷　（宋）陳傅良撰
　　　附錄一卷　明正德元年（1506）林長繁刻本
　　　吉林大學圖書館

08923　止齋先生文集五十二卷　（宋）陳傅良撰
　　　附錄一卷　明正德元年（1506）林長繁刻本
　　　天津圖書館

08924　止齋先生文集五十二卷　（宋）陳傅良撰
　　　附錄一卷　明正德元年（1506）林長繁刻本
　　　浙江省瑞安市文物館

08925　止齋先生文集五十二卷　（宋）陳傅良撰
　　　附錄一卷　明正德元年（1506）林長繁刻本
　　　南京圖書館

08926　梅溪先生廷試策一卷奏議四卷文集二十

卷後集二十九卷（宋）王十朋撰 附錄一
卷 明正統五年（1440）劉謙、何瀾刻天順
六年（1462）重修本 吉林省圖書館

08927 梅溪先生廷試策一卷奏議四卷文集二十
卷後集二十九卷（宋）王十朋撰 附錄一
卷 明正統五年（1440）劉謙、何瀾刻天順
六年（1462）重修本 首都圖書館

08928 梅溪先生廷試策一卷奏議四卷文集二十
卷後集二十九卷（宋）王十朋撰 附錄一
卷 明正統五年（1440）劉謙、何瀾刻天順
六年（1462）重修本 浙江圖書館

08929 梅溪先生廷試策一卷奏議四卷文集二十
卷後集二十九卷（宋）王十朋撰 附錄一
卷 明正統五年（1440）劉謙、何瀾刻天順
六年（1462）重修本 浙江圖書館

08930 宋王忠文公文集五十卷 （宋）王十朋撰
清雍正七年（1729）唐傳鉎刻本 孫衣言校
跋 溫州市圖書館
存二十九卷（一至十九、三十至三十六、
四十四至四十六）

08931 樂軒先生集八卷 （宋）陳藻撰 清初抄本
雲南大學圖書館

08932 象山先生文集二十八卷外集四卷 （宋）
陸九淵撰 語錄四卷 （宋）傅子雲 嚴松
等輯 附錄二卷 明正德十六年（1521）李
茂元刻本 羅振玉跋 吉林大學圖書館

08933 象山先生全集三十六卷 （宋）陸九淵撰
（明）楊琇輯 明嘉靖十四年（1535）戚賢
荊門刻三十一年（1552）魏希相補刻本 雲
南大學圖書館

08934 象山先生全集三十六卷 （宋）陸九淵撰
附錄少湖徐先生學則辯一卷 （明）徐階
撰 明嘉靖四十年（1561）何遷刻本 浙江

圖書館

08935 象山先生全集三十六卷 （宋）陸九淵撰
明嘉靖四十年（1561）何遷刻本 吉林省圖
書館
存二十三卷（一至二十三）

08936 慈湖先生遺書二十卷 （宋）楊簡撰 明
嘉靖四年（1525）秦鉞刻本 陝西省圖書館

08937 楊誠齋集一百二十卷 （宋）楊萬里撰 明
抄本 陝西省考古研究院

08938 新刊廬陵誠齋楊萬里先生錦繡策一卷
（宋）楊萬里撰 明萬曆二年（1574）李廷
樻刻本 北京大學圖書館

08939 渭南文集五十卷 （宋）陸游撰 明弘治
十五年（1502）華珵銅活字印本 國家圖書館

08940 渭南文集五十二卷 （宋）陸游撰 明正德
八年（1513）梁喬刻本 吉林大學圖書館

08941 渭南文集五十二卷 （宋）陸游撰 明正德
八年（1513）梁喬刻本 浙江圖書館

08942 放翁律詩鈔四卷 （宋）陸游撰 （明）朱
承爵輯 明正德十五年（1520）集瑞齋刻本
李一氓跋 四川省圖書館

08943 水心先生文集二十九卷 （宋）葉適撰
明正統十三年（1448）黎諒刻本 雲南大學
圖書館

08944 程端明公洺水集二十六卷首一卷 （宋）
程珌撰 明嘉靖三十五年（1556）程元暎刻本
（卷十八至二十六抄配） 浙江大學圖書館

08945 龍川先生文集三十卷 （宋）陳亮撰 附
錄一卷 明史朝富刻本 山東省圖書館

08946 陳同甫集三十卷 （宋）陳亮撰 清壽經堂
活字印本 浙江圖書館

08947 西山先生真文忠公文集五十一卷目錄二
卷 （宋）真德秀撰 明嘉靖三年（1524）

書林精舍刻本　揚州市圖書館
存四十八卷（一至四十八）

08948 剪綃集二卷　（宋）李龏撰　清初毛氏汲古
閣影宋抄本　國家圖書館

08949 梅亭先生四六標準四十卷　（宋）李劉撰
明范氏臥雲山房抄本　浙江圖書館
存十卷（一至十）

08950 滄浪嚴先生吟卷三卷　（宋）嚴羽撰　明
正德十二年（1517）胡重器刻本　北京大學
圖書館

08951 後村居士集五十卷目錄二卷　（宋）劉克
莊撰　清康熙五十年（1711）南陽講習堂呂
無隱抄本　黃丕烈　葉昌熾跋　國家圖書館

08952 秋崖先生小藁四十五卷又三十八卷
（宋）方岳撰　明嘉靖五年（1526）方謙刻
本　浙江大學圖書館

08953 秋崖先生小藁四十五卷又三十八卷
（宋）方岳撰　明嘉靖五年（1526）方謙刻
本　東北師範大學圖書館

08954 秋崖先生小藁四十五卷又三十八卷
（宋）方岳撰　明嘉靖五年（1526）方謙刻
本（卷十六、二十、四十一至四十五抄配）
重慶圖書館

08955 梅花衲一卷　（宋）李龏撰　清初毛氏汲古
閣影宋抄本　國家圖書館

08956 巽齋文集二十七卷　（宋）歐陽守道撰　清
乾隆四庫全書館抄本　江西省圖書館

08957 先天集十卷　（宋）許月卿撰　附錄二卷
明刻本　安徽省圖書館

08958 文山先生文集十七卷別集六卷　（宋）文
天祥撰　附錄三卷　明景泰六年（1455）韓
雍、陳價刻本　北京大學圖書館

08959 文山先生全集二十八卷　（宋）文天祥撰

明嘉靖三十一年（1552）鄢懋卿、寧寵刻本
吉林大學圖書館

08960 文山先生全集二十八卷　（宋）文天祥撰
明嘉靖三十一年（1552）鄢懋卿、寧寵刻本
江西省圖書館

08961 文山先生全集二十卷　（宋）文天祥撰
明嘉靖三十九年（1560）張元諭刻本　江西
省圖書館

08962 文山先生全集二十卷　（宋）文天祥撰
明嘉靖三十九年（1560）張元諭刻本　浙江
圖書館

08963 疊山集十六卷　（宋）謝枋得撰　明景泰五
年（1454）刻本　北京大學圖書館

08964 新刊重訂疊山謝先生文集二卷　（宋）謝
枋得撰　明嘉靖三十四年（1555）林光祖刻
本　浙江大學圖書館

08965 魯齋王文憲公文集二十卷　（宋）王柏撰
明正統刻本　浙江圖書館
存四卷（九至十、十三至十四）

08966 蛟峯先生文集十卷　（宋）方逢辰撰　山
房先生遺文一卷　（宋）方逢振撰　蛟峯
先生外集三卷　明活字印本　保定市圖書館

08967 晞髮集六卷　（宋）謝翱撰　附錄一卷　明
弘治十四年（1501）唐文載刻本　北京大學
圖書館

08968 霽山先生文集五卷　（宋）林景熙撰　明天
順七年（1463）呂洪刻本　國家圖書館

08969 滏水文集二十卷　（金）趙秉文撰　附錄
一卷　清初抄本　何焯　黃丕烈校幷跋　韓應
陛跋　國家圖書館

08970 滹南遺老王先生文集四十五卷詩一卷
（金）王若虛撰　清顧氏藝海樓抄本　西安
碑林博物館

08971 遺山先生詩集二十卷 （金）元好問撰
明弘治十一年（1498）李瀚刻本 吉林省圖
書館

08972 松雪齋文集十卷外集一卷 （元）趙孟頫
撰 行狀諡文一卷 明天順六年（1462）岳
璿刻本 吳宮□跋 吉林省圖書館

08973 松雪齋文集十卷外集一卷 （元）趙孟頫
撰 行狀諡文一卷 明天順六年（1462）岳
璿刻本 北京師範大學圖書館

08974 松雪齋文集十卷外集一卷 （元）趙孟頫
撰 行狀諡文一卷 明天順六年（1462）岳
璿刻本 北京大學圖書館

08975 臨川吳文正公集四十九卷道學基統一
卷外集三卷 （元）吳澄撰 年譜一卷
（明）危素撰 清活字印本 首都圖書館

08976 草廬吳先生文粹五卷 （元）吳澄撰
（明）吳訥輯 明宣德九年（1434）吳訥刻
本 國家圖書館

08977 許魯齋先生集六卷 （元）許衡撰 （清）
張伯行輯 清康熙四十七年（1708）抄本
曾習經題識 吉林省圖書館

08978 魯齋遺書十卷 （元）許衡撰 明嘉靖四年
（1525）蕭鳴鳳刻本 河南省圖書館
存八卷（三至十）

08979 劉文靖公文集二十八卷 （元）劉因撰 明
成化十五年（1479）蜀藩刻本 國家圖書館

08980 許白雲先生文集四卷 （元）許謙撰 附
錄一卷 明成化二年（1466）陳相刻本 國
家圖書館

08981 秋澗先生大全文集一百卷 （元）王惲撰
附錄一卷 明弘治十一年（1498）馬龍、金
舜臣刻本 山東省文登市圖書館

08982 陳剛中詩集三卷 （元）陳孚撰 附錄一卷

明天順四年（1460）沈琮刻本 國家圖書館

08983 道園學古錄五十卷 （元）虞集撰 明景泰
七年（1456）鄭達、黃仕達刻本 山西師範
大學圖書館

08984 道園學古錄五十卷 （元）虞集撰 明景泰
七年（1456）鄭達、黃仕達刻本 江蘇省常
熟市博物館

08985 道園學古錄五十卷 （元）虞集撰 明景泰
七年（1456）鄭達、黃仕達刻本 東北師範
大學圖書館

08986 道園學古錄五十卷 （元）虞集撰 明景泰
七年（1456）鄭達、黃仕達刻本 張金吾跋
朱昂之題款 天津圖書館

08987 揭文安公文集□卷 （元）揭傒斯撰 明正
德十五年（1520）揭富文刻本 湖北省圖書館
存四卷（詩一至四）

08988 淵穎吳先生集十二卷 （元）吳萊撰 附
錄一卷 明嘉靖元年（1522）祝鑾刻本 吉
林省圖書館

08989 淵穎吳先生集十二卷 （元）吳萊撰 附
錄一卷 明嘉靖元年（1522）祝鑾刻本 吉
林大學圖書館

08990 淵穎吳先生集十二卷 （元）吳萊撰 附
錄一卷 明嘉靖元年（1522）祝鑾刻本 東
北師範大學圖書館

08991 淵穎吳先生集十二卷 （元）吳萊撰 附
錄一卷 明嘉靖元年（1522）祝鑾刻本 四
川省圖書館

08992 薩天錫詩集五卷 （元）薩都剌撰 明弘治
十六年（1503）李舉刻本 葉恭煥題識 國
家圖書館

08993 傅與礪詩集八卷 （元）傅若金撰 明洪武
十五年（1382）傅若川建溪精舍刻本 徐㷆

周星詒跋 國家圖書館

08994 番陽仲公李先生文集三十一卷 （元）李存撰 明永樂三年（1405）李光刻本 國家圖書館

08995 青陽先生文集九卷 （元）余闕撰 明正統十年（1445）高誠刻本 國家圖書館

08996 余忠宣集六卷 （元）余闕撰 明嘉靖三十三年（1554）雷遠、洪大濱刻本 吉林省圖書館

08997 余忠宣集六卷 （元）余闕撰 明嘉靖三十三年（1554）雷遠、洪大濱刻本 福建師範大學圖書館

08998 經濟文集六卷 （元）李士瞻撰 明天順三年（1459）刻本（序目配清抄本） 吉林大學圖書館

08999 不繫舟漁集十五卷 （元）陳高撰 附錄一卷 清抄本 孫鏘鳴 孫衣言 孫詒讓校 溫州市圖書館

09000 師山先生文集八卷遺文五卷遺文附錄一卷 （元）鄭玉撰 明嘉靖十四年（1535）刻本 吉林省圖書館

09001 貞素齋集□□卷 （元）舒頔撰 清抄本 安徽省圖書館
存十卷（文卷三至四、詩卷四至八、又詩卷六、卷九附錄、卷十附錄北莊遺詩）

09002 江月松風集十二卷補一卷 （元）錢惟善撰 清康熙二十五年（1686）翁枚抄本 翁枚校并跋 黃丕烈 傅增湘跋 國家圖書館

09003 鐵崖文集五卷 （元）楊維楨撰 明弘治十四年（1501）馮允中刻本 天津圖書館

09004 鐵崖文集五卷 （元）楊維楨撰 明弘治十四年（1501）馮允中刻本 江蘇省常熟市博物館

09005 鐵崖文集五卷 （元）楊維楨撰 明弘治十四年（1501）馮允中刻本 陳鱣跋 國家圖書館

09006 鐵崖文集五卷 （元）楊維楨撰 明弘治十四年（1501）馮允中刻本 羅振玉跋 吉林大學圖書館

09007 雪厓先生詩集五卷 （元）金守正撰 明永樂十九年（1421）刻本 北京大學圖書館

09008 御製文集四集三十卷 （明）太祖朱元璋撰 明初刻本 南開大學圖書館

09009 高皇帝御製文集二十卷 （明）太祖朱元璋撰 明嘉靖十四年（1535）徐九皋、王惟賢刻本 吉林省圖書館

09010 高皇帝御製文集二十卷 （明）太祖朱元璋撰 明嘉靖十四年（1535）徐九皋、王惟賢刻本 浙江大學圖書館

09011 高皇帝御製文集二十卷 （明）太祖朱元璋撰 明嘉靖十四年（1535）徐九皋、王惟賢刻本 雲南省圖書館
存十七卷（四至二十）

09012 宋學士文集七十五卷 （明）宋濂撰 明正德九年（1514）張錟刻本 山東省圖書館

09013 宋學士文集七十五卷 （明）宋濂撰 明正德九年（1514）張錟刻本 東北師範大學圖書館

09014 新刊宋學士全集三十三卷 （明）宋濂撰 明嘉靖三十年（1551）韓叔陽刻本 吉林省圖書館

09015 新刊宋學士全集三十三卷 （明）宋濂撰 明嘉靖三十年（1551）韓叔陽刻本 浙江大學圖書館

09016 新刊宋學士全集三十三卷 （明）宋濂撰 明嘉靖三十年（1551）韓叔陽刻本 福建師

範大學圖書館

09017 新刊宋學士全集三十三卷 （明）宋濂撰
明嘉靖三十年（1551）韓叔陽刻本（卷三、
九抄配） 華南師範大學圖書館

09018 潛溪集八卷 （明）宋濂撰 附錄一卷 明
嘉靖十五年（1536）徐嵩、溫秀刻本 天津
圖書館

09019 潛溪先生集十八卷 （明）宋濂撰 （明）
黃溥輯 附錄一卷 明天順元年（1457）黃
溥、嚴塤刻本 國家圖書館

09020 覆瓿集二十卷 （明）劉基撰 明初刻本
李盛鐸題記 北京大學圖書館
存十三卷（七至十九）

09021 誠意伯劉先生文集七卷 （明）劉基撰 明
成化六年（1470）刻本 大連圖書館

09022 太師誠意伯劉文成公集十八卷 （明）劉
基撰 明嘉靖三十五年（1556）樊獻科、于
德昌刻本 天津圖書館

09023 太師誠意伯劉文成公集二十卷 （明）劉
基撰 明隆慶六年（1572）謝廷杰、陳烈刻
本 天津圖書館

09024 太師誠意伯劉文成公集二十卷 （明）劉
基撰 明隆慶六年（1572）謝廷杰、陳烈刻
本 黑龍江省圖書館

09025 陶學士先生文集二十卷 （明）陶安撰
事跡一卷 明弘治十三年（1500）項經刻遞
修本 吉林省圖書館

09026 陶學士先生文集二十卷 （明）陶安撰
事跡一卷 明弘治十三年（1500）項經刻遞
修本 吉林大學圖書館

09027 陶學士先生文集二十卷 （明）陶安撰
事跡一卷 明弘治十三年（1500）項經刻遞
修本 北京大學圖書館

09028 陶學士先生文集二十卷 （明）陶安撰
事跡一卷 明弘治十三年（1500）項經刻遞
修本 南京市博物館

09029 陶學士先生文集二十卷 （明）陶安撰
事跡一卷 明弘治十三年（1500）項經刻遞
修本 [四庫底本] 國家圖書館

09030 王忠文公文集二十四卷 （明）王禕撰 附
錄一卷 （明）朱肇輯 明正統七年（1442）
劉傑刻本（十、十二至十三、十五補配） 山
西博物院
存十三卷（六至十八）

09031 王忠文公文集二十四卷 （明）王禕撰 明
嘉靖元年（1522）張齊刻本 [四庫底本] 國
家圖書館

09032 翠屏集四卷 （明）張以寧撰 張氏至寶
集挽詩一卷 （明）張瑄輯 明成化十六年
（1480）張淮刻本 國家圖書館

09033 蘇平仲文集十六卷 （明）蘇伯衡撰 明正
統七年（1442）黎諒刻本（有抄配） 北京
大學圖書館

09034 密菴稿五卷文稿五卷 （明）謝肅撰 明洪
武三十一年（1398）劉翼南刻本 汪鏞跋 傅
增湘校并跋 國家圖書館

09035 缶鳴集十二卷 （明）高啓撰 明刻本 浙
江大學圖書館

09036 高季迪賦姑蘇雜詠一卷 （明）高啓撰
明洪武三十一年（1398）蔡伯庸刻本 唐翰
題跋 國家圖書館

09037 眉菴集十二卷補遺一卷 （明）楊基撰
明成化二十一年（1485）張習刻本 王獻臣
王玉芝題款 黃丕烈跋 國家圖書館

09038 靜居集六卷 （明）張羽撰 明弘治四年
（1491）刻本 北京大學圖書館

09039 斗南老人詩集四卷 （明）胡奎撰 明姚綬
抄本 天津圖書館

09040 解學士文集十卷 （明）解縉撰 明嘉靖
四十一年（1562）刻本 江西省圖書館

09041 解學士文集十卷 （明）解縉撰 明嘉靖
四十一年（1562）刻本 重慶圖書館

09042 黃文簡公介菴集十二卷 （明）黃淮撰
清抄本 孫詒讓校 浙江省瑞安市文物館
存十一卷（一至六、八至十二）

09043 遜志齋集三十卷拾遺十卷 （明）方孝孺
撰 附錄一卷 明成化十六年（1480）郭紳
刻本 浙江省瑞安市文物館

09044 遜志齋集二十四卷 （明）方孝孺撰 附
錄一卷 明嘉靖四十年（1561）王可大刻本
天津圖書館

09045 楊文敏公集二十五卷 （明）楊榮撰 附
錄一卷 明正德十年（1515）刻本 北京大
學圖書館

09046 金文靖公集十卷 （明）金幼孜撰 （明）
金昭伯編 明成化四年（1468）金昭伯刻弘
治六年（1493）盧淵重修本 江西省圖書館
存九卷（一至九）

09047 東里文集續編六十二卷別集不分卷
（明）楊士奇撰 附錄四卷 明嘉靖二十八
年（1549）黃如桂刻本 西安博物院

09048 青城山人詩集八卷 （明）王汝玉撰 明景
泰四年（1453）華靖刻本 李盛鐸跋 北京
大學圖書館

09049 龍溪陳先生文集五卷 （明）陳眰撰 附
錄一卷 明正統五年（1440）顧言刻本 北
京大學圖書館

09050 南齋先生魏文靖公摘藁十卷 （明）魏驥
撰 附錄一卷 明弘治十一年（1498）洪鐘

09051 敬軒薛先生文集二十四卷 （明）薛瑄撰
明弘治十六年（1503）李越刻遞修本 江西
省圖書館

09052 兩溪文集二十四卷 （明）劉球撰 明成化
六年（1470）劉鉞刻本 北京大學圖書館

09053 兩溪先生詩集四卷 （明）劉球撰 明成化
十六年（1480）刻本 中國科學院國家科學
圖書館

09054 誠齋牡丹譜一卷牡丹百詠一卷梅花百詠
一卷玉堂春百詠一卷 （明）朱有燉撰 明
宣德刻本 北京大學圖書館

09055 倪文僖公集三十二卷 （明）倪謙撰 明
弘治六年（1493）刻本 北京大學圖書館

09056 商文毅公集十一卷 （明）商輅撰 明隆慶
六年（1572）鄭應齡刻本 天津圖書館

09057 商文毅公集十一卷 （明）商輅撰 明隆慶
六年（1572）鄭應齡刻本 南京圖書館

09058 類博稿十卷 （明）岳正撰 明嘉靖十八年
（1539）吳逺刻本 大連圖書館

09059 類博稿十卷 （明）岳正撰 明嘉靖十八年
（1539）吳逺刻本 重慶圖書館

09060 王端毅公文集九卷 （明）王恕撰 明嘉靖
三十一年（1552）喬世寧刻本 天津圖書館

09061 白沙子八卷 （明）陳獻章撰 明嘉靖十二
年（1533）卞萊刻本 天津師範大學圖書館

09062 白沙先生詩教解十五卷 （明）陳獻章撰
（明）湛若水輯解 明嘉靖馬鬆刻本 天津
圖書館

09063 壽梅集二卷 （明）朱元振撰 明嘉靖刻本
首都圖書館

09064 思軒文集二十三卷 （明）王偁著 明弘

刻清康熙八年（1669）王余高重修本 北京
大學圖書館

治七年（1494）刻本　北京大學圖書館

09065　楊文懿公文集三十卷　（明）楊守陳撰
　　　明弘治十二年（1499）新安刻本　北京大學
　　　圖書館

09066　清風亭稿八卷　（明）童軒撰　（明）李
　　　澄輯　明成化刻本　中國科學院國家科學圖
　　　書館

09067　瓊臺會稿十二卷　（明）丘濬撰　明抄本
　　　山西省祁縣圖書館

09068　聯錦詩集二卷　（明）夏宏撰　明景泰刻本
　　　中國科學院國家科學圖書館

09069　謝文莊公集六卷　（明）謝一夔撰　明嘉靖
　　　四十一年（1562）謝廷傑刻本　江西省圖書館

09070　謝文莊公集六卷　（明）謝一夔撰　明嘉靖
　　　四十一年（1562）謝廷傑刻本　浙江大學圖
　　　書館

09071　桃溪淨稿文集三十九卷詩集四十五卷
　　　（明）謝鐸撰　明刻本　天津圖書館

09072　感樓集一卷　（明）賀甫撰　明弘治四年
　　　（1491）刻本　北京大學圖書館

09073　一峰先生文集十一卷　（明）羅倫撰　明正
　　　德十一年（1516）羅幹刻本　吉林省圖書館

09074　篁墩程先生文集九十三卷拾遺一卷
　　　（明）程敏政撰　明正德二年（1507）何歆
　　　刻本　保定市圖書館

09075　篁墩程先生文集九十三卷拾遺一卷
　　　（明）程敏政撰　明正德二年（1507）何歆
　　　刻本（卷三十七至四十二、四十八至五十三
　　　抄配）　首都圖書館

09076　篁墩程先生文粹二十五卷　（明）程敏
　　　政撰　（明）程曾　戴銑輯　明正德元年
　　　（1506）張九遠刻本　吉林省圖書館

09077　篁墩程先生文粹二十五卷　（明）程敏

政撰　（明）程曾　戴銑輯　明正德元年
（1506）張九遠刻本　首都圖書館

09078　張東海先生詩集四卷文集五卷　（明）張
　　　弼撰　明末刻本　北京大學圖書館

09079　楓山章先生文集九卷　（明）章懋撰　明
　　　嘉靖九年（1530）張大綸刻本　浙江大學圖
　　　書館

09080　楓山章先生文集九卷　（明）章懋撰　明
　　　嘉靖九年（1530）張大綸刻本　中共中央黨
　　　校圖書館

09081　楓山章先生文集四卷實紀一卷　（明）章
　　　懋撰　明嘉靖二十一年（1542）虞守愚刻本
　　　［四庫底本］　國家圖書館

09082　楓山章先生文集四卷實紀一卷　（明）章
　　　懋撰　明嘉靖二十一年（1542）虞守愚刻本
　　　浙江大學圖書館
　　　存四卷（文集一至四）

09083　思玄集十六卷　（明）桑悅撰　附錄一卷
　　　明萬曆二年（1574）桑大協活字印本　國家
　　　圖書館

09084　思玄集十六卷　（明）桑悅撰　附錄一卷
　　　明萬曆二年（1574）桑大協活字印本　江蘇
　　　省常熟市圖書館
　　　存九卷（八至十六）

09085　梅花集詠一卷　（明）楊光溥撰　明弘治三
　　　年（1490）劉璋刻本　北京大學圖書館

09086　匏翁家藏集七十七卷補遺一卷　（明）吳
　　　寬撰　明正德三年（1508）吳奭刻本　吉林
　　　大學圖書館

09087　匏翁家藏集七十七卷補遺一卷　（明）吳
　　　寬撰　明正德三年（1508）吳奭刻本　章鈺
　　　校并跋　國家圖書館

09088　匏翁家藏集七十七卷補遺一卷　（明）吳

寬撰　明正德三年（1508）吳奭刻本　傅增湘
跋　山西博物院

09089　石淙詩稿十九卷　（明）楊一清撰　明嘉靖
刻本　天津圖書館

09090　震澤先生集三十六卷　（明）王鏊撰　明
嘉靖刻本　吉林大學圖書館

09091　震澤先生集三十六卷　（明）王鏊撰　明
嘉靖刻萬曆鶴來堂印本　柳州市圖書館

09092　馬東田漫稿六卷　（明）馬中錫撰　（明）
孫緒評　明嘉靖十七年（1538）文三畏刻本
天津圖書館

09093　馬東田漫稿六卷　（明）馬中錫撰　（明）
孫緒評　明嘉靖十七年（1538）文三畏刻本
浙江大學圖書館

09094　馬東田漫稿六卷　（明）馬中錫撰　（明）
孫緒評　明嘉靖十七年（1538）文三畏刻本
首都圖書館

09095　爵洲遺稿十卷　（明）梁儲撰　明回天閣刻
本　浙江大學圖書館

09096　容春堂前集二十卷後集十四卷續集十八
卷別集九卷　（明）邵寶撰　明正德嘉靖間
刻本　北京大學圖書館

09097　東所先生文集十三卷　（明）張詡撰　明嘉
靖三十年（1551）張希舉刻本　天津圖書館

09098　虛齋蔡先生文集五卷　（明）蔡清撰　明
正德十六年（1521）葛志貞刻遞修本　天津
圖書館

09099　古直存稿四卷　（明）王佐撰　明弘治十五
年（1502）龐元化刻本　北京大學圖書館

09100　熊峯先生詩集七卷文集三卷　（明）石珤
撰　清康熙孫光焵刻本［四庫底本］　中國
科學院國家科學圖書館

09101　赤城夏先生集二十三卷　（明）夏鍭撰　明

嘉靖四十四年（1565）王叔杲刻本　雲南大學
圖書館

09102　石田稿三卷　（明）沈周撰　明弘治十六年
（1503）黃淮集義堂刻本　天津圖書館

09103　石田詩選十卷　（明）沈周撰　（明）華汝
德輯　明正德安國刻本　雲南大學圖書館
存五卷（一至五）

09104　石田清嘯集□卷　（明）朱翰撰　明成化
十七年（1481）周瑾刻本　福建省圖書館
存六卷（一至六）

09105　北園蛙鳴集十二卷　（明）鄭瓛撰　明隆慶
元年（1567）鄭國賢刻清康熙補修本　山東
省圖書館

09106　北園蛙鳴集十二卷　（明）鄭瓛撰　明隆慶
元年（1567）鄭國賢刻清康熙補修本　河南
省圖書館

09107　空同集六十三卷　（明）李夢陽撰　明嘉靖
十一年（1532）曹嘉刻本　吉林省圖書館

09108　空同先生文集六十三卷　（明）李夢陽撰
明嘉靖十二年（1533）慎獨齋刻本　安徽省
圖書館
存四十七卷（一至二十八、四十五至
六十三）

09109　空同先生集六十三卷　（明）李夢陽撰
明嘉靖刻本　廣東省立中山圖書館

09110　空同先生集六十三卷　（明）李夢陽撰
明嘉靖刻本　常州市圖書館

09111　空同先生集六十三卷　（明）李夢陽撰
明嘉靖刻本　湖北省圖書館

09112　空同先生集六十三卷　（明）李夢陽撰
明嘉靖刻本　天津圖書館

09113　崆峒集二十一卷　（明）李夢陽撰　明沈植
繁露堂刻本　上海社會科學院圖書館

09114 空同詩選一卷 （明）李夢陽撰 （明）楊
　　　慎評 明閔齊伋刻朱墨套印本 首都圖書館

09115 祝氏集畧三十卷 （明）祝允明撰 明嘉靖
　　　三十六年（1557）張景賢刻本 浙江大學圖
　　　書館

09116 渼陂集十六卷 （明）王九思撰 明嘉靖
　　　十二年（1533）王獻刻本 吉林省圖書館

09117 渼陂集十六卷 （明）王九思撰 明嘉靖
　　　十二年（1533）王獻刻本 吉林大學圖書館

09118 渼陂集十六卷 （明）王九思撰 明嘉靖
　　　十二年（1533）王獻等刻本 續集三卷
　　　（明）王九思撰 明嘉靖二十五年（1546）
　　　翁萬達刻本 福建師範大學圖書館

09119 熊士選集一卷 （明）熊卓撰 附錄一卷
　　　明嘉靖二十二年（1543）范欽刻本 重慶圖
　　　書館

09120 浮湘藁四卷山中集四卷憑几集五卷續集
　　　二卷息園存藁十四卷又九卷緩慟集一卷
　　　國寶新編一卷近言一卷 （明）顧璘撰
　　　明嘉靖吳郡沈氏繁露堂刻本 重慶圖書館

09121 邊華泉集八卷 （明）邊貢撰 （明）劉天
　　　民輯 明嘉靖十七年（1538）司馬魯瞻刻本
　　　吉林省圖書館

09122 邊華泉集八卷 （明）邊貢撰 （明）劉天
　　　民輯 明嘉靖十七年（1538）司馬魯瞻刻本
　　　吉林大學圖書館

09123 陽明先生文錄五卷外集九卷別錄十卷
　　　（明）王守仁撰 明嘉靖十四年（1535）聞
　　　人詮刻本 江西省圖書館

09124 陽明先生文錄五卷外集九卷別錄十四卷
　　　（明）王守仁撰 明嘉靖二十九年（1550）
　　　閻東刻本 吉林大學圖書館

09125 王文成公全書三十八卷 （明）王守仁撰

明隆慶六年（1572）謝廷傑刻本 天津圖書館

09126 陽明先生文粹十一卷 （明）王守仁撰
　　　（明）宋儀望輯 明嘉靖三十六年（1557）
　　　孫昭大梁書院刻本 天津圖書館

09127 杭雙溪先生詩集八卷 （明）杭淮撰 明
　　　嘉靖杭洵刻本 首都圖書館

09128 凌谿先生集十八卷 （明）朱應登撰 明嘉
　　　靖刻本 中山大學圖書館

09129 凌谿先生集十八卷 （明）朱應登撰 明嘉
　　　靖刻本 福建師範大學圖書館

09130 凌谿先生集十八卷 （明）朱應登撰 明嘉
　　　靖刻本 陝西省圖書館

09131 碧谿賦二卷 （明）歐陽雲撰 明嘉靖
　　　二十六年（1547）陳德文刻藍印本 寧波市
　　　天一閣博物館

09132 括庵先生詩集一卷 （明）錢瓚撰 明隆慶
　　　三年（1569）錢龍溟刻本 寧波市天一閣博
　　　物館

09133 何栢齋文集八卷 （明）何瑭撰 明嘉靖
　　　三十三年（1554）周鎬刻本 廣東省立中山
　　　圖書館
　　　存六卷（一至五、卷六前十二葉）

09134 水南集十七卷 （明）陳霆撰 明嘉靖
　　　四十三年（1564）陳翀刻本 浙江大學圖書館

09135 何氏集二十六卷 （明）何景明撰 明嘉靖
　　　沈氏野竹齋刻本 浙江大學圖書館

09136 何氏集二十六卷 （明）何景明撰 明嘉靖
　　　沈氏野竹齋刻本 杭州圖書館

09137 何氏集二十六卷 （明）何景明撰 明嘉靖
　　　沈氏野竹齋刻本 湖北省圖書館

09138 何氏集二十六卷 （明）何景明撰 明嘉靖
　　　沈氏野竹齋刻本 吉林省圖書館

09139 何氏集二十六卷 （明）何景明撰 明嘉靖

義陽書院刻本 雲南大學圖書館

09140 何氏集二十六卷 （明）何景明撰 明嘉靖
義陽書院刻本 南京師範大學圖書館

09141 何氏集二十六卷 （明）何景明撰 明嘉靖
義陽書院刻本 首都圖書館

09142 大復集三十七卷 （明）何景明撰 附錄
一卷 明嘉靖三十四年（1555）袁璨刻本
浙江省瑞安市文物館

09143 大復集十三卷 （明）何景明撰 明楊保刻
本 河南省圖書館

09144 洹詞十二卷 （明）崔銑撰 明趙府味經堂
刻本 江西省圖書館

09145 洹詞十二卷 （明）崔銑撰 明趙府味經堂
刻本 河南省圖書館

09146 洹詞十二卷 （明）崔銑撰 明趙府味經堂
刻本 湖北省博物館

09147 洹詞十二卷 （明）崔銑撰 明趙府味經堂
刻清乾隆三十六年（1771）黃邦寧重修本
雲南大學圖書館

09148 崔氏洹詞十七卷附錄四卷 （明）崔銑撰
明嘉靖三十三年（1554）周鎬等刻本 甘肅
省圖書館

09149 崔氏洹詞十七卷附錄四卷 （明）崔銑撰
明嘉靖三十三年（1554）周鎬等刻本 浙江
大學圖書館

09150 鈐山堂集四十卷 （明）嚴嵩撰 附錄一
卷 明嘉靖刻本 吉林省圖書館

09151 鈐山堂集四十卷 （明）嚴嵩撰 附錄一
卷 明嘉靖刻本 江西省圖書館

09152 鈐山堂集二十卷 （明）嚴嵩撰 （明）孫
偉 楊慎評點 明嘉靖刻本 南京市博物館

09153 鈐山詩選七卷 （明）嚴嵩撰 （明）楊慎
輯 明嘉靖刻本 浙江大學圖書館

09154 鈐山詩選七卷 （明）嚴嵩撰 （明）楊慎
輯 明嘉靖刻本 杭州圖書館

09155 鈐山詩選七卷 （明）嚴嵩撰 （明）楊慎
輯 明嘉靖刻本 山東省博物館

09156 儼山文集一百卷目錄二卷外集四十卷
續集十卷 （明）陸深撰 明嘉靖二十五年
（1546）、三十年（1551）陸楫刻本（續集
十卷補配） 吉林省圖書館

09157 儼山文集一百卷目錄二卷外集四十卷
續集十卷 （明）陸深撰 明嘉靖二十五年
（1546）、三十年（1551）陸楫刻本 浙江
大學圖書館
存一百二卷（文集全、目錄全）

09158 儼山文集一百卷目錄二卷外集四十卷
續集十卷 （明）陸深撰 明嘉靖二十五年
（1546）、三十年（1551）陸楫刻本（儼山
文集前序目抄配） 福建師範大學圖書館
存一百十二卷（文集全、目錄全、續集全）

09159 莊渠先生遺書十六卷 （明）魏校撰 明
嘉靖四十年（1561）王道行、張焊刻本 浙
江大學圖書館

09160 玉巖先生文集九卷 （明）周廣撰 附錄一
卷 明嘉靖三十七年（1558）杏華書屋刻清乾
隆九年（1744）周挺重修本 重慶圖書館

09161 張文定公文選三十九卷 （明）張邦奇撰
明嘉靖二十九年（1550）張時徹刻本 浙江
大學圖書館

09162 孟有涯集十七卷 （明）孟洋撰 明嘉靖
十七年（1538）王廷相、徐九皋刻本 重慶
圖書館

09163 太白山人詩五卷 （明）孫一元撰 附錄
一卷 明嘉靖刻本 天津圖書館

09164 苑洛集二十二卷 （明）韓邦奇撰 明嘉靖

三十一年（1552）刻本 天津圖書館

09165 端溪先生集八卷 （明）王崇慶撰 明嘉靖
三十一年（1552）張蘊刻本 天津圖書館

09166 戴氏集十二卷 （明）戴冠撰 明嘉靖
二十七年（1548）張魯刻本 河南省圖書館

09167 戴氏集十二卷 （明）戴冠撰 明嘉靖
二十七年（1548）張魯刻本 石家莊市圖書館

09168 可泉辛巳集十二卷 （明）胡纘宗撰 明嘉
靖刻本 保定市圖書館

09169 可泉擬涯翁擬古樂府二卷 （明）胡纘宗
撰 （明）胡統宗注 （明）張光孝評 明嘉靖
三十六年（1557）汪瀚刻本 遼寧省圖書館

09170 東塘集十卷 （明）毛伯温撰 明嘉靖十九
年（1540）王儀刻本 江西省圖書館
存九卷（二至十）

09171 歐陽恭簡公遺集二十二卷 （明）歐陽鐸
撰 明嘉靖刻本 天津圖書館

09172 東廓鄒先生遺稿十一卷 （明）鄒守益撰
明刻本 甘肅省圖書館

09173 古園集十二卷 （明）盧雍撰 明歸仁刻本
山東省文登市圖書館

09174 南松堂稿七卷 （明）張鰲山撰 明萬曆四
年（1576）張程刻本 江西省圖書館

09175 薛西原集二卷 （明）薛蕙撰 明嘉靖十四
年（1535）李宗樞刻本 浙江大學圖書館

09176 嵩渚文集一百卷目錄二卷 （明）李濂撰
明嘉靖刻本 浙江大學圖書館

09177 明水陳先生文集十四卷 （明）陳九川撰
清抄本 江西省圖書館

09178 張南湖先生詩集四卷 （明）張綖撰 附
錄一卷 明嘉靖三十二年（1553）張守中刻
本 雲南大學圖書館
存四卷（詩集全）

09179 張南湖先生詩集四卷 （明）張綖撰 附
錄一卷 明嘉靖三十二年（1553）張守中刻
本 浙江大學圖書館
存二卷（一至二）

09180 舒梓溪先生集十卷 （明）舒芬撰 明嘉靖
三十二年（1553）萬虞愷等刻本 江蘇省常
熟市圖書館

09181 崔東洲集二十卷 （明）崔桐撰 明嘉靖
二十九年（1550）曹金刻本 吉林大學圖書館

09182 崔東洲集二十卷續集十一卷 （明）崔
桐撰 明嘉靖二十九年（1550）曹金刻續集
三十四年（1555）周希哲刻本 浙江大學圖
書館

09183 夢澤集十七卷 （明）王廷陳撰 明嘉靖
四十一年（1562）王廷瞻刻本 浙江大學圖
書館

09184 夢澤集十七卷 （明）王廷陳撰 明嘉靖
四十四年（1565）王同道吳中刻本 重慶圖
書館

09185 夢澤集二十三卷 （明）王廷陳撰 明萬曆
十八年（1590）王追伊刻三十年（1602）王
追淳增修本 湖北省圖書館

09186 胡蒙谿詩集十一卷文集四卷胡蒙谿續
集六卷 （明）胡侍撰 明嘉靖二十四年
（1545）刻三十一年（1552）張鐸續刻本
首都圖書館

09187 桂洲詩集二十四卷 （明）夏言撰 明嘉靖
二十五年（1546）曹忭、楊九澤刻本 紹興
圖書館
存二十一卷（一至二、六至二十四）

09188 龍湖先生文集十四卷 （明）張治撰 明
嘉靖刻本 浙江大學圖書館
存十一卷（三至十三）

09189 張水南文集十一卷 （明）張袞撰 明隆慶
刻本 天津圖書館

09190 大傀集三卷 （明）王璜撰 明嘉靖董世彥
刻本 陝西省圖書館

09191 居敬堂集十卷 （明）朱厚煜撰 明嘉靖
四十四年（1565）趙府刻本 山西博物院

09192 西村詩集二卷補遺一卷 （明）朱樸撰
明嘉靖三十一年（1552）自刻萬曆二十九年
（1601）朱綵續刻本 遼寧省博物館

09193 了溪詩稿四卷 （明）彭泮撰 （明）陳元
輯 附錄一卷 明正德十五年（1520）魏謐
刻本 北京大學圖書館

09194 練溪集四卷 （明）凌震撰 明嘉靖三十年
（1551）凌約言刻本 浙江大學圖書館

09195 東園遺稿二卷 （明）黃璽撰 明嘉靖刻本
天津圖書館

09196 雅宜山人集十卷 （明）王寵撰 明嘉靖刻
本 旅順博物館

09197 少湖先生文集七卷 （明）徐階撰 明嘉靖
三十六年（1557）宿應麟刻本 天津圖書館

09198 歐陽南野先生文選五卷 （明）歐陽德撰
（明）李春芳輯 明隆慶六年（1572）宋儀
望刻本 江西省圖書館

09199 蘇門集八卷 （明）高叔嗣撰 明嘉靖十六
年（1537）陳束刻本 雲南大學圖書館

09200 蘇門集八卷 （明）高叔嗣撰 明嘉靖
四十二年（1563）張正位刻本 雲南大學圖
書館

09201 藍侍御集二卷 （明）藍田撰 稿本 周亮
工評 山東省博物館

09202 芝園定集五十一卷 （明）張時徹撰 明嘉
靖刻本 浙江大學圖書館

09203 王鶴山集四卷 （明）王激撰 明隆慶刻本

吉林大學圖書館

09204 珠玉遺稿二卷 （明）李循義撰 （明）田
汝成注 附錄二卷 明萬曆九年（1581）刻
本 寧波市天一閣博物館

09205 袁永之集二十卷 （明）袁裘撰 明嘉靖
二十六年（1547）袁尊尼刻後印本 浙江大
學圖書館

09206 巖居稿八卷 （明）華察撰 明嘉靖三十五
年（1556）王懋明刻本 重慶圖書館

09207 王遵巖家居集七卷 （明）王慎中撰 明嘉
靖三十一年（1552）句吳書院刻本 山東省
圖書館

09208 王遵巖家居集七卷 （明）王慎中撰 明嘉
靖三十一年（1552）句吳書院刻本 重慶圖
書館

09209 陸子餘集八卷拾遺一卷 （明）陸粲撰
附錄一卷 明嘉靖四十三年（1564）陸延枝
刻隆慶增修本 東北師範大學圖書館

09210 海樵先生全集二十一卷 （明）陳鶴撰 明
隆慶元年（1567）陳經國刻本 蘇州圖書館
存六卷（一至六）

09211 念菴羅先生集十三卷 （明）羅洪先撰
明嘉靖四十二年（1563）劉玠刻本 浙江大
學圖書館

09212 念菴羅先生集十三卷 （明）羅洪先撰
明嘉靖四十三年（1564）甄津刻本 中共北
京市委圖書館

09213 唐荊川先生文集十二卷 （明）唐順之撰
明嘉靖二十八年（1549）安如石刻本 吉林
省圖書館

09214 唐荊川先生文集十二卷 （明）唐順之撰
明嘉靖二十八年（1549）安如石刻本 蘇州
圖書館

09215 陳后岡詩集一卷文集一卷 （明）陳束撰
明嘉靖二十五年（1546）張時徹刻本 中山
大學圖書館
存一卷（詩集）

09216 陭堂摘藁十六卷 （明）許應元撰 明嘉靖
四十年（1561）李金、黃中等刻本 天津圖
書館
存六卷（一至六）

09217 自知堂集二十四卷 （明）蔡汝楠撰 明嘉
靖刻本 湖北省圖書館

09218 自知堂集二十四卷 （明）蔡汝楠撰 明嘉
靖刻本 重慶圖書館

09219 五嶽山人集三十八卷 （明）黃省曾撰
明嘉靖刻本 山西師範大學圖書館

09220 璉川詩集八卷 （明）施峻撰 明嘉靖
三十八年（1559）刻本 浙江大學圖書館

09221 方山薛先生全集六十八卷 （明）薛應旂
撰 明嘉靖刻本 天津圖書館

09222 鶴泉集不分卷 （明）王健撰 明鶴泉書舍
抄本 浙江省瑞安市文物館

09223 二谷山人集二十四卷緱山侯氏譜二卷
（明）侯一元撰 明嘉靖刻本 浙江大學圖
書館

09224 二谷山人集十卷 （明）侯一元撰 明嘉靖
刻本 天津圖書館

09225 天目山齋歲編二十八卷 （明）吳維岳撰
明嘉靖刻增修本 吉林省圖書館

09226 無聞堂稿十七卷 （明）趙鈗撰 附錄一
卷 明隆慶四年（1570）趙鴻賜玄對樓刻本
紀昀批 首都圖書館

09227 白雪樓詩集十卷 （明）李攀龍撰 明嘉靖
四十二年（1563）魏裳刻本 吉林省圖書館

09228 張月泉詩集不分卷 （明）張元諭撰 明抄

本 遼寧省圖書館

09229 澗濱先生文集六卷 （明）徐文泂撰 附
集一卷 明嘉靖四十四年（1565）何鏜刻本
安徽省圖書館

09230 宗子相集八卷 （明）宗臣撰 明嘉靖
三十九年（1560）林朝聘、黃中等刻本 首
都圖書館

09231 宗子相集八卷 （明）宗臣撰 明嘉靖
三十九年（1560）林朝聘、黃中等刻本 天
津圖書館

09232 青蘿館詩六卷 （明）徐中行撰 明刻本
雲南大學圖書館

09233 被褐子五卷 （明）王學謨撰 稿本 陝西
省圖書館

09234 震川大全集三十卷別集十卷補集八卷
餘集八卷先太僕評點史記例意一卷歸震
川先生論文章體則一卷 （明）歸有光撰
清嘉慶元年（1796）歸朝煦玉鑰堂刻本 何
紹基批點 徐楨立跋 湖南省社會科學院圖
書館

09235 樵雲詩集一卷 （明）朱拱梃撰 明嘉靖刻
藍印本 寧波市天一閣博物館

09236 四溟山人全集二十四卷 （明）謝榛撰
明萬曆三十二年（1604）趙府冰玉堂刻本
傅增湘跋 山西博物院

09237 天池山人小稿五卷 （明）陸采撰 明刻本
寧波市天一閣博物館

09238 歐虞部選集十四卷 （明）歐大任撰 明萬
曆刻本 山東省文登市圖書館

09239 青雀集二卷 （明）王穉登撰 明隆慶四年
（1570）朱宅快閣刻本 中山大學圖書館

09240 溪山堂艸四卷 （明）沈思孝撰 明萬曆刻
本 四川省圖書館

09241 清音閣集六卷 （明）顧大典撰 明萬曆刻
本 張家口市圖書館

09242 湟中牘七卷家食稿一卷 （明）萬世德撰
明萬曆刻本 石家莊市圖書館

09243 雍野李先生快獨集十八卷 （明）李堯
民撰 明萬曆三十六年（1608）康丕揚刻本
山東省圖書館

09244 燕喜堂集十五卷 （明）劉一相撰 清抄本
山東省圖書館

09245 數馬集五十一卷 （明）黃克纘撰 明天啓
刻本 福建師範大學圖書館

09246 萬二愚先生遺集六卷 （明）萬國欽撰
明萬曆三十七年（1609）萬尚烈刻清補修本
吉林省圖書館

09247 玉茗堂集選二十四卷 （明）湯顯祖撰
（明）帥機等輯 明刻本 山東大學圖書館

09248 梅公岑草不分卷 （明）梅國樓撰 明萬曆
刻本 湖北省圖書館

09249 莊學士集八卷 （明）莊天合撰 明刻本
濟南市圖書館
存三卷（一至三）

09250 水鑑齋稿□卷 （明）丁鴻陽撰 明刻本
山東省圖書館
存一卷（上）

09251 縫掖集十八卷 （明）謝廷諒撰 明萬曆
三十五年（1607）葉長坤刻本 首都圖書館
存十五卷（一、五至十八）

09252 鏡山庵集二十五卷十八闋一卷 （明）高
出撰 紹鏡集一卷 （清）高珵撰 清活字
印本 河南省圖書館
存二十六卷（鏡山庵集全、十八闋）

09253 鏡山庵集二十五卷十八闋一卷 （明）高
出撰 紹鏡集一卷 （清）高珵撰 清活字

印本 山東省圖書館
存二十一卷（一至九、十三至二十一、
二十四至二十五，紹鏡集）

09254 駃雪齋集一卷 （明）張可大撰 明刻本
寧波市天一閣博物館

09255 四然齋藏稿十卷 （明）黃體仁撰 明萬曆
刻本 湖北省博物館

09256 掃餘之餘三卷 （明）劉錫玄撰 明末刻本
河南省圖書館

09257 柳堂遺集十三卷 （明）胡胤嘉撰 明萬曆
刻本 山東大學圖書館

09258 范文忠公文稿不分卷 （明）范景文撰 稿本
張之洞題簽 左宗棠 張之萬 鹿傳霖 張之洞
劉恩溥 張佩綸 陸潤庠 王懿榮 陳寶琛 傅
增湘 章梫跋 黃國瑾 兀魯特錫縝 吳潯源題
詩 李鴻藻 陳夔龍題款 國家圖書館

09259 世篤堂稿六卷 （明）耿如杞撰 外集一
卷風雲亭稿二卷 （明）耿明撰 外集一
卷 清康熙四十五年（1706）耿鶴舉活字印
本 蘇州圖書館

09260 明瞿忠宣公文稿不分卷 （明）瞿式耜撰
手稿本 江蘇省常熟市圖書館

09261 白谷山人詩集不分卷 （明）孫傳庭撰
稿本 山西省代縣圖書館

09262 吳虎臣詩集二卷 （明）吳守淮撰 明萬曆
十七年（1589）吳薪刻本 無錫市圖書館

09263 雙魚編二卷二編二卷三編二卷 （明）項
桂芳撰 明萬曆二十三年（1595）周子文刻
本 山東大學圖書館

09264 詹詹言一卷 （明）王醒之撰 明蒼蝶齋刻
本 山東省圖書館

09265 黃子錄六十六卷 （明）黃道周撰 （清）
洪思考正 （清）柯蔭集解 清抄本 山東省

圖書館

09266 松圓偈庵集二卷 （明）程嘉燧撰 明末刻
本 山西大學圖書館

09267 梅花屋詩草一卷 （明）左懋第撰 稿本
左心鈐跋 山東省博物館

09268 趙士春詩文底稿不分卷 （明）趙士春撰
稿本 江蘇省常熟市圖書館

09269 再遊草一卷 （明）王若之撰 明崇禎刻本
陝西省圖書館

09270 簡堂集不分卷 （明）馬元調撰 清抄本
東北師範大學圖書館

09271 汲古閣集四卷 （清）毛晉撰 稿本 王振
聲校並跋 江蘇省常熟市圖書館

09272 小青焚餘稿一卷 題（明）馮小青撰 小
青傳一卷 題（明）盞盞居士撰 明崇禎四年
（1631）黃來鶴抄本 寧波市天一閣博物館

09273 禮庭吟稿三卷 （明）孔承慶撰 明景泰六
年（1455）順天尹王氏刻本 北京大學圖書館

09274 西菴集十卷 （明）孫蕡撰 明弘治十六年
（1503）金蘭館銅活字印本 傅增湘跋 國
家圖書館

09275 顏山農先生遺集九卷 （明）顏鈞撰 清
咸豐永新顏氏族刻本 中國社會科學院歷史
研究所圖書館

09276 陸師道詩不分卷 （明）陸師道撰 稿本
蘇州圖書館

09277 余學士集三十卷 （明）余孟麟撰 明萬曆
二十八年（1600）刻本 淄博市圖書館

09278 潛虬山人詩集十卷 （明）佘育撰 明嘉靖
十二年（1533）刻本 重慶圖書館

09279 林茂之文草一卷賦草一卷 （清）林古度
撰 明崇禎刻本 無錫市圖書館

09280 王孟津詩文稿一卷 （清）王鐸撰 手稿本

王獻唐跋 山東省博物館·

09281 敬亭集十卷 （清）姜埰撰 清康熙姜氏念
祖堂刻本 王懿榮抄補 張鵬程跋 山東省圖
書館

09282 傅青主劄記手稿不分卷 （清）傅山撰
稿本 西北民族大學圖書館

09283 哭子詩一卷 （清）傅山撰 稿本 山西博
物院

09284 太原段帖不分卷 （清）傅山撰 稿本 山
西博物院

09285 吳詩集覽二十卷補注二十卷 （清）吳
偉業撰 （清）靳榮藩注 吳詩談藪二卷
拾遺一卷 （清）靳榮藩輯 清乾隆四十年
（1775）凌雲亭刻本 王筠批校 山東省圖
書館

09286 吳詩集覽二十卷補注二十卷 （清）吳
偉業撰 （清）靳榮藩注 吳詩談藪二卷
拾遺一卷 （清）靳榮藩輯 清乾隆四十年
（1775）凌雲亭刻本 王振聲跋並錄錢陸燦
沈德潛 趙翼批校 江蘇省常熟市圖書館

09287 寄園藏稿不分卷 （清）衛周胤撰 清初抄
本 郁之章跋 山西省圖書館

09288 曹倦圃未刻編年佚詩不分卷 （清）曹溶
撰 清抄本 廣東省立中山圖書館

09289 蜂花館筆案序集五卷啓集四卷誄集二卷
（清）武備撰 明崇禎刻本 續序集三卷
（清）武備撰 清初刻本 南通市圖書館

09290 圓沙未刻稿不分卷 （清）錢陸燦撰 稿本
江蘇省常熟市圖書館

09291 表餘堂詩一卷 （清）王士祿撰 稿本 王
士禛評 山東省博物館

09292 考功集選四卷 （清）王士祿撰 清康熙抄
本 王士禛批校 山東省圖書館

09293 蠶尾續集二十卷 （清）王士禛撰 清抄本
　　山東省圖書館

09294 腰雪堂詩集六卷 （清）釋德溥撰 清康熙
　　六年（1667）刻本 徐州市圖書館

09295 焦螟集八卷 （清）朱彝尊撰 清康熙抄本
　　宋犖跋 山東省博物館

09296 曝書亭集八十卷 （清）朱彝尊撰 附錄
　　一卷笛漁小豪十卷 （清）朱昆田撰 清康
　　熙五十三年（1714）朱稻孫刻本 李文藻批
　　校 山東省博物館
　　存六十八卷（一至十五、二十八至八十）

09297 曝書亭集八十卷 （清）朱彝尊撰 附錄
　　一卷 清康熙五十三年（1714）朱稻孫刻本
　　南通市圖書館

09298 擬表九篇一卷 （清）蒲松齡撰 稿本 淄
　　博市蒲松齡紀念館

09299 聊齋文集□□卷 （清）蒲松齡撰 稿本
　　張元濟 王獻唐 王統照跋 溥儒繪圖 山東
　　省圖書館
　　存一卷（七）

09300 聊齋詩文集不分卷 （清）蒲松齡撰 清抄
　　本 佚名錄王士禛題識 中山大學圖書館

09301 崐崘山房集二卷 （清）張篤慶撰 （清）
　　王士禛評點 清抄本 山東省博物館

09302 崐崘山房詩稿一卷 （清）張篤慶撰 清抄
　　本 筱堂跋 山東省博物館

09303 御製避暑山莊詩二卷 （清）聖祖玄燁撰
　　（清）揆敘等注 清康熙五十一年（1712）
　　內府刻朱墨套印本 山東省曲阜市文物管理
　　委員會

09304 御製文集四十卷總目五卷 （清）聖祖玄
　　燁撰 清康熙五十年（1711）內府刻本 山
　　西大學圖書館

09305 御製文集四十卷總目五卷 （清）聖祖玄
　　燁撰 清康熙五十年（1711）內府刻本 哈
　　爾濱市圖書館

09306 御製文集四十卷總目五卷二集五十卷總
　　目六卷三集五十卷總目六卷 （清）聖祖
　　玄燁撰 清康熙五十三年（1714）內府刻本
　　山東省圖書館

09307 御製文集四十卷總目五卷二集五十卷總
　　目六卷三集五十卷總目六卷 （清）聖祖
　　玄燁撰 清康熙五十三年（1714）內府刻本
　　遼寧省圖書館

09308 二十四泉草堂集十二卷 （清）王蘋撰
　　稿本 山東省圖書館

09309 三華文集二卷 （清）梁機撰 清抄本 暨
　　南大學圖書館

09310 澗堂詩鈔一卷 （清）畢海珖撰 稿本 趙
　　執信校 山東省博物館

09311 金粟詩艸二十卷 （清）屈復撰 （清）馬
　　璞 陳長鎮等評 清抄本 重慶市北碚圖書館

09312 涵有堂詩文集不分卷 （清）游紹安撰
　　稿本 江西省圖書館

09313 樂善堂全集四十卷目錄四卷 （清）高宗
　　弘曆撰 清乾隆二年（1737）內府刻本 吉
　　林省圖書館

09314 御製詩初集四十四卷目錄四卷 （清）高
　　宗弘曆撰 清乾隆十四年（1749）內府刻本
　　杭州圖書館

09315 御製文二集四十四卷目錄二卷 （清）高
　　宗弘曆撰 清乾隆五十一年（1786）內府刻
　　本 東北師範大學圖書館

09316 御製避暑山莊詩二卷 （清）高宗弘曆撰
　　清乾隆六年（1741）內府刻朱墨套印本 中
　　山大學圖書館

09317 御製盛京賦篆法三十二卷 （清）高宗
　　　弘曆撰 清乾隆十三年（1748）武英殿刻本
　　　中國第一歷史檔案館

09318 御製冰嬉賦一卷 （清）高宗弘曆撰 清乾
　　　隆十年（1745）內府刻朱墨套印本 遼寧省
　　　圖書館

09319 御製古稀說一卷 （清）高宗弘曆撰 古
　　　稀頌一卷 （清）彭元瑞撰 清乾隆內府刻
　　　本 吉林省圖書館

09320 平定兩金川大功告成頌一卷 （清）戴
　　　震撰 平定兩金川大功告成恭紀二卷
　　　（清）五泰 瑞保撰 清抄本 吉林省圖書館

09321 鐵峯集一卷 （清）朱琦撰 稿本 山東省
　　　圖書館

09322 孟晉齋文鈔不分卷 （清）陳章撰 稿本
　　　揚州市圖書館

09323 蔣清容先生遺稿二十八卷 （清）蔣士銓
　　　撰 稿本 袁枚等批 王鳴盛題詩 沈廟勳 高
　　　藻 高文藻 王又曾 彭雲鴻 汪彝鼎 張埰
　　　褚寅亮題詞 國家圖書館

09324 南澗先生文稿二卷 （清）李文藻撰 稿本
　　　山東省博物館

09325 南澗文稿不分卷 （清）李文藻撰 稿本
　　　王獻唐跋 山東省博物館

09326 李南澗先生古文三卷 （清）李文藻撰
　　　（清）閻湘蕙輯 稿本 王獻唐跋 山東省博
　　　物館

09327 壽藤齋文集六卷 （清）鮑倚雲撰 （清）
　　　金榜 江炳炎評 稿本 江西省圖書館

09328 藤梧館詩草一卷 （清）孔廣栻撰 稿本
　　　山東省圖書館

09329 王鐵夫先生山游詩一卷 （清）王芑孫撰
　　　稿本 王芑孫跋 蘇州博物館

09330 卷施閣近詩一卷 （清）洪亮吉撰 稿本
　　　山東省博物館

09331 有真意齋詩集不分卷 （清）潘世恩撰
　　　稿本 潘曾瑩 潘曾綬 孫衍慶 吳榮光跋 蘇
　　　州博物館

09332 秋農詩草一卷 （清）姚文田撰 稿本 陳
　　　壽祺 葉紹楏題識 蘇州圖書館

09333 金粟山樓詩二十卷繭絲集二卷小石城山
　　　房文集不分卷 （清）邵淵耀撰 稿本 孫
　　　原湘 季錫疇 翁同龢 邵松年跋 江蘇省常
　　　熟市博物館

09334 述耐堂詩集八卷 （清）孔繼燾撰 稿本
　　　山東省圖書館

09335 詩草存刪一卷花癡生詞稿一卷文稿一卷
　　　（清）葉舟撰 稿本 汪端光 袁承福 李文
　　　瑛 釋清恒跋 熊方受 阮亨 裴挺 張維楨
　　　謝堃題詩 李方湛 趙祖仁 鄧立誠 李育 阮
　　　亨 謝堃 徐鳴珂等題款 國家圖書館

09336 仙屏書屋文稿不分卷 （清）黃爵滋撰
　　　稿本 江西省圖書館

09337 仙屏書屋初集詩錄十六卷後錄二卷
　　　（清）黃爵滋撰 清道光二十七年（1847）
　　　翟金生泥活字印本 吉林大學圖書館

09338 半巖廬詩二卷 （清）邵懿辰撰 稿本 邵
　　　章跋 國家圖書館

09339 邵亭雜文拾二卷 （清）莫友芝撰 稿本
　　　東北師範大學圖書館

09340 何蝯叟遺著稿不分卷 （清）何紹基撰
　　　稿本 湖南省社會科學院圖書館

09341 健修堂詩錄二十二卷 （清）邊浴禮撰
　　　清抄本 曾國藩批注 紹興圖書館
　　　存五卷（六至十）

09342 杞園吟橐八卷 （清）孔昭珩撰 稿本 山

東省圖書館

09343 古微堂文稿不分卷 （清）魏源撰 稿本
國家圖書館

09344 孫琴西文稿一卷 （清）孫衣言撰 稿本
浙江省瑞安市文物館

09345 孫琴西娛老詞稿一卷 （清）孫衣言撰
稿本 浙江省瑞安市文物館

09346 春在堂雜詩一卷 （清）俞樾撰 稿本 孫
鏘鳴跋 浙江省瑞安市文物館

09347 脩業堂初集十八卷二集二卷 （清）翟廷
珍撰 留芳齋遺稿一卷 （清）翟肯堂撰
清道光二十八年（1848）翟氏泥活字印本
［二集清刻本］ 東北師範大學圖書館

09348 張香濤詩稿一卷 （清）張之洞撰 稿本
陳仁軒 雅穌跋 山東省圖書館

09349 屈陶合刻十六卷 （明）毛晉編 明萬曆
四十六年（1618）天啓五年（1625）毛氏綠
君亭刻本 鄭振鐸跋 國家圖書館
存十一卷（屈子一至四，楚譯、參疑全，陶
靖節詩文全，參疑，雜附）

09350 漢魏六朝百三家集一百十八卷 （明）張
溥編 明婁東張氏刻本 何紹基評點 故宮博
物院

09351 六朝詩集五十五卷 明嘉靖刻本 浙江圖
書館

09352 四家宮詞四卷 （明）李良柱編 明萬曆七
年（1579）李良柱刻本 湖北省圖書館

09353 御選宋金元明四朝詩三百二卷首二卷姓
名爵里十三卷 （清）張豫章等編 清康
熙四十八年（1709）內府刻本 哈爾濱市
圖書館

09354 晉二俊文集二十卷 明正德十四年
（1519）陸元大刻本 山東大學圖書館

09355 晉二俊文集二十卷 明正德十四年
（1519）陸元大刻本 丁丙跋 南京圖書館

09356 盛唐四名家集二十四卷 明凌濛初刻朱墨
套印本 浙江圖書館

09357 中唐十二家詩集七十八卷 （明）蔣孝編
明嘉靖二十九年（1550）蔣孝刻本 山東省
圖書館

09358 唐詩二十六家五十卷 （明）黃貫曾編
明嘉靖三十三年（1554）黃氏浮玉山房刻本
北京師範大學圖書館

09359 唐人集□□種□□卷 明銅活字印本 浙
江大學圖書館
存三十八種一百十七卷（唐太宗皇帝集二
卷、唐玄宗皇帝集二卷、虞世南集一卷、許
敬宗集一卷、李嶠集三卷、皇甫冉集三卷、
皇甫曾集二卷、權德輿集二卷、陳子昂集二
卷、王勃集二卷、戴叔倫集二卷、駱賓王
集二卷、盧綸集六卷、武元衡集三卷、蘇廷
碩集二卷、嚴維集二卷、顧況集二卷、楊炯
集二卷、錢考功集十卷、張九齡集六卷、沈
佺期集四卷、盧照鄰集二卷、李端集四卷、
李嘉佑集二卷、李益集二卷、耿湋集三卷、
韋蘇州集十卷、張說之集八卷、羊士諤集二
卷、杜審言集二卷、孫逖集一卷、郎士元集
二卷、包何集一卷、包佶集一卷、韓君平集
三卷、秦隱君集一卷、司空曙集二卷、劉隨
州集十卷）

09360 唐詩豔逸品四卷 （明）楊肇祉編 明天啓
元年（1621）閔一栻刻朱墨套印本 遼寧省
圖書館

09361 李杜全集八十三卷 （明）鮑松編 明正德
八年（1513）自刻本 丁耀亢跋 浙江大學
圖書館

09362 李杜詩選十一卷 （明）張含編 （明）楊慎等評 明刻朱墨套印本 中共北京市委圖書館

09363 韓柳文一百卷 （明）游居敬編 明嘉靖三十五年（1556）莫如士刻本 北京師範大學圖書館

09364 韓柳文一百卷 （明）游居敬編 明嘉靖三十五年（1556）莫如士刻本 山西師範大學圖書館

09365 淵著堂選十八名家詩六集一百三十九卷 清初抄本 雲南大學圖書館

09366 文選六十卷 （梁）蕭統輯 （唐）李善注 明成化二十三年（1487）唐藩朱芝址刻本 吉林大學圖書館

09367 文選六十卷 （梁）蕭統輯 （唐）李善注 明嘉靖元年（1522）汪諒刻本 浙江圖書館

09368 文選六十卷 （梁）蕭統輯 （唐）李善注 明嘉靖元年（1522）汪諒刻本 安徽大學圖書館

09369 文選六十卷 （梁）蕭統輯 （唐）李善注 明嘉靖四年（1525）晉藩養德書院刻本 北京師範大學圖書館

09370 文選六十卷 （梁）蕭統輯 （唐）李善注 明嘉靖四年（1525）晉藩養德書院刻本 大連圖書館

09371 六臣注文選六十卷 （梁）蕭統輯 （唐）李善 呂延濟 劉良 張銑 呂向 李周翰注 諸儒議論一卷 （元）陳仁子輯 明刻本 廣西壯族自治區圖書館

09372 選詩補注八卷 （元）劉履撰 補遺二卷 續編四卷 （元）劉履輯 明嘉靖三十一年（1552）顧存仁養吾堂刻本 浙江大學圖書館

09373 選詩補注八卷 （元）劉履撰 補遺二卷

續編四卷 （元）劉履輯 明刻本 山東大學圖書館
存八卷（選詩補注全）

09374 選賦六卷 （梁）蕭統輯 （明）郭正域評點 名人世次爵里一卷 明凌氏鳳笙閣刻朱墨套印本 南京圖書館

09375 文苑英華一千卷 （宋）李昉等輯 明抄本（卷四百九十六至五百配清抄本） 南通市圖書館

09376 古文苑九卷 明崇禎十四年（1641）孫江、陸貽典家抄本 孫江跋 陸貽典 顧廣圻校並跋 國家圖書館

09377 古文苑二十一卷 （宋）章樵注 明刻本 四川師範大學圖書館

09378 廣文選八十二卷目錄二卷 （明）劉節輯 明嘉靖十二年（1533）侯秩刻本 雲南省圖書館

09379 玉臺新詠十卷 （陳）徐陵輯 明崇禎二年（1629）馮班抄本 馮班 何雲校並跋 葉裕 錢孫艾 趙瑾 翁同書跋 國家圖書館

09380 玉臺新詠十卷 （陳）徐陵輯 續五卷 （明）鄭玄撫輯 明嘉靖十九年（1540）鄭玄撫刻本 浙江圖書館

09381 玉臺新詠定本十卷 （陳）徐陵輯 （清）梁章鉅注 稿本 湖北省圖書館

09382 古樂府十卷 （元）左克明輯 明正德四年（1509）孫璽刻本 山東大學圖書館
存八卷（一至二、五至十）

09383 古樂府十卷 （元）左克明輯 明嘉靖二十三年（1544）蕭一中刻本 東北師範大學圖書館

09384 古樂府十卷 （元）左克明輯 明嘉靖二十九年（1550）楊巍刻本 浙江圖書館

09385 風雅廣逸十卷附錄一卷 （明）馮惟訥輯
明嘉靖三十年（1551）喬承慈刻本 雲南大
學圖書館

09386 漢魏詩紀二十卷 （明）馮惟訥輯 談藝
錄一卷 （明）徐禎卿撰 明嘉靖三十八年
（1559）自刻本 重慶市北碚圖書館

09387 六朝聲偶刪補七卷 （明）邵一儒輯 明泰
昌元年（1620）刻本 福建師範大學圖書館

09388 幼學日誦五倫詩選五卷 （明）沈易輯
明洪武二十年（1387）刻本 南京圖書館

09389 詠史絕句詩註二卷 （明）程敏政輯
（明）詹貴補注 明刻本 中國人民大學圖
書館

09390 五言律祖六卷 （明）楊慎輯 明九芝山房
刻本 蘇州圖書館

09391 苑詩類選三十卷 （明）包節輯 明嘉靖
三十八年（1559）包檉芳刻本 首都圖書館

09392 詩刪二十三卷 （明）李攀龍輯 （明）鐘
惺 譚元春評 明刻朱墨套印本 故宮博物院

09393 絕祖三卷 （明）茅翁積輯 明茅兆河刻朱
墨套印本 遼寧省圖書館

09394 姑蘇新刻彤管遺編前集四卷後集十卷續
集三卷附集一卷別集二卷 （明）酈琥輯
明隆慶元年（1567）自刻本 北京師範大學
圖書館

09395 雲韶叶雅四卷 （明）黃鳳翔 詹仰庇輯
明萬曆刻本 雲南省圖書館

09396 古今名媛彙詩二十卷 （明）鄭文昂輯
明泰昌元年（1620）張正岳刻本 安徽省博
物館

09397 扶輪續集十五卷 （清）黃傳祖 陸朝瑛輯
清順治八年（1651）刻本 揚州大學圖書館

09398 扶輪廣集十四卷 （清）黃傳祖輯 清順治

十二年（1655）黃氏儂麟草堂刻本 曹貞吉
批校 山東省博物館

09399 御選宋金元明四朝詩三百二卷首二卷姓
名爵里十三卷 （清）聖祖玄燁輯 清康熙
四十八年（1709）內府刻本 故宮博物院

09400 佩文齋詠物詩選四百八十六卷 （清）張
玉書 汪霦等輯 清康熙四十六年（1707）
內府刻本 四川大學圖書館

09401 佩文齋詠物詩選四百八十六卷 （清）張
玉書 汪霦等輯 清康熙四十六年（1707）
內府刻本 故宮博物院

09402 佩文齋詠物詩選四百八十六卷 （清）張
玉書 汪霦等輯 清康熙四十六年（1707）
內府刻本 中國民族圖書館

09403 佩文齋詠物詩選四百八十六卷 （清）張
玉書 汪霦等輯 清康熙四十六年（1707）
內府刻本 山東省圖書館

09404 佩文齋詠物詩選四百八十六卷 （清）張
玉書 汪霦等輯 清康熙四十六年（1707）
內府刻本 石家莊市圖書館

09405 御定歷代題畫詩類一百二十卷 （清）陳
邦彥輯 清康熙四十六年（1707）內府刻本
山西省圖書館

09406 御定歷代題畫詩類一百二十卷 （清）陳
邦彥輯 清康熙四十六年（1707）內府刻本
山東省圖書館

09407 御定歷代題畫詩類一百二十卷 （清）陳
邦彥輯 清康熙四十六年（1707）內府刻本
蘇州博物館

09408 歷朝閨雅十二卷 （清）揆敘輯 清康熙刻
本 遼寧省圖書館

09409 御選唐宋詩醇四十七卷目錄二卷 （清）
高宗弘曆輯 清乾隆十五年（1750）內府刻

四色套印本　吉林省圖書館

09410　**風雅遺踪□□卷**　（清）永恩輯　稿本　山
東省圖書館
存三十三卷（二至十二、十四、十六至
三十六）

09411　**古賦辯體十卷**　（元）祝堯輯　明嘉靖十一
年（1532）熊爵刻本　浙江圖書館

09412　**古賦辨體十卷**　（元）祝堯輯　明嘉靖十六
年（1537）顧可久等刻本　王存善跋　浙江
圖書館

09413　**古賦辯體十卷**　（元）祝堯輯　明嘉靖
二十一年（1542）蘇祐刻本　北京大學圖書館

09414　**賦珍八卷**　（明）施重光輯　明刻本　西北
大學圖書館

09415　**駢體文鈔三十一卷**　（清）李兆洛輯　清
合河康氏家塾刻本　陳澧批校　中山大學圖
書館

09416　**東萊先生古文關鍵二卷**　（宋）呂祖謙輯
明嘉靖十一年（1532）李成刻本　北京師範
大學圖書館

09417　**迂齋先生標註崇古文訣三十五卷**　（宋）
樓昉撰　明嘉靖十二年（1533）王鴻漸刻本
吉林省圖書館

09418　**迂齋先生標註崇古文訣三十五卷**　（宋）
樓昉輯　明嘉靖十二年（1533）王鴻漸刻本
中山大學圖書館

09419　**新刊迂齋先生標注崇古文訣三十五卷**
（宋）樓昉輯　明刻本　無錫市圖書館

09420　**西山先生真文忠公文章正宗二十四卷**
（宋）真德秀輯　明初刻本　遼寧省圖書館

09421　**西山先生真文忠公文章正宗二十四卷**
（宋）真德秀輯　明正德十五年（1520）馬
卿刻本　丁丙跋　南京圖書館

09422　**西山先生真文忠公文章正宗二十四卷**
（宋）真德秀輯　明嘉靖四十三年（1564）
李豸、李磐刻本　保定市圖書館

09423　**西山先生真文忠公文章正宗二十四卷**
（宋）真德秀輯　明嘉靖四十三年（1564）
李豸、李磐刻本　大連圖書館

09424　**西山先生真文忠公文章正宗二十四卷**
（宋）真德秀輯　明嘉靖四十三年（1564）
李豸、李磐刻本　故宮博物院

09425　**西山先生真文忠公文章正宗二十四卷續
二十卷**　（宋）真德秀輯　明嘉靖四十三年
（1564）蔣氏家塾刻本　吉林省圖書館

09426　**西山先生真文忠公文章正宗二十四卷續
二十卷**　（宋）真德秀輯　明嘉靖四十三年
（1564）蔣氏家塾刻本　浙江圖書館

09427　**真文忠公續文章正宗二十卷**　（宋）真
德秀輯　明嘉靖二十一年（1542）晉藩刻本
張廷濟跋　浙江大學圖書館

09428　**集錄真西山文章正宗三十卷**　（宋）真德
秀輯　明嘉靖二十三年（1544）孔天胤刻本
故宮博物院

09429　**妙絕古今不分卷**　（宋）湯漢輯　明嘉靖
四十二年（1563）衢州府刻本　北京師範大
學圖書館

09430　**妙絕古今不分卷**　（宋）湯漢輯　明蕭氏古
翰樓刻本（有抄配）　首都圖書館

09431　**石渠閣校刻庭訓百家評註文章軌範七卷**
（宋）謝枋得輯　（明）顧允集評　（明）
茅坤訓注　清順治十七年（1660）蔣時機刻
本　武漢圖書館

09432　**批點分格類意句解論學繩尺十卷諸先輩
論行文法一卷**　（宋）魏天應輯　（宋）
林子長箋解　明成化五年（1469）游明刻本

吉林省圖書館

09433 文章辨體五十卷外集五卷總論一卷
　　　（明）吳訥輯　明嘉靖三十四年（1555）徐
　　　洛刻本　天津圖書館

09434 文翰類選大成一百六十三卷　（明）李伯
　　　璵　馮厚輯　明成化八年（1472）淮府刻弘
　　　治十四年（1501）、嘉靖二十五年（1546）
　　　遞修本　天津圖書館

09435 文翰類選大成一百六十三卷　（明）李伯
　　　璵　馮厚輯　明成化八年（1472）淮府刻弘
　　　治十四年（1501）、嘉靖二十五年（1546）
　　　遞修本（卷一百六十、一百六十一配明抄
　　　本）　大連圖書館

09436 古文精粹十卷　明成化十一年（1475）刻
　　　本　首都圖書館

09437 古文精粹十卷　明成化十一年（1475）刻
　　　本　浙江圖書館

09438 古文集四卷　（明）何景明輯　明嘉靖十五
　　　年（1536）鄭鋼刻本　北京師範大學圖書館

09439 古文集四卷　（明）何景明輯　明嘉靖十五
　　　年（1536）鄭鋼刻本　天津圖書館

09440 學約古文三卷　（明）岳倫輯　明嘉靖十年
　　　（1531）楊撫刻本　北京師範大學圖書館

09441 文苑春秋四卷　（明）崔銑輯　明嘉靖十七
　　　年（1538）刻本　天津圖書館

09442 秦漢文四卷　（明）胡纘宗輯　明趙一中刻
　　　本　山西省圖書館

09443 秦漢文四卷　（明）胡纘宗輯　明嘉靖十一
　　　年（1532）張舜元刻本　安徽省圖書館

09444 新刊批點古文類抄十二卷　（明）林希元
　　　輯　明嘉靖三十年（1551）陳堂刻本　首都
　　　師範大學圖書館

09445 續古文會編五卷　（明）錢璠輯　明東湖書

院活字印本　寧波市天一閣博物館

09446 古文類選十六卷　（明）王三省輯　明嘉靖
　　　十五年（1536）相州清慎堂刻本　浙江大學
　　　圖書館

09447 文編六十四卷　（明）唐順之輯　明嘉靖胡
　　　帛刻本　遼寧省圖書館

09448 唐會元精選批點唐宋名賢策論文粹八卷
　　　題（明）唐順之輯並批點　明書林桐源胡氏
　　　刻本　天津圖書館

09449 唐會元精選批點唐宋名賢策論文粹八卷
　　　題（明）唐順之輯並批點　明書林桐源胡氏
　　　刻本　中山大學圖書館
　　　存七卷（一至二、四至八）

09450 三史文類五卷　（明）趙文華輯　明嘉靖
　　　十六年（1537）刻本　天津圖書館

09451 秦漢魏晉文選十卷　（明）余震啓　鄭玄
　　　撫輯　明嘉靖二十四年（1545）洪廷論刻本
　　　天津圖書館

09452 新刻古文選正八卷　（明）楊美益　孫銓輯
　　　明嘉靖三十五年（1556）李懿刻本　東北師
　　　範大學圖書館

09453 文則四卷　（明）張雲路輯　明嘉靖三十四
　　　年（1555）自刻本　首都師範大學圖書館

09454 文則四卷　（明）張雲路輯　明嘉靖三十四
　　　年（1555）自刻本　浙江大學圖書館

09455 歷代文粹八卷　（明）陳省輯　明隆慶四年
　　　（1570）刻本　山西師範大學圖書館

09456 歷代文粹八卷　（明）陳省輯　明隆慶四年
　　　（1570）刻本　吉林大學圖書館

09457 秦漢文鈔六卷　（明）閔邁德等輯　（明）
　　　楊融博批點　明萬曆四十八年（1620）刻朱
　　　墨套印本　山東大學圖書館

09458 文致不分卷　（明）劉士鏻輯　（明）閔無

頗 閔昭明集評 明天啓元年（1621）閔元
衢刻朱墨套印本 廣東省立中山圖書館

09459 魏晉六朝唐宋文選三卷皇明文一卷 明
紫薇軒抄本 山東大學圖書館

09460 冰雪携三選不分卷 （清）衛泳輯 稿本
首都圖書館

09461 古文淵鑒六十四卷 （清）徐乾學等輯並
注 清康熙內府刻四色套印本 長春圖書館

09462 古文淵鑒六十四卷 （清）徐乾學等輯並注
清康熙內府刻五色套印本 遼寧省圖書館

09463 御選唐宋文醇五十八卷 （清）高宗弘曆
輯 清乾隆三年（1738）內府刻四色套印本
青海民族大學圖書館

09464 御選唐宋文醇五十八卷 （清）高宗弘歷
輯 清乾隆三年（1738）內府刻四色套印本
遼寧省圖書館

09465 絕句博選五卷 （明）王朝雍輯 明嘉靖
十五年（1536）王潼穀刻本 首都圖書館

09466 三國文章類鈔不分卷 （明）錢穀輯 稿
本（有缺葉） 江蘇省常熟市圖書館

09467 唐文粹一百卷 （宋）姚鉉輯 明嘉靖八年
（1529）晉府養德書院刻本 廣東省立中山
圖書館

09468 才調集十卷 （蜀）韋穀輯 清康熙四十三
年（1704）垂雲堂刻本 趙執信批校並跋
山東省博物館

09469 萬首唐人絕句一百一卷 （宋）洪邁輯
明嘉靖十九年（1540）陳敬學德星堂刻本
四川大學圖書館

09470 唐詩鼓吹十卷 （金）元好問輯 （元）
郝天挺注 （明）廖文炳解 清順治十六年
（1659）陸貽典、錢朝鼐等刻本 何焯批校
何煌箋注並跋 國家圖書館

09471 唐音輯註十四卷 （元）楊士弘輯 （明）
張震注 明葉氏廣勤堂刻本 北京大學圖書館

09472 唐詩品彙九十卷拾遺十卷詩人爵里詳
節一卷 （明）高棅輯 明嘉靖十六年
（1537）姚芹泉刻本 首都圖書館

09473 唐詩品彙九十卷拾遺十卷詩人爵里詳
節一卷 （明）高棅輯 明嘉靖十六年
（1537）姚芹泉刻本 四川大學圖書館

09474 唐詩品彙九十卷拾遺十卷詩人爵里詳
節一卷 （明）高棅輯 明嘉靖十六年
（1537）姚芹泉刻本 雲南省圖書館

09475 唐詩品彙九十卷拾遺十卷詩人爵里詳
節一卷 （明）高棅輯 明嘉靖十六年
（1537）姚芹泉刻本（有補配） 河南省圖
書館

09476 唐詩品彙九十卷拾遺十卷詩人爵里詳
節一卷 （明）高棅輯 明嘉靖十六年
（1537）姚芹泉刻本（卷七十一至七十五配
清抄本） 董文渙批校 山西省圖書館

09477 唐詩品彙九十卷拾遺十卷 （明）高棅輯
明嘉靖十八年（1539）牛斗刻本 雲南省圖
書館

09478 唐詩絕句類選四卷總評一卷人物一卷
（明）敖英 凌雲輯 明凌雲刻三色套印本
浙江大學圖書館

09479 唐詩選七卷 （明）李攀龍輯 （明）王穉登
評 明閔氏刻朱墨套印本 四川大學圖書館

09480 唐詩選七卷 （明）李攀龍輯 彙釋七卷
（明）蔣一葵撰 附錄一卷 明施大猷刻朱
墨套印本 山東省圖書館

09481 李于鱗唐詩廣選七卷 （明）李攀龍輯
（明）凌瑞森 凌南榮輯評 明萬曆三年
（1575）凌氏盟鷗館刻朱墨套印本 廣東省

立中山圖書館

09482 十二家唐詩類選十二卷 （明）何東序輯
明隆慶四年（1570）刻本 首都圖書館

09483 十二家唐詩類選十二卷 （明）何東序輯
明隆慶四年（1570）刻本 山東大學圖書館

09484 全唐詩九百卷目錄十二卷 （清）曹寅 彭
定求等輯 清康熙四十四至四十六年（1705-
1707）揚州詩局刻本 山東省圖書館

09485 全唐詩九百卷目錄十二卷 （清）曹寅 彭
定求等輯 清康熙四十四至四十六年（1705-
1707）揚州詩局刻本 遼寧省圖書館

09486 御選唐詩三十二卷目錄三卷 （清）聖祖
玄燁輯 （清）陳廷敬等注 清康熙五十二
年（1713）內府刻朱墨套印本 四川大學圖
書館

09487 御選唐詩三十二卷目錄三卷 （清）聖祖
玄燁輯 （清）陳廷敬等注 清康熙五十二年
（1713）內府刻朱墨套印本 山西省圖書館

09488 御選唐詩三十二卷目錄三卷 （清）聖祖
玄燁輯 （清）陳廷敬等注 清康熙五十二
年（1713）內府刻朱墨套印本 長春圖書館

09489 御選唐詩三十二卷目錄三卷 （清）聖祖
玄燁輯 （清）陳廷敬等注 清康熙五十二
年（1713）內府刻朱墨套印本 山西省祁縣
圖書館

09490 御選唐詩三十二卷目錄三卷 （清）聖祖
玄燁輯 （清）陳廷敬等注 清康熙五十二年
（1713）內府刻朱墨套印本 山東省圖書館

09491 御選唐詩三十二卷目錄三卷 （清）聖祖
玄燁輯 （清）陳廷敬等注 清康熙五十二年
（1713）內府刻朱墨套印本 山東省圖書館

09492 御選唐詩三十二卷目錄三卷 （清）聖祖
玄燁輯 （清）陳廷敬等注 清康熙五十二年

（1713）內府刻朱墨套印本 山東省圖書館

09493 御選唐詩三十二卷目錄三卷 （清）聖祖
玄燁輯 （清）陳廷敬等注 清康熙五十二
年（1713）內府刻朱墨套印本 首都圖書館

09494 御選唐詩三十二卷目錄三卷 （清）聖祖
玄燁輯 （清）陳廷敬等注 清康熙五十二
年（1713）內府刻朱墨套印本 青海民族大
學圖書館

09495 御選唐詩三十二卷目錄三卷 （清）聖祖
玄燁輯 （清）陳廷敬等注 清康熙五十二
年（1713）內府刻朱墨套印本 東北師範大
學圖書館

09496 御選唐詩三十二卷目錄三卷 （清）聖祖
玄燁輯 （清）陳廷敬等注 清康熙五十二年
（1713）內府刻朱墨套印本 湖北省圖書館

09497 御選唐詩三十二卷目錄三卷 （清）聖祖
玄燁輯 （清）陳廷敬等注 清康熙五十二
年（1713）內府刻朱墨套印本 湖南師範大
學圖書館

09498 御選唐詩三十二卷目錄三卷 （清）聖祖
玄燁輯 （清）陳廷敬等注 清康熙五十二
年（1713）內府刻朱墨套印本 皖西學院圖
書館

09499 御定全唐詩錄一百卷 （清）徐倬輯 清康
熙四十五年（1706）內府刻本 故宮博物院

09500 西崑酬唱集二卷 （宋）楊億等輯 明末馮
班抄本 馮班跋 葉萬 何煌 顧廣圻校並跋
國家圖書館

09501 古洋遺響集不分卷 （宋）文同等撰 明刻
本 旅順博物館

09502 宋詩英華四卷 清丁耀亢抄本 山東省圖
書館

09503 大宋文鑑一百五十卷目錄三卷 （宋）呂

祖謙輯　明正德十三年（1518）慎獨齋刻本
天津圖書館

09504　宋文鑑一百五十卷目録三卷　（宋）呂祖
　　　謙輯　明嘉靖五年（1526）晉藩養德書院刻
　　　本　中國中醫科學院圖書館

09505　御訂全金詩增補中州集七十二卷首二卷
　　　（金）元好問輯　（清）郭元釪補輯　清康熙
　　　五十年（1711）内府刻本　山東大學圖書館

09506　御訂全金詩增補中州集七十二卷首二卷
　　　（金）元好問輯　（清）郭元釪補輯　清康
　　　熙五十年（1711）内府刻本　遼寧省圖書館

09507　荆南倡和詩集一卷附録一卷　（元）周砥
　　　馬治撰　明成化五年（1469）李廷芝刻本
　　　黃丕烈跋　北京大學圖書館

09508　元文類七十卷目録三卷　（元）蘇天爵輯
　　　明嘉靖十六年（1537）晉藩刻本　重慶圖書館

09509　滄海遺珠四卷　（明）沐昂輯　明成化十三
　　　年（1477）陳璨刻本　安徽省圖書館

09510　餞送白陽畢大司農歸里詩一卷　（明）顧
　　　起元等撰　稿本　朱長洤跋　山東省圖書館

09511　皇明文衡一百卷目録二卷　（明）程敏政
　　　輯　明正德五年（1510）張鵬刻本　吉林大
　　　學圖書館

09512　皇明文選二十卷　（明）汪宗元輯　明嘉靖
　　　三十三年（1554）自刻本　重慶圖書館

09513　第一鳳傳不分卷第一人傳不分卷第一品
　　　傳不分卷　（明）徐熙輯　明抄本　吉林大
　　　學圖書館

09514　批選六大家論二卷　（明）錢普輯並評　明
　　　刻本　中國人民大學圖書館

09515　國朝詩選五卷附録一卷　（清）吳翌鳳輯
　　　稿本　嘉興市圖書館

09516　千叟宴詩四卷　（清）聖祖玄燁等撰　清康

熙六十一年（1722）内府刻本　故宮博物院

09517　玉山名勝集二卷　（元）顧瑛輯　明抄本
　　　朱存理校補　顧渚跋　何焯校並跋　國家圖
　　　書館

09518　太倉文略四卷　（明）陸之裘輯　明嘉靖
　　　二十二年（1543）王夢祥刻本　浙江大學圖
　　　書館

09519　新安文獻志一百卷先賢事略二卷目録二
　　　卷　（明）程敏政輯　明弘治十年（1497）
　　　祁司員、彭哲等刻本　武漢大學圖書館

09520　南滁會景編十卷　（明）趙廷瑞輯　明嘉靖
　　　三十四年（1555）刻本　中山大學圖書館

09521　海嶽靈秀集二十二卷　（明）朱觀𤏡輯
　　　明隆慶三年（1569）魯藩承訓書院刻本　遼
　　　寧省圖書館

09522　中州名賢文表三十卷　（明）劉昌輯　明
　　　成化刻本　寧波市天一閣博物館
　　　存二十六卷（一至九、十一至二十、二十四
　　　至三十）

09523　雍音四卷　（明）胡纘宗輯　明嘉靖二十七
　　　年（1548）清渭草堂刻本　故宮博物院

09524　海昌詩繫二十卷　（清）周廣業輯　（清）
　　　周勳懋續輯　稿本　周勳懋跋　吳騫題詩　南
　　　京圖書館

09525　四明文獻志十卷　（明）李堂輯　明嘉靖刻
　　　本　遼寧省圖書館

09526　赤城詩集六卷　（明）謝鐸　黃孔照輯　明
　　　成化十八年（1482）建陽書坊刻本　寧波市
　　　天一閣博物館

09527　金華文統十三卷　（明）趙鶴輯　明正德七
　　　年（1512）趙鶴、李玘刻本　遼寧省圖書館

09528　皇明西江詩選十卷　（明）韓陽輯　明景泰
　　　六年（1455）刻本　北京大學圖書館

09529 皇明西江詩選十卷 （明）韓陽輯 明景泰六年（1455）刻本 中國科學院國家科學圖書館

09530 建寧詩選不分卷 （明）楊亘撰 明刻本 雲南大學圖書館

09531 闕里孔氏詩鈔十四卷 （清）孔憲彝輯 稿本 首都圖書館

09532 高郵張氏遺稿十六卷 （清）張廷樞輯 稿本 揚州市圖書館

09533 吳興閔氏兩尚書詩集十五卷 （明）閔一范輯 明萬曆十年（1582）刻本 天津圖書館

09534 三蘇先生文粹七十卷 （宋）蘇洵 蘇軾 蘇轍撰 明刻本 山東省圖書館

09535 文心雕龍十卷 （梁）劉勰撰 明萬曆十年（1582）原一魁刻兩京遺編本 姚培謙校並跋 南京師範大學圖書館

09536 增修詩話總龜四十八卷後集五十卷 （宋）阮閱輯 明嘉靖二十四年（1545）月窗道人刻本 天津圖書館

09537 優古堂詩話一卷 （宋）吳开輯 明抄本（有抄配） 徐駿 黃丕烈 顧蒓 錢天樹 蔣因培 程恩澤 陶廷傑 張爾旦跋 李盛鐸跋 北京大學圖書館

09538 唐詩紀事八十一卷 （宋）計有功撰 明嘉靖二十四年（1545）洪楩清平山堂刻本 遼寧省圖書館

09539 全唐詩話六卷 題（宋）尤袤撰 明嘉靖二十二年（1543）王教、王政刻本 江西省圖書館

09540 新刻古今名儒黼藻三場百段文錦五卷 （宋）方頤孫輯 明金陵書林唐廷瑞刻本 吉林大學圖書館

09541 吳禮部別集一卷 （元）吳師道撰 清乾隆五十二年（1787）吳騫家抄本 吳騫校並跋 國家圖書館

09542 傅與礪詩法四卷 （元）傅若金撰 明刻本 蘇州圖書館

09543 西江詩法一卷 （明）朱權撰 明嘉靖十一年（1532）朱覲鍊刻本 寧波市天一閣博物館

09544 松石軒詩評一卷 （明）朱奠培撰 明成化刻本 北京大學圖書館

09545 詩法五卷 （明）楊成輯 詩法源流三卷 （明）王用章輯 明嘉靖刻本 天津圖書館

09546 百名家詞鈔□□□卷 （清）聶先 曾王孫編 清康熙金閶八詠樓刻本 徐州市圖書館 存七十一家七十一卷

09547 稼軒長短句十二卷 （宋）辛棄疾撰 （明）李濂評 明嘉靖十五年（1536）王詔刻本 遼寧省圖書館

09548 梅屋詩餘一卷 （宋）許棐撰 朱淑貞斷腸詞一卷 （宋）朱淑貞撰 清初錢氏述古堂抄本 章綬銜跋 江蘇省常熟市圖書館

09549 東齋詞畧四卷 （清）魏允札撰 清康熙活字印本 首都圖書館

09550 詩竹詞一卷 （清）田同之撰 稿本 李憲喦批校 山東省博物館

09551 增修箋註妙選羣英草堂詩餘前集二卷後集二卷 （宋）何士信輯 明洪武二十五年（1392）遵正書堂刻本 北京大學圖書館

09552 增修箋註妙選羣英草堂詩餘前集二卷後集二卷 （宋）何士信輯 明成化刻本 國家圖書館

09553 增修箋註妙選羣英草堂詩餘前集二卷後集二卷 （宋）何士信輯 明荊聚刻本 山西博物院 存二卷（後集上、下）

09554 類編草堂詩餘四卷 （明）顧從敬編次 明嘉靖二十九年（1550）顧從敬刻本 湖北省圖書館

09555 類編草堂詩餘四卷 （明）顧從敬編次 明嘉靖二十九年（1550）顧從敬刻本 安徽省圖書館

09556 草堂詩餘五卷 （明）楊慎評點 明閔暎璧刻朱墨套印本 遼寧省圖書館

09557 草堂詩餘五卷 （明）楊慎評點 明閔暎璧刻朱墨套印本 揚州市圖書館

09558 詞的四卷 （明）茅暎輯 明刻朱墨套印本 遼寧省圖書館

09559 御選歷代詩餘一百二十卷 （清）沈辰垣 王奕清等輯 清康熙四十六年（1707）內府刻本 山東省圖書館

09560 詞譜四十卷 （清）王奕清等撰 清康熙五十四年（1715）內府刻朱墨套印本 哈爾濱師範大學圖書館

09561 詞譜四十卷 （清）王奕清等撰 清康熙五十四年（1715）內府刻朱墨套印本 遼寧省圖書館

09562 盛明雜劇三十卷 （明）沈泰編 明崇禎刻本 曹貞吉批校 王筠跋 山東省圖書館 存四卷（鬱輪袍一卷、紅線女一卷、昆侖奴一卷、花舫緣一卷）

09563 鼎鐫西廂記二卷 （元）王德信 關漢卿撰 （明）陳繼儒評 明書林蕭騰鴻刻本 武漢大學圖書館

09564 西廂記五卷 （元）王德信 關漢卿撰 （明）凌濛初評 解證五卷 （明）凌濛初撰 會真記一卷 （唐）元稹撰 附錄一卷 明凌濛初刻朱墨套印本 吉林大學圖書館

09565 補天石傳奇八卷 （清）周樂清撰 稿本

呂恩湛 張綷跋 山東省圖書館

09566 琵琶記三卷 （元）高明撰 釋義一卷 明刻本 蘇州博物館

09567 衣錦還鄉一卷恩榮爵秩一卷 清內府四色抄本 南京市博物館

09568 櫻桃夢二卷 （明）陳與郊撰 明萬曆四十四年（1616）刻本 南京圖書館

09569 勸善金科十本二十卷首一卷 （清）張照等撰 清乾隆內府刻五色套印本 山東省圖書館

09570 詞林摘豔十卷 （明）張祿輯 明嘉靖三十年（1551）徽藩刻本 中國藝術研究院圖書館

09571 增定南九宮曲譜二十一卷附錄一卷 （明）沈璟撰 明刻本 山東省圖書館

09572 曲譜十二卷首一卷末一卷 （清）王奕清等撰 清康熙內府刻朱墨套印本 遼寧省圖書館

09573 新定九宮大成南北詞宮譜八十一卷閏一卷總目三卷 （清）周祥鈺 鄒金生等輯 清乾隆十一年（1746）允祿刻朱墨套印本 山東省圖書館

09574 中原音韻二卷 （元）周德清撰 明錢穀抄本 四川師範大學圖書館 存中原音韻正語作詞起例前部分

09575 虞初志七卷 （明）袁宏道評 明凌性德刻朱墨套印本 遼寧省圖書館

09576 新刊參采史鑑唐書志傳通俗演義八卷 （明）熊大木撰 明嘉靖三十二年（1553）書林楊氏清江堂刻本 國家圖書館

09577 新刊京本春秋五霸七雄全像列國志傳八卷 （明）余邵魚撰 明萬曆書林余文台刻本 慕湘跋 山東省蓬萊市文化局慕湘藏書館

存二卷(三至四)

09578 新刻全像牛郎織女傳四卷 （明）朱名世
撰 明書林余成章刻本 國家圖書館

09579 楊家將不分卷 明抄本 山東省圖書館

09580 忠義水滸全書一百二十回 （元）施耐庵
撰 （明）羅本纂修 （明）李贄評 宣和遺
事一卷 明末郁郁堂刻清修本 天津圖書館

09581 忠義水滸全書一百二十回 （元）施耐庵
撰 （明）羅本纂修 （明）李贄評 宣和
遺事一卷 明末郁郁堂刻清修本 鄭州大學
圖書館

09582 李卓吾先生批評西遊記一百回 （明）吳
承恩撰 明刻本 河南省圖書館

09583 新鐫批評出相韓湘子三十回 （明）楊爾
曾撰 明天啓武林人文聚刻本 山東大學圖
書館

09584 新鐫出像批評通俗小說鼓掌絕塵四集
四十回 題（明）金木散人編 明崇禎刻本
大連圖書館

09585 石點頭十四卷 題(明)天然癡叟撰 （明）
馮夢龍評 明末金閶葉敬池刻遞修本 大連
圖書館

09586 新刻按鑑編纂開闢衍繹通俗志傳六卷
八十回 （明）周游撰 （明）王黌釋 明
崇禎八年（1635）刻清書林古吳麟瑞堂重修
本 大連圖書館

09587 新鐫全像武穆精忠傳八卷 （明）李贄評
明萃錦堂刻本 大連圖書館

09588 新刻全像三寶太監西洋記通俗演義二十
卷一百回 （明）羅懋登撰 明三山道人刻
本 中國書店

09589 新刻全像三寶太監西洋記通俗演義二十
卷一百回 （明）羅懋登撰 明三山道人刻

清初步月樓重修本 大連圖書館

09590 新鐫警世陰陽夢十卷四十回 題（明）
長安道人國清撰 明崇禎元年（1628）刻本
大連圖書館

09591 新鐫批評出像通俗奇俠禪真逸史八集
四十回 （明）方汝浩撰 清初爽閣刻本
大連圖書館

09592 新鐫施耐菴先生藏本後水滸全傳四十五
回 題青蓮寶主人輯 清初刻本 大連圖書館

09593 聊齋志異不分卷 （清）蒲松齡撰 稿本
遼寧省圖書館
存二百三十七篇

09594 新世鴻勳二十二回 題（清）蓬蒿子編 清
順治慶雲樓刻本 大連圖書館

09595 新世弘勳二十二回 題（清）蓬蒿子編 清
初載道堂刻本 大連圖書館

09596 貫華堂評論金雲翹傳四卷二十回 題
（清）青心才人撰 清初刻本 大連圖書館

09597 新編批評繡像平山冷燕二十回 題（清）
荻岸散人編次 清初刻本 大連圖書館

09598 新編繡像簇新小說麟兒報十六回 清刻本
大連圖書館

09599 新鐫批評繡像飛花詠小傳十六回 清初刻
本 大連圖書館

09600 新鐫批評繡像賽紅絲小說十六回 清初刻
本 大連圖書館

09601 新編繡像畫圖緣小傳十六回 清初刻本
大連圖書館

09602 新鐫批評繡像秘本定情人十六回 清初刻
本 大連圖書館

09603 新編賽花鈴小說十六回 題（清）白雲道
人撰 清康熙刻本 大連圖書館

09604 快心編初集五卷十回二集五卷十回三

集六卷十二回 題（清）天花才子編輯
（清）四橋居士評 清課花書屋刻本 遼寧
省圖書館

09605 快心編初集五卷十回二集五卷十回三
集六卷十二回 題（清）天花才子編輯
（清）四橋居士評 清課花書屋刻本 大連
圖書館

09606 情夢柝四卷二十回 （清）安陽酒民撰
（清）灌菊散人評 清康熙嘯花軒刻本 大
連圖書館

09607 紅樓夢一百二十回 （清）曹霑撰 （清）
高鶚增訂 清乾隆五十六年（1791）萃文書屋
活字印本（程甲本） 張汝執跋 國家圖書館
存八十回（一至八十）

09608 紅樓夢一百二十回 （清）曹霑撰 （清）
高鶚增訂 清乾隆五十七年（1792）萃文書
屋活字印本（程乙本） 國家圖書館

09609 紅樓夢一百二十回 （清）曹霑撰 （清）
高鶚增訂 清乾隆五十七年（1792）萃文書
屋活字印本（程乙本） 天津圖書館

09610 紅樓夢一百二十回 （清）曹霑撰 （清）
高鶚增訂 清乾隆五十七年（1792）萃文書
屋活字印本（程乙本） 雲南省圖書館

09611 紅樓夢一百二十回 （清）曹霑撰 （清）
高鶚增訂 清刻本 郭種德批校 王獻唐跋
山東省平原縣圖書館

二、少數民族文字珍貴古籍名錄
（一）于闐文

09612 金光明經散脂品 八至九世紀寫本 國家圖書館

（二）粟特文

09613 粟特文書信 九世紀中葉寫本 吐魯番博物館

（三）藏文

09614 苯教儀軌集 九至十世紀寫本 西藏博物館
存二十四葉

09615 苯教藏醫集 九至十世紀寫本 西藏博物館
存十三葉

09616 苯教納之源流 九至十世紀寫本 西藏博
物館

09617 苯教夏茹徐頓之源流 九至十世紀寫本
西藏博物館

09618 大乘無量壽宗要經 九至十世紀敦煌寫本
敦煌研究院

09619 大乘無量壽宗要經 九至十世紀敦煌寫本
敦煌研究院

09620 大乘無量壽宗要經 九至十世紀敦煌寫本
敦煌研究院

09621 大乘無量壽宗要經 九至十世紀敦煌寫本
敦煌研究院

09622 大乘無量壽宗要經 九至十世紀敦煌寫本
敦煌研究院

09623 大乘無量壽宗要經 九至十世紀敦煌寫本
敦煌研究院

09624 大乘無量壽宗要經 九至十世紀敦煌寫本
敦煌研究院

09625 大乘無量壽宗要經 九至十世紀敦煌寫本
敦煌研究院

09626 大乘無量壽宗要經 九至十世紀敦煌寫本
酒泉市博物館

09627 大乘無量壽宗要經 九至十世紀敦煌寫本
酒泉市博物館

09628 大乘無量壽宗要經 九至十世紀敦煌寫本 天津博物館

09629 大乘無量壽宗要經 九至十世紀敦煌寫本 天津博物館

09630 般若波羅蜜多心經 九至十世紀寫本 敦煌研究院

09631 般若波羅蜜多心經 貝吉昂楚校 九至十世紀寫本 敦煌研究院

09632 般若波羅蜜多十萬頌第一卷第八品 九至十世紀寫本 敦煌市博物館
存八葉

09633 般若波羅蜜多十萬頌第一卷第十一品 九至十世紀寫本 敦煌市博物館

09634 般若波羅蜜多十萬頌第一卷第十二品 九至十世紀寫本 敦煌市博物館
存第二函（八十九至九十七葉）

09635 般若波羅蜜多十萬頌第二卷第一品 九至十世紀寫本 敦煌市博物館

09636 般若波羅蜜多十萬頌第二卷第九、十品 九至十世紀寫本 敦煌市博物館
存第二函（六十三至七十七葉）

09637 般若波羅蜜多十萬頌第二卷第二十一、二十二品 九至十世紀寫本 敦煌市博物館

09638 大般若波羅蜜多經 （唐）益西寧布譯 嘎瓦·百慈校 十世紀寫本 西藏大學圖書館
存十六函

09639 阿底峽傳 加尊追森格述 十三世紀抄本 西藏博物館

09640 語法心要釋 （元）航譯師羅智丹巴撰 元後至元五年（1339）抄本 中國民族圖書館

09641 般若波羅蜜多十萬頌 元抄本 國家圖書館
存五葉

09642 聖行願王經 元抄本 甘肅省瓜州縣博物館

09643 昌狄·多吉白桑醫學專著集－賽哲瑪 （元）昌狄·多吉白桑撰 明抄本 西藏藏醫學院圖書館

09644 昌狄·多吉白桑之子醫學專著集－額哲瑪 （元）昌狄·多吉白桑之子撰 明抄本 西藏藏醫學院圖書館

09645 藏醫人體軀位測定·藍琉璃之流 （明）昌狄·班丹措傑撰 明抄本 西藏藏醫學院圖書館

09646 五部遺教五卷 明抄本 青海省地方誌編纂委員會辦公室謝佐

09647 法王松贊干布十萬寶訓 明刻本 青海省地方誌編纂委員會辦公室謝佐

09648 詩鏡 明末抄本 西藏博物館

09649 益西堪卓索南珍第三代轉世女上師曲吉卓瑪傳 十五至十六世紀抄本 西藏博物館

09650 四部醫典等醫學經典集要 （清）嘎瑪俄勒丹增撰 十八世紀初抄本 西藏圖書館

09651 財寶天王經 （元）布頓·仁欽珠撰 清康熙五十二年（1713）刻本 西北民族大學圖書館
存十四葉

09652 般若波羅蜜多二萬頌後部 釋迦嘉吾譯 清康熙六十年（1721）刻本 西北民族大學圖書館
存一函

09653 秘訣醫典補遺 （清）第司·桑傑嘉措撰 清雍正十年（1732）刻本 中國民族圖書館

09654 四部醫典·訣竅部 宇妥·雲丹貢布撰 十四代宇妥·雲丹貢布修訂 清雍正十年（1732）刻本 國家圖書館

09655 四部醫典·後續部 宇妥·雲丹貢布撰 十四代宇妥·雲丹貢布修訂 清雍正刻本

中國民族圖書館

09656 四部醫典·訣竅部 宇妥·雲丹貢布撰
十四代宇妥·雲丹貢布修訂 清雍正刻本
中國民族圖書館

09657 受法錄寶瓔項飾 （清）阿旺丹貝堅贊撰
清乾隆二十一年（1756）稿本 中國民族圖
書館

09658 般若波羅蜜多心經 清乾隆四十九年（1784）
朱印本 國家圖書館

09659 蓮花生傳 清道光六年（1826）卓尼刻本
青海省地方誌編纂委員會辦公室謝佐

09660 般若波羅蜜多八千頌 釋迦賽納 達磨達希
拉等譯 清道光十二年（1832）金銀汁抄本
西北民族大學圖書館
存一函

09661 般若波羅蜜多八千頌二十五卷 釋迦賽納
達磨達希拉等譯 清金汁抄本 中國民族圖
書館

09662 律經根本 噶瓦華則等譯 清抄本 武威市
博物館
存四百五葉

09663 如意果 格衛旺波撰 清抄本 西北民族大
學圖書館
存一函

09664 薩迦格言 薩班·貢噶堅贊撰 清刻本 國
家圖書館

09665 聖妙吉祥真實名經 達瑪巴拉譯 清刻本
國家圖書館

09666 甘珠爾 1920年至1934年拉薩刻本 中國民
族圖書館

（四）西夏文

09667 音同 西夏刻本 武威市博物館
存一面

09668 番漢合時掌中珠 （西夏）骨勒茂才撰 西
夏刻本 敦煌研究院
存一面

09669 新集碎金置掌文 （西夏）息齊文智撰 西
夏寫本 敦煌研究院
存二十八葉

09670 三才雜字 西夏刻本 甘肅省博物館
存二面

09671 妙法蓮華經觀世音菩薩普門品 西夏刻本
敦煌研究院
存二十四面

09672 佛說觀彌勒菩薩上升兜率天經 西夏刻本
甘肅省博物館
存二十面

09673 毗盧遮那法身頂相印輪文眾生三災怖畏
令物取作惡業救拔 西夏刻本 武威市博
物館
存十五面

09674 誦讀功效文 西夏刻本 敦煌研究院
存一葉

09675 諸密咒要語 西夏活字本 敦煌研究院
存十六葉

09676 地藏菩薩本願經 西夏活字本 敦煌研究院
存九面

09677 醫方 西夏寫本 甘肅省博物館
存一面

09678 佛經長卷 西夏寫本 寧夏文物考古研究所
存一卷

09679 妙法蓮華經集要義鏡注 西夏泥活字本
寧夏文物考古研究所
存四卷（一、五、八、十二）

09680 圓覺注之略疏第一上半　西夏泥活字本　寧夏文物考古研究所
存十四紙

09681 占察善惡業報經　西夏木活字本　寧夏文物考古研究所
存二面

09682 大智度論卷第四　元刻本　國家圖書館
存八面

09683 菩薩地持經卷第九　元刻本　國家圖書館
存七面

09684 龍樹菩薩為禪陀迦王說法要偈　元刻本　敦煌研究院
存一面

09685 大方廣佛華嚴經卷第四十一　元大德間（1297-1307）活字本　北京大學圖書館

09686 大方廣佛華嚴經普賢行願品　元活字本　甘肅省博物館
存六十四面

（五）蒙古文

09687 大般若波羅蜜多經十二卷　（明）錫力固什・綽爾濟譯　清初抄本　中國民族圖書館

09688 寶星陀羅尼經　（清）蘇茹木譯　清康熙四年（1665）刻本　國家圖書館
存一函

09689 聖般若波羅蜜多八千頌　（明）薩木丹僧格譯　清康熙四十六年（1707）北京刻本　國家圖書館
存一函

09690 聖懺悔滅罪大解脫普聞成等正覺勝莊嚴大乘經三卷　（清）貢嘎敖斯爾譯　清康熙四十七年（1708）北京刻本　中國民族圖書館

09691 妙法蓮華大乘經　（明）額爾敦摩爾根太青台濟譯　清康熙五十年（1711）刻本　國家圖書館
存一函

09692 譬喻之海　（明）錫力固什・綽爾濟譯　清康熙五十三年（1714）刻本　大慶市梁炳華

09693 格斯爾傳　清康熙五十五年（1716）北京刻本　中國民族圖書館

09694 蒙古文法詮釋蒼天如意珠　（清）丹津紫巴撰　清雍正北京刻本　中國民族圖書館

09695 察哈爾格西洛桑楚臣傳略　（清）羅布桑薩瑪如尼瑪撰　清中期刻本　中國民族圖書館

09696 金光明最勝王經十卷　（元）希儒僧格譯　清中期北京刻本　中國民族圖書館

09697 釋迦牟尼佛十二聖跡記　（明）班智達固師譯　清中期抄本　國家圖書館
存一函

09698 魔屍的故事　（清）索多納木・巴拉朱爾譯　清抄本　新疆維吾爾自治區少數民族古籍搜集整理出版規劃領導小組辦公室

09699 般若波羅蜜多八千頌　清刻本　中央民族大學少數民族古籍研究所

09700 大白傘蓋佛母　（清）阿尤希固師譯　清刻本　中央民族大學少數民族古籍研究所

09701 聖懺悔滅罪大解脫普聞成等正覺莊嚴大乘經　清金銀汁抄本　新疆維吾爾自治區少數民族古籍搜集整理出版規劃領導小組辦公室

09702 真實善王本生故事　清抄本　新疆維吾爾自治區少數民族古籍搜集整理出版規劃領導小組辦公室

本 楚雄彝族文化研究院

09732 訓世詩 清四川刻本 中國民族圖書館

09733 阿魯玄通書 清抄本 畢節地區彝文文獻翻
譯研究中心

09734 物兆書 清抄本 雲南省社會科學院圖書館

09735 扯勒喪儀經 清抄本 畢節地區彝文文獻翻
譯研究中心

09736 董永與七仙女 清抄本 雲南省少數民族古
籍整理出版規劃辦公室

09737 洪水泛濫記 清抄本 畢節地區彝文文獻翻
譯研究中心

09738 木荷與薇葉 清抄本 雲南省少數民族古籍
整理出版規劃辦公室

09739 那史釋名經 清抄本 畢節地區彝文文獻翻
譯研究中心

09740 牛角寨百樂書 清抄本 雲南省少數民族古
籍整理出版規劃辦公室

09741 普拓們查 清抄本 雲南省少數民族古籍整
理出版規劃辦公室

09742 祈福消災大經 清抄本 畢節地區彝文文獻
翻譯研究中心

09743 水西彝族解冤經 清抄本 畢節地區彝文文
獻翻譯研究中心

09744 天地查姆 清抄本 雲南省少數民族古籍整
理出版規劃辦公室

09745 獻夜宵經 清抄本 雲南省少數民族古籍整
理出版規劃辦公室

09746 玄通大書 清抄本 中央民族大學少數民族
古籍研究所

09747 彝家大通書 清抄本 畢節地區彝文文獻翻
譯研究中心

09748 彝史輯錄 清抄本 畢節地區彝文文獻翻譯
研究中心

09749 神話人物傳 清抄本 雲南省少數民族古籍
整理出版規劃辦公室

09750 元陽指路經 清抄本 雲南省少數民族古籍
整理出版規劃辦公室

（八）滿文

09751 詩經二十卷 清順治十一年（1654）刻本
故宮博物院

09752 御製勸善要言 （清）世祖福臨撰 清順治
十二年（1655）內府刻本 故宮博物院

09753 范信恒言 （清）世祖福臨撰 清順治十二
年（1655）內府刻本 中國民族圖書館

09754 御製勸善要言 （清）世祖福臨撰 清順治
十二年（1655）內府刻本 天津圖書館

09755 御製人臣儆心錄 （清）世祖福臨撰 清順
治十二年（1655）內府刻本 故宮博物院

09756 御製資政要覽三卷 （清）世祖福臨撰 清
順治十二年（1655）內府刻本 國家圖書館

09757 御製資政要覽三卷 （清）世祖福臨撰 清
順治十二年（1655）內府刻本 故宮博物院

09758 內則衍義十六卷 （清）世祖福臨撰 清順
治十三年（1656）內府刻本 故宮博物院

09759 壽詩 （清）世祖福臨撰 清順治十三年
（1656）內府刻本 故宮博物院

09760 大學衍義四十三卷 （宋）真德秀撰
（清）福達禮等譯 清康熙十一年（1672）
內府刻本 故宮博物院

09761 大學衍義四十三卷 （宋）真德秀撰
（清）福達禮等譯 清康熙十一年（1672）
內府刻本 中國民族圖書館

09762 大學衍義四十三卷 （宋）真德秀撰
（清）福達禮等譯 清康熙十一年（1672）

内府刻本　大連圖書館

09763　朱子節要十四卷　（宋）朱熹撰　（明）高攀龍輯　清康熙十四年（1675）北平朱之弼刻本　大連圖書館

09764　日講四書解義二十六卷　（清）喇沙里等撰　清康熙十六年（1677）內府刻本　故宮博物院

09765　日講四書解義二十六卷　（清）喇沙里撰　（清）程延經總校　（清）敦代譯　清康熙十六年（1677）內府刻本　中國民族圖書館

09766　日講書經解義十三卷　（清）庫勒納等撰　清康熙十九年（1680）內府刻本　故宮博物院

09767　日講易經解義十八卷　（清）牛鈕等撰　清康熙二十二年（1683）內府刻本　故宮博物院

09768　大清全書十四卷　（清）沈啓亮輯　清康熙二十二年（1683）宛羽齋刻本　中國民族圖書館

09769　古文淵鑒六十四卷　（清）聖祖玄燁選　（清）徐乾學等編注　清康熙二十四年（1685）內府刻本　故宮博物院

09770　古文淵鑒六十四卷　（清）聖祖玄燁選　（清）徐乾學等編注　清康熙二十四年（1685）內府刻本　中國民族圖書館

09771　大清會典一百六十二卷　（清）伊桑阿等撰　清康熙二十九年（1690）內府刻本　國家圖書館

09772　資治通鑒綱目一百十一卷　（清）和素譯　清康熙三十年（1691）武英殿刻本　故宮博物院

09773　御製清文鑒二十卷　（清）聖祖玄燁敕撰　清康熙四十七年（1708）內府博

物院

09774　御製清文鑒二十卷　（清）聖祖玄燁敕撰　清康熙四十七年（1708）內府刻本　中國民族圖書館

09775　親征平定朔漠方略四十八卷　（清）溫達等纂修　清康熙四十八年（1709）內府刻本　故宮博物院

09776　親征平定朔漠方略四十八卷　（清）溫達等纂修　清康熙四十八年（1709）內府刻本　中國民族圖書館

09777　滿漢西廂記四卷　（元）王實甫撰　清康熙四十九年（1710）刻本　國家圖書館

09778　滿漢西廂記四卷　（元）王實甫撰　清康熙四十九年（1710）刻本　中國民族圖書館

09779　滿漢西廂記四卷　（元）王實甫撰　清康熙四十九年（1710）刻本　大連圖書館

09780　御製避暑山莊詩二卷　（清）聖祖玄燁撰　（清）揆敘等注釋　（清）沈崳繪圖　清康熙五十一年（1712）內府刻本　故宮博物院

09781　御製避暑山莊詩二卷　（清）聖祖玄燁撰　（清）揆敘等注釋　（清）沈崳繪圖　清康熙五十一年（1712）內府刻本　中國民族圖書館

09782　合璧七本頭　（清）和素譯　清康熙刻本　國家圖書館

09783　御製朋黨論　（清）世宗胤禛撰　清雍正二年（1724）刻本　國家圖書館

09784　孝經集注　（清）世宗胤禛撰　清雍正五年（1727）內府刻本　故宮博物院

09785　御製盛京賦三十二卷　（清）高宗弘曆撰　清乾隆十三年（1748）內府刻本　中國民族圖書館

09786　八旗通志二百五十卷　（清）馬齊等撰

清乾隆精寫本　國家圖書館

存二百四十七卷（一至五十四、五十六

至一百九十七、一百九十九、二百一至

二百五十）

09787　八旗通志初集二百五十卷　（清）馬齊等

撰　清乾隆稿本　國家圖書館

存二百四十九卷（一至二百三十五、

二百三十七至二百五十）

09788　滿洲祭祀圖說　清抄繪本　國家圖書館

09789　勸善經　清抄本　伊犁哈薩克自治州文物局

09790　物名類集　清刻本　國家圖書館

09791　新刻滿漢同文雜字附解學士詩　清京都文

翰齋刻本　國家圖書館

（九）東巴文

09792　延壽道場·鎮壓仇人經　清和世俊抄本

雲南省玉龍納西族自治縣圖書館

09793　延壽道場·請天神降臨經　清和世俊抄本

雲南省玉龍納西族自治縣圖書館

存一卷（下）

09794　送鼠知敖母經　清抄本　國家圖書館

09795　東巴舞譜　清抄本　中央民族大學少數民族

古籍研究所

09796　東巴舞譜　清抄本　中央民族大學少數民族

古籍研究所

09797　火甜油咒　清抄本　中央民族大學少數民族

古籍研究所

09798　祭神送理多面偶經　清抄本　國家圖書館

09799　雞蛋占卜　清抄本　中央民族大學少數民族

古籍研究所

09800　哥巴文與納西象形文對照書　清末抄本

中央民族大學少數民族古籍研究所

09801　經咒　清末抄本　中央民族大學少數民族古

籍研究所

（十）傣文

09802　青年國王八冊　清同治三年（1864）刻寫

中國民族圖書館

存一冊（六）

（十一）水文

09803　萬事明指　清道光十三年（1833）抄本　貴

州省荔波縣檔案館

09804　通書八貪　清同治二年（1863）抄本　貴州

民族學院潘朝霖

09805　醜辰　清光緒六年（1880）潘智基抄本　貴

州省荔波縣檔案館

09806　擋朵　清光緒九年（1883）韋自修抄本　貴

州省荔波縣檔案館

09807　安葬吉日通用井　清光緒二十四年（1898）

抄本　黔南布依族苗族自治州圖書館

09808　八宮取用　清光緒二十七年（1901）抄本

黔南民族師範學院

09809　壬辰　清光緒二十七年（1901）抄本　黔南

民族師範學院

09810　逮昔　清光緒二十八年（1902）抄本　貴州

省三都水族自治縣檔案館

09811　通用大吉　清光緒二十九年（1903）抄本

貴州省荔波縣檔案館

09812　看日陰陽　清潘玉龍抄本　貴州省荔波縣檔

案館

09813　探祝龍　清抄本　貴州省荔波縣檔案館

09814　納牲　清潘芝賢抄本　貴州省荔波縣檔案館

09815 卜辭 清抄本 國家圖書館

09816 大吉 清抄本 貴州省三都水族自治縣檔案館

09817 都講 清抄本 國家圖書館

09818 吉書 清抄本 貴州省三都水族自治縣檔案館

09819 開新吉凶 清抄本 貴州省荔波縣檔案館

09820 龍戲 清抄本 中國民族圖書館

09821 辰戌 清抄本 黔南布依族苗族自治州圖書館

09822 辰戌 清抄本 貴州省荔波縣檔案館

09823 壬辰 清抄本 貴州省三都水族自治縣檔案館

09824 寅醜 清抄本 黔南布依族苗族自治州圖書館

09825 申子 清抄本 貴州省三都水族自治縣檔案館

09826 亥子 清抄本 貴州省荔波縣檔案館

09827 子午 清抄本 黔南民族師範學院

09828 勝益 清抄本 貴州省荔波縣檔案館

09829 所項 清抄本 貴州省三都水族自治縣檔案館

09830 陰陽 清抄本 貴州省三都水族自治縣檔案館

09831 正七 清抄本 貴州省三都水族自治縣檔案館

09832 百事大吉出富貴 清抄本 黔南民族師範學院

09833 六十甲子流年 清抄本 貴州民族學院潘朝霖

09834 八十銀 清抄本 貴州民族學院潘朝霖

09835 把井學文書 清抄本 貴州民族學院潘朝霖

（十二）古壯字

09836 秘法總怪字 禁官符全本火家燒狼 清咸豐元年（1851）岑奇豐抄本 廣西壯族自治區少數民族古籍整理出版規劃領導小組

辦公室

09837 壯化道教道場經書 清咸豐抄本 中央民族大學少數民族古籍研究所

09838 求花滿服別酒懺掛安龍隆花六樣名歌大全科 清光緒八年（1882）黃元隆抄本 廣西壯族自治區少數民族古籍整理出版規劃領導小組辦公室

09839 新錄流霞六河科 清光緒十六年（1890）抄本 中國民族圖書館

09840 渡人滿材 清光緒二十五年（1899）抄本 中國民族圖書館

09841 董永昌 舜兒唱 清光緒二十七年（1901）抄本 中央民族大學少數民族古籍研究所

09842 大熟筵 點筵會 清光緒三十年（1904）韋志亮抄本 廣西壯族自治區少數民族古籍整理出版規劃領導小組辦公室

09843 末筵熟筵脫白頁口巫婆 清光緒三十年（1904）韋志亮抄本 廣西壯族自治區少數民族古籍整理出版規劃領導小組辦公室

09844 正一破獄王曹一鬥 清光緒三十一年（1905）韋道宏抄本 廣西壯族自治區少數民族古籍整理出版規劃領導小組辦公室

09845 本麼叭 清鄧道祥抄本 廣西壯族自治區少數民族古籍整理出版規劃領導小組辦公室

09846 九狼叭 清羅玄揮抄本 廣西壯族自治區少數民族古籍整理出版規劃領導小組辦公室

09847 叭付祖宗 清抄本 廣西壯族自治區少數民族古籍整理出版規劃領導小組辦公室

（十三）布依文

09848 掌訣 清咸豐五年（1855）抄本 貴州省荔波縣檔案館

09849 **修橋補路** 清同治八年（1869）岑仕龍抄本 貴州省荔波縣檔案館

09850 **架橋還願** 清光緒六年（1880）抄本 貴州省荔波縣檔案館

09851 **罷筵倒壇** 清光緒九年（1883）抄本 貴州省荔波縣檔案館

09852 **祭祀請神** 清光緒十二年（1886）抄本 貴州省荔波縣檔案館

09853 **儺願問答** 清光緒十二年（1886）抄本 貴州省荔波縣檔案館

09854 **儺書** 清抄本 貴州省三都水族自治縣檔案館

（十四）多文種

09855 **御製摩訶般若波羅蜜多心經〔藏滿蒙漢合璧〕** 清雍正元年（1723）刻本 國家圖書館

09856 **御製摩訶般若波羅蜜多心經〔藏滿蒙漢合璧〕** 清雍正元年（1723）刻本 大連圖書館

09857 **御製滿漢西番合璧大藏全咒〔滿漢藏合璧〕** （清）章嘉·若必多吉譯校 清乾隆三十八年（1773）刻本 國家圖書館

三、其他文字珍貴古籍名録

09858 **節本托勒密天文學大成** 拉丁文 （德國）雷吉奧蒙塔努斯著 公元1496年威尼斯印本 國家圖書館

09859 **金言集** 拉丁文 （葡萄牙）曼努埃爾·德·薩著 公元1603年日本長崎印本 國家圖書館

第一册目録

第三批國家珍貴古籍名録圖録

漢文珍貴古籍名録

大般若波羅蜜多經卷第一百九

初分校量功德品第卅之七　　三藏法師言共奉　　詔譯

慶喜當知以无明无二為方便无生為方便

无所得為方便迴向一切智智循習布施淨

戒安忍精進靜慮般若波羅蜜多以行識名

色六處觸受愛取有生老死愁歎苦憂惱无

二為方便无生為方便无所得為方便迴向一

切智智循習布施淨戒安忍精進靜慮般若

波羅蜜多慶喜當知以无明无二為方便

无生為方便无所得為方便迴向一切智智

安住內空外空內外空空大空勝義空有

為空无為空畢竟空无際空无散空无變異

空本空自相空共相空一切法空不可得空

无性空自性空无性自性空以行識名色六

處觸受受取有生老死愁歎苦憂惱无二為

方便无生為方便无所得為方便迴向一切智

智安住內空乃至无性自性空慶喜當知

以无明无二為方便无生為方便无所得為

方便迴向一切智智安住真如法界法性不

虛妄性不變異性平等性離生性法定法住

實際虛空界不思議界以行識名色六處觸

受愛取有生老死愁歎苦憂惱无二為方便

无生為方便无所得為方便迴向一切智智

安住真如乃至不思議界慶喜當知以无明

无二為方便无生為方便无所得為方便迴

06871　大般若波羅蜜多經卷第一百九　（唐）釋玄奘譯　吐蕃統治敦煌

時期寫本

卷軸裝。高25.4厘米，長764.5厘米。存十七紙，四百三十六行，行十七字。

烏絲欄。有竹質天竿、尾軸。山東省博物館藏。

———— 001 ————

摩訶般若波羅蜜經六喩品茅三十七

須菩提白佛言世尊云何无相不可分別自
相空諸法中具足備六波羅蜜所謂檀那波
羅蜜尸羅波羅蜜羼提波羅蜜毗梨耶波
羅蜜禪那波羅蜜般若波羅蜜世尊云何无
興法中而分別說興相云何般若波羅蜜攝檀
尸羼提精進禪云何行興相法以一相道得
果佛告須菩提菩薩摩訶薩住五陰如夢如
嚮如影如炎如幻如化住是智中行布施持
戒備忍辱惠精進入禪定備智慧知是五陰
實如夢如嚮如影如炎如幻如化五陰如夢
无相乃至如化何以故夢无自性嚮如影
炎幻化皆无自性若法无自性是法无相若
法无相是法一相所謂无相以是因緣故須
菩提當知菩薩亦布施无相施者无相受者无
相受如是知布施是檀那波羅蜜乃
至能具足般若波羅蜜能具足四念處乃至

06874 摩訶般若波羅蜜經卷廿六 （後秦）釋鳩摩羅什譯　唐寫本

卷軸裝。高25.3厘米，長969厘米。存二十紙，五百四十六行，行十七至十八
字。烏絲欄。有護首、尾軸。山東省博物館藏。

摩訶般若波羅蜜放光經不和合品第卌八　　　卷第十六

佛告須菩提有人樂聽藥受服若波羅蜜為

法師者身體疲懈不能所說當覺魔事佛言

若法師者身體安隱欲有所說而受法者著

餘曰緣各自罷散當覺魔事須菩提受經之

人欲書般若波羅蜜為法師者欲有所至是

為魔事為法師者欲得供養床卧飲食病瘦

醫藥所有衣被受經之人少欲知足辤无與

心便不和合是為魔事須菩提法師之人少

06875　摩訶般若波羅蜜放光經卷第十六　〔西晉〕釋無羅叉等譯　隋

寫本

卷軸裝。高25.8厘米，長776.5厘米。一紙長50.5厘米。存十五紙，每紙二十八
行，行十七字。烏絲欄。有蘆葦尾軸、藍絲帶（已斷）。天津博物館藏。

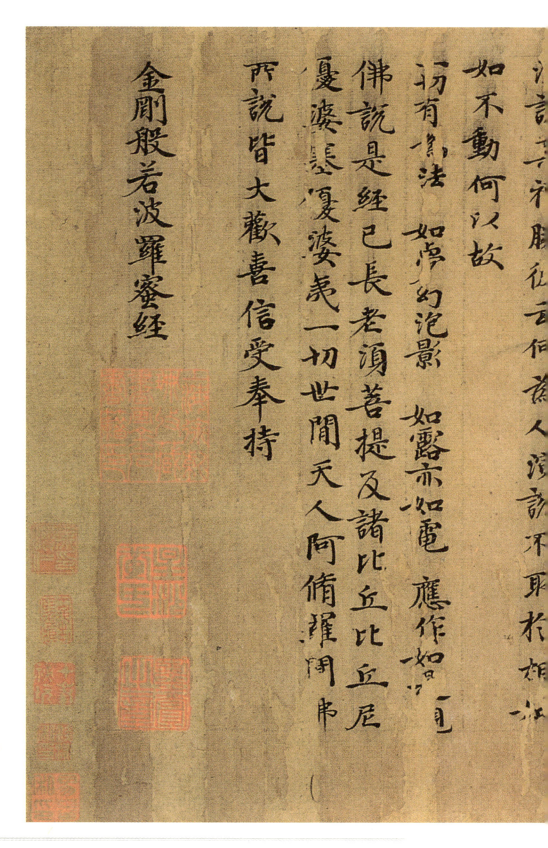

06880 金剛般若波羅蜜經 （後秦）釋鳩摩羅什譯 唐寫本

卷軸裝。高24.3厘米，長326.8厘米。一紙長47厘米。存七紙，每紙二十九行，行十七字。烏絲欄。有
"易如"、"咸豐丙辰後黄氏所藏"、"荷汀真賞"、"紫珊秘玩"、"鑒賞之章"、"十峰鑒藏"、
"星沙黄氏"、"徐印渭仁"、"錢泳私印"、"易蕃私印"等印。卷後有清咸豐八年郭敦補寫經文
八十四行。郭敦跋。天津博物館藏。

見湏菩提於意云何是人解我所説義不也

尊是人不解如来所説義何以故世尊説我

見人見眾生見壽者即非我見人見眾生

見壽者見是名我見人見眾生見壽者見湏

菩提發阿耨多羅三藐三菩提心者於一切

法應如是知如是見如是信解不生法相湏

菩提所言法相者如来説即非法相是名法

相湏菩提若有人以滿无量阿僧祇世界七

寶持用布施若有善男子善女人發菩薩心

聲壽命四月昌年久人守賣角月日

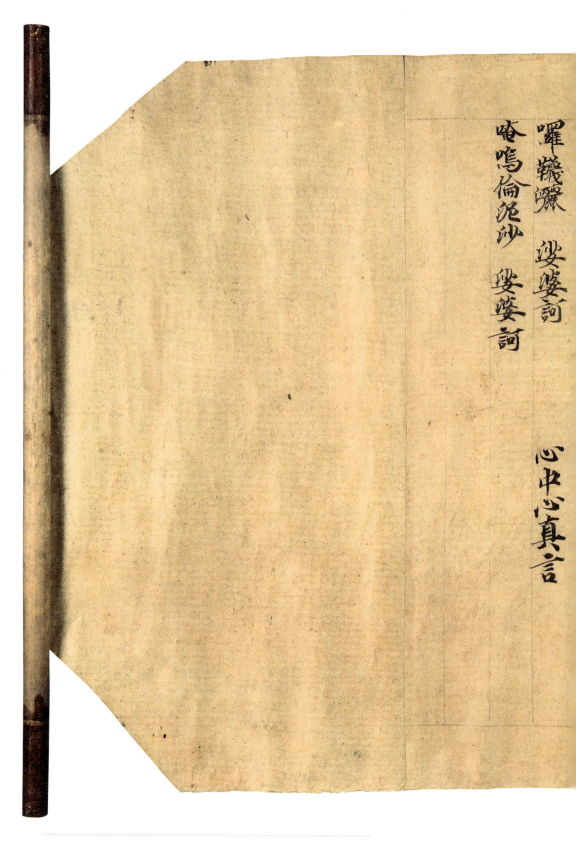

06881 梁朝傅大士頌金剛經 歸義軍時期寫本

卷軸裝。高29厘米，長735.4厘米。存十七紙，四百二十二行，行字不等。烏
絲欄。尾有軸頭嵌花木軸。國家圖書館藏。

金剛般若波羅蜜經

頌遍計

妄計曰成執　迷繩為是虵　心疑生闇鬼　眼病見空花

一境雖无異　三人乃見差　弓蛇若不實　長馭自牛車

頌依他

依他非自立　必假眾緣成　日榭樹无影　燈來室乃明

若曰共業變　万像積微生　若悟真空色　俜然孝有情

頌圓成

相寂名亦遣　心融境亦去　去來終莫見　語嘿永无方

智入圓成理　身同法性常　證終還了俗　不癈示津梁

大身真言

那謨薄伽跛帝　鉢喇壤　鉢羅絢多曳　唵伊利底伊室利

翰盧馱毗舍耶　毗舍耶　娑婆訶　隨心真言

大方廣佛華嚴經卷第卅五

一切法海中　一切諸佛海　飄逈善知識　速見彼諸佛

勇猛大精進　一切莫能壞　金剛慧師子　遊行元所畏

群如火災起　三不著世間　身猛精進火　求道元如是

不離於世間　心不著世間　行世元軄尋　如風遊虛空

行菩薩行　是滿妙功德　放大智慧光　普照一切世

一切元所著　不著於世間　離垢清淨心　元求如虛空

清淨正直心　不惜身壽命　飄逈善知識　專求佛菩提

見諸衆生纇　愚癡壞而覆　廣發大悲心　專求元師道

元量億諸劫　難見難值遇　功德日令出　焰除世間闇

元量元數劫　世穜然出現　普為衆生故　正求佛菩提

以偈頌曰

屬各之賣持妙香華鬘及諸雜寶散善財上

財善財持昇法臺彼離憂妙德天与百万春

如是行者一切衆生恚皆愛念樂正法故介

屢雲常西一十七靈法古天和菩薩摩訶僧

06883　大方廣佛華嚴經卷第四十五　（東晉）釋佛陀跋陀羅譯　南北朝

寫本

卷軸裝。高26.5厘米，長754.5厘米。存二十紙，四百六十四行，行十七字。

烏絲欄。敦煌市博物館藏。

大方等大集經無盡意菩薩品之二 卷第四 八卷及部者

介時舍利弗白无盡意菩薩摩訶薩言唯善
男子願復更有无盡法不无盡意言有菩薩
備行檀那波羅蜜不可窮盡何以故菩薩摩
訶薩行施无量所謂湏食與食身是命辯色
力樂故湏飲與飲離渴愛故湏衣與衣具清
淨色除慚愧故湏乘與乘得一切樂身神通
故湏燈與燈具是佛眼清淨故湏音樂者施
與音樂具是天耳清徹故湏香與香身出具
是㪫妙香故湏鬘與鬘身隨羅尼七覺華故
湏塗香末香悲施與心之慧重塗身故
湏種種味隨意與之味相成就故无依心者
施與依心能為眾生具是救護為歸依故湏
敷具者悲施與之具是究竟斷除陰蓋成就
梵天賢聖諸佛妙抹坐故湏坐與坐具是三
于大千世界以為道場金剛坐處悲戍忿故

06884 大方等大集經卷第四 （北涼）釋曇無讖譯　唐寫本

卷軸裝。高26.4厘米，長805.3厘米。一紙長43.5厘米。存十八紙，每紙
二十四行，行十七字。烏絲欄。有尾軸。有"瓜沙州大王印"印。周叔弢舊
藏。天津博物館藏。

大方等大集經卷第九

善男子云何名為菩提之心抑而不壞抑者

名為大悲緣於一切眾生結三寶種不令斷

絕為佛法故正法嚴善根毋二相八十種好嚴

淨世界為護正法不惜身命善男子若為

諸惡眾生打罵惱乱娆害悲當忍之必應不

捨一切眾生心不生悔不慈不慈為調眾生熟

力精進若遇罵辱瞋恚打擲嘿然變之終不

加報應作是念夫大乘者與世共諍何以故

一切眾生順生死流大乘之法逆生死流一切

眾生各各靜訟大乘之法破壞闘諍一切

眾生各各順恚熾盛大乘之法除滅瞋心一切眾

生各各虛誑大乘之法質直无盡十方世界

若有眾生以諸刀杖随逐菩薩而住是言誰

有發此菩提心者我當叚叚扠解其身如胡

麻許菩薩聞此終不退轉菩提之心尔不放

捨慈悲喜捨恵施持戒忍辱精進禪定智恵

何以故菩薩思惟我於无量无邊世中受大

地獄畜生餓鬼人天等身受行惡法不能自

06885　大方等大集經卷第九　（北涼）釋曇無讖譯　唐寫本

卷軸裝。高26.6厘米，長984.9厘米。存二十二紙，五百六十四行，行十七字。烏絲欄。有護首、尾軸。有"瓜沙州大王印"印。山東省博物館藏。

大般涅槃經卷第五

尒時迦葉菩薩白佛言世尊如佛所說諸佛

世尊有秘密藏是義不然何以故諸佛世尊

雖有密語无有密藏譬如幻主機關木人人

雖觀見屈申俯仰莫知其內而使之然佛法

不尒咸令眾生悉得知見云何當言諸佛世

尊有秘密藏佛讚迦葉善哉善哉善男子如

汝所言如來實无秘密之藏何以故如秋滿

月處空顯露清淨无翳人皆覩見如來之言

亦復如是開發顯露清淨无翳愚人不解謂

之秘藏智者了達則不名藏善男子譬如有

人多積金銀至无量億其心慳悋不肯惠施

拯濟貧窮如是積聚乃名秘藏如來不尒於

无邊劫積聚无量妙法珍寶心无慳悋常以

惠施一切眾生云何當言如來秘藏善男子

譬如有人身根不具或无一目一手一足以

06888　大般涅槃經卷第五　〔北涼〕釋曇無讖譯　唐寫本

卷軸裝。高26.8厘米，長937厘米。存八紙，五百三十七行，行十七字。烏絲欄。有"寶氏潛心齋珍藏"印。敦煌市博物館藏。

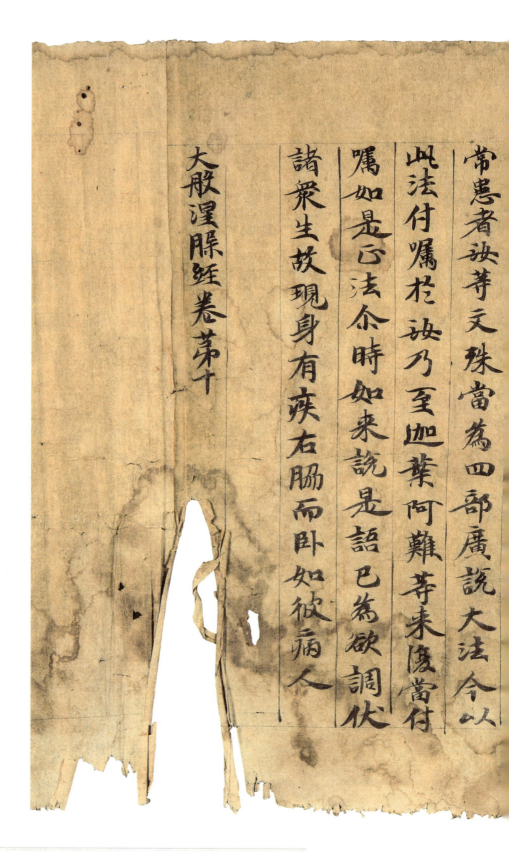

常患者汝等文殊當爲四部廣說大法令以

此法付囑於汝乃至迦葉阿難等来隨當付

囑如是正法念時如来說是語已爲欲調伏

諸衆生故現身有疾右脇而臥如彼病人

大般涅槃經卷第十

06889　大般涅槃經卷第十　（北涼）釋曇無讖譯　南北朝寫本

卷軸裝。高25.8厘米，長888.1厘米。存十八紙，四百五十七行，行十七字。
烏絲欄。國家圖書館藏。

我法审长子　是名大迦葉　阿難勤精進　能断一切疑

汝等當諦觀　阿難多聞士　自然當解了　是常及无常

以是故不應　心懷於憂惱

介時大衆以種種物供養如来供養佛已即

裟阿耨多羅三藐三菩提心无量无邊恒河

沙等諸菩薩輩得住秘地介時世尊與又殊

師利迦葉菩薩及以純陁而受記別受記別

已說如是言諸善男子自脩其心慎莫放逸

06890 大般涅槃經卷第十五 （北凉）釋曇無讖譯 南北朝寫本

卷軸裝。高20.3厘米，長855厘米。存十九紙，五百五十一行，行十七字。烏
絲欄。遼寧省旅順博物館藏。

善男子如来世尊有大方便元常説常説元
常樂説為若説行為與不淨説淨説不淨
我説元我説非我説我於衆生説為衆生於
實實説非實非境説境説境物物説非物非實
説實實説非實非壞説壞非壞説
生生説非生非生生乃至元明説明説元明色説非色
非色説色非道説道道説非道説善男子如来
以是元量方便為調伏衆生故妄耶善男子
或有衆生於佛所貪我於彼人自化其身作
将輸王於元量歳道其時泗捷根供給飲食復歌
化令共安住阿耨多羅三藐三菩提若有衆
生會著五欲於元量歳以如五欲克旦其情
然後漸化令其安住阿耨多羅三藐三菩提
若有衆生常自貢我於其人元量歳中為
作僮僕彼及之給侍得心已即復教化令其安住阿
耨多羅三藐三菩捷為有衆生性自憍慢
人呵諫我於元量百千歳中教呵敦諌令是頑
調然陵彼勸令其安住阿耨多羅三藐三菩
提若男子如来如是以種種方便
令諸衆生安住阿耨多羅三藐三菩提豈虚
妄耶諸佛如来雖處衆惡元所染汙猶如蓮
華男子如来有四無量菩男子是元量
心體性有四若有脩行生大梵處菩男子如
是无量作佷有四是故名四无量脩慈者能断
貪欲脩悲心者能断順惠脩喜心者能断不
樂脩捨心者能断貪欲順惠衆生善男子以
是故得名四非一二三善男子如次所言慈
能断瞋慈是義不然何以故能断瞋者則名
悲慈脩脩悲則能除順惠復次脩喜有二
是无量作悝有四是故名四夫脩慈者能断
悲雖何以故若男子憲有二種一能尊命二
能脩捨心者能断貪欲脩喜衆生善男子以
穉者若男子以是義故亦非四也復次順有二
種一瞋衆生二瞋非衆生脩慈心者断順眾生
若脩悲者断非衆生脩慈心者断順眾生
无因緣復次順有二種一有回緣二
於令現在復次脩有二種一者久於過去脩集二者
者断於現在復次順有二種一瞋聖人緒凡夫
脩慈心者断順聖人緒凡夫復次
順有二種一上二中脩慈斷上脩悲為中善男子

道涅槃六不曰世間故說言為有諸佛世尊

成大涅槃故名善逝

大般涅槃經卷第十七

大業四年二月十五日比丘慧休知五衆之易邁曉二字之難遇

謹割衣資敬造此　經一部願乘茲勝福三業清淨四賓圓

明戒慈日增慈累消滅　現在尊卑恒招福慶　七世久遠永

超塵勞普救含生遍洽有識同發菩提趣薩婆若

清信佛弟子尹嘉禮受特實開十
洲士氣合遍

06892　大般涅槃經卷第十七　（北涼）釋曇無讖譯　隋大業四年（608）

寫本

卷軸裝。高24.8厘米，長849厘米。一紙長52厘米。存十八紙，每紙二十九行，行字不等。烏絲欄。有尾軸。有年款題記。周叔弢舊藏。天津博物館藏。

寶座嚴安置七寶舍利金壜復見大眾悲哀

供養王將從眾一時礼拜悲哀流淚右繞七

帀各以所持悽憀供養王語眾言佛入涅槃

我都不知一何苦哉不得見佛請眾與我一

分舍利還國供養眾言汝何來晚佛已先說

分布法軌舍利皆已各有所請無有仁分仁

可還宮王及臣眾不果所請愁憂不樂即礼

舍利悲戀而還

大般涅槃經後分卷下

眾生普頭早成佛

開元二十年趙州館陶縣上柱國于劉宋武敬造為法

06893 大般涅槃經後分卷下 〔唐〕釋若那跋陀羅譯　唐寫本

卷軸裝。高25.3厘米，長850厘米。一紙長50.2厘米。存十七紙，每紙
二十八行，行字不等。烏絲欄。有"周伯鼎鑑藏印"印。周叔弢舊藏。天津
博物館藏。

妙法蓮華經譬喻品第三

爾時舍利弗踊躍歡喜即起合掌瞻仰尊顔
而白佛言今從世尊聞此法音心懷踊躍得
未曾有所以者何我昔從佛聞如是法身諸
菩薩受記作佛而我等不豫斯事甚自感
傷失於如來無量知見世尊我常獨處山林樹
下若坐若行每作是念我等同入法性云何
如來以小乘法而見濟度是我等咎非世尊
也所以者何若我等待說所因成就阿耨多
羅三藐三菩提者必以大乘而得度脫然我
等不解方便隨宜所説初聞佛法遇便信受
思惟取證世尊我從昔來終日竟夜自責
青而今從佛聞所未聞未曾有法斷諸疑悔
身意泰然快得安隱今日乃知真是佛子從
佛口生從法化生得佛法分爾時舍利弗欲重
宣此義而說偈言
佛口甚希有 能除眾生惱 我已得漏盡 聞亦除憂惱
昔來蒙佛教 不失於大乘 若坐若經行 常思惟是事
我聞是法音 得所未曾有 懷大歡喜 疑網皆已除
我身及心谷 或於林樹下

06894 妙法蓮華經卷第二 （後秦）釋鳩摩羅什譯　歸義軍時期寫本

卷軸裝。高26.8厘米，長1084.2厘米。存二十四紙，六百十一行，行十七至
十八字。烏絲欄。有護首、竹質天竿、尾軸。山東省博物館藏。

妙法蓮華經卷第五

常在於其中　經行及坐臥

莊嚴令妙好　種種以供養　佛子住此地　則是佛受用

其所住處　經行若坐臥　乃至說一偈　是中應起塔

又應作是念　不久詣道場　得無漏無為　廣利諸人天

應以天華散　天衣覆其身　頭面接足礼　生心如佛想

若能行是行　功德不可量　若見此法師　成就如是德

遠離自高心　常思惟智惠　有問難不瞋　隨順為解說

忍辱樂禪定　不瞋不惡口　恭敬於塔廟　謙下諸比丘

如虛空無邊　其福亦如是　況復持此經　兼布施持戒

阿提目多伽　薰油常然之　如是供養者　得無量功德

若復教人書　及供養經卷　散華香末香　以須曼蔔

經行及禪窟　種種皆嚴好　若有信解心　受持讀誦書

上饌妙衣服　床臥皆具足　百千眾住處　園林諸流池

06895 妙法蓮華經卷第五 （後秦）釋鳩摩羅什譯　唐寫本

卷軸裝。高25厘米，長1183厘米。存二十三紙，六百六行，行十七字。烏絲欄。甘肅省圖書館藏。

妙法蓮華經卷第六

利益无量一切衆生

可思議功德乃能問釋迦牟尼佛如此之事
宿王華菩薩言善哉善哉宿王華汝成就不
藥王菩薩本事品時八萬四千菩薩得解一
切衆生語言陁羅尼多寶如來於寶塔中讚
有受持是經典人應當如是生恭敬心說是
度脫一切衆生老病死海是故求佛道者見
草坐於道場破諸魔軍當吹法螺擊大法鼓
供散其上散已作是念言此人不久必當取
若見有受持是經者應以青蓮華盛滿末香
病得聞是經病即消滅不老不死宿王華汝
者何此經則為閻浮提人病之良藥若人有
世宿王華汝當以神通之力守護是經所以
絶惡魔魔民諸天龍夜叉鳩槃荼等得其便

咸亨二年二月十一日經生王思謙寫

用紙二十張

裝潢手解善集

初挍經生王思謙

再挍經行寺僧師真

三挍經行寺僧思道

詳閲太原寺大德神符

詳閲太原寺大德嘉尚

詳閲太原寺主慧立

詳閲太原寺上座道成

判官司府寺府監守治書令向義感

使太中大夫守工部侍郎永興縣開國公□□監

病得聞是經病即消滅不老不死宿王華汝

若見有受持是經者應以青蓮華盛滿末香

共散其上散已作是念言此人不久必當取

草坐於道場破諸魔軍當吹法螺擊大法鼓

度脫一切衆生老病死海是故求佛道者見

有受持是經典人應當如是生恭敬心說是

藥王菩薩本事品時八万四千菩薩得解一

切衆生語言陁羅尼多寶如來於寶塔中讚

宿王華菩薩言善哉宿王華汝成就不

可思議功德乃能問釋迦牟尼佛如此之事

利益無量一切衆生

妙法蓮華経卷苐六

06897 妙法蓮華經卷第六 （後秦）釋鳩摩羅什譯　唐寫本

卷軸裝。高26厘米，長1058.7厘米。存二十二紙，五百九十二行，行十七字。烏絲欄。紙背有古代裱補。有唐大曆九年（774）題記。國家圖書館藏。

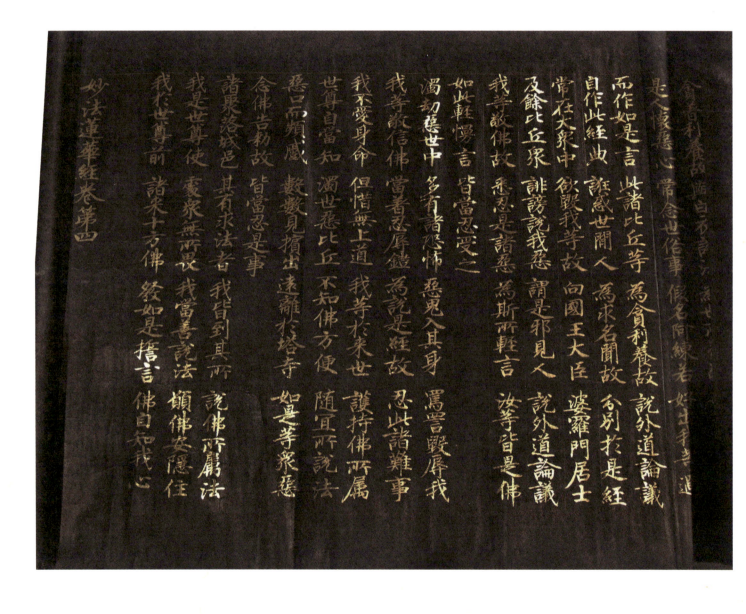

06899 妙法蓮華經七卷 〔後秦〕釋鳩摩羅什譯 唐五代泥金寫本

卷軸裝。高27厘米，長951厘米，共七卷。每卷存五百一十行至六百六十四
行不等，行十七字。金絲欄。引首繪泥金扉畫。有天竿、尾軸。每卷以竹絲
編經帙包裹，存黑漆嵌螺鈿經箱中。蘇州博物館藏。

思益梵天所問經卷第四

尒時文殊師利法王子白佛言如我解佛

所說義若有人發菩提願是為邪願所以者

何諸有所得悉皆是邪若計得是菩提而發

願者是人諸所作行皆為邪所以者何菩

提不在欲界不在色界不在无色界若菩

提无有住處不應發願世尊譬如有人願得

虛空寧得虛空不佛言不也世尊菩薩亦復

如是發同虛空相菩提之願即是發虛空願

菩提出過三世非是受相不可願也若菩薩起

二相發菩提心作是念生死與菩提異邪見

與菩提異涅槃與菩提異是則不行菩提道

也尒時思益梵天謂文殊師利菩薩云何行

名菩提行答言者菩薩行一切法而於法无所

行是名菩提行所以者何出過一切所行是

行菩提又問云何出過一切所行是行菩提

答言離眼耳鼻舌身意諸緣相是名出過

一切所行又問云何義答言不出過平等

06902 思益梵天所問經卷第四 （後秦）釋鳩摩羅什譯 吐蕃統治敦煌時期寫本

卷軸裝。高25.4厘米，長1032.4厘米。存二十二紙，五百七十九行，行十六至十七字。烏絲欄。有護首、天竿、尾軸、縹帶。山東省博物館藏。

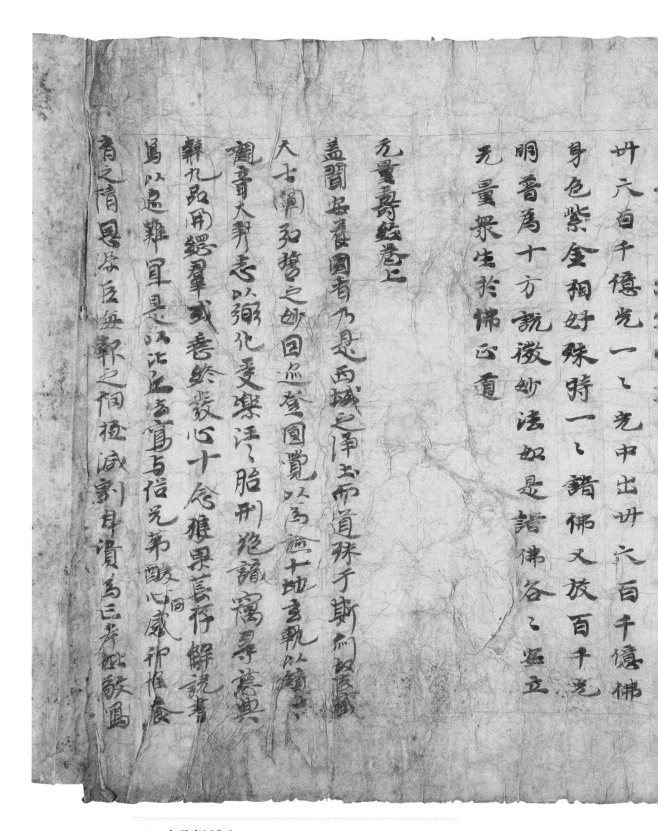

廿六百千億光一一光中出廿六百千億佛

身色紫金相好殊時一一諸佛又放百千光

明普為十方説微妙法如是諸佛各各安立

无量衆生於佛正道

无量壽經卷上

蓋聞安養國者乃是西域之淨土而道珠于斯而以廣藏

大士窮宏智之妙回流登圓覺以為蕪十地主軌以鎮

觀音大勢志以彌化受樂淨胎形絶諭竊尋慈典

辭九品用經軍或善於發心十念獲果菩行解説書

為以過難耳是以此正為寫与倍元弟醸心感神惟食

育之情恩深臣每報之惆惕滅劃身貭為巨孝此敬區

06904 無量壽經卷上 （魏）釋康僧鎧譯　南北朝寫本

卷軸裝。高25.9厘米，長685厘米。存十紙，四百一行，行十七字。烏絲欄。
國家圖書館藏。

私覆佛土皆以金縷真珠百千雜寶奇妙珍

興庄嚴挍飾周迊四面繞以寶鈴光色晃耀

盡挍嚴飾自然德風徐起微動其風調和不

寒不暑溫涼柔濡不遟不疾吹諸銅羅及眾

寶樹演發无量微妙法音流布万種溫雅德

香其有聞者塵勞垢習自然不起風觸其身

皆得快樂譬如比丘得滅盡三昧又風吹散

華遍滿佛土隨色次第而不雜乱柔濡光澤

馨香芬烈足履其上陷下四寸随舉之已還

復如故華用已訖地輒開裂以次化没清浄

无遺随其時節風吹散華如是六反有眾寶

蓮華周滿世界一一寶華百千億葉其葉光

明无量種種色青色青光黃色黃光赤黃朱紫

佛說大乘稻芊経一本

如是我聞一時薄伽梵住王舍城耆闍崛山與大比丘眾千二百五十人。及諸菩薩摩訶
薩俱。尒時具壽舍利子往彌勒菩薩摩訶薩経行之處到巳共相慰問俱坐盤陁之
上。是時具壽舍利子向彌勒菩薩，如是菩彌勒今日世尊觀見稻芊苦諸比丘作如是
是說諸比丘若見因緣彼即見法若見法即能見佛作是語巳黙然无言稱彌勒菩薩
何故作如是說其事云何者是法何者是佛云何見因緣即能見法云何見法
即能見佛作是語巳彌勒菩薩摩訶薩具壽舍利子言今佛法王正遍知諸苦諸比丘若
見因緣即能見法若見於法即能見佛者此中何者是因緣言因緣者此有。以有此生若
欲生所謂无明緣行行緣識識緣名色名色緣六入六入緣觸觸緣受受緣愛愛緣取取緣
有有緣生生緣老死愁嘆苦憂惱而得生起如是唯生純大苦之聚此中无明滅故行滅
滅故取減識減故有滅有滅故生滅生滅故老死愁嘆苦憂惱如是唯滅純大苦
之聚此是世尊所說因緣之法何者是法所謂八聖道正見正思惟正語正業正命正精進
正念正定受此是八聖道果及涅盤世尊所說名之為法何者是佛所謂知一切法者名之屬
佛以彼慧眼及法身能見菩提學无學法故云何見因緣如佛所說若能見因緣如
法常无壽離壽如實性无錯謬性无生无起无作无為无障畏无境界寂靜无畏无詞
法常无壽離壽如實性无錯謬性无生无起无作无為无障畏无境界寂靜无畏无詞
藥不滅靜相者是若能如是法亦常无壽離壽如實性无錯謬性无生无起无收
无為无障畏无境界寂靜无畏无很藥不滅靜相者得正智故能悟勝法以无法
而見於佛問曰何故名因緣若曰有緣名為因緣非无因緣故是故名為因緣之
法世尊略說曰緣之相彼彼緣生果如來出現若不出現法性常任乃至法性法定

06905 大乘稻芊經　佚名譯　普賢菩薩行願王經　佚名譯　大乘四法經（異本）　佚名
譯　因緣心論頌　佚名譯　佛垂般涅槃略說教誡經（後秦）釋鳩摩羅什譯　吐蕃統治敦煌時期
寫本
卷軸裝。高28厘米，長432.1厘米。存十一紙，二百八十一行，行字不等。烏絲欄。國家圖書館藏。

普賢菩薩行願王經

大乘四法經

如是我聞一時薄伽梵在舍衛國祇樹給孤獨園與大比丘眾千二百五十人及諸菩薩摩訶薩俱　爾時薄伽梵告諸比丘言諸比丘菩薩摩訶薩盡形壽不願身命不捨菩提心諸比丘菩薩摩訶薩盡形壽不願身命不捨善知識諸比丘菩薩摩訶薩盡形壽不願身命不捨菩提心諸比丘菩薩摩訶薩盡形壽不願身命而常任室閑是故諸比丘菩薩摩訶薩盡形壽不願身命而此四法不應遠離時薄伽梵作是語已是故爾時薄伽梵說是經已諸比丘及諸菩薩摩訶薩一切大眾聞佛所說信受奉行

大乘四法經

我得最勝授記已　變化眾多百俱胝　令以惠力於十方　於諸有情作饒益

佛臨般涅槃最後略說教戒經

後秦弘始年羅什等於長安逍遙譯

諭頌一本

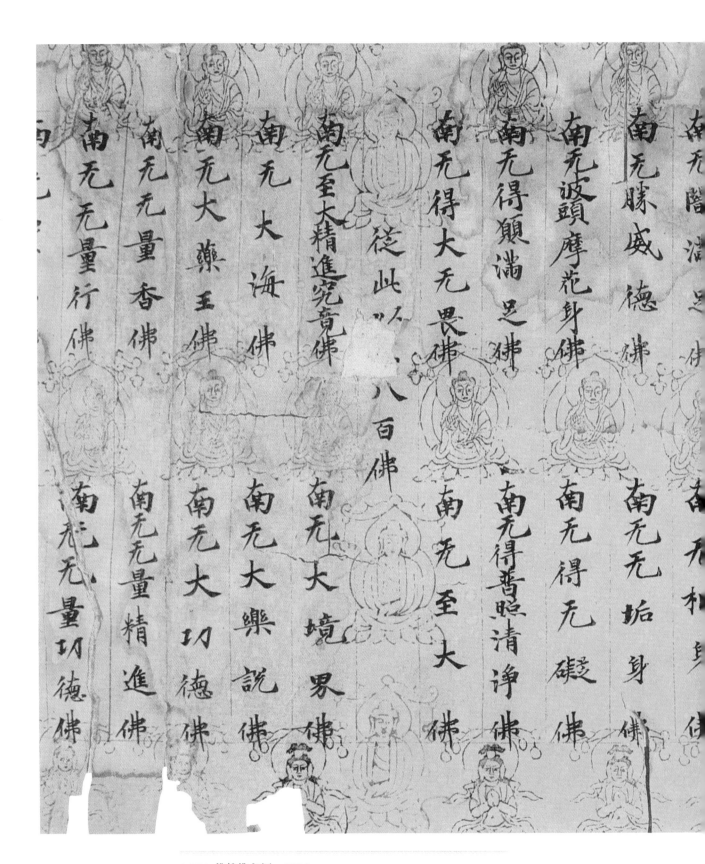

06906 佛説佛名經 唐寫本

卷軸裝。高25.5厘米，長150厘米。一紙長42厘米。存四紙，每紙二十四
行，行字不等。烏絲欄。有捺印佛像，卷背雜寫"五佛"。烏絲欄。天津博
物館藏。

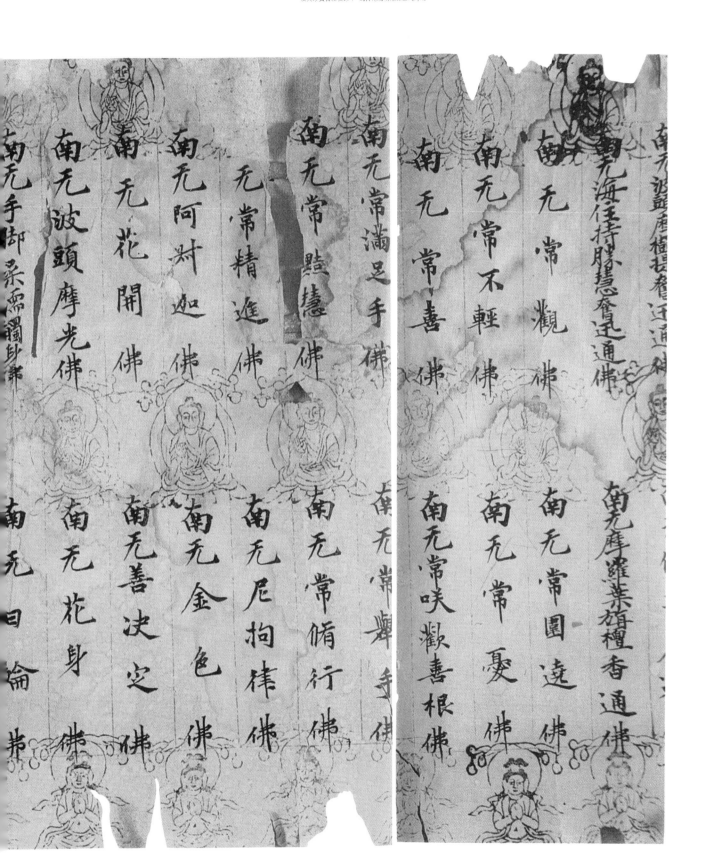

南无手御𤨏㝵圎身𦘕

南无波頭摩光佛

南无花開佛

南无阿𣏾如佛

无常精進佛

南无常點慧佛

南无常滿足手佛

南无海住持勝慧奮迅通佛

南无波蘿廅檀提奮迅通佛

南无常觀佛

南无常不輕佛

南无常善佛

南无曰論佛

南无花身佛

南无善決定佛

南无金色佛

南无尼拘律佛

南无常脩行佛

南无常輝手佛

南无常唉歡喜根佛

南无常憂佛

南无常圎遠佛

南无摩蘿業雄檀香通佛

佛說佛名經卷第五

南无天蓋佛　南无龍光佛

南无滕步佛　南无法威德佛

南无見有佛　南无慚愧面佛

南无滕色佛　南无普眼佛

南无功德光佛　南无月滕佛

南无定寶佛　南无功德幢佛

南无世目在劫佛　南无無畏觀佛

南无攝智佛　南无降怨佛

南无去光明佛　南无滕積佛

南无一念光佛　南无刀土舊迁佛

南无師子吕佛　南无我愛佛

南无信世閒佛　南无滕威德光明佛

南无師子舊迁頹佛　南无無垢去佛

06907 佛名經卷第五　（北魏）釋菩提留支譯　南北朝寫本

卷軸裝。高26.8厘米，長1171.6厘米。存二十四紙，五百六十二行。有護
首、天竿、尾軸。烏絲欄。山東省博物館藏。

佛說佛名經卷第十四

南无寶佛
南无阿那毗浮多稱佛

南无金光佛
南无大然燈佛

南无行意佛
南无毗迦摩佛

南无摩訶跋多佛
南无毗摩提闍訶佛

南无尋光佛
南无天道佛

南无不著步佛
南无天聲佛

南无訶陁羅難陁佛
南无花光佛

南无解脫光佛
南无普光佛

南无熊現佛
南无天愛佛

南无求那迦羅佛
南无智佛

南无菩提光佛
南无莎伽羅佛

南无菩提難提佛
南无摩訶訶提婆佛

南无深智佛
南无法自在佛

南无大那婆那佛
南无心意佛

南无智光明佛
南无不錯思惟佛

南无勝功德佛
南无坐稱佛

南无大莊嚴佛
南无月光佛

南无天光佛
南无清淨行佛

從此以上二万五百佛十二部經一切賢聖

南无愛切德佛
南无師子意佛

南无信婆藪那羅佛
南无寶光明佛

南无杖光明佛
南无種種婆光佛

06908　佛說佛名經卷第十四　　歸義軍時期寫本

卷軸裝。高32.3厘米，長1747厘米。一紙長44.5厘米。存三十九紙，每紙十九行，行字不等。烏絲欄。周叔弢舊藏。天津博物館藏。

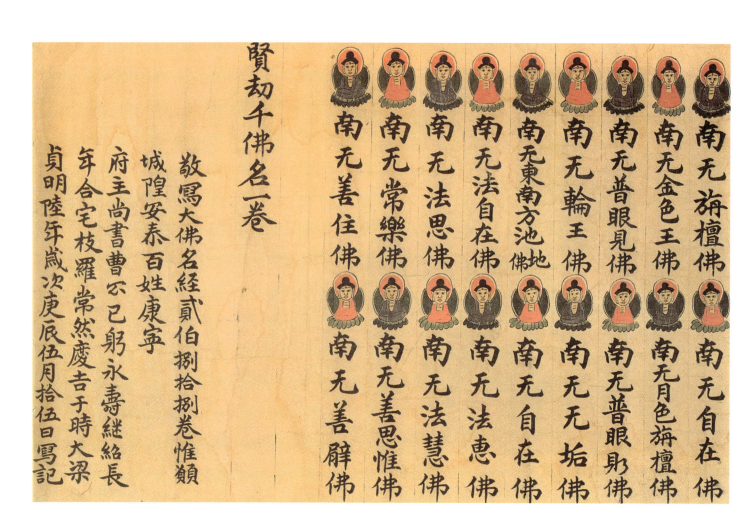

賢劫千佛名一卷

敬寫大佛名經貳伯捌拾捌卷惟願

城隍安泰百姓康寧

府主尚書曹公己躬永壽継紹長

年合宅校羅常然慶吉于時大梁

貞明陸年歲次庚辰伍月拾伍日寫記

南无栴檀佛
南无金色王佛
南无普眼見佛
南无輪王佛
南无東南方池地佛
南无法自在佛
南无法思佛
南无常樂佛
南无善住佛

南无自在佛
南无月色栴檀佛
南无普眼䏿佛
南无無垢佛
南无自在佛
南无法惠佛
南无法慧佛
南无善思惟佛
南无善辟佛

06909 賢劫千佛名經 後梁貞明六年（920）寫本

卷軸裝。高30.8厘米，長310厘米。一紙長61.5厘米。存五紙，每紙二十行，行字不等。每行上下彩繪佛像。烏絲欄。有年款題記。周叔弢舊藏。天津博物館藏。

長者父母居家都已死盡无所依怙是以貧乏婦後聞言汝今頗知故宅處
不荅言知處故宅毀壞後有空地夫婦相將往至故宅舍周迴案行隨其行
虛伏藏自出昂以珠寶倩人造宅未盈一月宅遂成富人荅言善光女即唤僮僕使千間
稱計王卒憶念我女善光云何生活有人荅言善光女夫主到舍王即受請見其家內宮宅处處嚴飾未曾
於王女昂曰遣其夫主請王到舍王昂受請見其家內宮宅嚴飾未曾
有王往問仏此女先世作何福業浮生王家身有光明紫磨金
婆尸仏入涅槃後有起頭王以仏舍利起七寶塔王夫夫人見則便以天冠佛鐺其像
頂上以天冠中如意寶珠著塔當頭因發願言使我將來到有光明紫磨金
邑尊豪樂富貴莫墮三塗八難之處昔夫人者今善光是後於過去如業
仏時復以餚饍供養仏僧而夫遮斷婦昂勸請我今已請使得光已夫還
聽婦尒時婦者今善光是今時夫者今日夫是由昔遮婦恒常貧賤以還聽
故要因其婦得大富貴先其婦時還貧賤以是因緣善惡之業必身受報
又雖寶藏經云仏在世時波斯匿王於臨中聞二內宮共諍道理之說言我依王活一
人荅言我自依業不依王也王聞可彼依王活者而欲賞之身遣直人語夫人此人出户辄
今當遺一人往者重與財物尋昂遣彼依王活者持兩餚酒送与夫人此人出户鼻
中迴出不得前進尋昂便喚彼依業者而問之言汝言汝出戶鼻
前王見深恼昂便嘆自作其業果不可避當是觀吉凶悔應自當所引非
王聞歎言仏語真實自作其業隨逐自浮起於心見言業果報近獲人天逗福仏果若邊

一種教具受前苦頌曰
宣非罪福別　　　皆由封著情
尋迴金乃異　　　乃捨趣循行
　　　苦觸恩歸樂　　　若斷有涌紫
　　　　樂極苦還生　　　當見法身寧

諸經要集卷第十一

06910　諸經要集卷第十一　（唐）釋道世集　金剛般若波羅蜜經並序

（血書）（後秦）釋鳩摩羅什譯　歸義軍時期寫本

卷軸裝。高29.4厘米，長398厘米。存九紙，四百三十一行，行字不等。上下
邊欄。國家圖書館藏。

—— 033 ——

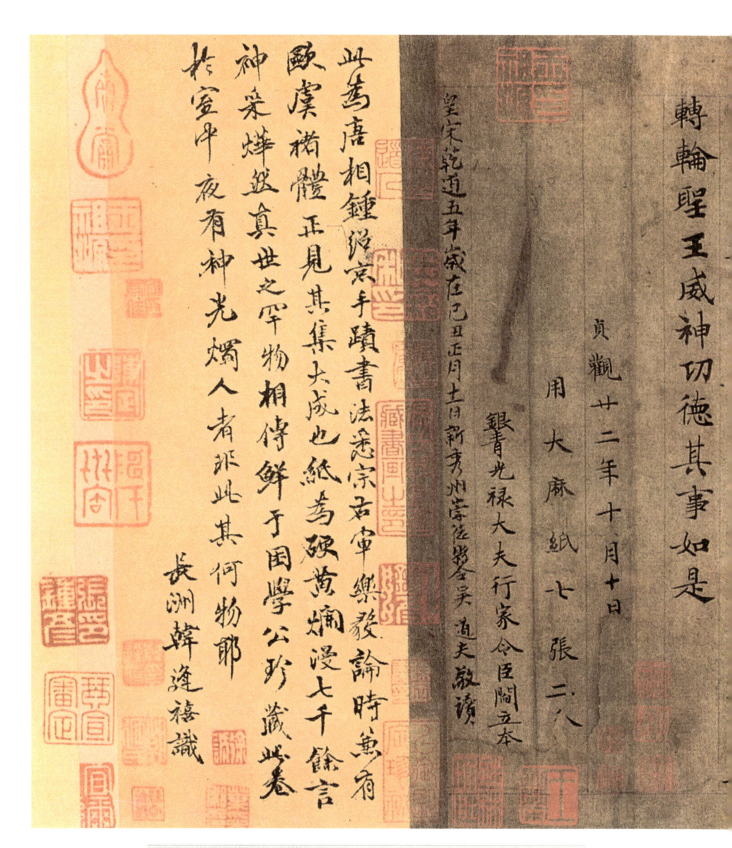

06911 佛説長阿含第四分世記經轉輪聖王品第三 （後秦）釋佛陀耶舍　釋竺佛念譯　唐貞觀二十二年（648）寫本

卷軸裝。高23.5厘米，長289.5厘米。存三紙，一百六十四行，行十七至十八字。有年款題記。有"韓逢禧書畫印"、"岳崧"、"子駿"、"張印鍾彥"、"王印祖源"、"王懿榮"等印。有吳道夫、韓逢禧、張岳崧等跋。天津博物館藏。

赤珠枕車渠欄楯眾寶枕其金羅網下懸銀鈴
其銀羅網下懸金鈴瑠璃羅網懸水精鈴水
精羅網懸瑠璃鈴赤珠羅網懸馬碯鈴馬碯
羅網懸赤珠鈴車渠羅網懸眾寶鈴其金樹
者銀葉華實其銀樹者金葉華實其瑠璃樹
水精華葉水精樹瑠璃華葉赤珠樹者碼碯
華葉馬碯樹赤珠華葉車渠樹眾寶葉其
四園牆復有四門周帀欄楯又其牆上皆有
樓閣寶臺其牆四面有樹木園林流泉浴池
生種種華樹木繁茂華菓熾盛眾香馥異
馬哀鳴其塔戌巳玉女寶居士寶典兵寶
舉國士民皆來供養此塔施諸窮乏頃餘與

三迴照佛㦳十六者莫吹火滅

暮臥有六事一者當思惟行道二者當誦經

三者當言南无佛四者莫念人惡五者當念

非常六者當念樂少憂是菩薩所行

教優婆夷入佛寺有十事一者不得在男子

上坐二者莫形唉人三者莫著脂粉畫眉四

者莫繁香著珠璣五者莫與男子相唉六者

當隨男子後七者莫相排湯八者布香莫八手

綢人手中九者當隨次持香十者當隨人教

令一心遶塔悔過自責堅持五戒轉身受福

可得男子亦可得佛

賢者優婆塞奉持此二百五十事有五福一

者長離三惡道二者疾見諦三者欲作沙門

易得師四者天龍鬼神常權護之五者世世

在三寶中若不能奉行之轉相丈持者有五

罪一者頭三惡道二者難見諦三者欲作沙

門難得師四者鬼神遶徒之五者世世不遇

三寶家

佛說提謂五戒經并威儀卷下

06914 提謂五戒經並威儀卷下　南北朝寫本

卷軸裝。高26厘米，長801厘米。存十八紙，三百五十八行，行十七字。烏
絲欄。有兩端塗黑漆，頂端點硃漆原軸。國家圖書館藏。

法界常住後一句自躰緣集法界本来常尔不增不

減非常非无常世　若経律論明此五句義者是佛

大乗真宗正法也

文四堪法印

一法躰堪　二因緣堪　三作堪　四成辧堪也

持律人有五功德

一戒品堅牢　二善塍諸惡　三於眾中決斷无畏

四若有疑悔能開解　五善持毗尼令正法久住

茲毗尼心者實日露臍實藏世倫約内外先潤自他守

護六根防慎三業伍昂允理進退合儀上下相管大小

是録行立拍授唑教詁哉自非如未慈被熟能若斯

故稱佛為六道尊師四生父母矣宣直言讚而已愈共行

之學之彼我丈夫已得當得如火在木攢搖放光似玉豪

涯濤澄發彩辟金藏土乙闇金明闇銷金顯水清玉現

尸羅清淨三昧現前　三昧現前先流惠起故經云先

以定動後以智抉斯言信美戒淨定淨惠淨

淨心淨心淨土淨

毗尼心一卷

06916 毗尼心經　歸義軍時期寫本

卷軸裝。高28厘米，長1604厘米。存三十紙，七百五十二行，行二十至
二十二字。烏絲欄。國家圖書館藏。

有門若无門生喜門生憂行者觀生
法空則滅喜心觀滅法空則滅憂心所以者
何生无所得滅无所失除世閒貪憂故是名
无法有法空復次十八空中初三空故一切
法後三空悉破一切法有法空破一切法生
時住時无法有法空破一切法滅時无法有法空
生滅一時破復次有人言過去未來法空何
名无法空現在及无為法空是名有法空是
以故過去法滅失變異歸无未來法因緣未
和合未生未有未出未起以是故名无法觀
知現在法及无為法現有是名有法是二俱
空故名為无法有法空復次有人言无為法
无生住滅是名无法有為法生住滅是名有
法如是等空名為无法有法空是為菩薩欲
住內空乃至无法有法空當學般若波羅蜜

十八空卷第廿一

06917 大智度論卷第三十一　〔後秦〕釋鳩摩羅什譯　南北朝寫本

卷軸裝。高25.7厘米，長1060厘米。存二十二紙，六百七行，行十七字。有
"黃賓虹"等印。盛華堂藏。

大智論釋苐世四品下　　卷苐六十七

湏菩提曰佛言希有世尊諸菩薩摩訶薩大
切億成乹所謂為一切眾生行般若波羅蜜
欲得阿耨多羅三藐三菩提世尊云何諸菩
薩摩訶薩具足備行般若波羅蜜佛告湏菩
提若菩薩摩訶薩行般若波羅蜜時不見色
增相不見色減相不見受想行識增相不
見減相乃至一切種稻不見增相不見減
相菩薩摩訶薩是時具足般若波羅蜜復次
湏菩提菩薩摩訶薩行般若波羅蜜時不見
是法是非法不可見是過去法是未來現在
法不見是善法不善法有記法无記法不見
是有為法无為法欲界色界无色界不
見檀波羅蜜尸羅波羅蜜羼提波羅蜜毗梨
耶波羅蜜禪波羅蜜若波羅蜜乃至不見一
切種稻如是菩薩摩訶薩具備行般若波
羅蜜何以故諸法无相故諸法空欵班无趺
固无覺者无壽者湏菩提言世尊世尊所說
不可思議佛告湏菩提色不可思議故所說
不可思議受想行識不可思議故所說不可
思議六波羅蜜不可思議故所說不可思議
乃至一切種稻不可思議故所說不可思議
湏菩提若菩薩摩訶薩行般若波羅蜜時知

06918　大智度論卷第六十七　（後秦）釋鳩摩羅什譯　南北朝寫本

卷軸裝。高26厘米，長828厘米。存十八紙，每紙二十九行，行十七字。烏絲欄。有軸。周叔弢舊藏。天津博物館藏。

06919 肇論 （後秦）釋僧肇著 卷背 量處輕重儀 （唐）釋道宣輯 因緣

心論釋開決記 六門陀羅尼經論廣釋 （唐）釋曇曠撰 唐寫本

卷軸裝。高24.5厘米，長1087厘米。存二十五紙，正面五百九十行，卷背

五百七十二行，行字不等。烏絲欄。遼寧省旅順博物館藏。

慞滅結使火三毒埖郭悲得消除若諸女耄
及善男子精神憂在無明重滺下久慶扵生
死不能得出要迴波生死沒溺婬欲海莫
能覺之者莫知求出要嗚呼甚可傷若善男
子善女耄心得悝悟還散婬欲應當與此施
羅君呪令其讀誦婬欲之火漸漸消滅婬欲
滅巳慞心目滅慞巳其心則定其心定
巳結使都滅結使滅巳心得解脫巳即
得道果是則名為大神呪力誠諦不虚神
力如是斷酒五辛七七四十九日諸不淨肉
恚不得食若男子行者九九八十一日若女
耄行者七七四十九日復晝夜六時勤心讀
誦燒黑沉水白檀擣香散花供養十方諸佛
六時讀誦曾不癈忘曰數足巳結使即滅其
心泰然無復婬欲
我文殊師利菩薩令欲說神呪名消諸精魅
鬼幷及妖邪蠱道有呪名漚帝兜囊

06920 七佛所說神呪經卷第二 （晉）失譯 唐寫本

卷軸裝。高25.9厘米，長777厘米。一紙長48.5厘米。存十六紙，每紙
二十八行，行十六至十七字。烏絲欄。天津博物館藏。

為説法令其解脱若諸有學斷十二緣緣斷勝性勝妙現圓我於彼前現獨覺身而為説法令其解脱若諸有學得四諦空修道入滅勝性勝妙現圓我

現圓我於彼前現緣覺身而為説法令其解脱若諸有學斷十二緣緣斷勝性勝妙現圓

脱若諸有學斷十二緣緣斷勝性勝妙現圓我於彼前現聲聞身而為説法令其解脱若諸有學得四諦空備道入滅勝性勝妙現圓我於彼前現梵王身而為説法令其

我於彼前現緣覺身而為説法令其解脱若諸有學斷十二緣緣

於彼前現聲聞身而為説法令其解脱若諸

眾生欲心明悟不犯欲塵欲身清淨我於彼

前現梵王身而為説法令其解脱若諸眾生

欲為天主統領諸天我於彼前現帝釋身而

為説法令其成就若諸眾生欲身自在遊行

十方我於彼前現自在天身而為説法令其成

就若諸眾生欲身自在飛行虛空我於彼前

現大自在天身而為説法令其成就若諸眾

生愛統鬼神救護國土我於彼前現天大將

軍身而為説法令其成就若諸眾生愛統世

06921 大佛頂如來密因修證了義諸菩薩萬行首楞嚴經卷第六 （唐）釋般刺密帝譯 吐蕃統
治敦煌時期寫本
卷軸裝。高26厘米，長572.5厘米。存十四紙，三百二十八行，行十七字。烏絲欄。有護首、尾軸。山
東省博物館藏。

大佛頂如来密因俻證了義諸菩薩萬行首楞嚴經䇹六

一名中印度那爛陁大道塲

経於灌頂部錄出別行

余時観世音菩薩即従座起頂礼佛足而白

佛言世尊憶念我昔无數恒河沙劫於時有

佛出現於世名観世音我於彼佛發菩提心

彼佛教我従聞思俻入三摩地初於聞中入

流亡所所入既寂動静二相了然不生如是漸

增聞所聞盡聞不住覺所覺亦空空覺極圓

空所空滅生滅既滅寂滅現前忽然超越世

出世間十方圓明獲二殊勝一者上合十方

諸佛本妙覺心與佛如来同一慈力二者下

合十方一切六道衆生與諸衆生同一悲仰

世尊由我供養観音如来蒙彼如来授我如

幻聞薰聞俻金剛三昧與佛如来同慈力故

佛說此經已比丘比丘尼優婆塞優婆夷一
切世間天人阿修羅及諸他方菩薩二乘聖
仙童子并初發心大力鬼神皆大歡喜作礼
而去

大佛頂萬行首楞嚴經卷第十

間窗聊齋窗齋一段內有白居易詩云
人間大病治無藥惟有楞嚴四卷經
幸在唐經肉檢出此經一卷保存闕後
家中人如有疾病虔心持誦以試靈驗否

06922 大佛頂如來密因修證了義諸菩薩萬行首楞嚴經卷第十 （唐）釋般刺密帝譯 唐寫本
卷軸裝。高26.21厘米，長578厘米。存十一紙半，三百二十七行，行十六至十七字。烏絲欄。有天
竿、尾軸。有"王鴻武"印。王鴻武跋。敦煌市博物館藏。

誦此經能持此呪如我廣說窮劫不盡依我

乃至算數譬喻所不能及阿難若有眾生能

福超越前之施人百倍千倍千萬億倍如是

應念銷滅變其所受地獄苦因成安樂國得

念將此法門扵末劫中開示末學是人罪障

地獄乃至窮盡十方无間靡不踁歷應躶双一

具四重十波羅夷瞬息即經此方他方阿鼻

佛告阿難諸佛如來語无虛妄若復有人身

福云何更有邊際

佛土亢徧皆施珍寶窮劫思議尚不能及是

七寶持身猶猶東轉王佇殊徧虛空助寶

題序引用暢玄猷真有識而會

真悟心經而返照

般若波羅蜜多心經　即歸於生死正則趣向菩提豈得不論正耶一藥咸稱智惠

有无觀有之心名之為智了有非有名之惠波羅蜜多名彼岸到住有无悉名此岸不住有无悉乃名彼岸所以菩薩以智惠力照見有无二境悉知是无故能離有離无得到无有无地以是義故名彼岸到心經者身心

不住有无既離有无乃名為正故知智惠觀察觀察

所經之妄名曰心經所以須說心經慮者楞伽經云不識自心現妄想故妄想若識則藏今欲令他見夫二乘識自

識自心現妄想故妄想若識則地故去故般若波羅蜜多心經

心現妄想境易得到无妄想

觀自在菩薩　觀謂觀照以何義故能觀文字詮實

相理名為觀照以何義故能觀文字而悟實相只如聞說

四大和合假名為身四大无主身亦无我此即名為文字

般若既聞此語便即思之思量不已乃知此身骨寅堅性

名為地大膿血濕潤名為水大煖熱氣名為火大動轉

行來名為風大既知四大是身目緣由身遂能析旋俯仰

語言談笑未知此中語言者誰為是骨寅語耶為是膿

血語耶為煖氣語耶是風氣語耶若是骨寅語者死人有

其骨寅云何不語若是濕氣膿血語者膿血无知云何能語

華嚴略疏卷第一

比丘法悧供養流通

光明以益物三戟自在以益物三皆以定為驕以三為用

早是驕用之義也前三周明自行外化者尔不離於驕用

第二光中有三初兩行想次百五十

如是等次光明門巳下廿一行明緒勸也三後十二

巳下七十行明定道之力三業或以神慶光明

生而或以菩薩心靜一切善惡淨心海中轲

行想次六十七行別後兩川結勸也別中自在

弓中自在次就入等中自在童子身巳下

天文諸塵定有色心等中自在以下況上中

秀導行也无畏大七巳下廿六行明顯發流通也

06925 華嚴略疏卷第一　南北朝寫本

卷軸裝。高25.2厘米，長970.7厘米。存二十六紙，五百六十五行，行二十二至二十三字。烏絲欄。國家圖書館藏。

—— 047 ——

06927 [大般涅槃經疏] 南北朝時期寫本 卷背 大乘稻芉經隨聽疏

（二種）（唐）釋法成撰 吐蕃統治敦煌時期寫本

卷軸裝。高26.5厘米，長554.5厘米。存十六紙，三百九十二行，卷背四十九行，行字不等。國家圖書館藏。

大乘鵝羊經隨聽䟽

將釋㝵經總以五門分別一立所宗二明嵂夫四辟嵂藏第

五解釋如是五義依大小經及以諸論今當略釋

第一言立所宗者世間宗見雖有无量以要言之不

出二種一內二外彼外宗見有九十六東西言之有十六

論是故瑜伽論本地分中有尋伺等三地內六唱柁南

曰執曰中有果論顯了有去來　我常宿作曰

自在等害法　是无邊撟亂　計无曰斷空　最勝淨吉祥

如理作意應知何等十六一曰中有果論二從緣顯了

名十六異論　彼長行解釋云由十六種異論善別顯不

論三去來實有論四計我論　五計常論　六宿曰作論

七計自在等論為作者論　八害為正法論　九有邊

06928　妙法蓮華經玄贊卷第二　（唐）釋窺基撰　唐寫本

卷軸裝。高28厘米，長2088.2厘米。存五十五紙，一千一百六十一行，行二十二至二十三字。烏絲欄。國家圖書館藏。

我弟子自謂阿羅漢不信此法无有是處一頌三句堪説除仏

滅後現前无仏此初也　經當来世惡人至破仏墮惡道

贊曰頌釋玄行知增上慢當来惡人不信此法者多是增上慢

不但增上慢而餘惡人之不能信仏在慢者上已説相滅後雜

故此獨舉　經有慚愧清淨至廣讃一乘道　贊曰釋

堪説有具四德一輙崇重賢善復顧自身羞耻道非二慚軽

暴惡復顧世間爲耻道罪三清淨内外无瑕非此名利四世

仏道不顧二乘能信此經不愚法類乃可爲説設愚法者若

遇餘仏便得決了一乘道也　經舍利弗當知自知當作仏

贊曰此中三頌品第四段勸發喜心令欣作仏初一頌半明仏法所

辛不了後一頌半勸知生喜欣求作仏如文可解

去名玄讃弟四

06929　妙法蓮華經玄贊卷第四　（唐）釋窺基撰　唐寫本

卷軸裝。高28.2厘米，長1344.6厘米。存三十三紙，七百十四行，行二十五字。上下邊欄，折疊豎欄。有尾軸。國家圖書館藏。

——— 051 ———

淨名經集解關中疏卷上

法門法雲跡

06930 淨名經集解關中疏卷上 （唐）釋道液撰　吐蕃統治敦煌時期寫本
卷軸裝。高27.5厘米，長1037.8厘米。存二十五紙，七百六行，行字不等。
烏絲欄。國家圖書館藏。

06931 淨名經集解關中疏卷上 （唐）釋道液撰　唐乙巳年（825）寫本

卷軸裝。高30.7厘米，長2283厘米。存五十四紙，一千六百二十行，行二十九至三十字。有年款題記。烏絲欄。國家圖書館藏。

法施未等致施極上第下明施心平等以成善得爲施之

意也 △一切衆會皆見光明國土難勝如未又見珠瓔在

彼佛上變戌四柱寶臺四面嚴飾不相障蔽

二佛現化生日令作二分者欲以明等也現神力者驗法施

也變戌四柱寶臺豈財施能爲之乎是法施會然也故

能無不周耳 △維摩詰現神變已作是言若施主等心施

一寂下乞人猶如來福田之相 三勸令等心文二有

施者未能亡於令別故淨名亦之以平等什日施佛以地

相等二無相等此初也施佛神通若此施貧初無善事

滕故心濃施貧以地菩故悲深是以福田回

爲具乏法施也 二無相等也肇曰若能齊尊甲一行

報以平等悲而爲施者乃具乏法施耳

城中一寂下乞人見是神力聞其所說皆發阿耨多羅

三藐三菩提心 此四得益也一 △故我不任詣彼問疾

四結不惴 △如是諸菩薩各各向佛說其本緣稱述維

摩詰所言皆曰不任詣彼問疾 此是大段第二物明諸

菩薩奉辭肇曰三万二千菩薩皆說不任之辭文不偹

載之耳

淨名經關中疏卷上

06932 淨名經集解關中疏卷上 （唐）釋道液撰　吐蕃統治敦煌時期寫本

卷軸裝。高27.4厘米，長2270.7厘米。存五十六紙，一千六百五行，行
二十一至二十二字。卷背有歸義軍時期《瑜伽師地論》雜抄九行。烏絲欄。
國家圖書館藏。

三菩提法若未来世中善男子善女人求无求者當令手得如是
等経与其念力使得受持讀誦為他廣説世尊若後末世有能受持
讀誦為他説者當知是弥勒神力之所建立　此二領通経百如来得法
益通三世未来有縁我當令手得心持目行善記弥勒神力者肇曰定
己切於末法恩衆魔之惟斷　於是一切菩薩合掌与佛言我等於如来滅後十方國
此二佛讃如文可見

佛言善哉善哉弥勒如汝所説佛助企喜
爾時四天王白佛言世尊諸官屬為聴法
此下三四天王受
　　是時佛告阿難受持是

士廣宣流布阿耨多羅三菩提復當聞導滿説法者令得是經
二諸芥受法燈通照十方
城色衆落山林曠野有是経巻讀誦解説者我當率諸官屬為聴法
故注詣其所擁護其人面百由旬令无伺求得其便者
音徑巻徑慶灾難曰清況天力護持徐擴説化

経廣宣流布阿難言唯我己受持要者世尊當阿名斯経佛言阿難
是経名維摩詰所説之名不可思議解脱法門如是受持　下二付囑阿
難付受問答欲全偹集之時无所遺漏　佛説是経己長者維摩詰
文殊師利舍利弗阿難等及諸天人阿脩羅等一切大衆聞佛所説皆
大歡喜　己下記付既周慶聞終奉

淨名経閞中䟽巻下

蕃中□年三月十七日於沙州金光明寺寫訖笠□□□

06933 淨名經集解關中疏卷下 （唐）釋道液撰　吐蕃統治敦煌時期寫本
卷軸裝。高29.5厘米，長1053.5厘米。一紙長43厘米。存二十五紙，
七百六十二行，每紙三十行，行字不等。烏絲欄。天津博物館藏。

06934 維摩義記卷第二 （隋）釋慧遠撰　歸義軍時期寫本

卷軸裝。高27.6厘米，長1707厘米。存三十九紙，九百三十九行，行三十至三十二字。烏絲欄。國家圖書館藏。

物辛懃名受大苦若其脫下喻明化託方得受樂下次合之世尊立不合

有人也為我苦故備諸苦行合初學住為官而取我令受大苦令者未免生死去

何如來淨受樂者合有人間汝受何事答言我令受大苦惚我未出苦

令已應為我受苦去何捨我自受安樂若脫受樂略而不合第四請

中文別有三一明如來所為不善二如來捉法應无慚顏下以結

請仏住初中先喻醫王喻仏不善解方藥喻仏能知大乘秘法偏教

子者喻教文殊不教餘喜喻仏不教諸比丘等下次合之如來上次

合醫解藥獨以秘藏偏教未殊合以秘方偏教其子遣棄我等合不

教餘外受學者第二責中初言如來捉法應无慚者量聖異凡以理測

人无偏責同世醫前中初言如來捉法應无慚青同世醫後明如來於

尋未敢專決是以言責王偏教子菩責聖同凡後中初言使醫

所以不歛菩教情存勝負蘭凡吳聖如來之心終无勝負量聖異凡何

不見論責聖同凡第三結請文題可如第五請中先喻後合喻中辟如

老少病人以丘喻已離善行峻彰已迷或更有人菩喻仏如來應見示

莫異人喻仏見之憐懇喻應懌已昂使未等喻應教已合中初先合已速

武我立如是了捉合世所謂下別唯顏示下約前異人請仏未道崔顏示

我立如是了捉合世所謂下別唯顏示下約前異人請仏未道崔顏示

我甘露西道請仏說法无上涅槃餘除熱惚故曰甘露約喻名法說

06935 涅槃義記卷第一　隋大業十一年（615）寫本

卷軸裝。高28.5厘米，長2419.5厘米。存六十五紙，一千五百一十行，行二十七至二十八字。尾有年款題記。烏絲欄。國家圖書館藏。

—— 057 ——

06936 [菩薩地持經疏] 卷背 **[起世經鈔] [雜緣起鈔]** 唐寫本

卷軸裝。高28.3厘米，長959.2厘米。存二十三紙，正面五百五十九行，行
三十三至三十四字。卷背兩件內容分別為三百四十四、二百三十八行，行字
不等。國家圖書館藏。

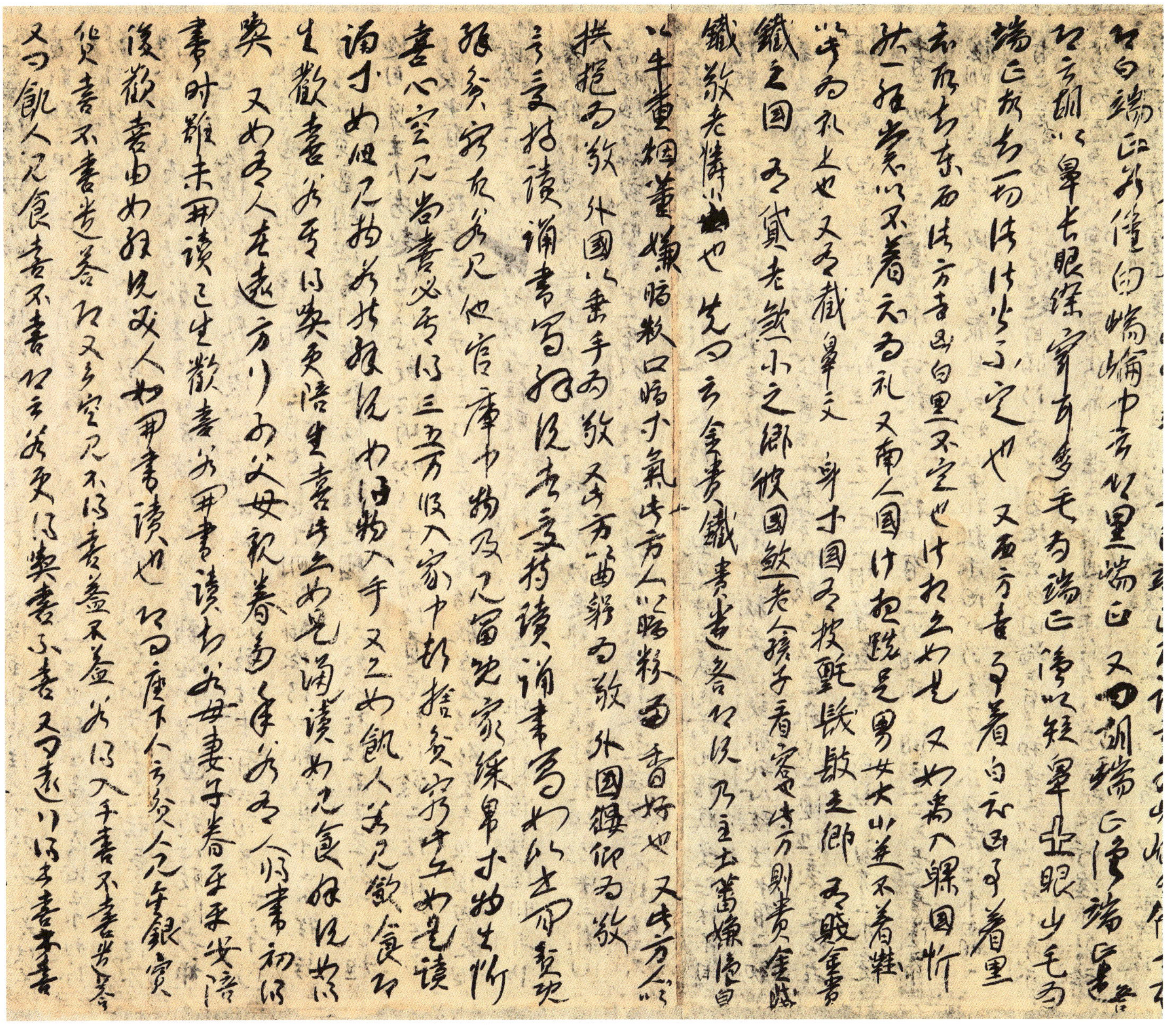

四分戒疏卷第一

06938 **四分律戒本疏**　歸義軍時期寫本

卷軸裝。高31厘米，長1091厘米。存二十六紙，七百三十三行，行字不等。

烏絲欄、折疊欄、刻畫欄。國家圖書館藏。

四分戒疏卷第三

壬子年三月廿八日於沙州壽永寺寫

06939 四分律戒本疏卷第三　歸義軍時期寫本

卷軸裝。高32.3厘米，長868.5厘米。存二十紙，六百二十三行，行三十二至三十四字。尾有題記。烏絲欄。國家圖書館藏。

06940 [大僧與比丘作羯磨文]（二種）　卷背　**大義章**　題及法師撰　南北朝寫本

卷軸裝。高28厘米，長423厘米。存十一紙，正面兩件，分別為一百十九行、一百四行，行字不等。卷背二百六行，行二十四字。國家圖書館藏。

06941 [百法明門論疏] 吐蕃統治敦煌時期寫本

卷軸裝。高27厘米，長1482厘米。存三十一紙，一千一百七十四行，行二十七至二十九字。烏絲欄。國家圖書館藏。

大乘百法論義章一卷　　昊法師撰

將釋此論略作七門分別　第一明造論意　第二釋論題目

第三辨論宗體　第四顯教被機

第六陳造論年主　第五明教所被機

不以斷常空有等名相搆所以蕪陷生毒軷利物為除空有

兩執故開空有二門前明百法有體為達軷空後明人法二空

為除有見所以有體世諦非元順塵言空真諦隨何說有隨

情說藥病息藥正執菓戒病悟病戒藥非空非有即有

即空既絕百非又三四句尖因詮顯言故假說以明貶不說而

說生聽元所憶論之興也其在慈乎此即第一明造論意

第二釋論題目者大乘百法論法明門論本事分中略錄名數

者大是庶小得名乘者運載為義此言大乘者遮詮三號

非是表詮言遮詮者甫小手故名曰遮詮十七相蓋名百廣

如後釋能持自性故名為法明者是惠与明為門故曰明門問

善往運稱之為論言本事分中者即百法明門論本事分

中出也良為本事分中文繁造博是論文略故略錄文略

故略非義略也目曰諸法稱之曰名二十百千名之為數故言

大乘百法明門論本事分中略錄名數第二釋具題目

第三辨論宗體者體即趣明能詮教體宗者別顯諸教

所詮出佛教體大唐三藏五門出體一攝長歸真體謂諸

聖教名句文身皆以音聲用真如為體故維摩經云一初

06942　大乘百法論義章　（唐）釋昊法師撰　吐蕃統治敦煌時期寫本

卷軸裝。高27.5厘米，長1298厘米。存三十三紙，八百五十五行，行二十二至二十三字。國家圖書館藏。

大乘百法明門論開宗義記

京西明寺道撝沙門曇曠撰

06943　大乘百法明門論開宗義記　　五代寫本

卷軸裝。高28.5厘米，長825厘米。一紙長72.8厘米。存十二紙，每紙
四十九行，行二十二至二十九字。卷背存《大乘百法明門論開宗義記補記》
等四種文獻。烏絲欄。天津博物館藏。

06944 [大乘百法明門論開宗義記手記]　唐會昌六年（846）寫本　卷背　[天復甲子新婦染患施捨文]　唐天復甲子（904）寫本　[都僧統賢照都僧録談廣等上僕射狀稿]　歸義軍時期寫本
卷軸裝。高29.4厘米，長162.1厘米。存四紙，一百八十五行，卷背存九行，行字不等。有年款題記。
山東省博物館藏。

06945 ［大乘入道次第章］　歸義軍時期寫本

卷軸裝。高28厘米，長877.5厘米。存二十二紙，五百九十二行，行二十六至三十字。烏絲欄。國家圖書館藏。

出复诤出相之解闇道如来不出復你不出之解是重難倒故不知如来

出以不出義如經不信佛世之義无眾菩薩言實女法今以得遠離如是

惡法不也實女言法无我已遠離如是惡法 問曰何名為草 答曰不貪章

及以貪草本无二性是故得遠離 問曰云何遠離 答曰斷章之義稱斷

是「義常是「義言為草聲聞錄覽貪章可斷解脫可取以是目錄故

不能遠離生死无眾菩薩言實女知不可說善薩所說不實女
　　　　　　　故

言法「不可說者終无所說二人目論義故旱自解釋不須更乎如其說者
　　　　　　　有所說有

旱是說義非不可說者非可說君不可說者云何得君不可說也旱應是說以不可說

實无所說是故名為不可說也略結句者不可說實化所說據實實家

不可說者介我於今者所何得聞や若所无所聞何以可信无眾菩薩言

實女是不可說為實有所說今有證知何難是や所謂海

會大眾從按聞法所按言中我名不可說離信汝也者有言我聞不可說

之所說者是人旱是大妄語何以故是不可說祺本際已來於法界海會不

菩說一法以是目錄故我名不可說云何人者乃於大眾中而言聞や无眾菩

薩言實女所於今者信有仏語不无眾何故你是問正歐明佛是勝上福

田言語汝定歎實家 佛上以雜實我女淫寶女屬於我當時正値實女尋

宜返章之說无世間不信之人旱是佛州何以故以有信故旱有貪欲

　　　　　　　　本願如来无信故貪顒永三旱是无證真諍照三空里泉无考口可不

06946 [大乘五門十地實相論] 南北朝寫本
卷軸裝。高28.6厘米，長726.9厘米。存十八紙，四百七十行，行二十八至
三十字。卷背有白畫禽鳥、花邊裝飾圖案等。烏絲欄。國家圖書館藏。

068

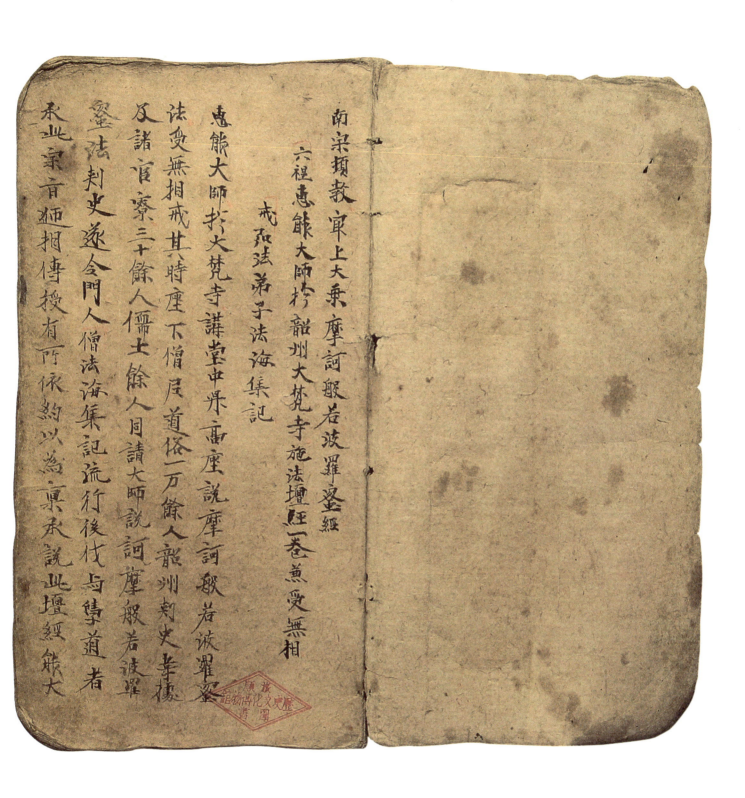

06947 南宗頓教最上大乘摩訶般若波羅蜜經六祖惠能大師於韶州大梵寺施法壇經一

卷 （唐）釋法海等輯　後周顯德五年（958）寫本

縫繢裝。高27.8厘米，廣14.5厘米。半葉七行，行二十二至二十三字。遼寧省旅順博物館藏。

06948　大慈如來十月廿四日告疏　北魏興安三年（454）寫本

卷軸裝。殘高21.9厘米，長37.1厘米。存一紙，十八行，行約十八字。卷末
有年款題記。敦煌研究院藏。

護持大法此之人舉足一步天壹自至未

来受藥如樹提伽如是則名為家上善人也佛

告大眾我向所論種種曰果此經一名殊別

二名殊勝三名菩薩若有眾生此經者一

發菩心得生淨土佛告菩薩聞我說者

心生歡喜如早得水苗稼業蘇活不受我

語者如石水漲无有潤時余時阿難白佛言

世尊海等見振里園有人從七歲修福　至

於百年臨命終時破其五惡此人得福以不

余時世尊復語阿難喻如般車上萬里之坂

臨頭翻車連本所損何有得其鯉扶此

多如雲影日斤時之老喻如一口之食俱得

久飽佛語眾生我等廣說曰緣共曰成佛

普勸眾生同修淨行一切世間天人阿修

羅等聞佛所說皆大歡喜作礼而去

佛說无量大慈教經一卷

06950 **佛說無量大慈教經**　歸義軍時期寫本

卷軸裝。高25.5厘米，長227厘米。一紙長49.6厘米。存四紙，一百二十五行，行十五至十八字。烏絲欄。甘肅省圖書館藏。

南无藏慈王佛
南无瞻善首佛
南无廣嶽王佛
南无金華炎光桐佛
南无寶蓋照空自在力王佛
南无金華光佛
南无流融庄嚴王佛
南无不動智光佛
南无千光明佛
南无弥勒仙光佛
南无善寄月音佛
南无寶蓋登王佛
南无日月光佛
南无慧幡庄嚴王佛
南无光桐明佛
南无金佰光明憧佛
南无妙音脉王佛
南无觀世登王佛

南无觀檀家庄嚴脉佛
南无善登佛
南无金山寶蓋佛
南无大烟光明佛
南无普現色身光佛
南无遍空寶華光佛
南无降伏諸魔王佛
南无慈惠脉佛
南无世淨光佛
南无妙尊烟王佛
南无龍種上烟尊王佛
南无日月珠光佛
南无日月光佛
南无金炎光明佛
南无師子眦目自在力王佛
南无常光憧佛
南无酒弥光佛

06951　大通方廣懺悔滅罪莊嚴成佛經卷上　唐寫本

卷軸裝。高29厘米，長829厘米。存二十紙，行字不等。烏絲欄。遼寧省旅順博物館藏。

佛說禪門經一卷

奉行

忍及諸天龍八部鬼神皆各歡喜敬心

无量衆生發菩提心无量衆生得无生法

耨多羅三藐三菩提尒時世尊說此経已

此経中生信順心當知是人為无有上得阿

来法身頓无閒地獄善男子若有人能於

令輕慢如有假毀誹謗之者當知是人壞如

及衆生若有聞見此経典者讚持清淨莫

依此経教而得解脫善男子汝等流布普

八何以故禪門秘要不可思議三世諸佛

大乘妙義至理空曠有為衆生而不能

得涅槃樂汝今欣慶我願滿之善男子

衆生之父教育諸子无有疲勞斷地獄苦

06952 **禪門經並序**　歸義軍時期寫本

卷軸裝。高24.6厘米，長286.5厘米。存六紙，一百五十六行，行十六至十七
字。烏絲欄。國家圖書館藏。

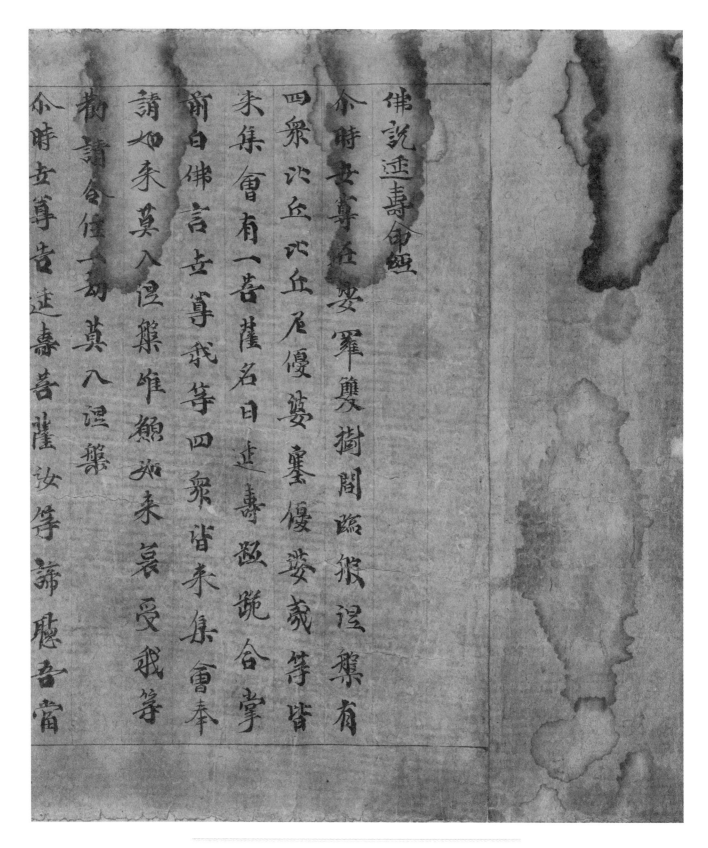

06954 佛説延壽命經　歸義軍時期寫本

卷軸裝。高25.5厘米，長145.5厘米。存三紙，六十五行，行十五字。有護
首、天竿。烏絲欄。國家圖書館藏。

06955 十王經　護諸童子陀羅尼咒經　般若波羅蜜多心經〔唐〕

釋玄奘譯　唐寫本

卷軸裝。高25.8厘米，長250厘米。存六紙，一百六十六行，行十六至十七字。烏絲欄。有尾軸。國家圖書館藏。

罷玉亦是何必湏念遂家訪覓證明經

寫三卷得壽一百再歲住擔玉家內爐剪不

得三卷住獨身充備士一崇捉安州公廨本錢

一柔濱向擔南進之暑違寫取三卷恐不能辨

寫取一卷湏得巳不守文案罷云不得要湏三卷

猶如三人證事始得成證暑寫一卷於事無益住

強玉家事雖前一時不辦漸寫取之湏得巳不

守文案罷云暑一時不辦漸寫取之亦得住強

語說即述曹司門外見有懸崔百餘文授中遂

得身活還見家內具說遍留如此因即訪覓此

經天下遊無此本雖得明證経任強不肯寫守

文書罷今我寫證明経令得明證経恐非此本

有人語任強玉此可向彭慧通家借経目錄勘

有證明経不復借勘果有此本目上涯云京師

兩處寺有本江淮南聞一豪有本任強依目錄

上往張尋覓遂得證明経本寫三卷竟從尒

巳來住雖尋忠瘡益志除榴身體肥健非復

帝日具說死時遷留事狀如斯

06956 黃仕強傳　普賢菩薩說證明經　證香火本因經　歸義軍時期
寫本
卷軸裝。高27.7厘米，847.8厘米長。存二十紙，四百七十四行，行十七至十八
字。烏絲欄。山東省博物館藏。

此經 佛臨鉢涅槃略往記經 稱讚大乗功德經 受持七佛名号

丙生印德經 右十五經同祑

菩薩正詞色一敬經 佛語經 老摩婆帝受記經 月明菩薩經

一切施王行檀波羅蜜經 菩薩生冠經 龍母經 鹿子經 溫室經

阿弥陀鼓音聲王經 八吉祥神呪經 八部佛名經 八陽神呪經 長者法志妻經

右四經同祑 菩薩悟浄懺悔經 菩薩受齋經 後出阿弥

陁佛偈經 舍利弗悔過經 賢者五福經 賢手經 八八大人覺經

右二經同祑 發光般若波羅蜜經 光讚般若波羅蜜經

賢者五福經 八吉祥神呪經

大哀經八卷一祑 大般涅槃經十卷一祑 妙法蓮華經七卷一祑 大薩遮尼乾子經七卷一祑 入楞伽經十卷一祑 大方等

太子當千輪經八卷 悲華經十卷一祑 大悲分陀利經八卷一祑 大方寺

大集菩薩念佛三昧經十卷一祑 不退轉輪經四卷 思益梵天問經四卷

右三經同祑 持人菩薩所問經四卷 持心梵天所問經四卷

持世經四卷 右回經同祑 樂瓔珞莊嚴方便經四卷又

信力入印法門經五卷 道神足無極變化經四卷 廣博嚴浄不退轉經四卷

右二經同祑 順真陁羅尼經三卷 寶泓經二卷

樂瓔珞莊嚴方便經六卷 集一切福

大明度無極經四卷 筴興顯經四卷 諸法本無經

大方等菩薩處胎經四卷 大個跋梨龍王經四卷 舊雜三昧經三卷 集一切福

三昧經三卷 右三經同祑 阿惟越智遮經三卷 羅摩伽經三卷

寶女經三卷 右三經同祑 菩薩行方便境界經二卷

神通遊化經三卷 大乗方便經三卷 菩薩行方便境界

得三昧化經三卷 右四經同祑 文殊師利現寶藏經三卷 順權方便經二卷

太方廣寶篋經三卷 愛集衆

06957-06959 藏經目 五代寫本

卷軸裝。高28.5厘米，長158.5、30.5、28.5厘米。一紙長40.8厘米。每紙二十二行，行字不等。折疊欄。周叔弢舊藏。天津博物館藏。

至心歸命十方常住三寶衆等從无始巳

來至于今日或於師間有鄣穀害尊人破和

合衆不發无上正真之心有人斷滅法教使

聖道不行或罷脫人道鞭考善士楚撻駈侵

昔言加謗或破戒行虧於威儀或勸他人檢

弃正道受行耶法或假託形儀關竊賊盜如

是等罪今皆懺悔

至心歸命十方常住三寶衆等從无始巳來

或裸形單衣在經像前不淨脚履昇上壇靜

或著屐屧入於觀舍經室滛唾堂房汙三寶

地乘車策馬排突觀舍令如是等於三寶間

所起罪業无量无邊今日至心於十方天尊聖

衆前皆恚懺悔

至心歸命懷道天尊

至心歸命駕龍天尊

至心歸命寶明天尊

至心歸命六洞天尊

至心歸命靈无天尊

至心歸命大千天尊

至心歸命長樂身天尊

至心歸命道原天尊

06960 太上洞玄靈寶天尊名 唐寫本 卷背 **大乘百法明門論開宗義決疏** 吐蕃統治敦煌時期寫本

卷軸裝。高25.5厘米，長180.5厘米。存四紙，一百六行，行十七字，烏絲欄。卷背一百二十三行，行字不等。國家圖書館藏。

本无此緣義第六識方所取唯識…界色无垂以不便令
若五識中眼可身欲色之三家之屬十去唯欲界色无垂以不斷也
故事智者歲所依智地觀察智即是除能歲智更不斷也被
性境即眼本五識獨影境是第…識常常貪境是第七識也
性境不隨心獨影唯従現帶質通情本種不性隨應
增上緣未謂若有法有體之法有勝勢用者各於生住歲
潯四事之中能歲難若是名有勝勢用於四事中歲即順四事
中不令成貳即是或違雖字抄中自有難除被取餘去除前
三緣中不攝去取餘不攝等想増上緣中攝也即此緣増上更有
增上善然増上未敢増勝而說廿二何潯是說此八識
更互為緣未前之中若憂心不便為无用相玄不不餘緣故也
此中更五許緣之八難七有七中八先有力无力未眼是有力餘根无
力不障眼見之大地是有力盡室无方遠室不障大地生說草木也
種子即是習氣果異名如稡因也若法非去有非常有无水常先
弟八是記性既是前七識董且通三性答所技本質是賴耶歲之時
同時未瘂不　剎那同又遠他身也之完記性故名所董也
流轉不受若熱天善即索攝刪曰果不成小善非惡名所董也
是无記一切質像盡是无記也愛眼等淨色為佳未劫楊歲之時
嚴色色為世累細色已明淨去寫寶珠等次掀淨去為人諸根也
意根用行識為性遣作者川廿若住樂性有憂住喜住捨世信進念
定惠各自性

至心歸命十方常住三寶民等懺悔 无

來至于今日或於道法之間一切諸 郭經由

所說人身難得道尊難聞眾師難值信心難生

六根難具善友難逢而今相與宿殖善根

得此人身六根完具又值善友得聞大道正

法於其中間復各不能盡心精懃苦行恩於

未來長瀰万苦无有出期是故今日應須委

心慚愧稽首歸依今皆懺悔

至心歸命十方常住三寶眾等目從无始已

來至于今日常以无明覆心煩惱部弊見尊

形像不能盡心恭敬輕慢眾師殘害善友破

壇毀觀焚燒形像或自處華堂安置尊像

早棍之處使令煙薰日暴風吹雨露塵土汙

點崔鼠殘毀共同住宿曾无礼敬或裸露像

身初不嚴餝或遮掩燈燭開閉殿堂郭像

06961 太上洞玄靈寶天尊名 唐寫本 卷背 **大乘百法明門論開宗義決疏** 吐蕃統治敦煌時期寫本

卷軸裝。高25.5厘米，長143.3厘米。存三紙，八十四行，行十七字，烏絲欄。卷背一百一行，行字不等。國家圖書館藏。

生起次...

夢說十回緣而重因果也　先果後因中廣說諸觀

門也說之第中廣說六度法也度之中前五從是福後智

是從智又說攝度攝化六塵生死界法次中二三是名於二住

又說度下各有二相　仍於不許去小家果類為本先前緣眼望

故唯自類為本先前緣識有色發去識中有色如他心智

智理有他心如大鏡圓中有多色像並是默糧世　凡夫四大

為根如業以大圓智為根五用也

法空智果去即是正體智能悟諸法空理名法空果去是後得

智也從如藏去此字藏通平聲去聲二韻也從外持物入

去稱平聲有任持之能稱去聲也不思議董去真自董

不思議變去從真去變為妄也本是自性淨真如為變故名

隨緣真如也　言无始來是俗談也　以一表為不知本原妄稱

為一約真本體不是一約現在有三界九地有漏无漏種子

在其中似尋常念念刹那生藏妄稱為常似實我相去

本无實我妄稱有實我相也　不遷共義在廿二四中當辯

其類而說果中生地獄中還名善惡三業從地獄出受生竟

從此先記果中生地獄中還名善惡三業還得无記果

太玄真一本際經聖行品卷第三

有與世仙人紀法成承道威神與其同類卅

三人於大衆中而自言曰我等志小慕求小

乘厭畏死魔患无常苦覺身不淨穢慝四賊

速求免離學地仙道遊道仙宫不求出世今

觀斷會始悟大乘奇特希有發真道意擔捨

小乘迴向大乘普度一切俱得昇玄當竭身

命擁護此法為當來世開道津梁太上吉曰

善哉善哉子能達意作大法師於此身後必

得解悟成无漏慧登乎上清即勑道陵業筆

書撰清齋三日付授流通使藏經文於玉清

玄關高上盧皇丹房之裏素靈玉女三千人

紫房金童三十人侍衞其文撿制漏慢有信

樂者稽首而傳是諸大聖東海小童四撥真

人大谷先生太真文人状衆太帝九皇上真

太素元君上清太真玄都仙王太撥元景君

等无量之衆受經畢訖作礼而退各還本國

忽然不見天師治舍還復如本

06962 太玄真一本際經卷第三　唐寫本

卷軸裝。高24.7厘米，長310厘米。一紙長46.3厘米。存七紙，每紙二十八
行，行十七字。烏絲欄。天津博物館藏。

介時太微帝君與時衆等聞說偈巳乃解因
緣同起作礼長跪嘆曰善哉善哉道君所說
辟喻甚深微妙第一應我所聞實如所言自
非一乘莫能曉了尒時四衆聞說妙法志得
利益无目在者皆得自在未得證果皆得證
果未昇玄者皆得昇玄未安隱者皆得安隱
未得度者皆象得度如斯等輩不可言說
甚為希有如此集會又見道君證无上果巧
說虛痲非有非无非有无湛然不動清淨
本地我等時衆皆大歡喜進退逡巡營仰慇慈
顏不能已各力愧心自申悔謝稽首作礼而
辭退也

本際經卷第七

道士張澄波奉為王
伯師放寫

06963 太玄真一本際經卷第七　唐寫本

卷軸裝。高26.2厘米，長473.7厘米。一紙長48.7厘米。存十紙，每紙二十八
行，行十七字。烏絲欄。周叔弢舊藏。天津博物館藏。

明燈轉經以求所願今有某郡縣鄉里男女
官主甲年若干歲戶口若干人隨事去就臣
等備泰治職宣揚道法不勝見甲辭情苦切為三昧神
无二真至理在可長甲辭情苦切為三昧神
祝大齋燒香轉經說師道士男女真官依法
一日一夜六時行道〔武有三日七日〕以求所願重請三洞
神仙三昧真仙天仙飛仙各十億万人乘風
雲龍席之騎一合來到臣等所奉甲家以時
通達了了事竟各還臣等身中業官復職
湏臣等後呂湏出奉行如故事臣甲誡懼誡恐
誓首再拜
太清　臣姓
　　　　　年月日代ム郡縣鄉里建齋上俗
聞
臣等謹為甲家建齋轉經行道燒香任其
福田當令持此功德歸流甲家男女大小平安
蒙道覆祐病者除差四大康強筭笇增高
生死獲恩所願從心外仙无為興道合真
臣等今為甲家建齋任福燒香轉經思神念
道顏以是功德歸流甲家七世父母生天受
樂衣食目然永安休安断絕注迕福祐生人
門祿大小壽命无窮百病雲消百福響集
離諸煩惱出入動靜常興福居消邪滅魔迴凶
為吉轉禍成福得道之後卅入无形興道合
真臣等今為甲家建齋行道燒香轉經三念

06964 [太上洞淵三昧神咒大齋儀]　唐寫本

卷軸裝。高26.1厘米，長306.5厘米。存六紙，一百六十八行，行十六至十七
字。烏絲欄。國家圖書館藏。

太上衆仙玄坐頌

太廳離玄衆　我把九天戶　乘彼万龍椿
穰之下芳土　顧瞻世俗中　乃知風塵咎
不知遊太清　戲息玄真路　子能樂長生
千載可免度
玄圃藹北臺　五城鬱嵯峨　朝發太極涯
夕泊日崈阿　仰步牽牛渚　遊盼織女河
視汝在世中　自妶嬰綱羅　死當入九獄
辛苫當奈何　子能絕世愛　仙人相絓過
若不能自勉　罪目日成多　縱佊命衆女
為山玄坐歌
昔我尋幽跡　遊跡瑩太華　負岑緣崖嶺
借問太上家　忽遇紫徵國　仙人列如麻
真形无塵穢　手足互紡葩　謁我太極宮

寫未了語 不盡覓本勘

06965 [洞真上清諸經摘抄]　唐寫本

卷軸裝。高25.9厘米，長535.4厘米。存十二紙，三百行，行十七字。烏絲
欄。國家圖書館藏。

06966 [王玄覽道德經義論難] （唐）王玄覽撰　唐寫本　卷背 [齋儀] 吐蕃統治敦煌時期寫本

卷軸裝。高27.5厘米，長393.5厘米。存十一紙，二百六十八行，行字不等。卷背五十七行，行二十二至二十四字。烏絲欄、折疊欄。國家圖書館藏。

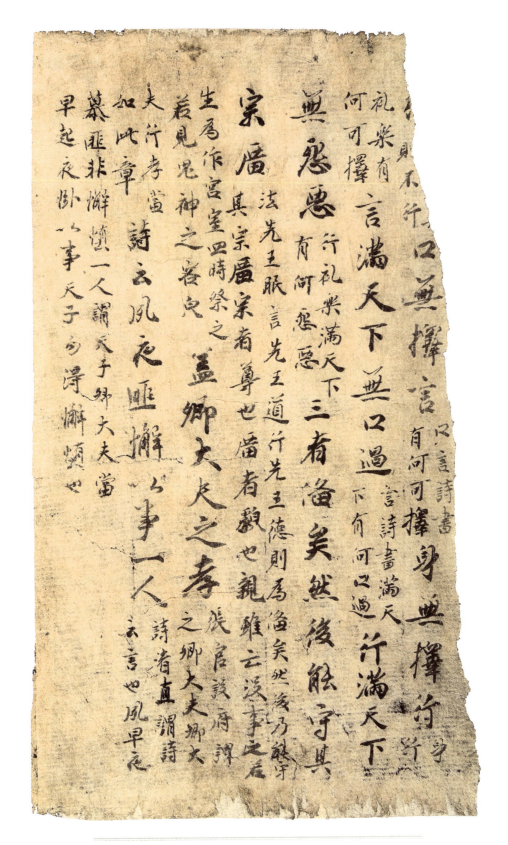

06967 孝經鄭氏解·卿大夫章 〔漢〕鄭玄注 唐寫本

殘葉。新疆和田出土。高29.1厘米，廣17.3厘米。單面書寫，存七行，有雙
行小注。國家圖書館藏。

06968 晉陽秋 東晉十六國寫本

卷軸裝。新疆吐魯番阿斯塔那151號麴氏高昌國墓葬出土。殘為多件，存字
八十六行。烏絲欄。新疆維吾爾自治區博物館藏。

06969 典言 〔隋〕薛道衡撰　隋寫本

卷軸裝。1969年吐魯番阿斯塔那134號墓出土。紙本，墨書。字22行。新疆維吾爾自治區博物館藏。

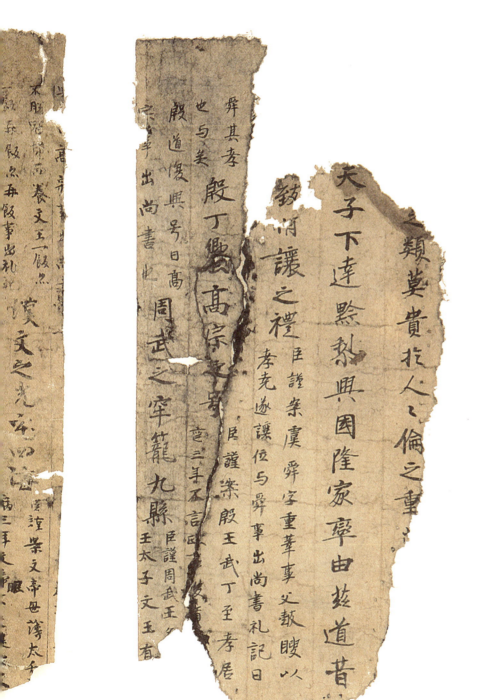

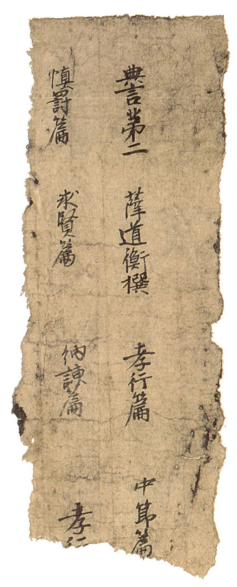

06970 孔目司帖 唐建中五年（784）寫本

單葉帖。高28.8厘米，廣37.5厘米。兩件文書，存九行，一百十八字。遼寧省旅順博物館藏。

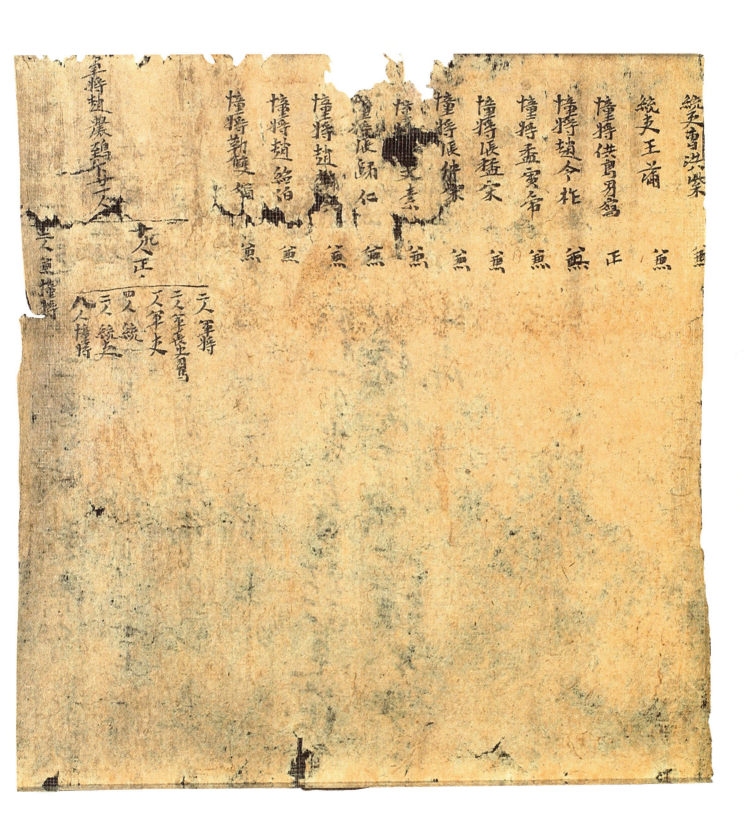

06971 北魏禁軍軍官籍簿 南北朝寫本

卷軸裝。敦煌土地廟出土。高27.8厘米，長27.1厘米。存一紙，十九行。卷背雜寫八行。敦煌研究院藏。

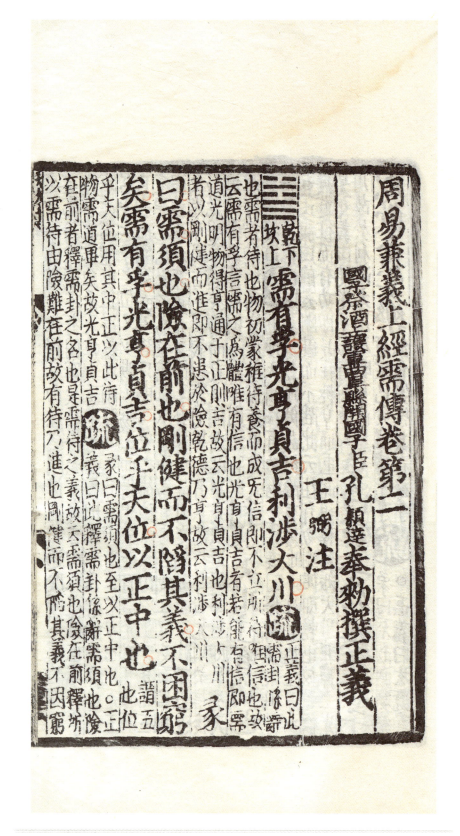

06972 周易兼義九卷 （唐）孔穎達撰 **音義一卷** （唐）陸德明撰 **略例一卷** （魏）王弼

撰 元刻明修本

匡高19.2厘米，廣13厘米。半葉十行，行十八字，小字雙行二十四字，細黑口，左右雙邊。北京大學
圖書館藏。

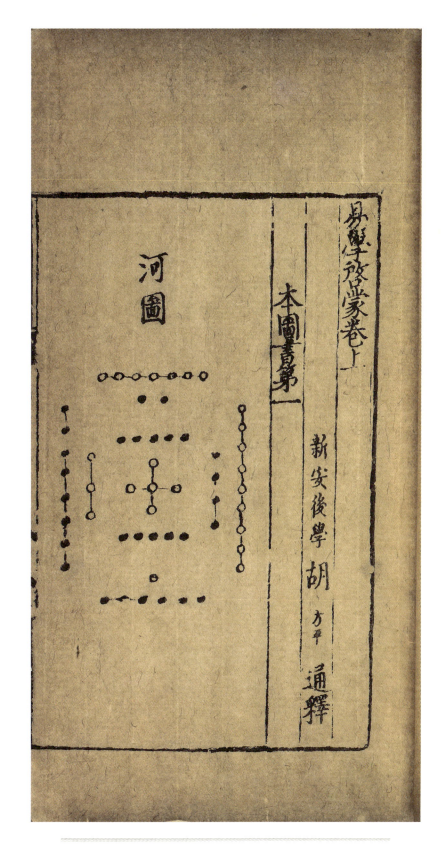

06973 易學啓蒙通釋二卷圖一卷 （宋）胡方平撰 元刻明修本

匡高22.5厘米，廣12.5厘米。半葉十行，行二十一字，小字雙行十九字，黑口，左右雙邊。有"紅豆書屋"、"國子監祭酒盛昱印信"、"定侯所藏"、"拾經樓"等印。湖南圖書館藏。

06974 尚書注疏二十卷 題（漢）孔安國傳 （唐）孔穎達疏 （唐）陸德明釋文 **新彫尚書纂**

圖一卷 蒙古刻本（卷三至六配清影蒙古抄本）

匡高22.3厘米，廣15.2厘米。半葉十三行，二十六至二十九字不等，小字雙行三十五字，白口，四周雙邊。有"振宜之印"、"汪士鐘讀書"、"綏珊經眼"、"祁陽陳澄中藏書記"等印。國家圖書館藏。

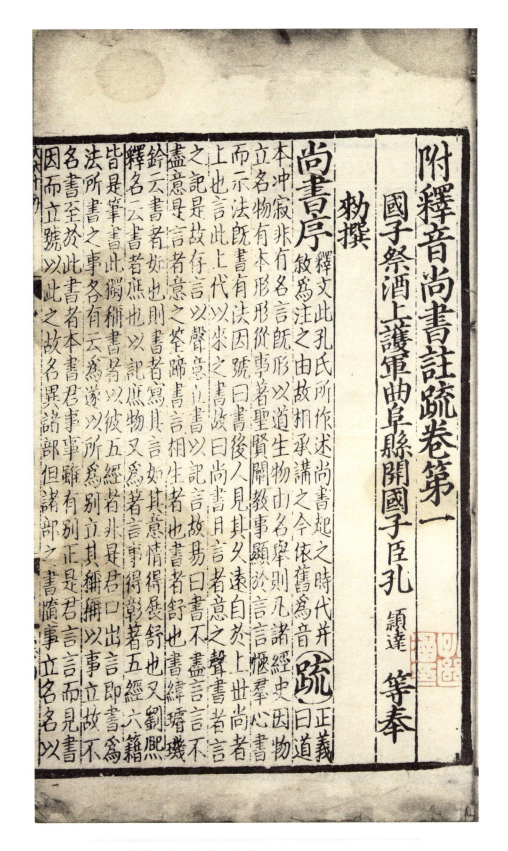

06975　附釋音尚書註疏二十卷　　題（漢）孔安國傳　（唐）孔穎達

疏　（唐）陸德明釋文　元刻明修本

匡高18.9厘米，廣13.3厘米。半葉十行，行十七字，小字雙行二十三字，白
口，左右雙邊。有"孔繼涵印"等印。江西省樂平市圖書館藏，存十五卷。

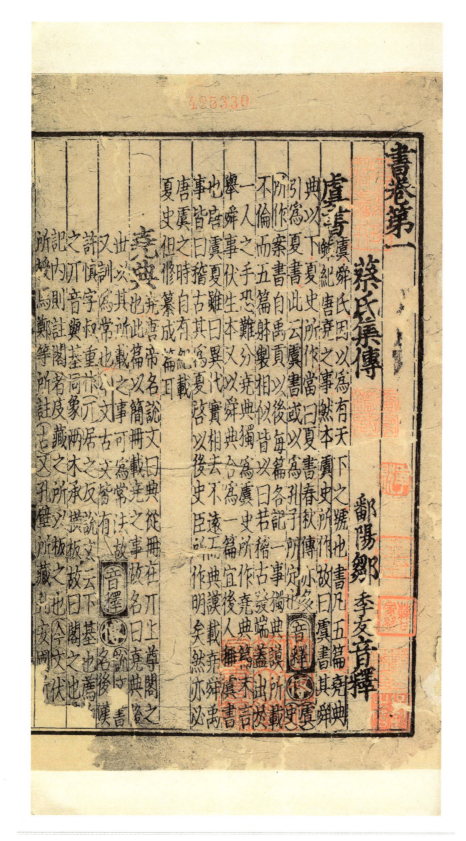

06976 書集傳六卷圖一卷 （宋）蔡沈撰 （元）鄒季友音釋 **朱子說書綱領一卷** （宋）朱熹

撰 元至正十一年（1351）德星書堂刻本

匡高20.9厘米，廣13.5厘米。半葉十二行，行二十一字，小字雙行同，黑口，四周雙邊。有 "曹家禄"、"黄裳珍藏善本" 等印。北京師範大學圖書館藏。

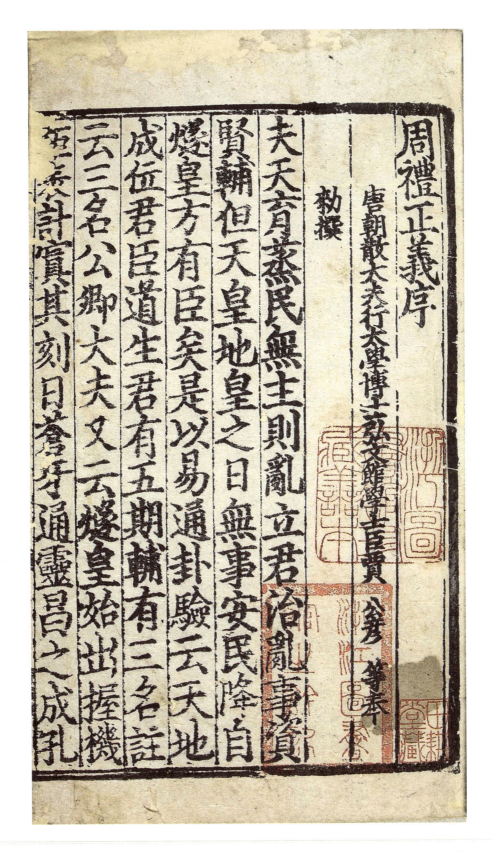

06977-06983 附釋音周禮註疏四十二卷 （漢）鄭玄注 （唐）賈公彦等疏 （唐）陸德明釋文 元刻明修本

匡高19.1厘米，廣12.6厘米。半葉十行，行十七字，小字雙行二十三字，白口兼黑口，左右雙邊。復旦大學圖書館藏，有"东吴嚴蔚收藏"、"嚴蔚私印"、"潜夫"、"孫潜之印"等印；南京圖書館藏；北京師範大學圖書館藏，有"周印星詒""季眖"等印；山東省圖書館藏，有"茂苑韓氏家藏圖籍"等印；山東省博物館藏，存三十九卷；江西省樂平市圖書館藏，存十四卷，有"孔繼涵印"等印；浙江圖書館藏，有"田耕堂藏"、"泰峰借讀"等印，章炳麟跋。

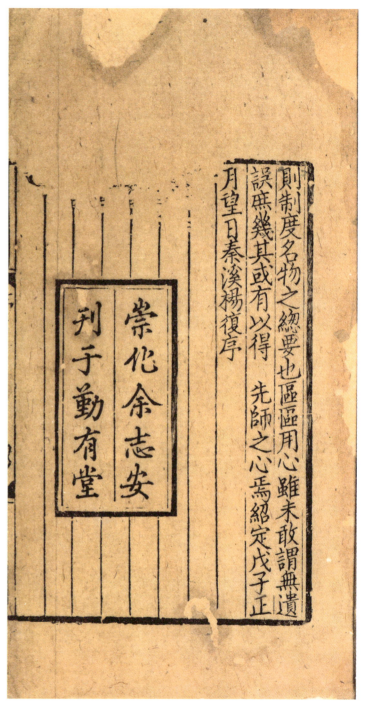

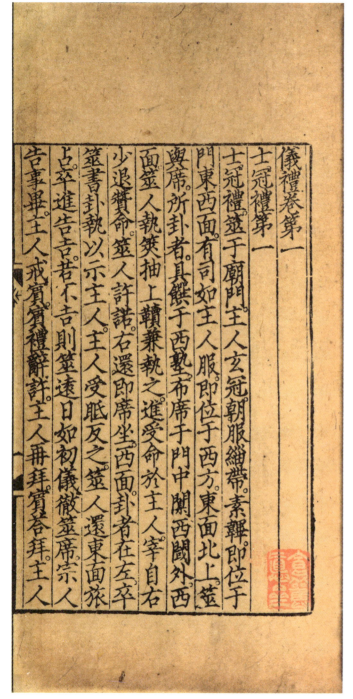

06984、06985 儀禮十七卷　儀禮圖十七卷旁通圖一卷　（宋）楊復撰　元崇化余志安勤有堂

刻本

匡高18.6厘米，廣12.3厘米。半葉十行，行二十字，小字雙行同，黑口，左右雙邊。上海博物館藏，

存七卷，有"食舊德齋"等印；南京圖書館藏，存八卷，有"八千卷樓藏書印"等印，丁丙跋。

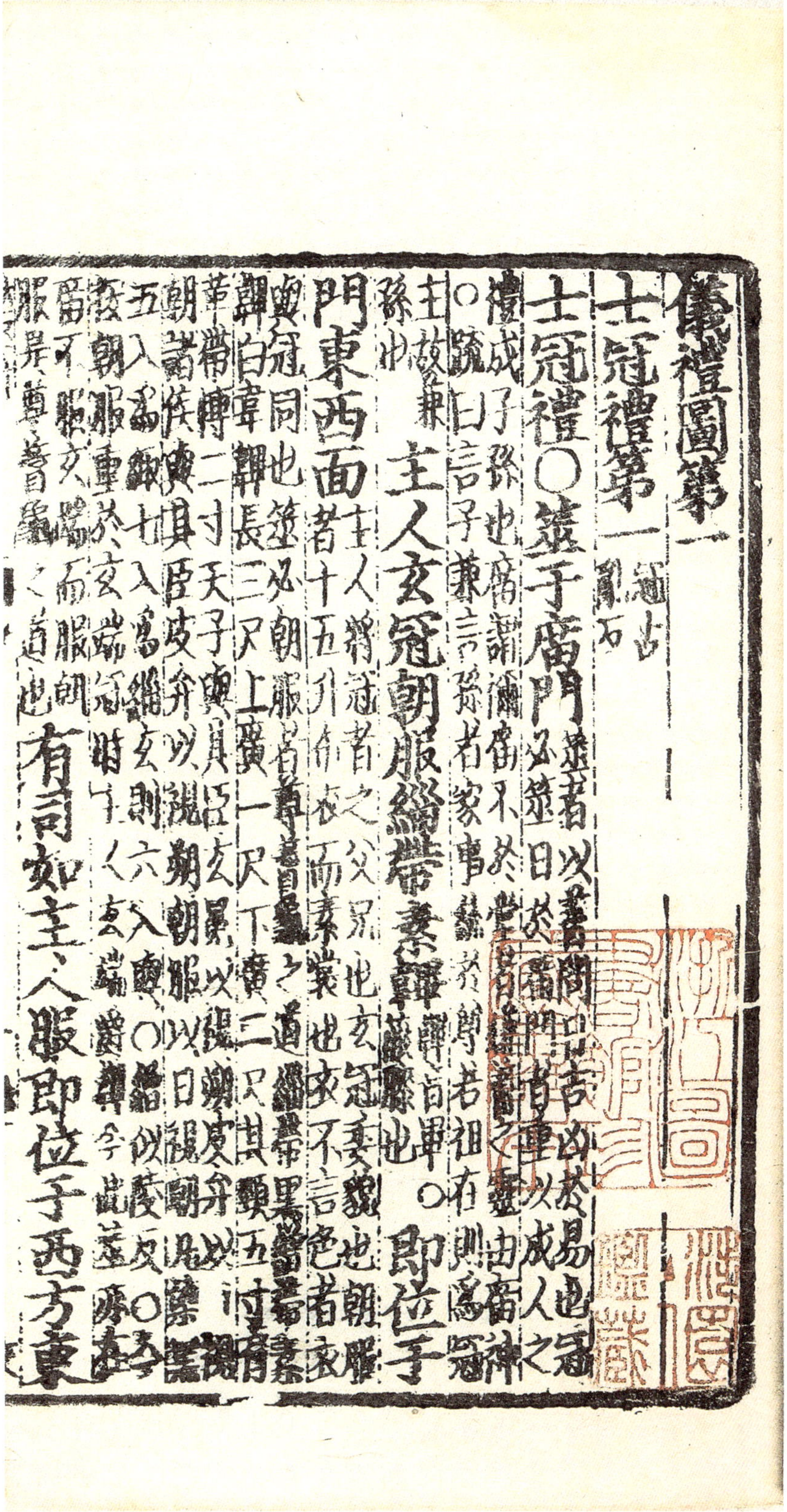
儀禮圖第一
士冠禮○筮于廟門
主人玄冠朝服緇帶素韠○即位于
門東西面
有司如主人服即位于西方東

06986-06988 儀禮十七卷　儀禮圖十七卷旁通圖一卷（宋）楊復撰　元刻明修本

匡高18.7厘米，廣12.6厘米。半葉十行，行二十字，小字雙行同，白口或黑口，左右雙邊。浙江圖書館藏，存十八卷，儀禮圖卷十六至十七及旁通圖配清抄本，有“涉園主人鑑藏”、“寅昉”、“臣光焴印”、“鹽官蔣氏衍芬草堂二世藏書印”等；北京大學圖書館藏，存十四卷；吉林省圖書館藏，柯逢時跋。

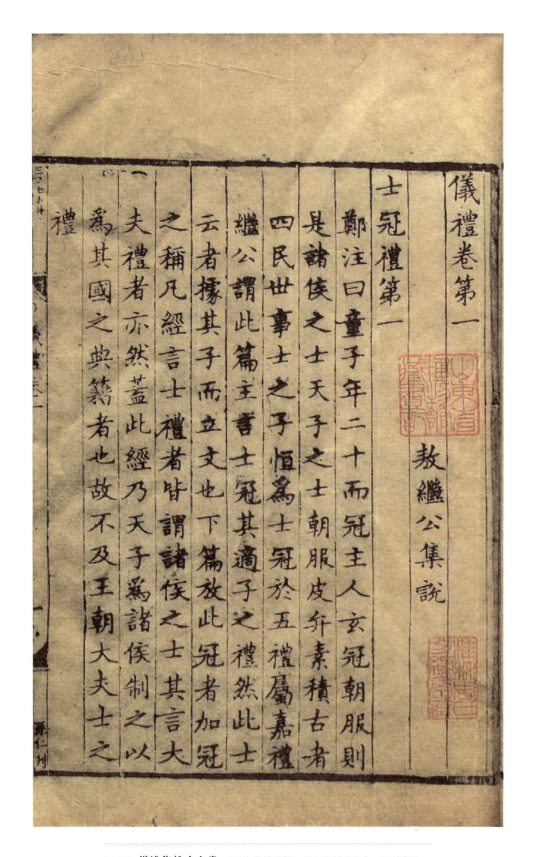

06989 儀禮集説十七卷 （元）敖繼公撰　元大德刻明修本　王獻唐跋

匡高22.5厘米，廣17.7厘米。半葉十二行，行十八字，黑口，左右雙邊。有
"桂林周氏分緑亭藏"等印。山東省博物館藏，存十二卷。

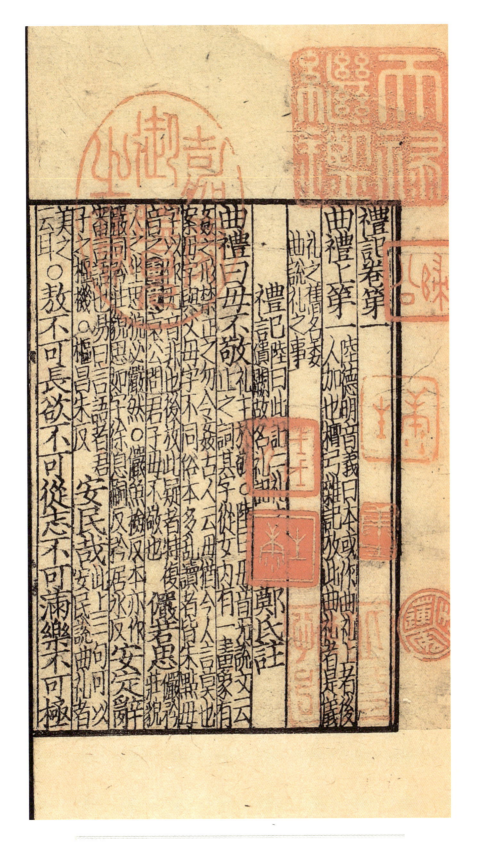

06990、06991 禮記二十卷 （漢）鄭玄注　宋刻本

匡高9.6厘米，廣6.8厘米。半葉十行，行十九字，小字雙行同，細黑口，左
右雙邊。有"天禄琳琅"、"天禄繼鑒"、"嘉慶御覽之寶"等印。北京市
文物局圖書資料中心藏，存九卷；瀋陽故宫博物院藏，存一卷。

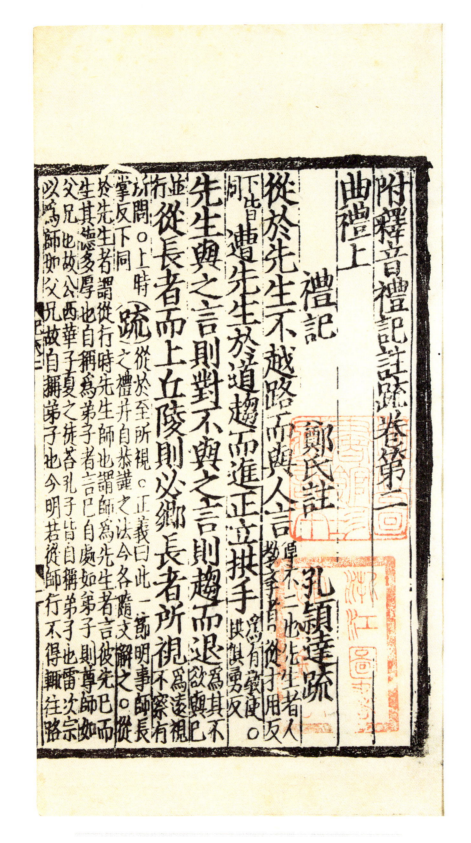

06992 附釋音禮記註疏六十三卷 〔漢〕鄭玄注 〔唐〕孔穎達疏 〔唐〕

陸德明釋文 元刻明修本

匡高19.8厘米，廣13.6厘米。半葉十行，行十七字，小字雙行二十三字，黑口或白口，左右雙邊。浙江圖書館藏。

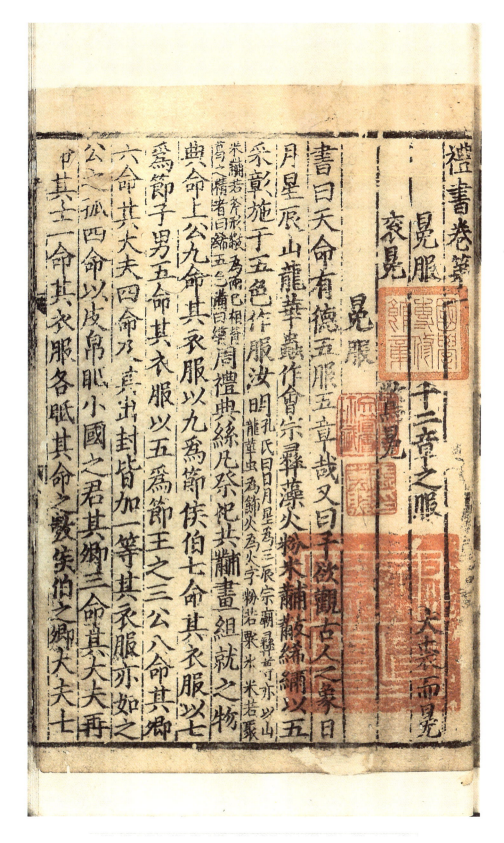

06993 禮書一百五十卷 （宋）陳祥道撰　元至正七年（1347）福州路

儒學刻明修本

匡高22.2厘米，廣16.5厘米。半葉十三行，行二十一字，小字雙行不等，白

口或黑口，左右雙邊。南京圖書館藏。

樂書卷第一

禮記訓義

曲禮上　曲禮下　檀弓上

曲禮上

先生書策琴瑟在前坐而遷之戒勿越

道雖不在書策而學道者必始於書策道雖不在瑟

瑟而樂道者必始於琴瑟古之所謂先生者非爲其

長於我也爲其聞道先乎吾而已聞道先乎吾從

而師之不特見其人而尊敬之也雖見其載道之書

策樂道之琴瑟亦必尊而敬之非敬書策琴瑟而已

所以敬道也道之所在聖人尊之而況其凡乎故先

生書策琴瑟在前坐而遷之戒勿越其斯以爲敬之

至歟今夫爲人子者於父楠之桑梓則必敬於三賜

06994　樂書二百卷目錄二十卷　（宋）陳暘撰　元至正七年（1347）福州路儒學刻明修本（卷三十九至四十三配清抄本）

匡高21.6厘米，廣16.6厘米。半葉十三行，行二十一字，小字雙行同，白口，左右雙邊。南京圖書館藏。

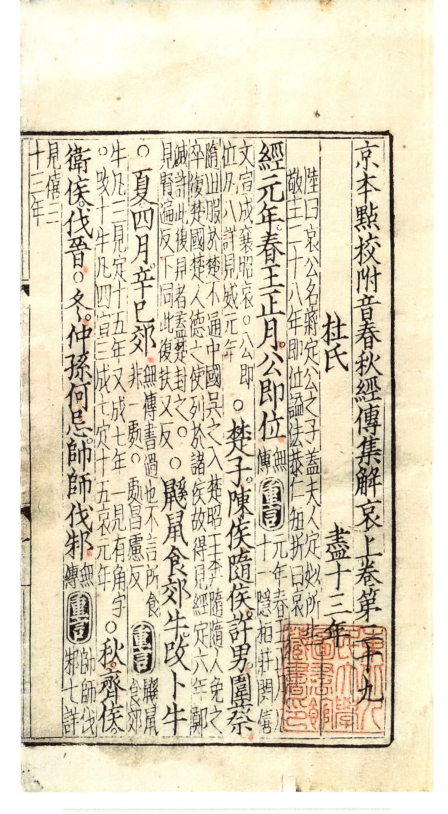

06995 京本點校附音春秋經傳集解三十卷 （晉）杜預撰 （唐）陸德

明釋文 宋刻本

匡高13.8厘米，廣8.6厘米。半葉十一行，行二十字，小字雙行同，細黑口，
四周雙邊。吉林大學圖書館藏，存一卷。

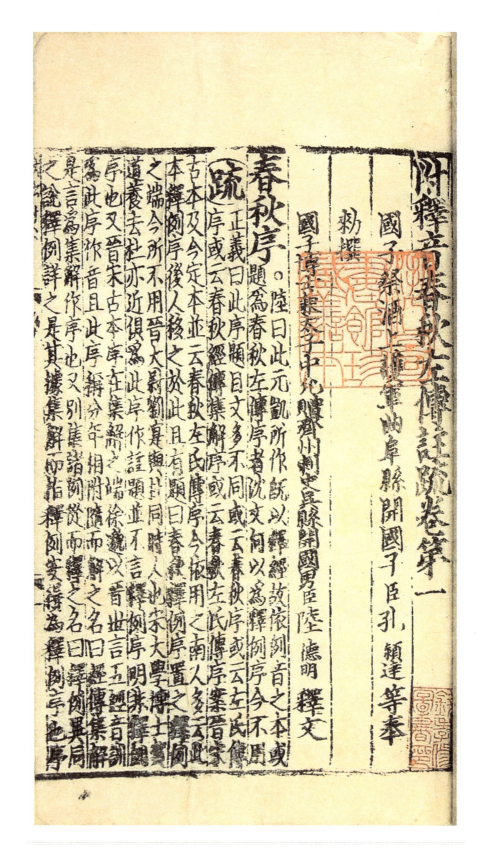

06996、06997 附釋音春秋左傳註疏六十卷 （晉）杜預注 （唐）孔穎達疏 （唐）陸德明釋

文　元刻明修本

匡高19.2厘米，廣13.4厘米。半葉十行，行十七字，小字雙行二十三字，白口，左右雙邊。吉林省圖書館藏，有"獨山莫氏圖書"、"獨山莫棠字曰楚生"等印；浙江圖書館藏，章炳麟跋。

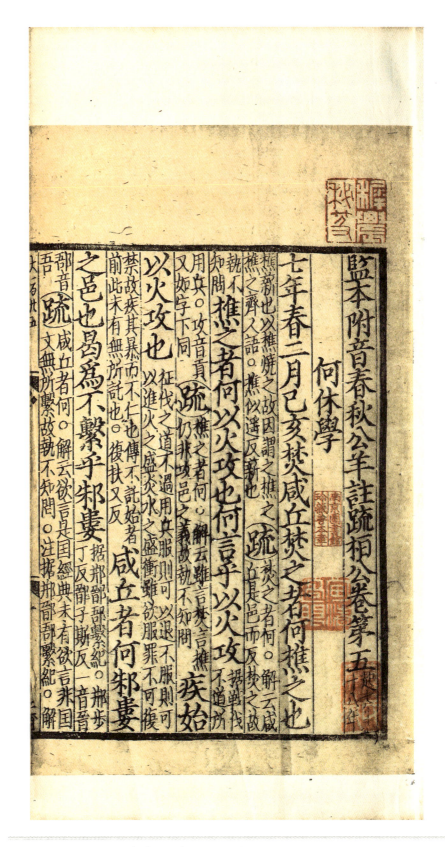

06998–07000 監本附音春秋公羊註疏二十八卷 〔漢〕何休注 〔唐〕徐彦疏 〔唐〕陸德明音

義 元刻本

匡高18.6厘米，廣13.1厘米。半葉十行，行十七字，小字雙行二十三字，白口，左右雙邊。南京圖書

館藏，存十卷，有"甸清過眼"等印；四川師範大學圖書館藏，為元刻明修本；南京圖書館藏又一部，

為元刻明修本，丁丙跋。

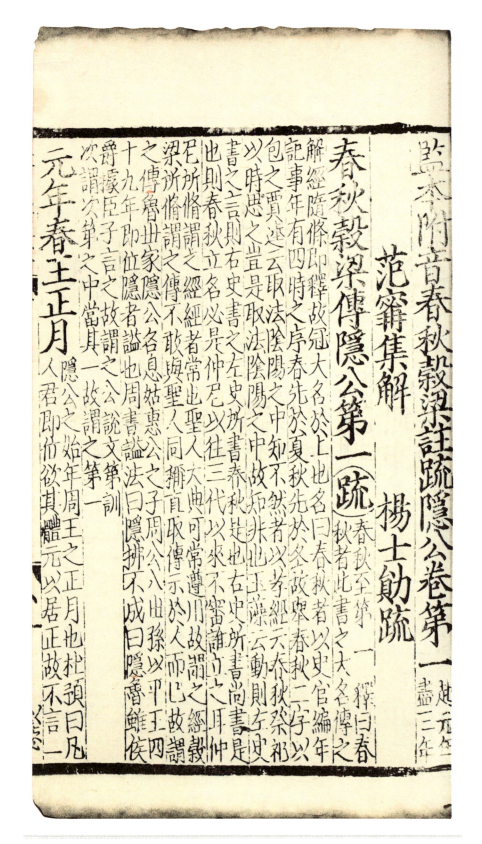

07001、07002 監本附音春秋穀梁傳註疏二十卷 （晉）范甯集解 （唐）楊士勛疏 （唐）陸德

明釋文 元刻明修本

匡高19.2厘米，廣13.5厘米。半葉十行，行十七字，小字雙行二十三字，白口，左右雙邊。江西省樂

平市圖書館藏，有"孔繼涵印"等印；北京大學圖書館藏，有"木犀軒藏書"等印。

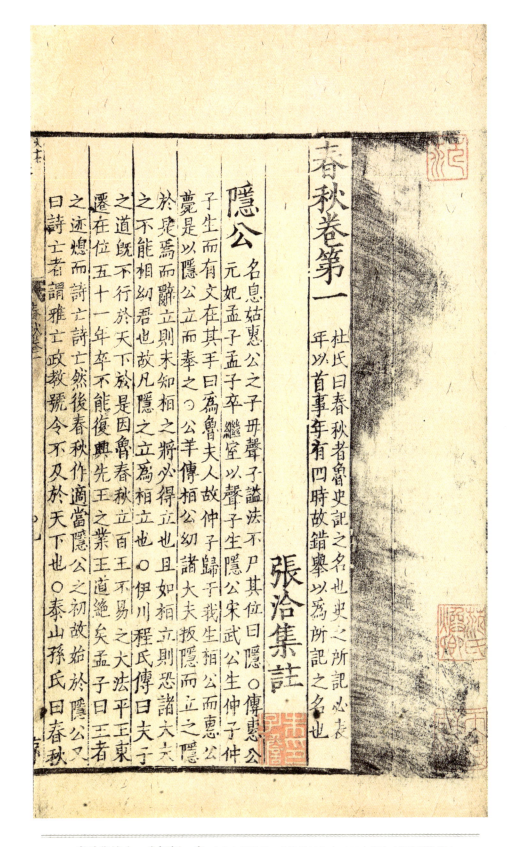

07003 春秋集註十一卷綱領一卷 （宋）張洽撰　宋德祐元年（1275）衛宗武華亭義塾刻本

匡高25厘米，廣18.6厘米。半葉十行，行十八字，小字雙行二十七字，白口，左右雙邊。國家圖書館藏，有"天禄琳琅"、"天禄繼鑒"、"乾隆御覽之寶"、"五福五代堂古希天子寶"、"八徵耄念之寶"、"太上皇帝之寶"等印。

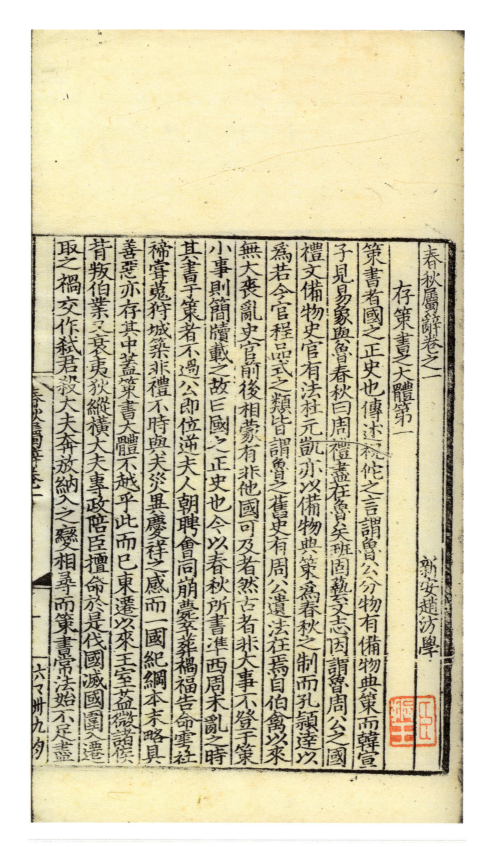

07004、07005 春秋屬辭十五卷 （元）趙汸撰　元至正二十四年（1364）休寧商山義塾刻明弘治

六年（1493）高忠重修本

匡高16.9厘米，廣13.6厘米。半葉十三行，行二十七字，黑口，左右雙邊。北京師範大學圖書館藏；

遼寧省旅順博物館藏，羅振玉跋。

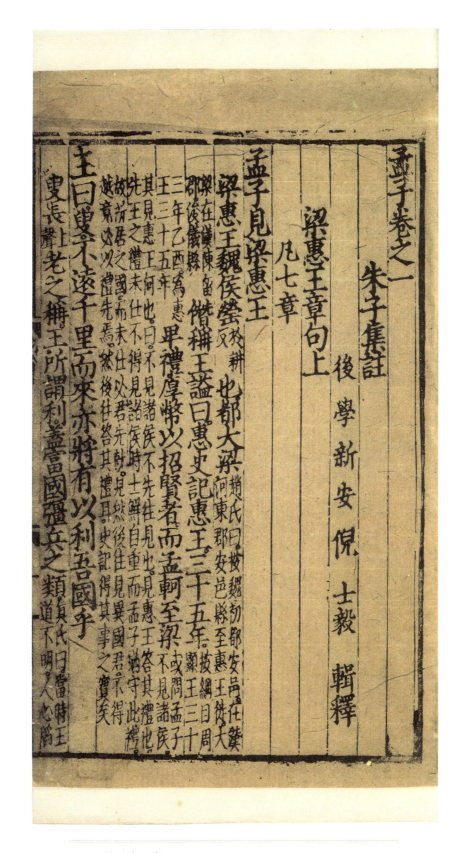

07006 孟子十四卷 （宋）朱熹集注 （元）倪士毅輯釋 元刻明修本

匡高21.3厘米，廣13.9厘米。半葉十三行，行二十四字，小字雙行同，黑口，四周單邊間四周雙邊。天津圖書館藏，存七卷。

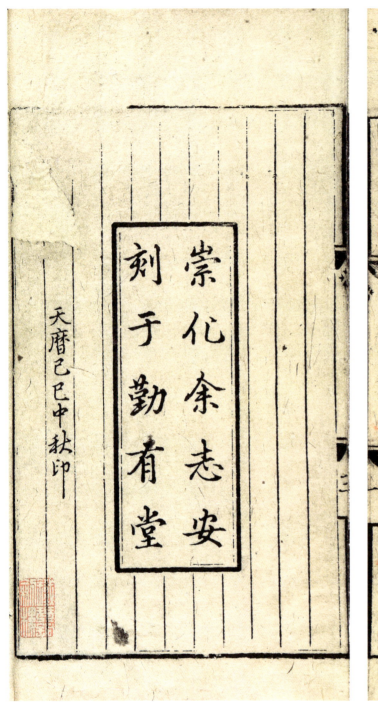

07007 四書通二十六卷 〔元〕胡炳文撰 元天曆二年（1329）崇化余志安勤有堂刻本

匡高21.1厘米，廣13.6厘米。半葉十一行，行二十一字，小字雙行同，黑口，四周雙邊。有"崇化余志安刻于勤有堂"牌記。有"毛晉私印"、"汲古主人"、"汲古閣"、"士禮居藏"、"鐵琴銅劍樓"等印。國家圖書館藏。

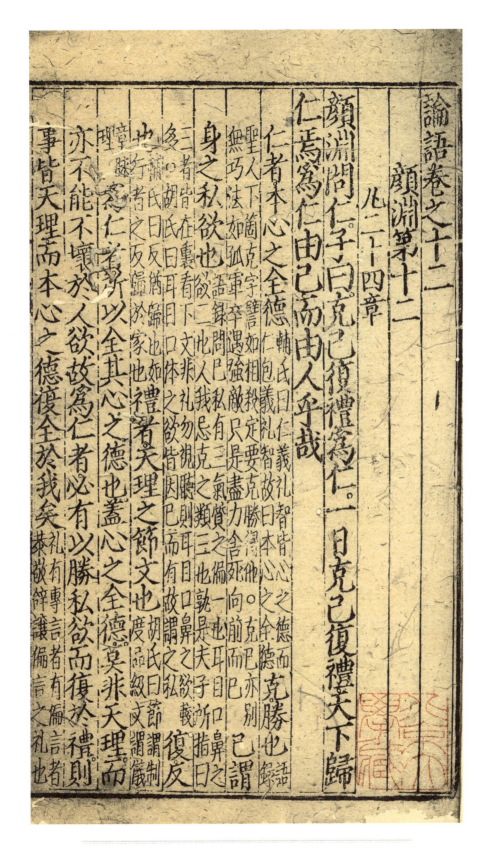

07008 四書輯釋大成三十六卷 〔元〕倪士毅撰　元至正二年（1342）

日新書堂刻本

匡高21.3厘米，廣14厘米。半葉十三行，行二十四字，小字雙行同，黑口，
四周雙邊。北京大學圖書館藏，存四卷。

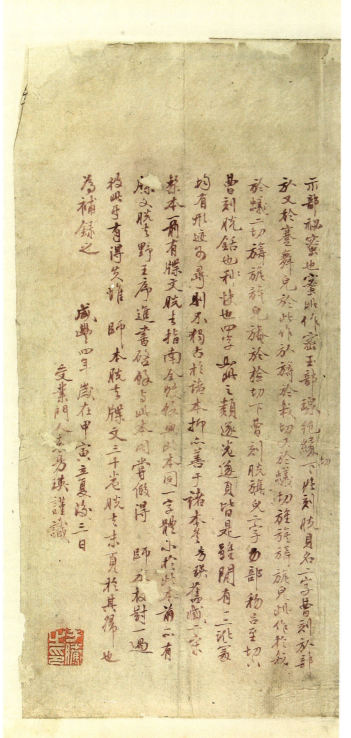

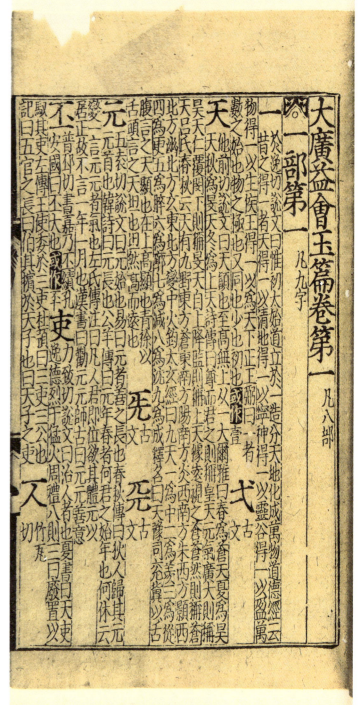

07009 大廣益會玉篇三十卷 （梁）顧野王撰 （唐）孫強增字 （宋）陳彭年等重修 **玉篇廣韻**

指南一卷 元詹氏進德書堂刻本

匡高22.1厘米，廣13.4厘米。半葉十二行，行二十字，小字雙行二十八字，黑口，四周雙邊。袁芳瑛跋，董文涣、于騰題款。國家圖書館藏。

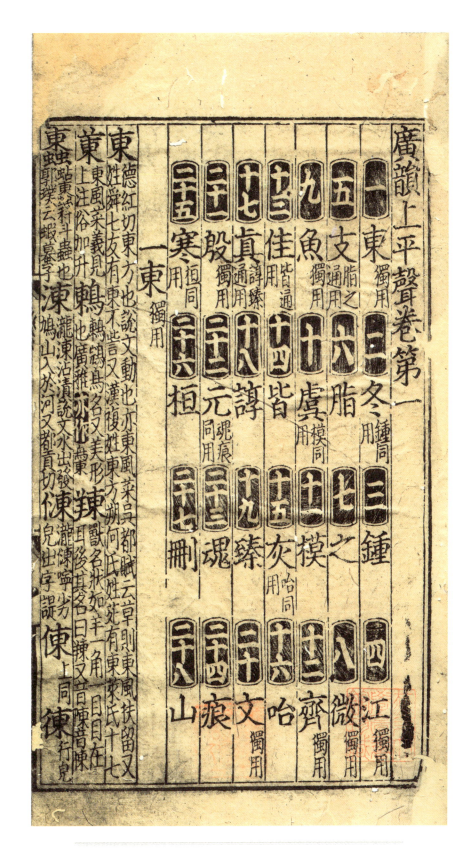

07010 廣韻五卷 元刻本

匡高21.7厘米，廣13.2厘米。半葉十二行，行字不等，黑口，四周雙邊。北京大學圖書館藏。

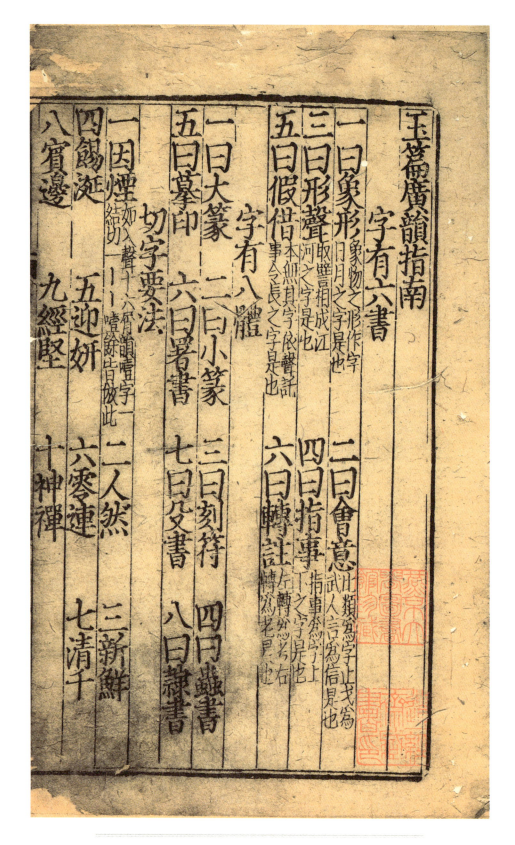

07011 玉篇廣韻指南一卷 元刻本

匡高21.7厘米，廣13.3厘米。半葉十二行，行二十字，小字雙行字不等，黑口，四周雙邊。有"遺經齋藏書印"、"寒雲秘笈珍藏之印"等印。北京大學圖書館藏。

速即時愈政恐二年不復可救雲曰朝聞夕死而況二

年文伯乃下火而焚焉重衣以覆之有頃流汗於此即

起二年果卒帝為流涕即日輿駕臨殯詔贈侍中衛將

重禮官請謚曰宣勅賜謚曰文有集三十卷子孝才嗣

孫伯翳太原人晉祕書監盛之玄孫魯祖放晉國子博

士長沙太守父康起部郎常映雪讀書者伯翳位終驃

騎都陽王參軍事雲從父兄績字子真父濛奉朝請早

卒績少孤貧事母孝謹年未弱冠從沛國劉瓛學瓛甚

術尤精三禮性質直好危言高論不為士交所安唯與

外弟蕭琛善琛名曰辯每服績簡詣年二十九髮白

曠然乃作傷暮詩白髮詠以自嗟仕齊位尚書殿中郎

求明中與魏氏和親簡才學之士以為行人績及從弟

雲蕭琛邪顏幼明河東裴昭明相繼將命皆著名

國時竟陵王子良招賓客績亦預焉嘗侍子良

精信釋教而績苦稱無佛子良問曰君不信因果何得

富貴貧賤績荅曰人生如樹花同發隨風而墮自有撟

07012-07023 通志二百卷　（宋）鄭樵撰　元大德三山郡庠刻本

匡高29.6厘米，廣20.4厘米。半葉九行，行二十一字，小字雙行同，白口，左右雙邊。甘肅省會寧縣圖書館藏，存六卷；山東省博物館藏，存三卷；山東省博物館藏，存一卷；東北師範大學圖書館藏，為元修本，存一卷；北京師範大學圖書館、復旦大學圖書館、安徽師範大學圖書館藏，為元明遞修本；山東省博物館藏兩部，吉林大學圖書館、華東師範大學圖書館藏，為元明遞修本，殘；中共北京市委圖書館藏，為元明遞修本，有抄配，殘。

—— 119 ——

南史卷第二

朝貢冬十一月己丑朔日有蝕之星晝見十二月西河

南國並遣使朝貢

七年春二月壬戌雪旦雷三月戊子遷左將軍到彦之侵

魏兗四銖錢戊寅魏翠堂為武都王冬十月戊午六錢

署纂征南大將軍壇道濟絰魏石將軍到彦之自清臺奔

辰遣十二月都十六延燒于太社北墻是歲馮跋死倭百濟

與犬水遣使朝貢其與晉陵義

呵羅單蘇邑呵羅他師子等國並遣使朝貢其與

八年春二月辛酉魏趙消臺癸酉壇道濟引軍還自是河

五年二月乙亥以陷陽怨序求讓言甲申臨玄武館

關武六十都下六水出遷慰撫恤夏八月庚戌司徒王

弘降為德將軍與荊州儀同三司都下大水乙卯遣使檢行

振贍十二月天竺國遣使朝貢其歲魏神麚元年太武皇

帝伐赫連定昌淡之乇伏熾盤死

為司徒錄尚書事三月己巳立皇子劭為皇太子戊午大

赦南郊祭天以尚書僕射殷景死為

尚書令丹陽尹臨川王義慶為尚書左僕射江

敕賜文武位錄尚書軍三月癸亥以尚書僕射王敬弘為

六年春正月辛丑祀南郊以彭城王義康

夷為尚書僕射五月壬辰朝日有蝕之秋七月百濟國遣使

07024-07031 南史八十卷 （唐）李延壽撰　元大德十年（1306）刻本

匡高22.4厘米，廣16厘米。半葉十行，行二十二字，白口，四周雙邊。四川省圖書館藏，馮舒批；北
京師範大學圖書館、遼寧省圖書館、吉林省圖書館、南京圖書館、浙江圖書館藏，為明嘉靖遞修本；大
連圖書館藏，為明嘉靖遞修本，存七十六卷；南京圖書館藏，為明嘉靖遞修本，丁丙跋。

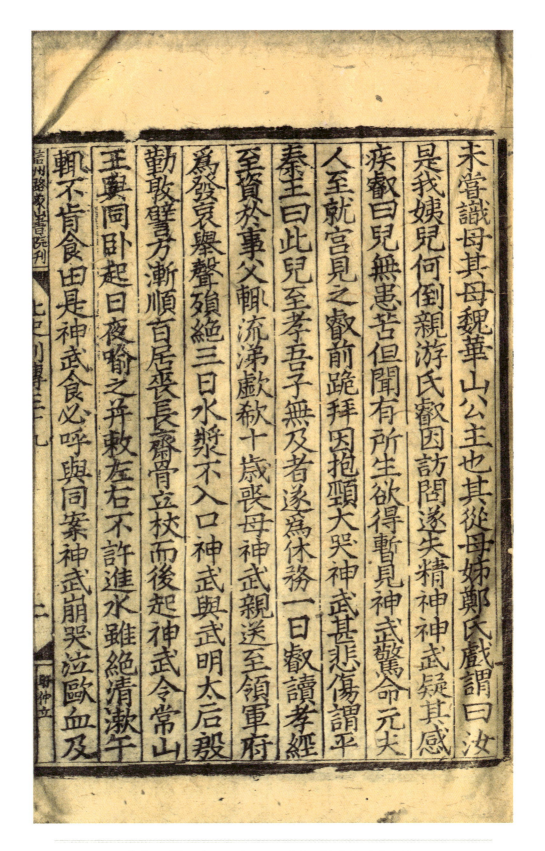

未嘗識母其母魏華山公主也其從母鄭氏戲謂曰汝

是我姨兒何倒親游氏叡因訪問遂失精神神武疑其感

疾叡曰兒無患苦但聞有所生欲得暫見神武驚命元夫

人至就宫見之叡前跪拜因抱頸大哭神武其悲傷謂平

泰王曰此兒至孝吾子無及者遂爲休務一日叡讀孝經

至資於事父帨流涕歔欷十歲喪母神武親送至領軍府

爲發哀擧聲殞絶三日水漿不入口神武與武明太后毀

勤敢譬方漸順百居喪長齋骨立枚而後起神武令常山

王與同卧起日夜諭之并敕左右不許進水雖絶清漱于

輒不肯食由是神武食必呼與同案神武崩哭泣歐血及

信州路叡山書院刊

七巳川傳三十七

二

郭仲立

07032-07035 北史一百卷 （唐）李延壽撰　元大德信州路儒學刻明嘉靖遞修本

匡高22.2厘米，廣16.7厘米。半葉十行，行十二字，細黑口，四周雙邊。吉林省圖書館、浙江圖書館藏；大連圖書館藏，存六卷；東北師範大學圖書館藏，明嘉靖萬曆遞修本。

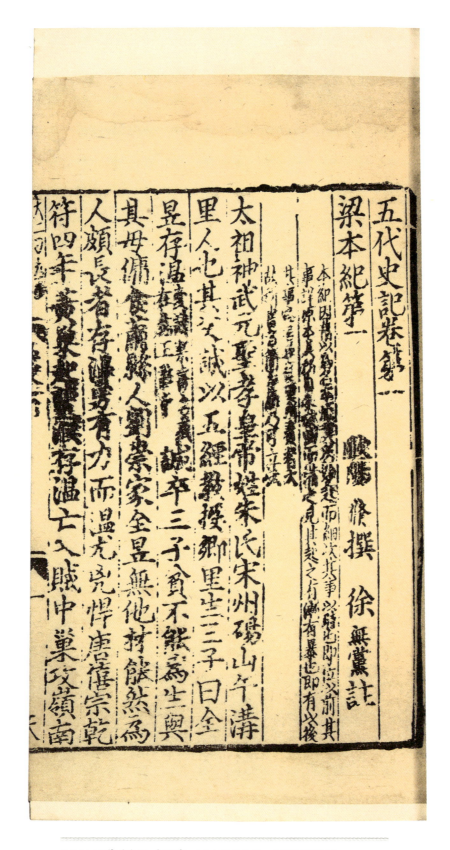

07036 五代史記七十四卷 （宋）歐陽修撰　宋刻元明遞修本

匡高18.5厘米，廣13.3厘米。半葉十行，行十八字，小字雙行二十一字，白口，左右雙邊。浙江圖書館藏，存二十四卷。

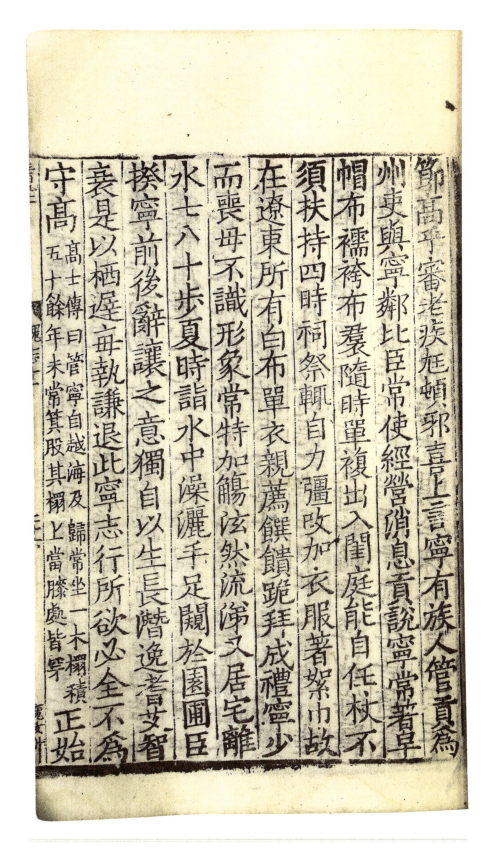

07037-07039　三國志六十五卷　（晉）陳壽撰　（南朝宋）裴松之注　宋衢州州學刻元明遞修本

匡高20.3厘米，廣15厘米。半葉十行，行十九字，小字雙行二十一字，細黑口，左右雙邊。吉林省圖
書館藏；安徽省圖書館藏，有"弘先"、"維祖"等印；山東省博物館藏，存六十一卷。

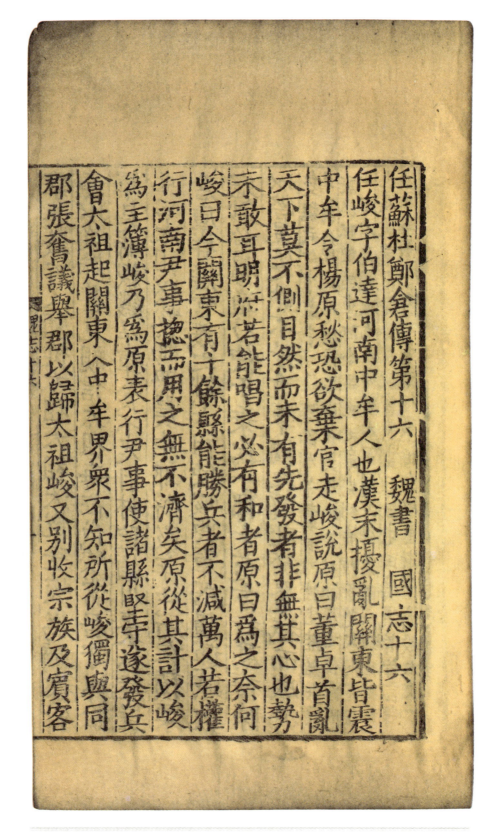

任蘇杜鄭倉傳第十六　魏書　國志十六

任峻字伯達河南中牟人也漢末擾亂關東皆震
中牟令楊原秋恐欲棄官走峻說原曰董卓首亂
天下莫不側目然而未有先發者非無其心也勢
未敢耳明府若能唱之必有和者原曰為之奈何
峻曰今關東有十餘縣能勝兵者不減萬人若權
行河南尹事總而用之無不濟矣原從其計以峻
為主簿峻乃為原表行尹事使諸縣堅守遂發兵
會大祖起關東入中牟界眾不知所從峻獨與同
郡張奮議舉郡以歸太祖峻又別收宗族及賓客

07040、07041 三國志六十五卷　（晉）陳壽撰　（南朝宋）裴松之注　元刻明嘉靖萬曆南京國子
監遞修本

匡高21.6厘米，廣16厘米。半葉十行，行十九字，小字雙行十九至二十五字不等，白口，左右雙邊。
湖南圖書館藏，有"葉啓勛"、"定侯所藏"等印；北京師範大學圖書館藏，存五十九卷。

列傳第二十四

陸機
孫拯
雲弟眈
弟雲
從父
允喜

唐太宗文皇帝

御撰

晉書五十四

陸機字士衡吳郡人也祖遜吳丞相父抗吳大司馬
機身長七尺其聲如鍾少有異才文章冠世伏膺儒
術非禮不動抗卒領父兵為牙門將年二十而吳滅
退居舊里閉門勤學積有十年以孫氏在吳而祖父
世為將相有大勳枌紅表深慨孫皓舉而棄之乃論
權所以得皓所以亡又欲述其祖父功業遂作辯二
論二篇其上篇四昔漢氏失御姦臣竊命禍基京畿

歸來

肇建儲德不愧掇蜂搆隙歸胙生災既罹凶忍徒望

贊曰愍懷聰頴諒惟天挺皇祖鍾心庶僚引領震宮

慟亦何補扶牽毒者哉

節遂使寃途莫建酷甚戾園雖復禮備哀榮情深慨

搆釁大之譖遂行一人孑採隱之聰百辟無爭臣之

懷危害之心外戚詛諫競進讒邪之說坎牲之謀已

07042-07045 晉書一百三十卷 （唐）房玄齡等撰 音義三卷 （唐）何超撰 元刻明修本

匡高22.5厘米，廣17.8厘米。半葉十行，行二十字，小字雙行同，細黑口，左右雙邊。吉林大學圖書館藏，存四卷；山東省博物
館藏，為明正德十年司禮監嘉靖南京國子監遞修本，存四卷；曁南大學圖書館藏，為明正德十年司禮監嘉靖萬曆南京國子監遞修
本；青島市博物館藏，為明正德十年司禮監嘉靖萬曆南京國子監遞修本，存三十五卷。

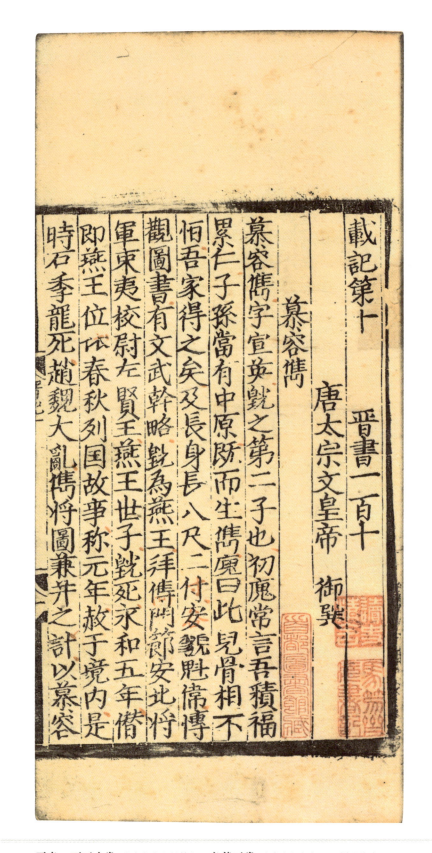

載記第十　　晉書一百十

慕容儁

唐太宗文皇帝　御撰

慕容儁字宣英皝之第二子也初廆常言吾積福累仁子孫當有中原旣而生儁廆曰此兒骨相不恒吾家得之矣及長身長八尺二寸安覿黟儻傳佰圖書有文武幹略皝爲燕王拜傅國節安北將軍東夷校尉左賢王燕王世子皝死永和五年僭即燕王位仍春秋列國故事稱元年赦于境内是時石季龍死趙魏大亂儁將圖兼并之計以慕容

07046 晉書一百三十卷 （唐）房玄齡等撰　**音義三卷** （唐）何超撰　元刻明修本

匡高20.7厘米，廣13.5厘米。半葉十行，行十九字，黑口，左右雙邊。有"馬笏齋藏書記"、"讀史精舍"、"並軒藏書之印"等印。首都圖書館藏，存四卷。

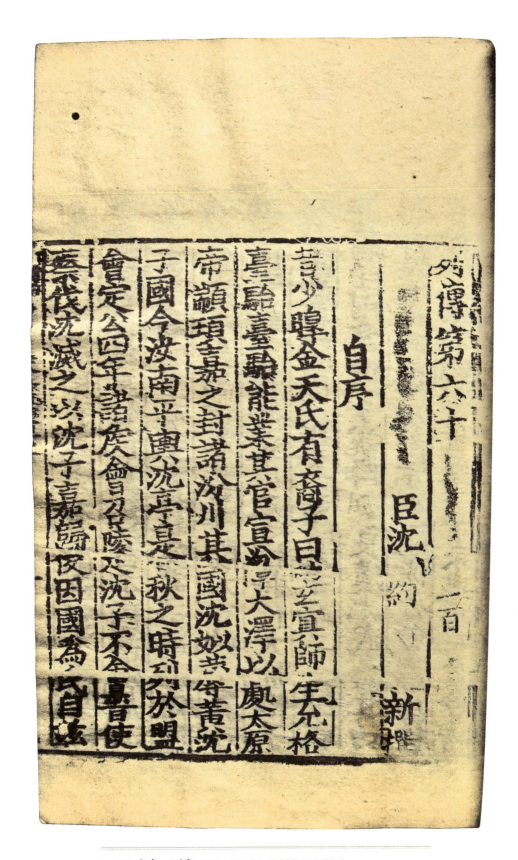

07047 宋書一百卷 （梁）沈約撰　宋刻宋元明遞修本

匡高23厘米，廣17.8厘米。半葉九行，行十七至十八字，細黑口，左右雙邊。吉林省圖書館藏。

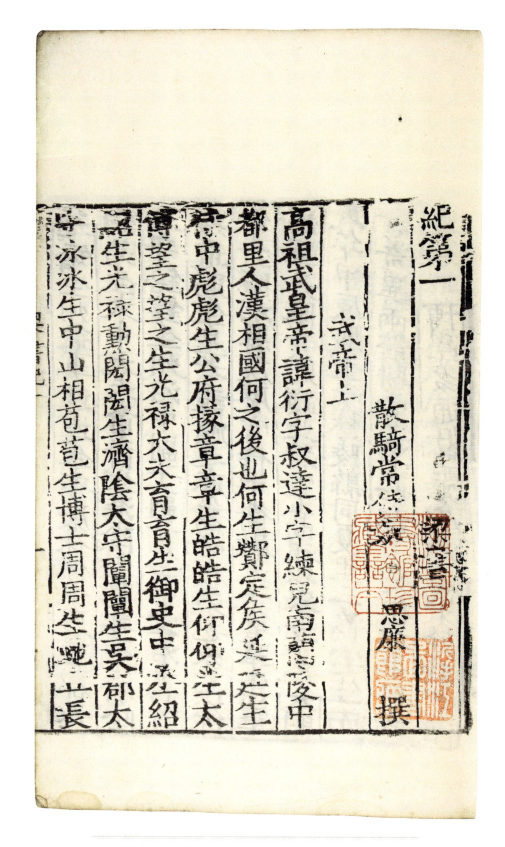

07048 梁書五十六卷 （唐）姚思廉撰　宋刻宋元明遞修本

匡高22.2厘米，廣18.8厘米。半葉九行，行十八字，白口，左右雙邊。浙江
圖書館藏，存二十二卷。

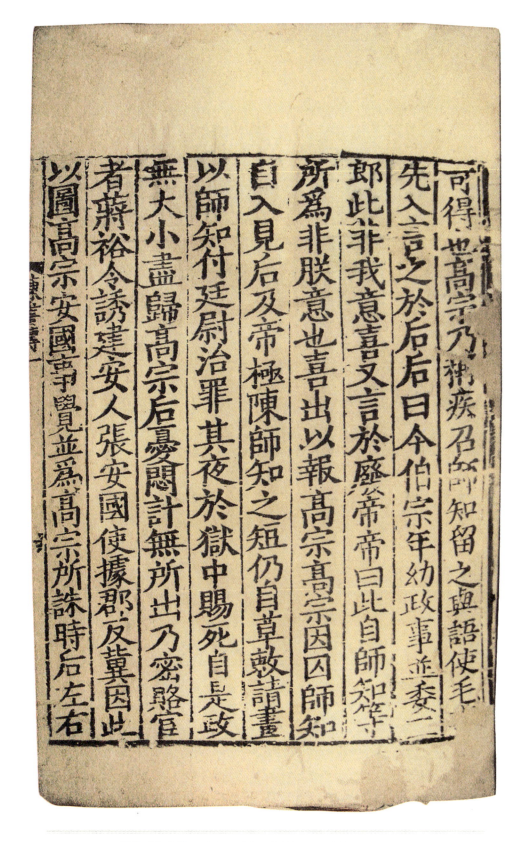

07049-07052 陳書三十六卷 （唐）姚思廉撰 宋刻宋元明遞修本

匡高22.5厘米，廣18.5厘米。半葉九行，行十八字，白口，左右雙邊。湖南圖書館藏，有"中吳葉啓蕃啓勛
啓發兄弟珍藏書籍"等印；吉林省圖書館、武漢大學圖書館藏；安徽師範大學圖書館藏，存十七卷。

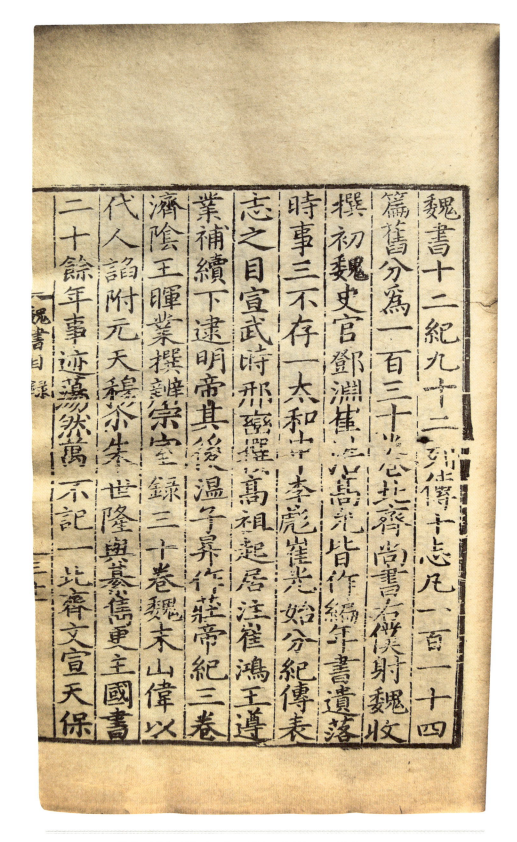

07053—07056 魏書一百十四卷 （北齊）魏收撰　宋刻宋元明遞修本

匡高22.7厘米，廣18.8厘米。半葉九行，行十八字，白口，左右雙邊。大連圖書館、吉林省圖書館藏；江蘇省啓東市圖書館藏，有"宣德御寶"、"文徵明印"等印，存三卷；雲南省圖書館藏，有"二十萬卷樓"、"古滇梁氏修竹山農鑑藏善本"、"之相"等印，梁之相題識。

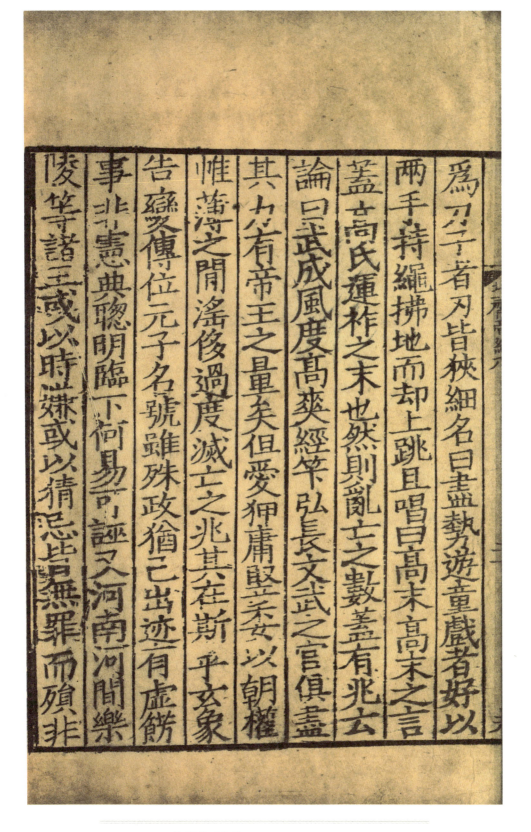

07057-07059 **北齊書五十卷** （唐）李百藥撰　宋刻宋元明遞修本

匡高 22.5厘米，廣18.5厘米。半葉九行，行十八字，白口，左右雙邊。吉林
省圖書館、南京圖書館藏；中共北京市委圖書館藏，有抄配。

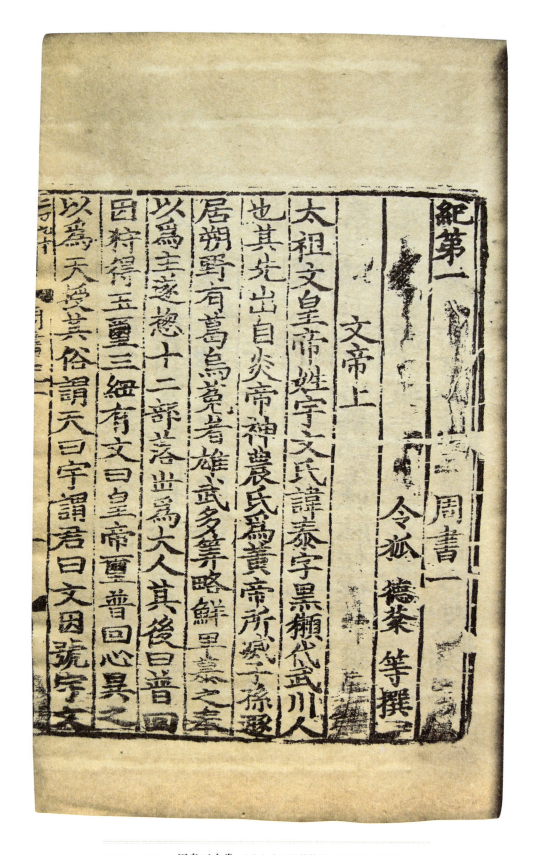

07060、07061 周書五十卷 〔唐〕令狐德棻等撰　宋刻宋元明遞修本

匡高22.5厘米，廣18.5厘米。半葉九行，行十八字，細黑口，左右雙邊。吉林省圖書館、南京圖書館藏。

公卿齋壇四門常與北郊間歲正月上辛行事用一特
牛祀天皇大帝之神於其上以皇著太祖文帝配禮
以蒼璧制幣玄五方上帝五官之神太一天一日五
二十八宿太微軒轅文昌比斗三台老人風伯司
空雷電雨師皆從祀其二十八宿及雨師等座有坎
五帝亦如之餘皆平地器以陶匏席用蒿秸大史設
紫壇具於丙地皇帝齋於萬壽殿乘玉輅備大駕以行
禮禮畢變服通天冠而還北郊為方壇於北郊上
十丈下方十二丈高一丈四面各有陛其外為壝

重與　間歲正月上辛以一特牛祀后地之神於其
上以德石配禮以黃琮制幣五官之神先農五岳沂
山嶽山白石山霍山無閭山蔣山四海四瀆松江會
稽沂錢塘江皆從祀太史設埋坎於壬地為天
監三二年左丞吳操之啟稱傳云啟蟄而郊郊應立春
之後重書左丞何佟之議令之郊祭是報天之功
而祈今年之福故取歲首上辛不拘立春之先後周
冬至　於圜丘大報天地夏至又正又郊以祈農事故有啟
執事　歲　二年并圜立方澤同於二郊是知

07062　隋書八十五卷　（唐）魏徵等撰　元至順三年（1332）瑞州路儒學刻明修本（卷一至二、
十三、十八、二十一、四十一至四十二、四十九至五十四、七十六至八十五配明萬曆南京國子監刻本）
匡高21.5厘米，廣15.6厘米。半葉九行，行十八至二十二字不等，細黑口，左右雙邊。有"惜抱"、
"叢桂小築許氏鑒藏"、"吳興許博明印"等印，安徽省圖書館藏。

本紀第六　唐書六

翰林學士兼龍圖閣學士朝散大夫給事中知制誥充

史館脩撰　臣　歐陽脩　奉　勅撰

肅宗文明武德大聖大宣孝皇帝諱亨玄宗第三

子也母曰元獻皇后楊氏初名嗣昇封陝王開元

酉年為安西大都護性仁孝好學玄宗愛之遣

賀知章蕭呂向皇甫彬邢璹等侍讀左右十五

年更名浚徙封忠王為朔方節度大使單于大都

護十八年癸契丹冦邊乃以肅宗為河北道行軍

元帥遣御史大夫李朝隱等八摠管兵十萬以伐

07063 唐書二百二十五卷目錄二卷 （宋）歐陽修　宋祁等撰　元刻明

修本

匡高19.3厘米，廣16.3厘米。半葉十行，行十九字，黑口，左右雙邊。南京

圖書館藏，存一百十九卷。

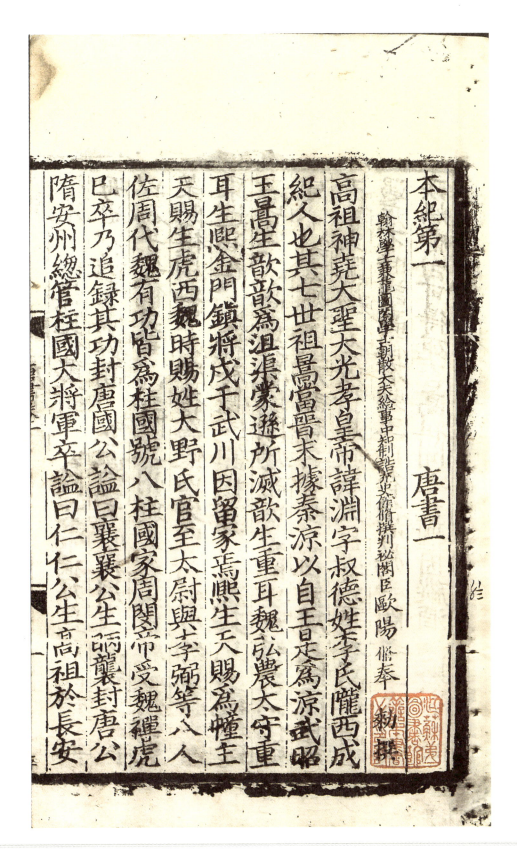

07064－07072 唐書二百二十五卷 （宋）歐陽修　宋祁等撰　**釋音二十五卷** （宋）董衝撰　元大德九年（1305）建康路儒學刻明成化弘治南

京國子監遞修本

匡高22.3厘米，廣16厘米。半葉十行，行二十二字，白口，左右雙邊。遼寧省圖書館藏；南京圖書館藏，丁丙跋；江西省圖書館藏，為明成化弘治嘉

靖南京國子監遞修本；浙江圖書館藏，為明成化弘治嘉靖南京國子監遞修本，存三十四卷；吉林省圖書館藏，為明成化弘治嘉靖萬曆南京國子監遞修

本；中山大學圖書館、宜昌市圖書館、湖南圖書館藏，為明清遞修本；南京圖書館藏，為明清遞修本，存一百十三卷。

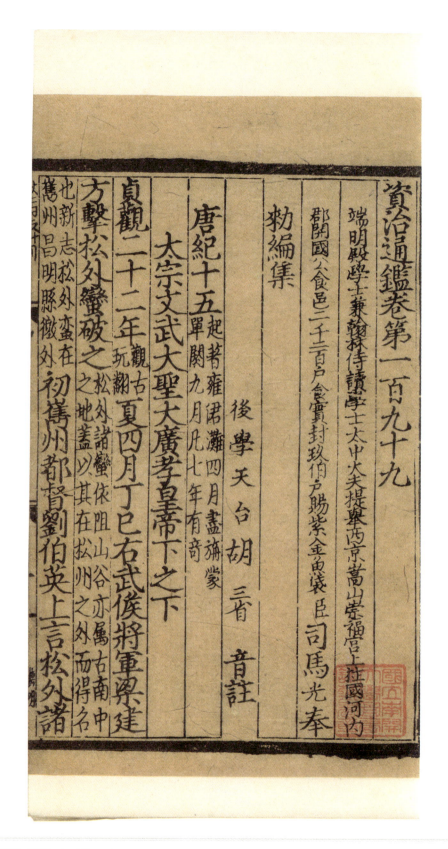

07073-07083 資治通鑑二百九十四卷 （宋）司馬光撰 （元）胡三省音注 元刻本

匡高21.8厘米，廣14.5厘米。半葉十行，行二十字，小字雙行同，細黑口，四周雙邊。吉林大學圖書館藏，存二十三卷；南開大學圖書館藏，存十四卷；山東省博物館藏，蝴蝶裝，存四卷；吉林省圖書館藏，有"錢受之讀書記"等印，存三卷；天津圖書館藏，存三卷；山東省博物館藏，存一卷；山東省博物館藏，為元刻明修本，存二卷；北京師範大學圖書館藏，元刻明修本，有抄配，存七卷；吉林大學圖書館藏，元刻明修本，存二卷；東北師範大學圖書館藏，為元刻明弘治正德嘉靖遞修本；天津圖書館藏，為元刻明弘治正德嘉靖遞修本，卷一百一十二至一百二十一、二百十五至二百三十一配清鄱陽胡氏刻本。

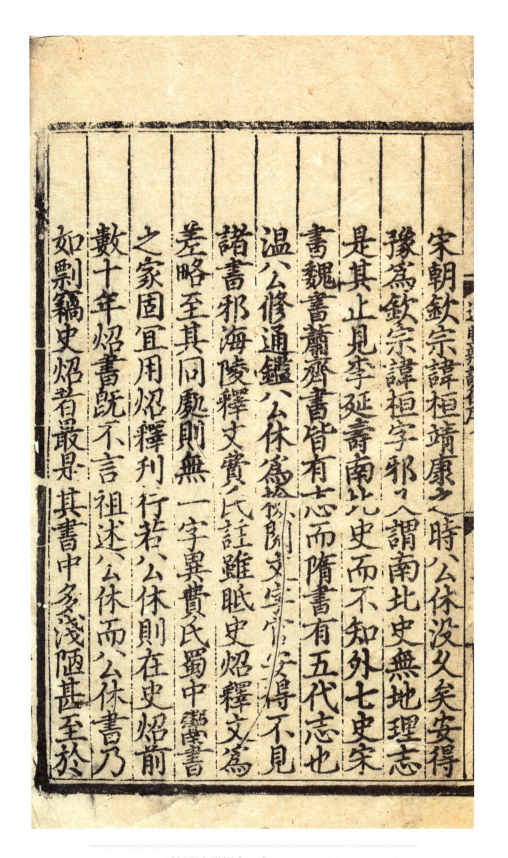

宋朝欽宗諱桓靖康之時公休没矣安得
豫爲欽宗諱桓字邪謂南北史無地理志
是其止見李延壽南北史而不知外七史宋
書魏書蕭齊書皆有志而隋書有五代志也
溫公修通鑑公休爲總閱文字窄宗得不見
諸書邪海陵釋文寶氏註雖眠史焴釋文爲
差略至其同處則無一字異賣氏蜀中蜀書
之家固宜用焴釋刊行若公休則在史焴前
數十年焴書既不言祖述公休而公休書乃
如剽竊史焴者最是其書中多淺陋甚至於

07084、07085 **通鑑釋文辯誤十二卷** （元）胡三省撰　元刻明修本

匡高22.6厘米，廣15厘米。半葉十行，行二十字，小字雙行同，黑口，四周雙邊。北京大學圖書館、南京圖書館藏。

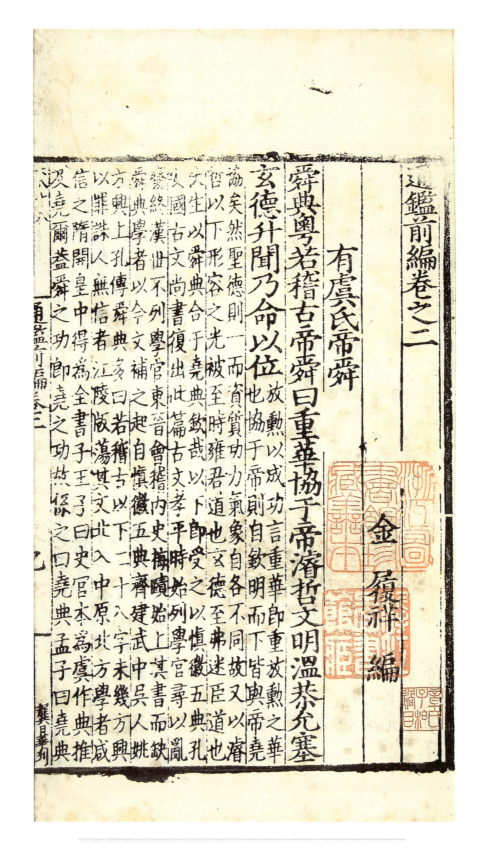

07086 通鑑前編十八卷舉要二卷 （宋）金履祥撰　元刻明成化十二年
（1476）南京吏部重修本

匡高23.1厘米，廣16.2厘米。半葉十行，行二十二字，小字雙行同，細黑
口，左右雙邊。浙江圖書館藏，存十二卷。

既返相謂曰深源不起當如蒼生何尚肥之子也翼請浩爲
常伺其出處以卜江左與三常相與省之知浩有雍然之志
所幾將十年時人擬之管葛江夏相謝尚長山令王濛謨蓬
之高閣俟天下太平然後徐議其任耳浩累辭徵辟群异墓
之動詩杜乂殺浩並才名冠世翼獨弗之重也曰此輩宜東
勿以常人遇之常埒畜之宜委以方邵之任必有弘濟艱難
寧濟海内翼甞薦溫於成帝曰桓溫有英雄之才願陛下
琅邪内史桓溫尚南康公主豪爽有風概翼與之友善相期
建元元年二月庚翼翼爲人慷慨下口執反喜功名不尚浮華

康皇帝　諱岳字世同成帝母第也初封琅邪王成帝即位
　　　　立以爲嗣成康八年五月成帝崩琅邪王不豫
　　　　在位二年　壽二十三

晉紀

省元林公集註資治通鑑詳節卷之四十三

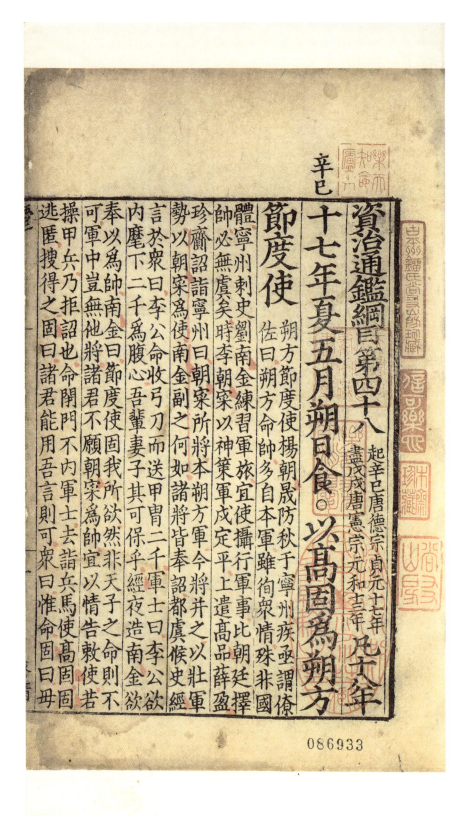

086933

07088、07089 資治通鑑綱目五十九卷 〔宋〕朱熹撰　宋嘉定十四年

（1221）江西刻本

匡高21.6厘米，廣16.1厘米。半葉八行，行十五字，小字雙行二十二字，白
口，左右雙邊。吉林省圖書館藏，有"朱昇印信"、"宜爾子孫"等印，存
一卷；天津圖書館藏，存一卷。

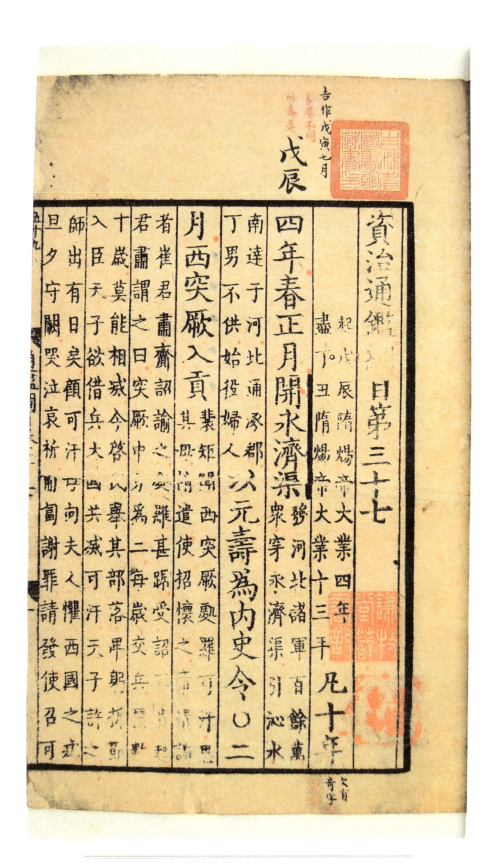

07090 資治通鑑綱目五十九卷 （宋）朱熹撰　宋刻元修本

匡高21厘米，廣14.5厘米。半葉八行，行十七字，小字雙行同，白口，左右雙邊。有"謙牧堂藏書記"、"兼牧堂書畫記"等印。吉林省圖書館藏，存一卷。

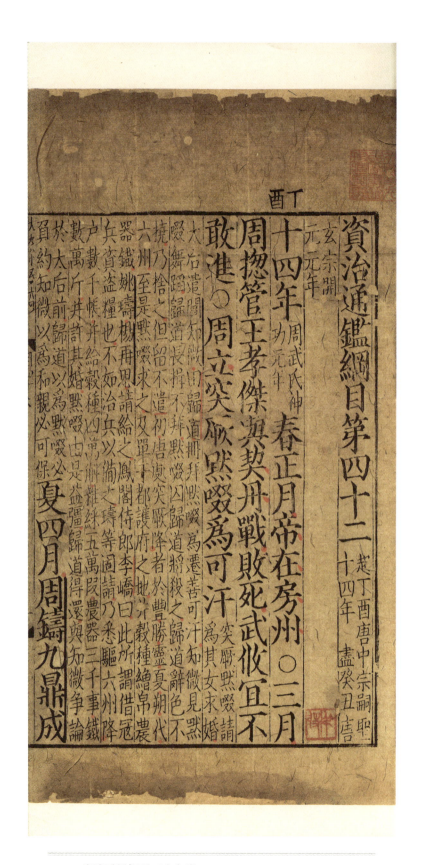

07091 資治通鑑綱目五十九卷 〔宋〕朱熹撰 元刻本

匡高19.7厘米，廣13.1厘米。半葉七行，行十六字，小字雙行二十二字，細黑口，左右雙邊。天津圖書館藏，存一卷。

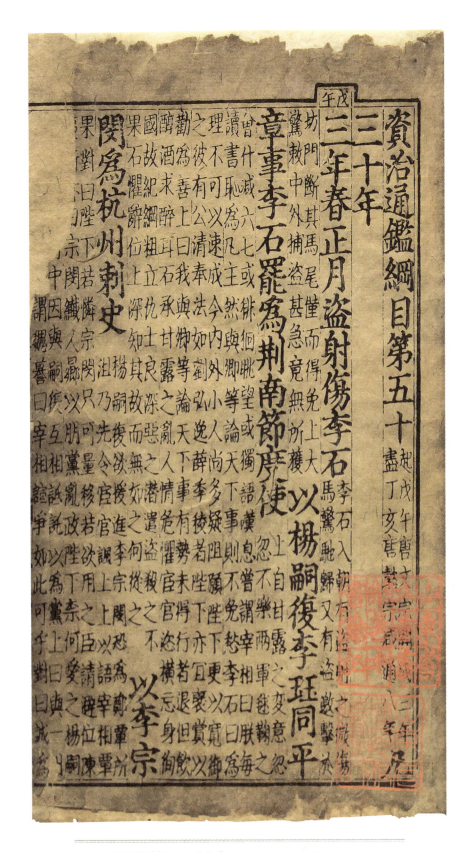

07092 資治通鑑綱目五十九卷 （宋）朱熹撰　元刻本

匡高21.5厘米，廣13.1厘米。半葉十二行，行十八字，小字雙行二十二字，
細黑口，四周雙邊。山東省博物館藏，存一卷。

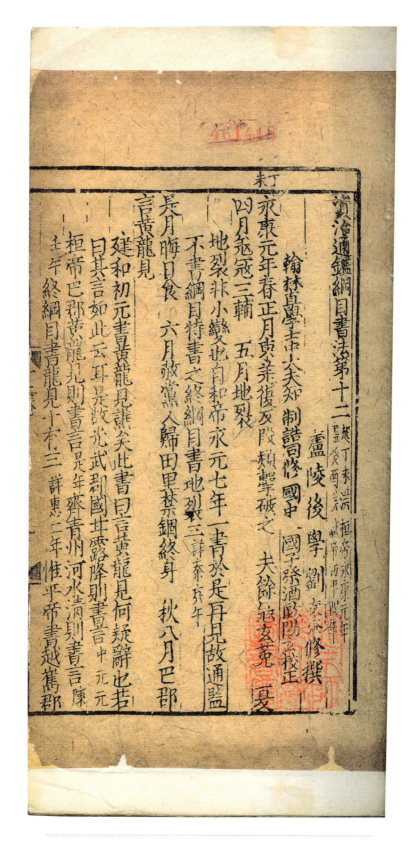

07093 資治通鑑綱目書法五十九卷 （元）劉友益撰 元刻本（有抄配）

匡高18厘米，廣11厘米。半葉十三行，行二十四字，黑口，左右雙邊。北京師範大學圖書館藏，存一卷。

通鑑紀事本末卷第三十九

錢氏據吳越　董昌僭逆附

唐僖宗乾符五年王郢之亂臨安人董昌以土團討賊有功補
石鏡鎮將是歲曹師雄寇掠二浙杭州募諸縣鄉兵各千人以討
之昌與錢塘劉孟安阮結富陽聞人宇瞱官徐及新城杜稜餘
杭淩文興臨平會為之都將號杭州八都昌為之長其後
字卒錢塘人成及代之臨安人錢鏐以驍勇事昌以功為石鏡
都知兵馬使

六年冬十月庚申之抵潤州也荊南節度使王鐸過其將守江
陵自帥眾趣襄陽鐸既去劉漢宏大掠江陵帥其眾出歸為羣
盜漢宏宛州人也事見黃

廣明元年夏五月劉漢宏之黨侵盛侵掠宋宛甲子裝頁方諸
道兵討之　六月劉漢宏掠申光

秋七月宿州刺史

劉漢宏怨朝廷賞薄甲寅以漢宏為忻州刺史

冬十一月宿州刺史

中和元年秋九月淮南節度使高駢召石鏡將董昌廣陵次與
鄉里為難而去之昌從之駢聽昌日還會杭州番中權而還昌稱杭
之俱擊童昌縣錢鏐說昌日觀高公無討賊心不若以托
官行至嘉興昌自石鏡引兵入襲杭州刺史路審中將之
州都押牙知州事遣將吏靖於鎮海節度使閭賓賓不能制表
為杭州刺史

二年秋八月淅東觀察使劉漢宏遣弟漢宥及馬步都虞候
辛約將兵二萬堂辛西陵謀兼并淅西杭州刺史董昌遣都知
兵馬使錢鏐拒之王子鏐乘霧夜濟江襲其營大破之所殺殪
盡漢宥辛約僅走　冬十月劉漢宏又遣發鎮將王鎮將

07094 通鑑紀事本末四十二卷　（宋）袁樞撰　宋淳熙二年（1175）嚴陵郡庠刻遞修本

包背裝。匡高20.3厘米，廣15.9厘米。半葉十三行，行二十四字，小字雙行同，白口，左右雙邊。有"李盛鐸讀書記"、"德化李氏凡將閣珍藏"等印。中共北京市委圖書館藏，存三卷。

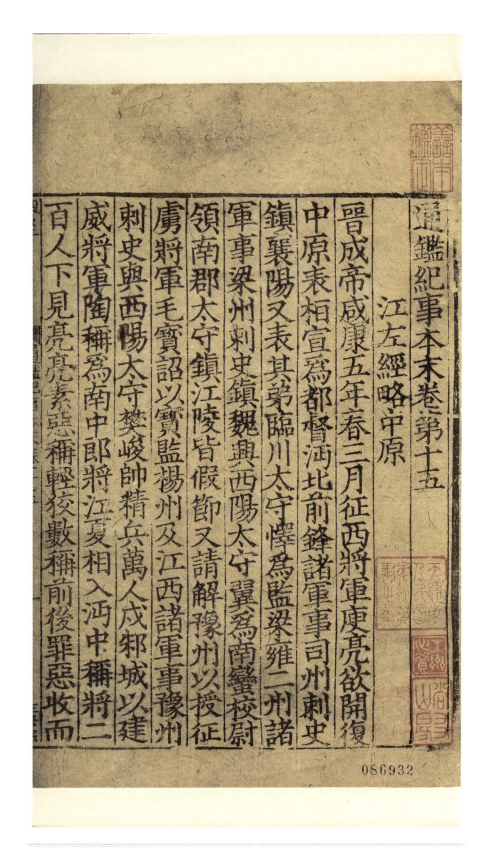

07095-07099 通鑑紀事本末四十二卷 （宋）袁樞撰　宋寶祐五年（1257）趙與懬刻本

匡高25.5厘米，廣19厘米。半葉十一行，行十九字，白口，左右雙邊。天津圖書館藏，存二卷；吉林
省圖書館藏，存一卷；南開大學圖書館藏，為元明遞修本；湖南圖書館藏，為元明遞修本，存三十八
卷；浙江圖書館藏，為元明遞修本，張廷濟跋，存三十五卷。

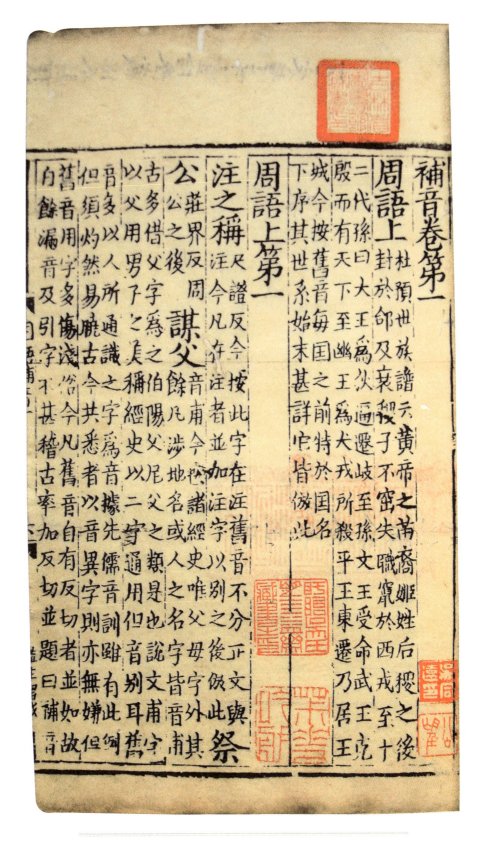

07100 國語補音三卷 （宋）宋庠撰　宋刻元明遞修公文紙印本

匡高21.5厘米，廣15.5厘米。半葉十行，行二十字，小字雙行同，黑口，四
周雙邊。吉林省圖書館藏。

侑未果而吳郡林君德祖之書傳焉走可以無
述也然東都二百年間王言帝制雖之西京渾
厚之氣若光武與隗囂公孫述竇融等書則有
以見心事之磊落焉敕鄧禹馮異岑彭等書則
有以見機神之英晤焉頭鬚爲白之言平定安
輯之訓與夫責劉尚以斬將邗人之義有以見
不得巳之心焉驚河西感市掾不待識者而占
其中典矣明章二帝雖不逮前烈然求平即位
之詔有曰萬乘至重而壯者應輕元和擇吏之
詔者曰安靜之吏日計不足月計有餘其永

07101 兩漢詔令二十三卷 （宋）林虙 樓昉輯 元至正九年（1349）

蘇天爵刻明修本

匡高19.7厘米，廣14.8厘米。半葉十行，行十八字，小字雙行同，細黑口，
四周雙邊。北京大學圖書館藏，存十七卷。

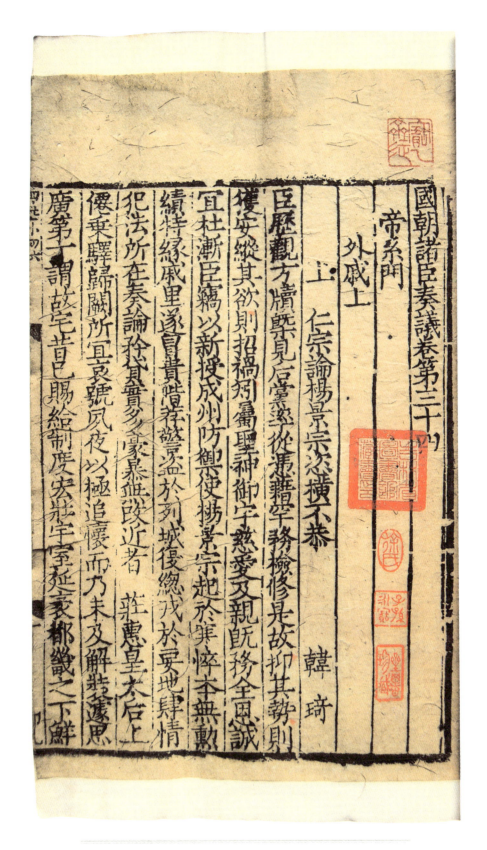

07102 國朝諸臣奏議一百五十卷 （宋）趙汝愚輯 宋淳祐十年（1250）

史季溫福州刻元修本

匡高21.8厘米，廣16.5厘米。半葉十一行，行二十三字，白口，左右雙邊。

有"徐氏"、"子孫永寶"等印。吉林省圖書館藏，存二卷。

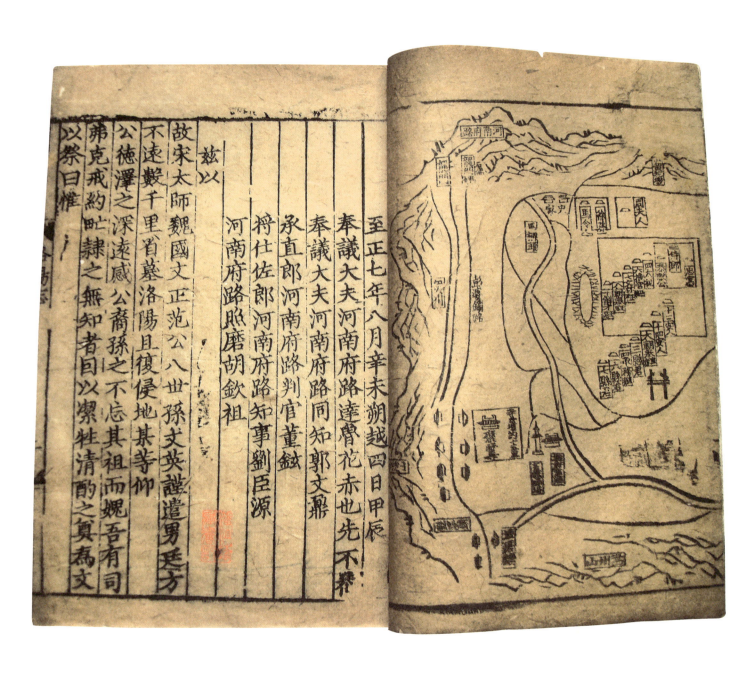

故宋太師魏國文正范公八世孫文英謹遣男延方

不遠數千里詣墓洛陽且復侵地其等仰

公德澤之深遠感公商孫之不忘其祖而媿吾有司

弗克戒約畎隸之無知者曰以潔牲清酌之奠爲文

以祭曰惟

河南府路照磨胡欽祖

將仕佐郎河南府路知事劉臣源

承直郎河南府路判官董鉽

奉議大夫河南府路同知郭文鼎

奉議大夫河南府路達魯花赤也先不花

至正七年八月辛未朔越四日甲辰

慈以

07103 范文正公政府奏議二卷年譜一卷年譜補遺一卷 （宋）范仲

淹撰　元元統二年（1334）范氏褒賢世家歲寒堂刻本

匡高23.3厘米，廣15.4厘米。半葉十二行，行二十二字，白口，左右雙邊。

有"潘祖蔭藏書印"等印。吉林省圖書館藏，存三卷。

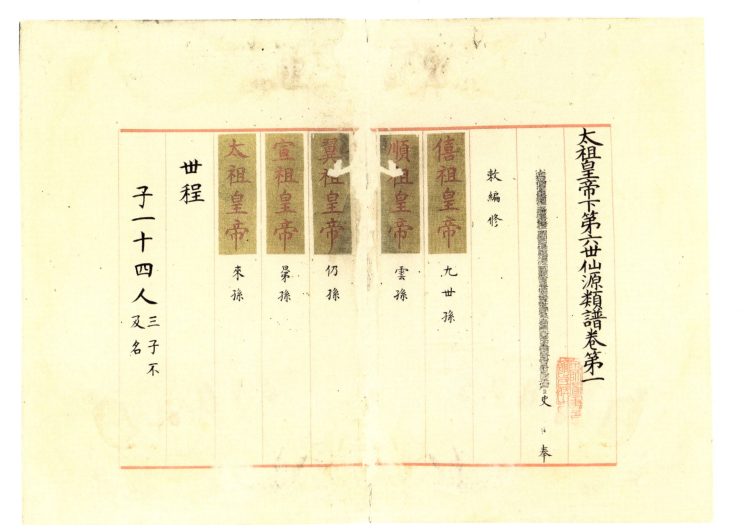

07104 仙源類譜□□□卷 （宋）史浩等纂修　宋内府抄本

匡高27厘米，廣20厘米。半葉五行，行十三字，白口，紅格，四周單邊。國家圖書館藏，存三十卷。

魏王下宗藩慶系録卷第七

宣祖皇帝 來孫

魏王元孫

克彙四子 二子不
及名

至太子右内率府副率叔然

右金吾衛大將軍雄州防禦

使贈安化軍節度觀察

留後高密郡公叔納

克咸六子 四子不
及名

至太子右内率府副率叔都

07105 宗藩慶系録□□卷 宋内府抄本

匡高27厘米，廣20厘米。半葉五行，行十三字，白口，紅格，四周單邊。國家圖書館藏，存二十二卷。

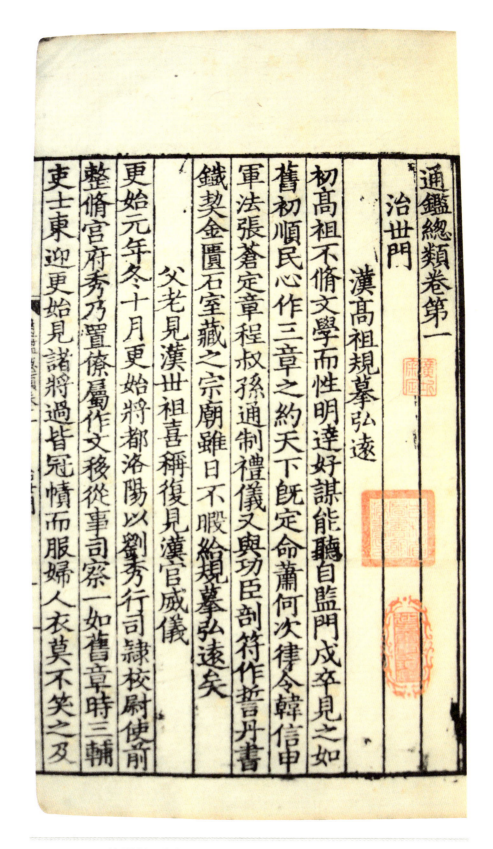

07106-07108 通鑑總類二十卷 （宋）沈樞輯　元至正二十三年（1363）吳郡庠刻本

匡高24.8厘米，廣17.3厘米。半葉十一行，行二十三字，細黑口，左右雙邊。吉林省圖書館藏，有
"延古堂李氏珍藏"、"陽城張氏省訓堂經籍記"、"張敦仁讀過"、"廣圻審定"等印；東北師範大
學圖書館藏，存一卷；華東師範大學圖書館藏，存一卷。

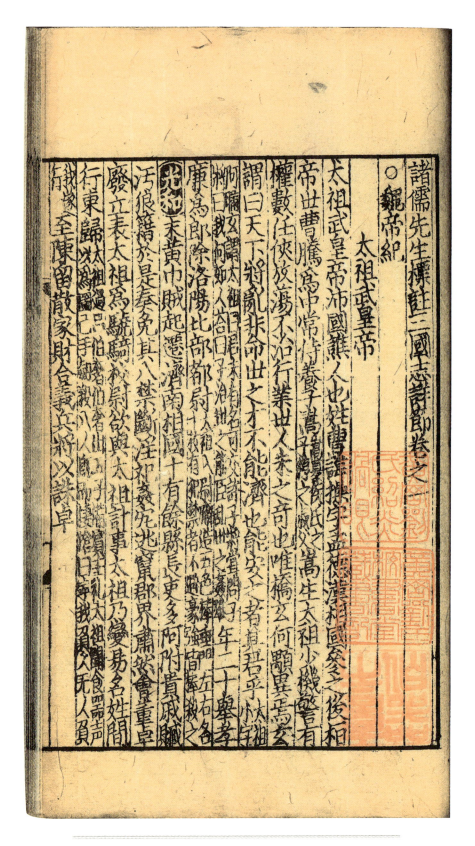

07109 諸儒先生標註三國志詳節二十卷 （宋）呂祖謙輯 元刻十七

史詳節本

匡高15.2厘米，廣10.8厘米。半葉十四行，行二十四字，細黑口，左右雙邊。北京師範大學圖書館藏。

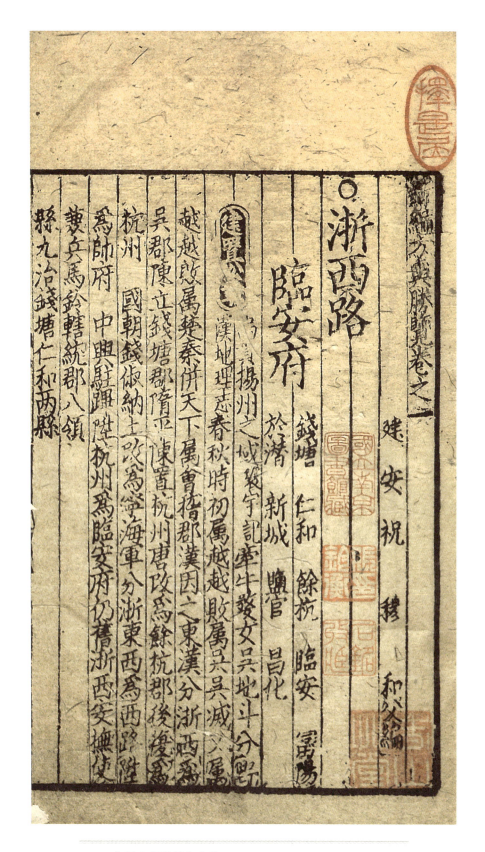

07110 新編方輿勝覽七十卷 （宋）祝穆輯　元刻本

匡高17.2厘米，廣11.8厘米。半葉十四行，行二十三字，黑口，左右雙邊。
南京圖書館藏。

金陵表卷三之下 起至元丙子以來為年表

天時	地域	官守	政事

天時：
大元
至元十三年 丙子
將日中晷光
二月一日晨
磨蠶食項復
明

政事：
正月十一日徐工榮同新野龔
千戶陳翼以兵七百人招安溧
陽縣縣擒趙四知府即趙淮送必
洲行省不屈死之淮二妾絟鑑
守者嫠其屍裹胃並設水死是
月丞相伯顏進兵高亭山請行
政軍前議事文天祥請行陳宜
中夜道天祥同賈餘慶吳堅等
至鎮江渡瓜洲間逃去二月
乙卯北使請三宮北遷過真州
菑舜戎奪駕不剋抵揚州過
而姜才領兵要戰未諧
丟之過北者五月丙申見万
將軍
世祖皇帝於上都行宮謝太后

07111、07112 [至正]金陵新志十五卷 　（元）張鉉纂修　元至正四年（1344）集慶路儒學溧陽州學溧水州學刻明正德十五年（1520）南京國子監重修本

匡高24.4厘米，廣18.1厘米。半葉九行，行十八字，小字雙行同，白口，左右雙邊。北京大學圖書館藏；南京圖書館藏，存五卷。

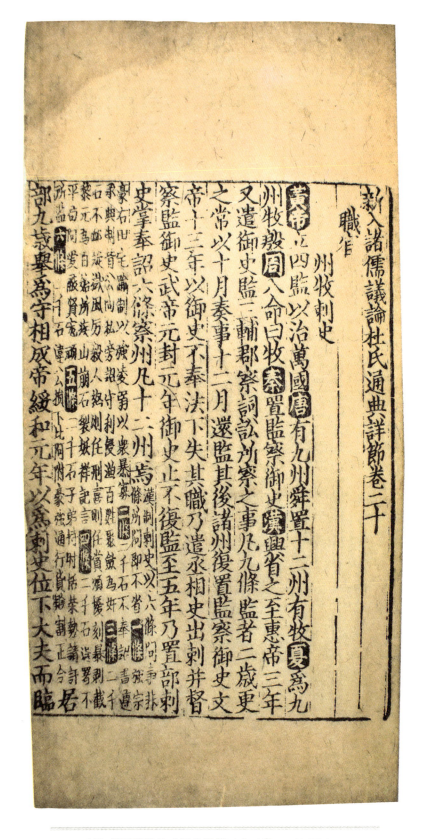

07113 新入諸儒議論杜氏通典詳節四十二卷　元刻明修本

匡高17.8厘米，廣12.6厘米。半葉十四行，行二十三字，小字雙行同，細黑
口，左右雙邊。東北師範大學圖書館藏，存三卷。

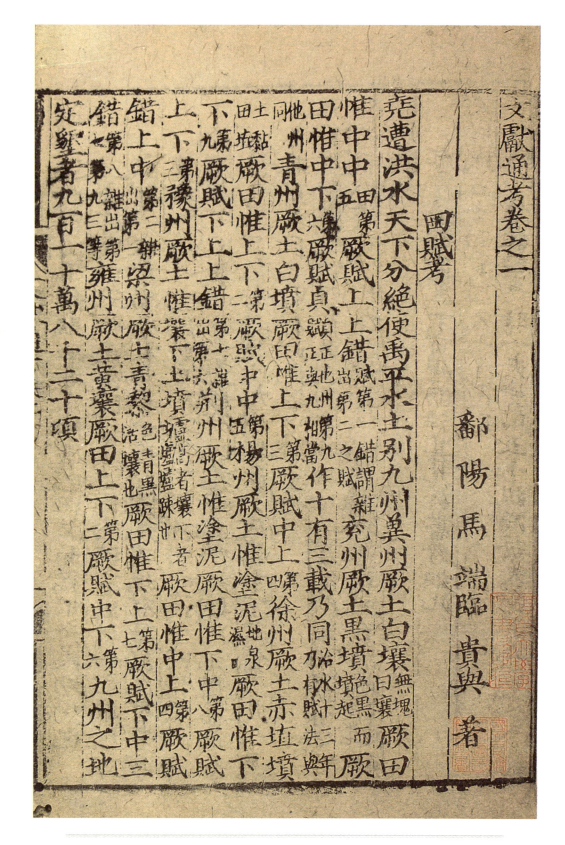

07114、07115 文獻通考三百四十八卷 （元）馬端臨撰　元泰定元年（1324）西湖書院刻元明

遞修本

匡高25.8厘米，廣18.3厘米。半葉十三行，行二十六字，小字雙行同，細黑口，左右雙邊。復旦大學

圖書館藏，有"葉氏菉竹堂藏書"、"別下齋印"等印；四川師範大學圖書館藏，卷一至二、十一至

十二抄配，存三百四十四卷。

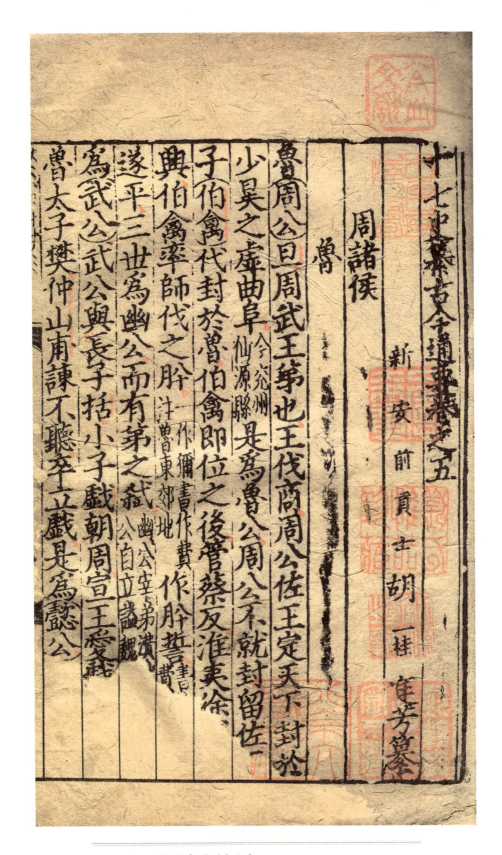

07116 十七史纂古今通要十七卷 （元）胡一桂撰　元刻本

匡高18.9厘米，廣13.1厘米。半葉十一行，行二十一字，小字雙行同，黑
口，左右雙邊。北京大學圖書館藏，存八卷。

纂圖互註荀子卷第一

唐大理評事楊倞註

勸學篇第一

君子曰學不可以已青取之於藍而青於藍冰水爲之而寒於水木直中繩輮以爲輪其曲中規雖有槁暴不復挺者輮使之然也故木受繩則直金就礪則利君子博學而日參省乎己則知明而行無過矣故不登高山不知天之高也不臨深谿不知地之厚也不聞先王之遺言不知學問之大也干越夷貉之子生而同聲長而異俗教使之然也

07117-07123　纂圖互註荀子二十卷　（唐）楊倞注　元刻明修本

匡高18.1厘米，廣12.1厘米。半葉十一行，行二十一字，小字雙行二十五至二十六字，黑口，四周雙邊或左右雙邊。國家圖書館、北京大學圖書館、河北大學圖書館、遼寧省圖書館、甘肅省圖書館、南京圖書館藏；湖南圖書館藏，存十卷。

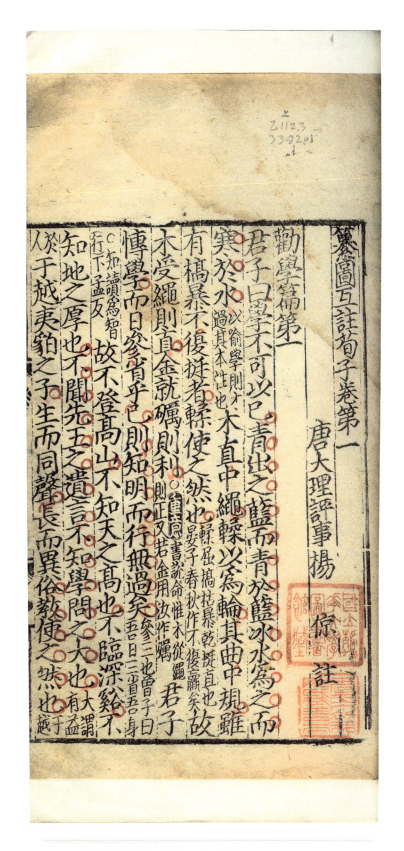

07124 纂圖互註荀子二十卷 （唐）楊倞注　元刻明修本

匡高17.9厘米，廣12.2厘米。半葉十一行，行二十一字，小字雙行二十五字，黑口，四周雙邊或左右雙邊。有"同穌"、"楊印沂孫"等印。翁同穌、楊沂孫跋。清華大學圖書館藏。

也厭閈而近人故得魚鼈之居也厭深而之後故
得諸侯厭衆而亡其國詩云維鵲有巢維鳩居之
君敬不歸人將居之於是文公恐歸過欒武子欒
武子曰獵得獸乎而有悅色文子曰寡人逐麋而
吾來與來也欒武子曰居上位而不恤其下驕也
文之得善言故有悅色欒武子曰其人安在乎曰
媛令急誅暴也取人之言而弃其身盜也文公曰
善還載老古與俱歸

扁鵲見齊桓侯立有間扁鵲曰君有疾在腠理不
治將恐深桓侯曰寡人無疾扁鵲出桓侯曰醫之
好利也欲治不疾以為功居十日扁鵲復見曰君
之疾在肌膚不治將深桓侯不應扁鵲出桓侯不
悅居十日扁鵲復見曰君之疾在腸胃不治將深
桓侯不應扁鵲出桓侯又不悅居十日扁鵲復見
望桓侯而還走桓侯使人問之扁鵲曰疾在腠理
湯熨之所及也在肌膚鍼石之所及也在腸胃大
齊之所及也在骨髓司命之所無奈何也今在骨
髓臣是以無請也居五日桓侯體痛使人索扁鵲
扁鵲已逃之秦矣桓侯遂死故良醫之治疾也攻
之於腠理此事皆治之於小者也夫事之禍福亦
有腠理之地故聖人蚤從事矣

莊辛諫楚襄王曰君王左州侯右夏侯從新安君

07125 新序十卷 （漢）劉向撰　宋刻本

蝴蝶裝。匡高20.1厘米，廣15.1厘米。半葉十一行，行十九字，白口，左右雙邊。有"李印盛鐸"等印。北京大學圖書館藏，存二卷。

說苑卷第十二

鴻嘉四年二月己亥護左都水使者光祿大夫臣劉向上

奉使

春秋之辭有相反者四既曰大夫無遂事不得擅生

事矣又曰出境可以安社稷利國家者則專之可也

既曰大夫以君命出進退在大夫矣又曰以君命出

聞喪徐行而不反者何也曰此義者各上其科不轉

穆出不得擅生事者謂平生常經也專之可者謂救

危除患也進退在大夫者謂將師用兵也徐行而不

反者謂出使道聞喪

秋不非以為攷莊公色也　　子子結擅生事春秋譏之

07126 校正劉向說苑二十卷 （漢）劉向撰　元大德七年（1303）雲謙

刻本

匡高19.6厘米，廣12.5厘米。半葉十一行，行二十字，白口，左右雙邊。北京大學圖書館藏，存十卷。

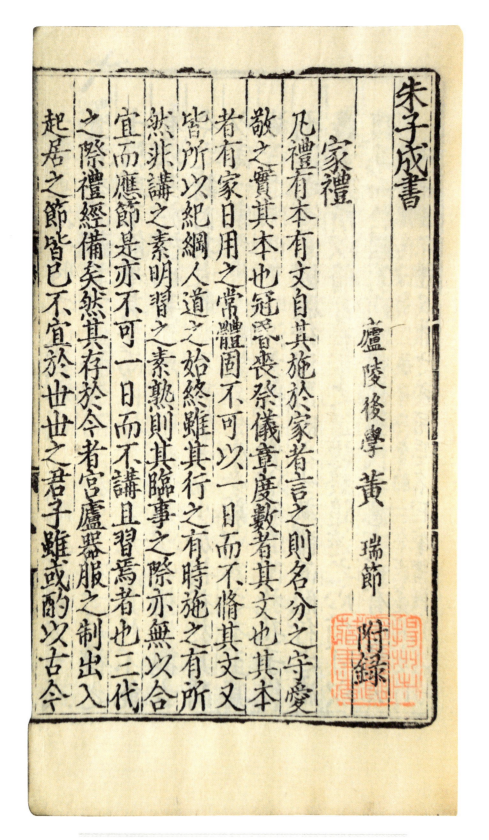

07127、07128 朱子成書十卷 （元）黃瑞節輯 元至正元年（1341）日

新書堂刻本

匡高21.6厘米，廣15厘米。半葉十一行，行二十一字，黑口，四周雙邊。揚

州市圖書館藏，存七卷；吉林省圖書館藏，存三卷。

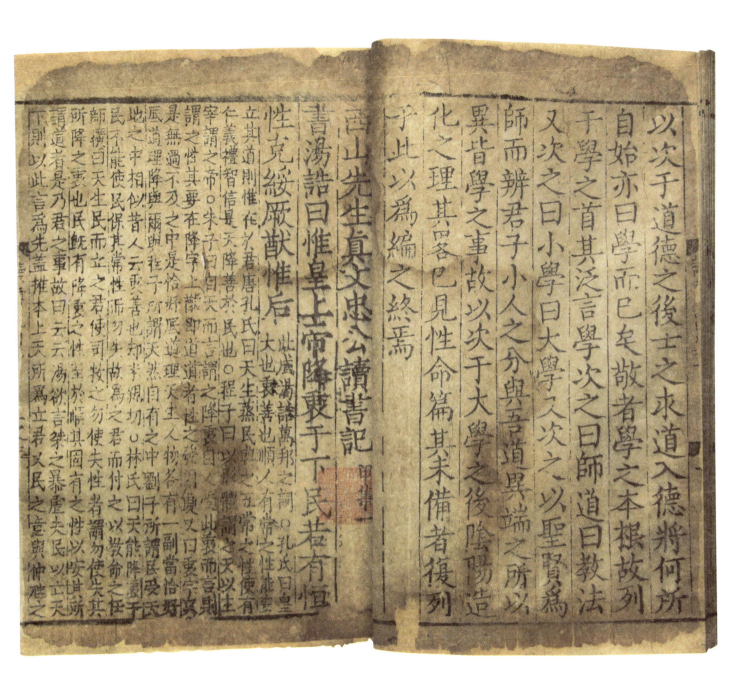

西山先生真文忠公讀書記

以次于道德之後士之求道入德將何所
自始亦曰學而巳矣敬者學之本根故列
于學之首其泛言學次之曰師道曰教法
又次之曰小學曰大學入次之以聖賢為
師而辨君子小人之分與吾道異端之所以
異皆學之重故以次于大學之後陰陽造
化之理其器巳見性命篇其未備者復列
于此以為編之終焉

書湯誥曰惟皇上帝降衷于下民若有恒
性克綏厥猷惟后

書湯誥曰惟皇上帝

07129 西山先生真文忠公讀書記甲集三十七卷丁集二卷 （宋）
真德秀撰 宋福州學官刻元修本 乙集下二十二卷 （宋）真德秀撰 宋開
慶元年（1259）福州官刻元修本
匡高20.5厘米，廣15.5厘米。半葉九行，行十六字，小字雙行二十四字，白
口，左右雙邊。山東省博物館藏，存二十七卷。

甲記綱目

性命者義理之源故以為編之首性之發

為情而心則統乎性情者也故性之次曰

心曰情三者一編之綱領也其目則曰仁

義禮智信者天命之性也父子君臣夫婦

長幼朋友者率性之道也故五常之次五

典繼之人所共由之謂道得之於己之謂

德其實非有二也故五典之次道德繼之

曰中曰一曰極曰誠皆道也而異其名故

07130 **西山先生真文忠公讀書記甲集三十七卷** 〔宋〕真德秀撰 宋

福州學官刻元明遞修本

匡高21.5厘米，廣15.5厘米。半葉九行，行十六字，小字雙行二十四字，白

口，左右雙邊。南開大學圖書館藏。

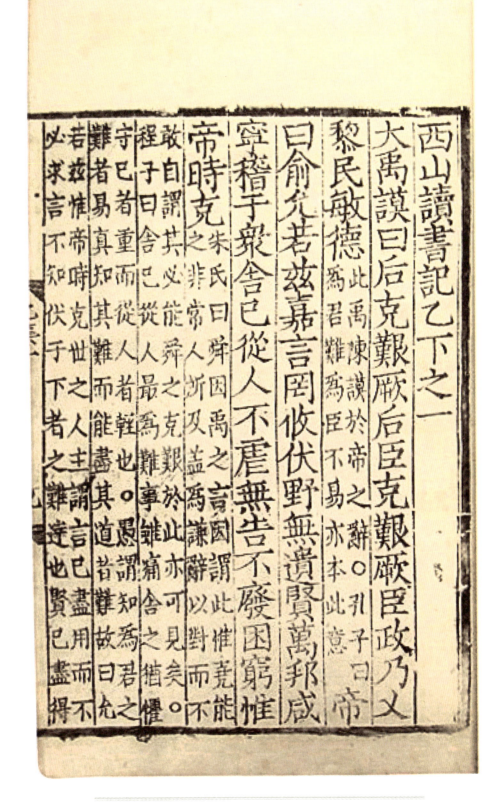

07131 西山讀書記乙集下二十二卷 （宋）真德秀撰　宋開慶元年

（1259）福州官刻元明遞修本

匡高22厘米，廣16厘米。半葉九行，行十七字，小字雙行同，白口，左右雙

邊。有"抱經樓"等印。首都師範大學圖書館藏。

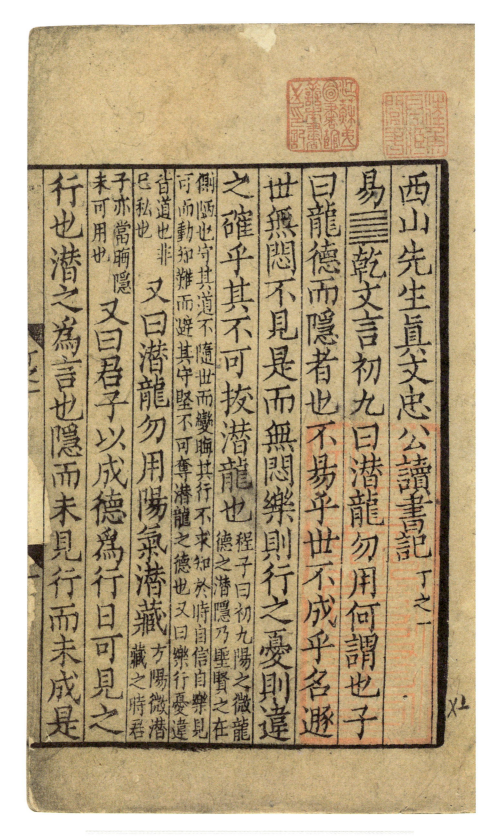

07132 西山先生真文忠公讀書記丁集二卷 〔宋〕真德秀撰　宋福州學
官刻本
匡高21.5厘米，廣15.9厘米。半葉九行，行十六字，小字雙行二十四字，白
口，左右雙邊。丁丙跋。南京圖書館藏，存一卷。

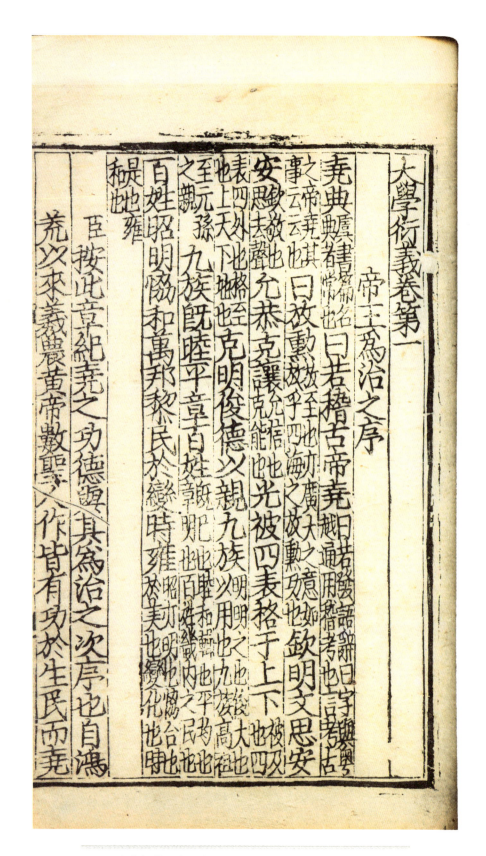

07133 大學衍義四十三卷 （宋）真德秀撰　元刻明修本

匡高17.4厘米，廣11.1厘米。半葉十一行，行二十一字，小字雙行同，黑口，四周雙邊。北京師範大學圖書館藏，存二十二卷。

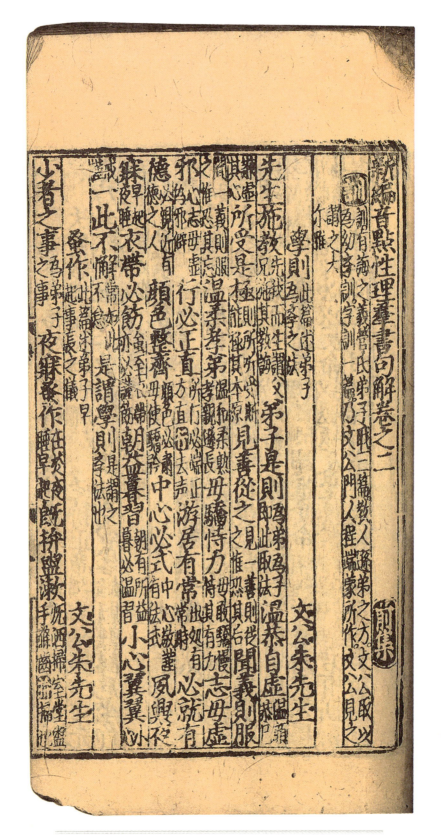

07134 新編音點性理羣書句解前集二十三卷 （宋）熊節輯 （宋）熊

剛大集解 宋刻本

匡高17.4厘米，廣11.1厘米。半葉十三行，行二十四字，小字雙行同，黑

口，四周雙邊或左右雙邊。寧波市天一閣博物館藏，存八卷。

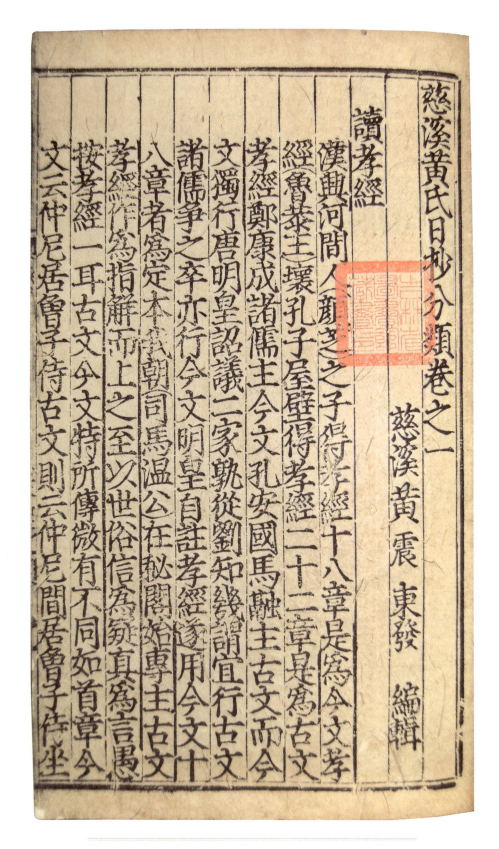

07135 慈溪黃氏日抄分類九十七卷 〔宋〕黃震撰　元刻遞修本（卷

八十、八十四至九十七配清抄本）

匡高20.8厘米，廣13厘米。半葉十二行，行二十二字，白口，四周雙邊。吉

林省圖書館藏，存九十五卷。

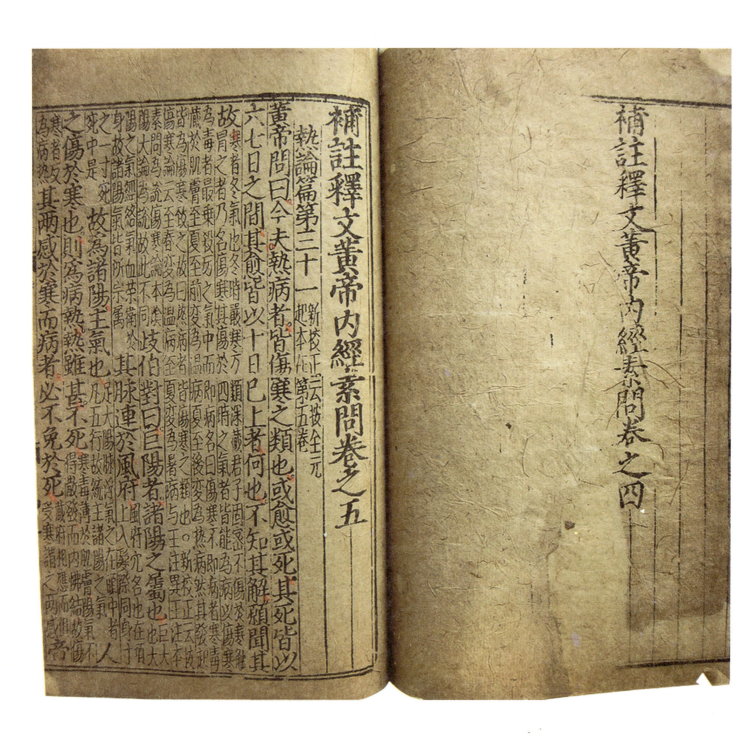

補註釋文黃帝内經素問卷之五

熱論篇第三十一　新校正云按全元起本在第五卷

黃帝問曰今夫熱病者皆傷寒之類也或愈或死其死皆以六七日之間其愈皆以十日以上者何也不知其解願聞其故岐伯對曰巨陽者諸陽之屬也其脉連於風府故為諸陽主氣也人之傷於寒也則為病熱熱雖甚不死其兩感於寒而病者必不免於死

補註釋文黃帝内經素問卷之四

07136　**新刊補註釋文黃帝内經素問十二卷**　〔唐〕王冰注　〔宋〕林億等校正　〔宋〕孫兆改誤　元後至元五年（1339）胡氏古林書堂刻本　匡高19.6厘米，廣12厘米。半葉十三行，行二十三字，黑口，四周雙邊。吉林省圖書館藏，存六卷。

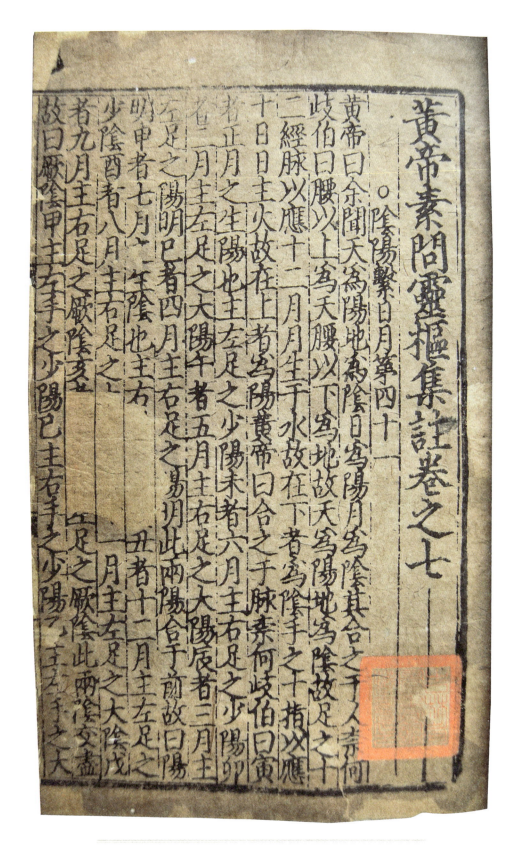

07137 新刊黃帝内經靈樞十二卷　元後至元五年（1339）胡氏古林書

堂刻六年（1340）印本

匡高19.6厘米，廣12厘米。半葉十四行，行二十四字，黑口，四周雙邊。吉
林省圖書館藏，存六卷。

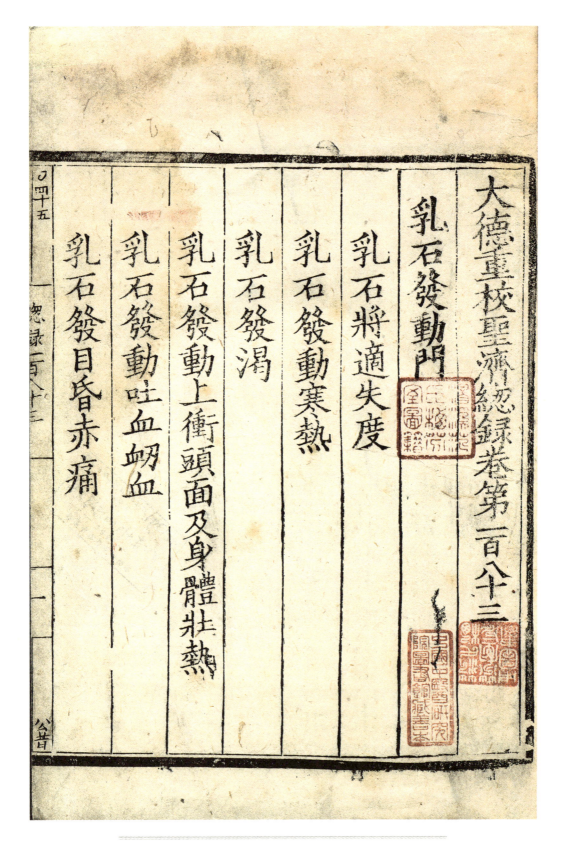

大德重校聖濟總録卷第二百八十三

乳石發動門

乳石發動

乳石將適失度

乳石發動寒熱

乳石發渴

乳石發動上衝頭面及身體壯熱

乳石發動吐血衄血

乳石發目昏赤痛

〇四五

總録二百八十三

07138、07139　大德重校聖濟總録二百卷　元大德三至四年（1299–
1300）江浙等處行中書省刻本

匡高23.5厘米，廣19厘米。半葉八行，行十七字，細黑口，四周雙邊。中國
醫科大學圖書館藏，存十卷；中國中醫科學院圖書館藏，存二卷。

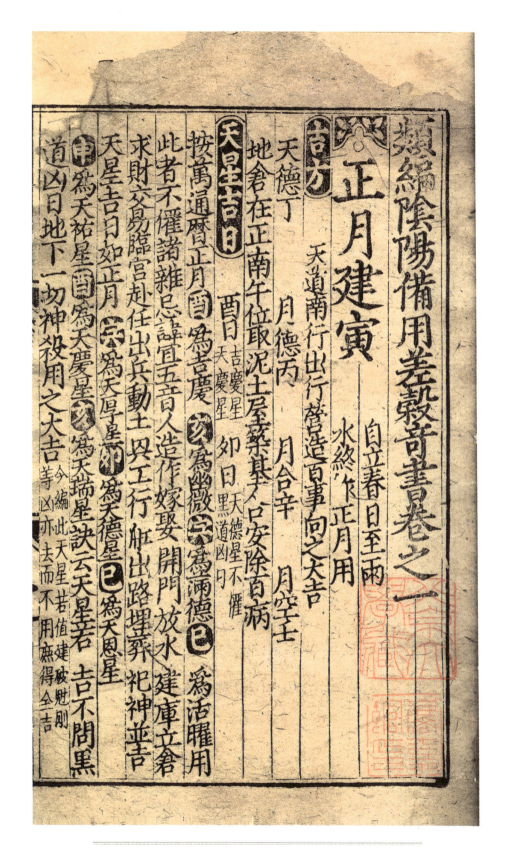

07140 類編陰陽備用差穀奇書十五卷　　元後至元三年（1337）刻本

匡高19.9厘米，廣12.8厘米。半葉十四行，行二十四字，小字雙行同，黑口，四周雙邊。李盛鐸跋。北京大學圖書館藏，存六卷。

07141 絳帖二十卷 （宋）潘師旦摹 北宋皇祐至嘉祐年間（1049-1063）

刻石 宋拓本

有"嘉慶御覽之寶"、"三希堂精鑒"、"宜子孫"等印。畢沅題簽，莫是
龍、朱鼎榮題跋。天津博物館藏，存二卷（十一至十二）。

07142 晉唐小楷四種 （晉）王羲之 （唐）顏真卿等書 南宋拓本

八開。有"天籟閣"、"啟園八十以後作"、"張瑋"、"項墨林父秘笈之
印"、"榮王之印"、"子京"等印。趙世駿題簽，朱益藩、陳寶琛觀款，
張瑋題跋。中國文化遺產研究院藏。

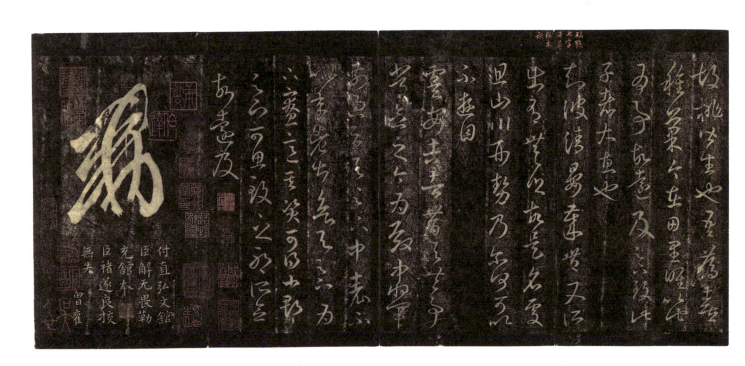

07143 十七帖 （晉）王羲之書　南宋拓本

十四開。有"許松如"、"項叔子"等印。許松如題簽並題跋。中國文化遺
產研究院藏。

呂氏春秋卷第一

孟春紀第一　本生　重巳　貴公　去私

吕氏春秋訓解　高氏

一曰孟春之月日在營室（室比方宿晉之分野是月日躔於營室昏參中旦尾中皆於東方於宿）昏參中旦尾中（參西方宿是月昏中尾東方宿旦時中也）其日甲乙（甲乙木日之號伏羲氏以木德王天下之號死祀於東以為木官之神）其帝太皞其神句芒（太皞伏羲氏以木德王天下之號死祀於東方為木德之帝句芒少皞氏之裔子曰重佐木德之神死為木官之神）其蟲鱗（鱗魚龍之屬東方少陽龍為長故其蟲鱗也）其音角（角木也位在東方陽氣發萬物動生太簇聲和太陰而出故其音角）律中太簇（太簇陽律也竹管音與太簇地而出故其律中太簇聲和太陰而出故律中）其數八（木數三故數八）其味酸其臭羶（味酸酸東方木也王木者王木故酸也）

07144、07145　呂氏春秋二十六卷　（漢）高誘注　元至正嘉興路儒學刻明修本

匡高22.6厘米，廣15.3厘米。半葉十行，行二十字，小字雙行同，細黑口，左右雙邊。天津圖書館、四川師範大學圖書館藏。

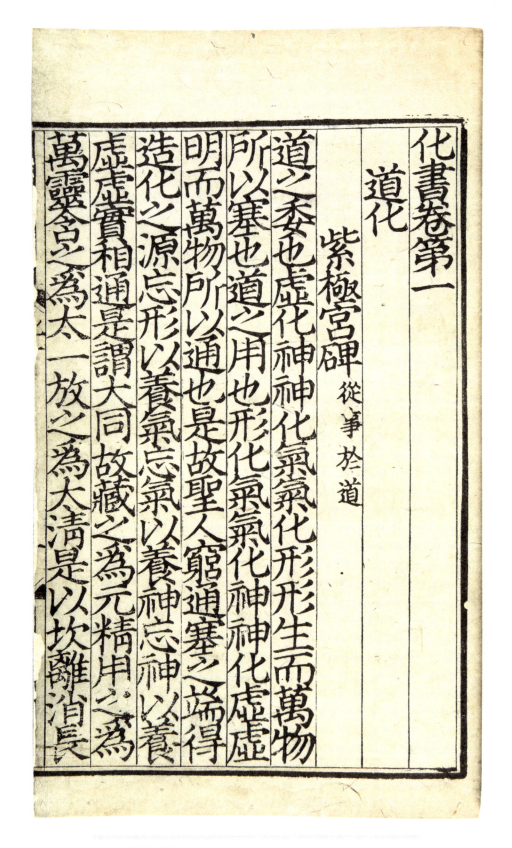

化書卷第一

道化

紫極宮碑從事於道

道之委也虛化神神化氣氣化形形生而萬物
所以塞也道之用也形化氣氣化神神化虛虛
明而萬物所以通也是故聖人窮通塞之端得
造化之源忘形以養氣忘氣以養神忘神以養
虛虛實相通是謂大同故藏之為元精用之為
萬靈包之為太一放之為大清是以坎離消長

07146 化書六卷 （五代）譚峭撰　元秦昇家塾刻本

匡高19.2厘米，廣13厘米。半葉九行，行十八字，黑口，四周雙邊。國家圖
書館藏。

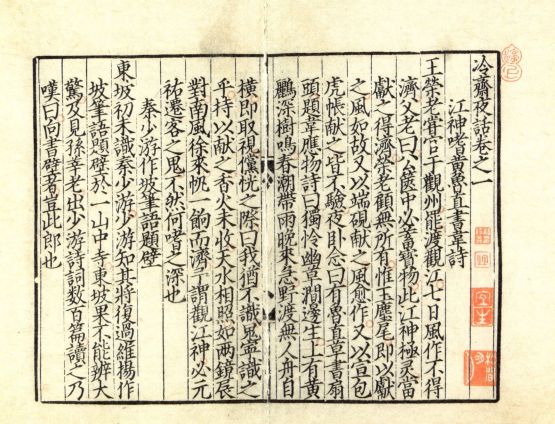

07147 冷齋夜話十卷 （宋）釋惠洪撰 元至正三年（1343）刻本

蝴蝶裝。匡高15.2厘米，廣10.5厘米。半葉九行，行十八字，黑口，左右雙邊。國家圖書館藏，存八卷。

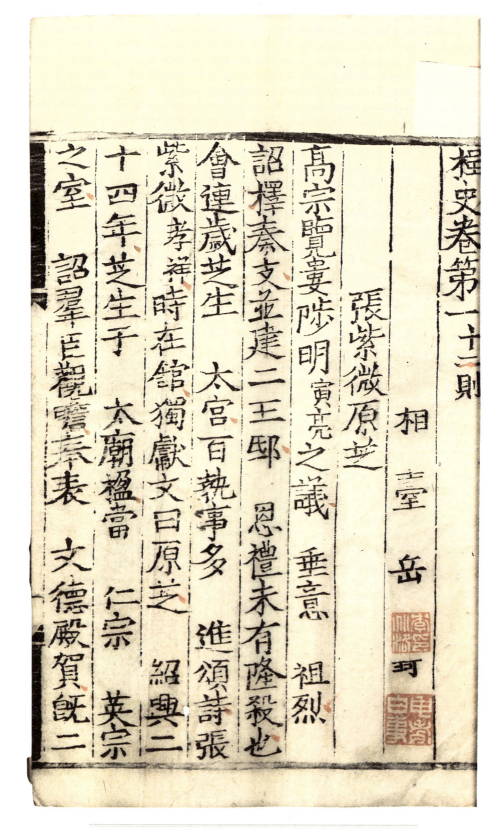

07148 桯史十五卷 （宋）岳珂撰　宋刻元明遞修本（有抄配）

匡高20.8厘米，廣15.6厘米。半葉九行，行十七字，黑口，左右雙邊。鮑廷
博校，沈樹鏞、沈曾植跋。南京圖書館藏。

益部耆舊傳之語曰任文公智無雙

魏賈詡武威姑臧人察孝廉為郎疾病去官西還至汧道遇叛氐同行數十人皆為所執詡曰我段公外孫也汝別埋我我家必厚贖之時太尉段熲昔為邊將威震西土故詡假以懼氐氐果不敢害與盟而送之其餘悉死詡實非段甥權以濟事咸此類也

桓範為大司農出赴曹爽蔣濟言於晉宣帝曰智囊往矣

晉習鑿齒為桓溫從事溫有大志追蜀人知天文者問國家祚運修短苔去此祀方永溫不悦乃止異日送絹一匹錢五千文以與之星人乃馳詣鑿齒曰家在益州被命速下今受官自裁無由致其骸骨緣君仁厚乞為標碣棺木耳鑿齒問其故星人曰賜絹一匹令僕自裁惠錢五千以買棺耳鑿齒曰君以錢誤死君寧聞干知星宿有不覆之義乎此以絹戲君以錢供道中資是聽君去耳星人大喜明便詣溫別溫問去意以鑿齒言苔溫

07149　冊府元龜一千卷　（宋）王欽若等輯　宋刻本

匡高15.2厘米，廣10.5厘米。半葉十四行，行二十四字，白口，左右雙邊。
北京大學圖書館藏，存一卷。

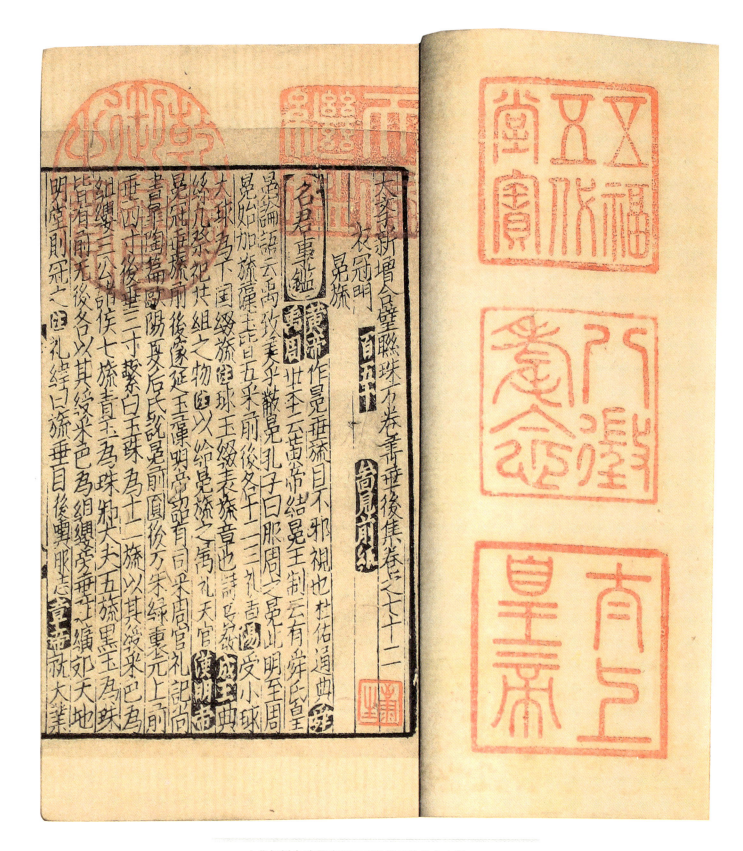

07150 太學新增合璧聯珠聲律万卷菁華前集六十卷 〔宋〕李昭玘
輯 **後集八十卷** 〔宋〕李似輯 宋刻本

匡高10.4厘米，廣7厘米。半葉十五行，行二十一字，小字雙行同，細黑口，
左右雙邊。有"五福五代堂寶"、"八徵耄念"、"太上皇帝"、"乾隆御
覽之寶"、"天祿繼鑑"等印。北京市文物局圖書資料中心藏，存二卷。

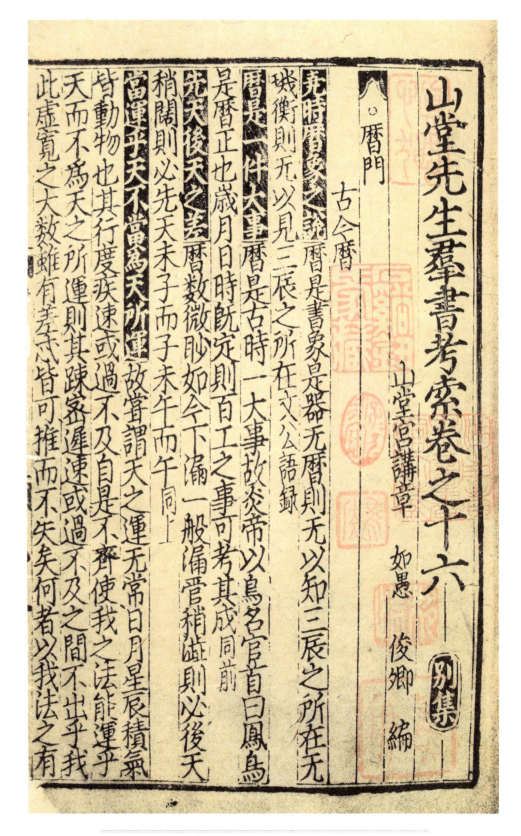

07151 山堂先生羣書考索別集二十五卷 〔宋〕章如愚輯　元刻本[四庫底本]

匡高16.4厘米，廣10.8厘米。半葉十五行，行二十四字，黑口，四周雙邊。有"慎獨"、"石黥鈕氏家藏"等印。湖南圖書館藏，存十一卷。

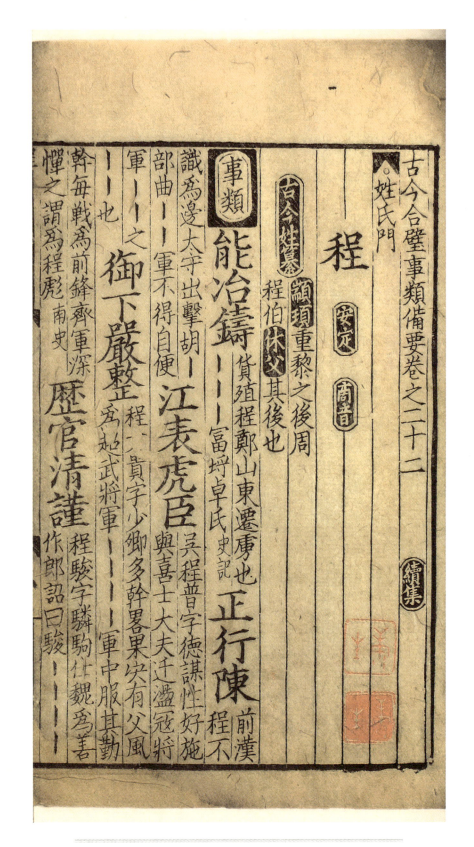

古今合璧事類備要卷之二十二 續集

〇姓氏門

程 安定 尚書

古今姓纂 程伯休父 其後也

嶺頊重黎之後周

程鄭山東遷屬也

富埒卓氏 史記

事類

能冶鑄 貨殖程鄭富埒卓氏

正行陳 前漢 程不

識為邊太守出擊胡——

部曲——軍不得自便

御下嚴整 程不識字少卿多幹署果安有父風

軍——之 ——軍中服其勤

江表虎臣 吳程普字德謀性好施

與喜士大夫迁遷冠將

幹每戰為前鋒卒軍深

憚之謂為程彪 南史

歷官清謹 作郎詔曰駿——

程駿字馸駒仕魏為善

07152 古今合璧事類備要前集六十九卷後集八十一卷續集五十六卷別集九十四卷外集六十六卷 〔宋〕謝維新輯 宋刻本

匡高17厘米，廣11.5厘米。半葉十四行，行二十四字，大字跨雙行，黑口，左右雙邊。北京市文物局圖書資料中心藏，存九卷。

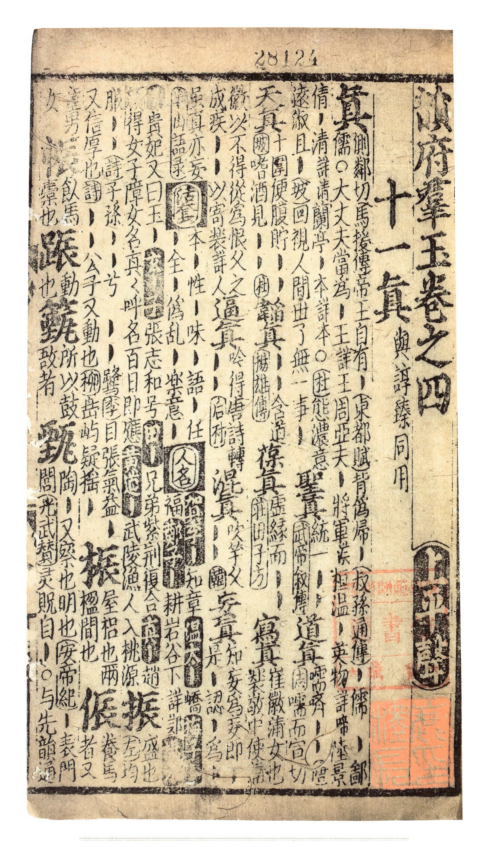

07153 韻府羣玉二十卷 〔元〕陰時夫輯 〔元〕陰中夫注 元刻本

匡高23.5厘米，廣15.1厘米。半葉十行，行字不等，黑口，左右雙邊。四川師範大學圖書館藏，存八卷。